TABLEAUX DES COURS

DES

PRINCIPALES VALEURS

NÉGOCIÉES ET COTÉES AUX BOURSES DES EFFETS PUBLICS

DE

PARIS, LYON ET MARSEILLE

Du 17 Janvier 1797 (28 Nivôse an V) à nos jours

RELEVÉS SUR LES DOCUMENTS OFFICIELS ET AUTHENTIQUES

PAR

ALPH. COURTOIS FILS

Membre de la Société d'Économie politique

TROISIÈME ÉDITION

PARIS

GARNIER FRÈRES, LIBRAIRES-ÉDITEURS, 6, RUE DES SAINTS-PÈRES, 6.

GUILLAUMIN & Cie, LIBRAIRES-ÉDITEURS, 14, RUE DE RICHELIEU, 14

1877

AUTRES OUVRAGES DU MÊME AUTEUR :

Notices historiques et statistiques sur les canaux entrepris en vertu des lois de 1821 et 1822. — Paris, 1851. — Grand in-8°. — Épuisé.

Étude sur l'Agiotage. — Paris, 1852. — Grand in-8°. — Épuisé.

Fonds espagnols. — Notice et tableaux pour faire sur ces valeurs tous les calculs utiles sans multiplication ni division. — Paris, 1859. — In-32. — Épuisé.

Défense de l'Agiotage. — Paris, 1864. — In-8°. — Épuisé.

Éloge de J.-B. Say. — Lu à la Société d'Economie politique de Lyon, à l'occasion de l'anniversaire séculaire de sa naissance. — Lyon, 1867. — Grand in-8°. — Épuisé

Dix minutes d'économie politique, résumé du cours élémentaire institué par la Société d'Enseignement professionnel du Rhône, et professé par l'auteur. — Lyon, 1868. — In-8°. — Épuisé.

Les Finances de la France de 1814 à 1870. — Paris, 1871. — Grand in-8°. — Épuisé.

Manuel des Fonds publics et des Sociétés par actions. — 6e édition complétement refondue. — Paris, 1874. — Un vol. grand in-18. — Prix : 5 francs.

Histoire de la Banque de France et des principales institutions françaises de crédit depuis 1716. — Paris, 1875. — Un vol. grand in-8°. — Prix : 7 fr. 50.

Traité élémentaire des opérations de Bourse et de change. — 6e édition revue et augmentée. — Paris, 1876. — Un vol. grand in-18. — Prix : 4 francs.

INTRODUCTION HISTORIQUE.

La fondation légale de la Bourse de Paris remonte au 24 septembre 1724. Avant cette époque, il y eut bien des réunions périodiques de spéculateurs, capitalistes et intermédiaires. On en signale à Montpellier dès 1377 ; à Lyon et à Toulouse en 1549, à Rouen vers 1566, à Bordeaux en 1571. A Paris même, les changeurs (les banquiers d'alors) se réunissaient, sous Philippe le Bel (1384), sur le Pont-au-Change (alors appelé le Grand-Pont) on voit aisément pourquoi il changea de nom), du côté de la Grève. Plus tard, ces réunions eurent lieu dans la grande cour du Palais-de-Justice, au-dessous de la galerie Dauphine, près de la Conciergerie; de là elles se tinrent dans la célèbre rue Quincampoix, à l'époque du *Système*, puis place Vendôme, alors place Louis-le-Grand, enfin à l'hôtel de Soissons, emplacement actuel de la Halle-aux-Blés. C'est là que les trouva l'arrêt du Conseil d'Etat, en date du 25 octobre 1720, qui ordonna leur suppression. On comprend qu'elles ne cessèrent pas pour cela, et les ouvrages du temps contiennent, à ce sujet, de piquants détails qui semblent écrits d'hier; mais ce n'étaient là que des bourses de fait. La Bourse légale date de l'arrêt du Conseil du 24 septembre 1724 qui l'institua et lui assigna pour local une partie de l'hôtel de Nevers, devenu depuis Bibliothèque Nationale, entre la rue Vivienne et la rue Richelieu; on entrait par la rue Vivienne. Ce fut là qu'elle se tint pendant près de trois quarts de siècle, faisant la police chez elle avec ses propres gardiens, la loi, dans l'intérêt de la liberté des transactions, ne permettant l'introduction de la force armée dans ce local que sur la réquisition expresse du Syndic des Agents de change. Ce fut là que l'atteignit la décision de l'autorité qui la ferma le 27 juin 1793. Ce dernier acte fut naturellement accompagné de la suppression des autres bourses de France ; de même, la réouverture ultérieure de la Bourse de Paris, en 1795, amènera l'établissement de Bourses dans les principales villes de la République.

Cependant, à peu de mois d'intervalle, le 15 août 1793, sur le rapport de Cambon, était rendue la loi qui instituait le *Grand-Livre de la Dette publique*, mesure capitale qui a contribué grandement, malgré les tempêtes financières qui ont signalé les quatre années suivantes, à la constitution du Crédit public en France.

En dépit du décret du 27 juin 1793, des spéculations, basées sur la valeur relative de l'assignat et du numéraire, motivèrent, cependant, plus ou moins légalement, il est vrai, des réunions au Palais-Royal, au Perron, c'est-à-dire à l'endroit où commence la rue Vivienne, près, par conséquent, du local de l'ancienne Bourse. On la rétablit au Louvre le 10 mai 1795, puis on la referma de rechef le 13 décembre de la même année pour l'ouvrir à nouveau, mais définitivement cette fois, le 12 janvier 1796. Peut-être cette dernière fermeture ne fut-elle qu'une interruption momentanée due à des nécessités purement locales. En tout cas, elle s'installa dans l'église des Petits-Pères, où elle se tint jusqu'en octobre 1807. De mai 1795 (ou pour parler plus exactement du 23 août, car, si la Bourse ouvrit en mai, les cours ne commencèrent à être cotés qu'à cette dernière date) au 19 novembre 1796, ce fut en valeur assignats que l'on établit le prix des inscriptions. Ainsi, une inscription de rente de 5 livres, payables en assignats, valait 460 livres assignats le 13 décembre 1795, et 600 le 28 mai 1796. Ajoutons que, au prix de l'assignat en numéraire à cette époque, ce dernier cours ne représentait que... 1 fr. 50 c.!

Du 20 mai 1796 au 17 janvier 1797, il y eut interruption totale de cours cotés, et, à partir de cette dernière date (c'est celle que nous avons prise pour point de départ de nos tableaux), ce fut en numéraire que les négociations se firent. Le premier cours fut 8.25.

Les inscriptions étaient jouissance des 1er vendémiaire et 1er germinal ; c'est là l'origine des époques, 22 septembre et 22 mars, adoptées jusqu'en 1852 pour les échéances des arrérages du 5 0/0 et encore en usage aujourd'hui pour le 4 1/2 0/0 et le 4 0/0.

Les débuts politiques du Directoire furent assez heureux pour que, les brillants succès de Bonaparte, de Hoche et de Moreau aidant, la confiance des créanciers de l'État fit atteindre aux inscriptions 5 0/0 le cours bien inespéré de 36.75 (juin 1797). Malheureusement cela ne continua pas ; le coup d'État politique du 18 fructidor an V (4 sept. 1797) précéda, de peu de jours, la banqueroute financière du 9 vendémiaire an VI (30 sept. 1797) que, par un euphémisme, cynique chez les uns, insensé chez les autres, on appela *Remboursement des deux tiers*. En fait l'État ne servit plus que le tiers des arrérages convenus et le capital des deux autres tiers ne fut jamais remboursé, à une infime exception près. L'ancienne rente cessa d'être cotée le 7 janvier 1798, et la nouvelle, appelée *tiers consolidé*, commença à l'être le 10, en assez forte hausse, tant la confiance était disposée à reprendre, puisque les anciennes inscriptions fermaient à 7 fr., quand les nouvelles, ex-Bon des deux tiers cependant, débutaient à 17 fr. Le tiers consolidé atteignit même 24.25 (13 janvier 1798), mais pour redescendre peu à peu jusqu'à 9 francs (décembre 1798), par suite de la politique guerroyante adoptée, à cette époque, par le

Directoire. Durant l'année 1799, au moins jusqu'au coup d'État du 18 brumaire (9 nov. 1799), les prix sont languissants, variant de 16 fr. (janvier) à 7 fr. (sept. et oct.). Le 17 brumaire la rente ferme à 11.38 ; l'opinion publique fortement surexcitée a déjà le pressentiment de ce qui va s'accomplir. On a tellement besoin d'un gouvernement stable et ayant une volonté, on sort d'un régime si incapable et si vénal, que le monde des affaires accepte avec joie le coup d'État du 18 brumaire et la rente dépasse 20 francs (22.50 le 20 novembre).

L'Administration va, comparativement à ce qui se passait avant l'an VIII, faire des progrès sérieux. La rente, payée en assignats au pair en 1794 et 1795, assignats ou autres papiers, partie au pair, partie au cours des espèces, du 22 mars 1796 au 22 mars 1800, est, à partir du 22 septembre 1800, servie exclusivement en numéraire. Les finances n'inspireront plus de craintes sérieuses; les besoins plus ou moins grands de capitaux seront seuls, ou à peu près, à causer les fluctuations des cours. C'est ce qui explique la hausse qui, d'année en année, conduira le 5 0/0 consolidé (c'est ainsi qu'on l'appelle depuis le 21 mai 1802) de 7 francs, plus bas cours, comme on l'a vu, en 1799, à 93.40, plus haut cours de 1807 et de tout le premier empire. Les mémoires de Mollien nous apprennent que la reprise de la confiance ne fut pas le seul mobile qui donna cette impulsion aux cours; des rachats officiels y contribuèrent. Le résultat fut un désintéressement graduel de l'opinion publique dans la conduite politique du gouvernement et une absence de prévoyance qui ne cessera qu'en 1813, trop tard pour empêcher les fatales conséquences du système impérial. On fait donc 93.40 le 27 août 1807, pour n'y revenir que sous la Restauration. C'est en cette même année que, le 7 octobre, la Bourse de Paris fut transférée de l'église des Petits-Pères, rendue au culte, au Palais-Royal, galerie dite de Virginie, où elle séjourna jusqu'en 1818. De 80.20 (9 janvier), plus haut cours de 1813, nous allons voir le 5 0/0 tomber d'autant plus que les succès de nos ennemis s'accentueront. Cependant, malgré le cours de 71 (24 mars) on touche encore 76.80 le 7 mai, même 77 le 19 juin et le 29 juillet. Mais, à partir du 1er septembre (75.10), la baisse s'accentue et l'on reste à 64 en septembre, puis à 52 en octobre, pour toucher 49.25 en novembre et même 47.50 le 29 décembre. A partir de ce cours, on peut dire que la baisse est faite. Le public financier a enfin compris que l'Empire n'est plus, et, faisant violence à ses sentiments patriotiques, il regardera mentalement l'intervention étrangère presque comme un bienfait, puisqu'elle le délivrera de l'Empire et de son système de guerre à outrance. C'est ce qui explique pourquoi, le 29 mars 1814, avant-veille de la capitulation de Paris et jour du départ de l'impératrice-régente et du roi de Rome pour Blois, la rente fut cotée, coupon détaché, à 45, et le jour même de la capitulation 47.50, soit sans nouvelle baisse depuis trois mois, malgré les hontes et les douleurs de l'invasion et les espérances déçues de la campagne de France.

Bien plus, on monte! le 6 avril 1814, moins de sept jours après la reddition de Paris, le 5 0/0 fait 66. C'est que Louis XVIII vient d'être *librement* proclamé roi par les *sénateurs de l'Empire*, et, le public, qui fait peu de politique, n'y voit, malgré la présence de nos envahisseurs, qu'une chose, la paix, la seule conquête qu'il veut acclamer désormais. En dépit des fautes des ultras, la Restauration, malgré son origine regrettable, se fait accepter du public producteur et le 5 0/0 fait 80 le 29 août 1814. Rendons hommage de ce résultat à l'habileté de Louis XVIII et à l'esprit plein de ressources du Ministre des Finances d'alors, le baron Louis. De cette époque à la fin de 1814, la rente ne tomba pas au-dessous de 71. On revint même, le 3 mars 1815, à 81.65. On ignorait encore le retour de Napoléon qui avait débarqué le 1er mars au golfe Juan. Mais bientôt la nouvelle se répand; le 6 au soir elle est officielle et le 5 0/0 tombe à 70 le 7, à 65.50 le 13 mars. Le 20 mars il entre à Paris; la rente, dans un moment d'enthousiasme et de réaction contre l'invasion et ses suites, remonte à 74. Mais le calme renaît, on envisage plus froidement la situation et on fait 67.90 le 21 mars, et 55 le 25 avril. Les intentions de l'Empereur sont-elles de bonne foi libérales ou sont-elles restées autoritaires comme auparavant? Cette question se trouve bientôt dominée par la situation extérieure: la coalition (14 avril) ne reconnaît que Louis XVIII pour souverain légitime. Là est la vraie cause de la baisse. En huit jours la question militaire est résolue. Waterloo a prononcé! Le 20 juin au soir, on apprend la nouvelle du désastre en même temps que le retour trop confirmatif de Napoléon à Paris; la rente, tombée à 53, se relève à 55.50 le 21 juin, puis à 60 le 22 et 66 le 30 juin; le 4 juillet même, le lendemain de la seconde capitulation de Paris, le 5 0/0 fait 69.75. Ne nous en étonnons pas; on sent avec le cœur, mais on raisonne avec la tête et c'est la tête qui dirige la Bourse.

La cessation, cette fois définitive, de l'état de guerre continentale agit d'abord seule sur la Bourse, qui ne se montre plus sensible ensuite qu'aux conséquences des actes financiers. Le réveil politique agira plus tard, en 1823. Pour le moment, la France liquide les conséquences du régime déchu, et la Bourse s'occupe peu de la terreur blanche qui accompagne les débuts de la seconde Restauration; elle ne se préoccupe guère davantage de voir un régime parlementaire basé sur 17,200 électeurs seulement, et, encore, choisis selon le cens et non en raison des capacités. A part un peu d'émotion causée par les condamnations à mort, à la fin de 1815, de Ney, Labédoyère, Lavalette, etc., le 5 0/0, tombé à 52.30 les 30 novembre et 2 décembre, rebondit à 64 (27 décembre) pour finir l'année à 60 francs. Les trois années 1816, 1817 et 1818 seront laborieuses. Elles verront l'émission de toutes les rentes nécessaires pour la liquidation de l'Empire et des deux invasions. Aussi le 5 0/0 ne montera-t-il pas au-dessus de 64.40 en 1816 et de 69 en 1817. En 1818, une hausse graduelle le conduit à 80 francs. Elle a permis de faire un emprunt par souscription publique en mai, le premier émis de cette sorte depuis la Révolution. Des excès de spéculation, dans le détail desquels nous n'entrerons pas ici, causent à la Bourse, d'octobre à décembre, une crise intense. Le 10 décembre, le roi a annoncé l'évacuation complète du sol national et le 12 on fait 60 francs. Certains attribuent cette baisse à l'instabilité éventuelle du gouvernement d'alors, n'étant plus appuyé sur les baïonnettes étrangères. Cet élément a dû figurer, en effet, mais pour partie seulement, dans les causes qui ont ramené le cours de 60 francs, que nous ne reverrons plus d'ailleurs qu'en 1848.

Pendant la dernière de ces trois années, la Bourse changea de local. On la transféra du Palais-Royal dans un hangar parqueté de planches mal jointes situé sur l'emplacement du couvent des Filles-Saint-Thomas, actuellement occupé par la Chambre de commerce. L'entrée était rue Feydeau, en face la rue de Montmorency. C'est là qu'eurent lieu les grandes opérations dont nous venons de parler et celles qui ont illustré le ministère de M. de Villèle.

En dépit des difficultés, souvent motivées, que souleva l'opposition libérale, qui commit l'inconséquence inouïe de prendre Napoléon pour idéal, le règne de Louis XVIII vit, grâce à l'habileté de ce prince, le 5 0/0 gagner chaque année une nouvelle avance. Le 4 septembre 1819, il fait 73.15; le 7 juillet 1820, malgré l'assassinat du duc de Berry (13 février 1820), qui causa une baisse de 4 fr. effacée avant l'expiration du mois, il touche presque à 80 fr. Plus de vingt ans après, un événement semblable, la mort du duc d'Orléans, le 13 juillet 1842, sera également l'occasion d'une baisse de 3 fr.; mais, également aussi dans un délai de 30 jours, le 5 0/0 aura regagné cette différence et tout sera oublié. Ainsi va la Bourse; elle ne s'occupe que des dangers proches; un malheur probable, mais dans un avenir lointain, la laisse indifférente. En octobre 1821, le 5 0/0 dépasse 90 fr.; le 5 septembre 1822, il atteint 95 fr., pour retomber, il est vrai, le 28 janvier 1823, à 75.50, à la suite du discours de la Couronne qui laisse entrevoir, comme fort probable, la nécessité d'une intervention militaire en Espagne. La confiance revient cependant, et l'année suivante une hausse progressive fait atteindre le pair à notre rente, à la fin de février 1824. C'est la première fois que notre fonds parvient à ce cours. Il le dépasse bientôt pour toucher 104.80 le 5 mars 1824.

Ce prix favorable autorise le gouvernement à annoncer, le 23 mars, une conversion des rentes; la bourse qui la pressentait, avait ramené le 5 0/0 à 98.80 coupon détaché (11 mars). Cette opération ne se fera néanmoins pas sous Louis XVIII. Ce monarque mourut le 16 septembre 1824 et son frère, vieillard de 67 ans, imbu des préjugés de l'ancien régime, lui succéda sous le nom de Charles X. La Bourse, selon sa coutume, escompta cet événement; le 5 0/0 qui était revenu à 104.80 le 22 mai 1824, fit 97.70, en juillet, dès que l'on pressentit la mort prochaine du Roi. On se remit cependant assez promptement, surtout en considérant que le même cabinet continuait à diriger les affaires et nous revoyons le cours de 103.05 en octobre 1824 et 106.25 en mars 1825. 1825! date fameuse dans les annales financières de la France. Elle voit, en effet, d'abord la conversion facultative du 5 0/0 en deux nouvelles rentes, le 4 1/2 0/0 et le 3 0/0. Cette opération, qui eût été encore meilleure si on avait adopté en entier le plan du comte de Villèle, fut accompagnée d'une autre de bonne politique et toute de pacification intérieure, le milliard d'indemnité aux émigrés qui effaça, en les liquidant définitivement, les dissentiments graves existant entre les anciens propriétaires de biens nationaux et les nouveaux acquéreurs, et rassura la propriété immobilière.

Ce bon début du nouveau règne lui profita et le mouvement régulier de hausse du 5 0/0 reprit son cours. 1826 ne voit pas de prix supérieur à 101.05 (septembre), mais le 16 août 1827 on cote 104.70, le 4 septembre 1828 109, enfin le 3 mars 1829 110.65, cours que nous ne reverrons plus que sous le règne suivant. Le 3 0/0 obéissait, mais avec plus d'énergie, à la même impulsion et, le 5 décembre 1829, il faisait 86.10, soit en hausse de plus de 12 francs depuis le commencement de l'année. Des arbitrages nombreux motivèrent cette ascension beaucoup plus considérable, relativement, sur le 3 0/0 que sur le 5 0/0. Mentionnons ici le transfert de la Bourse de Paris dans son local définitif, le palais actuel, le 6 novembre 1826. Prenons note également de la création du 4 0/0, en janvier 1830, due à l'émission d'un emprunt public.

Un hiver rude et prolongé, la cessation des travaux et la cherté du pain servent de prélude à la chute de la branche aînée. Les fautes de Charles X, disons mieux, son manque de probité politique, la précipitent et malgré l'expédition heureuse qui nous donne l'Algérie, les journées de juillet voient le départ du vieux roi et du duc de Bordeaux (le comte de Chambord) son petit-fils, et le mois d'août l'intronisation du duc d'Orléans (on n'est jamais trahi que par les siens), sous le nom de Louis-Philippe Ier. Le 5 0/0 était à 109.85 le 10 février et le 3 0/0 à 85.35 le 18 janvier 1830. A la fin de mai le premier est encore à 104.50 et le second à 83.50; le 30 juin, les cours respectifs sont 104.05 et 77.65 ex-coupon de 1.50, il est vrai. Le 27 juillet, le 5 0/0 tombe à 99 fr. et le 3 0/0 à 72, après avoir fait le premier 106.25 et le second 80.25, tous deux le 6 juillet.

L'enthousiasme, par une exception assez rare, s'empara à cette époque de la Bourse, et, en dépit des difficultés nées de la Révolution de 1830, le 5 0/0 débuta le 5 août 1830 (jour de la réouverture de la Bourse) à 102.50, soit en hausse de 3.50, et le 3 0/0 à 75, soit en reprise de 3 francs. Bien plus, dans le courant d'août, le 5 0/0 fit 104.70 et le 3 0/0 79.50 pour rester, il est vrai, le premier à 101.95 et le second à 72.55. La baisse ne se déclara que peu à peu et c'est le 17 décembre que le 5 0/0 et le 3 0/0 tombèrent respectivement à 84.50 et 55; les esprits étaient, à ce moment, profondément agités par le procès fait aux derniers ministres de Charles X.

Cependant le commencement de 1831 voit une légère amélioration dans le prix des fonds. Le 5 0/0 fait 94.40 le 4 janvier et le 3 0/0 63. Mais les difficultés politiques (procès d'avril contre les républicains) s'accroissent de l'atonie des affaires due d'ailleurs au défaut de confiance et les rentes françaises 5 0/0 et 3 0/0 tombent le 2 avril à 74.80 et 46. La dissolution des Chambres ramène bien, en mai, le 5 0/0 à 93 et le 3 0/0 à 66.70, mais les cours reperdent, par suite de troubles dans les rues, une partie du terrain gagné; le 5 0/0 fait, le 4 août, 80 francs et le 3 0/0 49. A dater de ce moment, un mouvement ascensionnel se déclare, qui conduira, d'étape en étape, le 5 0/0 à 98.80 et le 3 0/0 à 70.50 (décembre 1831).

L'année 1831 a vu une insurrection terrible éclater à Lyon (le 22 novembre); c'est à Paris (5 et 6 juin) que l'année 1832 aura eu la sienne. Les cours, à la Bourse, se ressentent peu de ces fratricides conflagrations; on a foi dans le résultat final, et on s'y rencontre pour des calculs intéressés, non pour échanger des sentiments. Les attentats particuliers contre la vie du roi y feraient plus d'effet; ils amèneraient une modification plus sensible dans les conditions de sécurité du présent; cependant cet effet est encore limité, car on ne connaît l'acte que le danger passé. C'est ce qui explique que, une fois satisfaite de la marche générale du gouvernement, la Bourse ne soit plus impressionnée, en fait de politique, que par les opérations de finances et surtout les appels au crédit. Joignez-y les causes commerciales ou industrielles qui peuvent faire plus ou moins rechercher les capitaux disponibles et vous aurez l'ensemble des mobiles qui font varier les cours. Aussi l'absence d'emprunts publics de 1832 à 1841 laisse-t-elle les prix s'élever librement chaque année durant cette période, en dépit des troubles qui se produisent de temps en temps dans la rue, et des attentats qui se commettent sans atteindre heureusement le résultat cherché.

Les emprunts, sous le règne de Louis-Philippe, sont, même, généralement motivés par les travaux publics, les chemins de fer particulièrement, auxquels il est donné une extension dont la Restauration, déjà occupée à liquider l'Empire et ses suites, avait donné l'exemple en 1821 et 1822, au sujet de la canalisation artificielle ou naturelle du pays. Ce but convertit l'emprunt, pour ainsi dire, en opération particulière; souscrire des actions dans des entreprises industrielles, comme cela se fit avec ardeur dès 1835, et surtout de 1837 à 1838 et plus tard, ou participer à un emprunt est toujours capitaliser l'épargne du pays d'une façon reproductive. Aussi la hausse ne s'arrête-t-elle pas à 1842, année fameuse par la loi du 11 juin sur les chemins de fer, loi qui, nonobstant *quelques* imperfections, a le mérite de l'action, et l'impulsion continuera jusqu'en 1844, année où les cours atteindront, sur le 5 0/0 au moins, le point culminant du règne. C'est à partir du 20 mai 1844 seulement que les marchés à terme, fermes et à prime, commencèrent à être officiellement admis sur le cours authentique. Disons également qu'à Paris la rente ne s'est jamais négociée à terme que fin du mois. Celles des autres valeurs admises au bénéfice des négociations à terme, ont pu échanger à des liquidations bi-mensuelles, dès juin 1844. Disons enfin, pour n'y plus revenir, que, d'octobre 1859 à août 1866, les liquidations, même pour ces valeurs, ont été uniquement mensuelles.

Cependant on croit entendre des cris de guerre en 1840; cet éclair précurseur d'un orage qui, heureusement, fondit dans les airs, fait, néanmoins, descendre notre 5 0/0 de 116.40 et notre 3 0/0 de 82.80 (10 août), le premier à 100.30 et le second à 68.50 (14 septembre). Remonter prend toujours beaucoup plus de temps que descendre; aussi n'est-ce qu'en août 1841 que le 5 0/0 a regagné le terrain perdu. Le 3 0/0, moins bien classé, est encore plus long à reprendre son assiette, et il faut aller jusqu'en mai 1842 pour revoir un cours approchant celui du 10 août 1840. Mais enfin, grâce à la politique franchement pacifique du roi, cette impression s'efface et, le 4 mars 1844, on cote le 5 0/0 à 126.30. C'est le plus haut cours auquel il soit jamais parvenu. Le 3 0/0, que nous avons vu faire 86.10, sous la Restauration, a déjà atteint, en 1840, le cours de 86.65 qu'il ne dépassera plus, quoiqu'il revienne à 86.40 en 1845. A partir de 1845, la crise, inévitable après un si grand développement d'affaires, commence à poindre; elle atteindra son maximum d'intensité en 1847; mais alors la politique dominera, et l'entêtement fatal du Gouvernement et du Roi à méconnaître la justice de l'adjonction des *capacités* aux électeurs censitaires fera oublier le développement de prospérité que ce règne, continuant les errements de la Restauration, aura grandement facilité, parfois même amené, et la Révolution de 1848 se fera au grand étonnement de ceux qui pensent qu'avec le temps, la logique perd ses droits, et Louis-Philippe, à son tour, prendra, avec son petit-fils (le comte de Paris), le chemin de l'exil. Au 31 décembre 1847 aucune apparence extérieure ne trahit les événements qui rendront célèbre le trimestre suivant. Le 5 0/0 finit à 117, le 3 0/0 à 75.15. La crise des subsistances, la rareté des capitaux, l'effet du procès et de la condamnation d'un ancien ministre et d'un général en activité pour faits de corruption, ainsi que de l'assassinat commis par un pair de France sur sa femme agissent encore sur les prix; il y a déjà de l'inquiétude, il n'y a pas encore de craintes. Une réforme électorale intelligente calmerait tout. Le Roi déclare *ennemis ou aveugles* ceux qui la demandent; la majorité légale souligne ces mots dans l'adresse en réponse au discours du Trône, et, le 24 février, la Monarchie de 1830 a cessé d'exister. Le 5 0/0 finissait le 23 à 116.10 et le 3 0/0 à 73.70. Le 7 mars, jour de la réouverture tardive de la Bourse, le premier débute à 97.50 et le second à 58. Le 9, on cote 70 francs le 5 0/0, 47.50 le 3 0/0, et le 5 avril, le premier tombe à 50 francs et le second à 32.50. Ce sont les plus bas cours de l'époque, et jamais on ne les a atteints depuis, même aux plus mauvais jours. Ne rendons pas la forme de Gouvernement responsable des causes qui ont motivé ces prix; la République, légalement établie il est vrai, n'a cependant pas été acceptée, en fait, par le pays, et le vote contre l'honorable général Cavaignac pour les fonctions suprêmes de Président, témoigne assez de la volonté tacite de la nation à en repousser le principe. L'Empire était fait, non en 1851, mais dès le 10 décembre 1848. La Bourse, raisonnant en homme d'affaires, le juge ainsi et le 5 0/0, qui, avant l'élection présidentielle, faisait 65 francs (environ), touche presque 80 francs une fois le résultat connu. Il n'y avait qu'à s'incliner, et les efforts légalement faits pour rester dans la forme établie par la Constituante devaient fatalement être infructueux, tout méritoires qu'ils pouvaient être. Ils n'ont eu qu'un résultat, peu prévu par leurs auteurs, c'est de faciliter le crime politique du 2 décembre 1851. Enregistrons les derniers cours du 29 novembre 1851 : 5 0/0 91.45 et 3 0/0, 56.50. Le 2 décembre, le premier fit 89.10 et le second 54.75; le 3, 91.50 et 56.40; le 8, 96.50 et 60 (58.50 ex-coupon); enfin, le 22, 103 et 66.75.

La hausse continue; le 5 0/0 fait 106.50 le 7 janvier 1852; ce cours se répète le 5 mars suivant; une conversion (elle avait été systématiquement repoussée par la Chambre des pairs, sous Louis-Philippe) devient possible et est exécutée avec talent ; les capitaux se reportent sur le 3 0/0 et ce fonds qui restait à 67 francs le 31 décembre 1851, devient, au détriment du 5' et de son succédané le 4 1/2 0/0, la valeur favorite de la spéculation et touche 86 francs le 17 novembre 1852; ce même mois n'avait vu que 107 au plus haut pour le 4 1/2 0/0. Saluons ces cours, nous ne les reverrons plus!

Nous entrons dans une ère nouvelle; le Gouvernement s'efforcera de détourner l'esprit public de la politique pour l'appliquer aux affaires. Grâce à d'heureuses inspirations il y réussira, trop bien même, car lorsqu'il voudra réveiller l'apathie politique du pays il n'y parviendra pas, tant la léthargie appelée par lui sera grande, et lui-même étouffera sous le poids de la responsabilité et des fautes inhérentes, dans sa vieillesse, à tout pouvoir omnipotent.

N'anticipons pas. La guerre contre la Russie fait tomber le 3 0/0 à 61.50 (avril 1854), malgré le succès de l'emprunt de 250 millions. Un second emprunt de 500 millions (déc. 1854), puis un troisième de 750 (juillet 1855) sont le coût, pour nous, de cette opération politique, dont les résultats acquis ne devaient pas durer plus de quinze ans. Le pays financier voit avec regrets cette infraction à la devise l'*Empire c'est la paix*; il aspire après la cessation des hostilités. Ce qui le prouve, c'est que, le 2 mars 1855, le 3 0/0 faisait 66.40; le lendemain, sur la nouvelle de la mort de Nicolas, avant-coureur, croit-on, de la paix, la rente bondit à 71.75; ce fait a sa valeur.

Une remarque utile à faire c'est que, sous la Restauration, de 1818 à 1829, sous le règne de Louis-Philippe, de 1831 à 1844, il y a eu une période de hausse progressive qui a mené le 5 0/0 de 60 à 110.65 la première fois, de 75 à 126.30 la seconde, et cela, à peu près sans réaction sensible, à part un ou deux incidents, comme les complots bonapartistes ou la guerre d'Espagne, sous la Restauration, la crainte d'une guerre européenne en 1840. Sous le second Empire il n'en est pas ainsi et la sécurité ne semble pas aussi complète. En 1856, en 1858, le 3 0/0 semble vouloir s'élever et fait 75.45 la première année, 74.95 la seconde, mais ces efforts sont vains et la valeur retombe vers 65, même aux environs de 60. En 1862, nouvelle tentative, le 3 0/0, arrivé à 72.90, rechute en 1864 et 1866 (Sadowa). En 1869 et 1870, à la suite du plébiscite qui renouvelle l'Empire et fait espérer à certaines personnes des tendances plus effectivement libérales que les promesses antérieures, le 3 0/0 monte à 73.90, puis à 75.10. Serait-il arrivé plus haut sans la guerre de 1870-71? Cela est probable. Si le gouvernement impérial avait rompu de bonne foi (le pouvait-il?) avec les idées purement autoritaires, le monde des affaires aurait eu confiance et l'Empire aurait eu, enfin, ses dix ou quinze années de hausse continue. Ses fautes, vice originel, en ont disposé autrement.

En 1859, la certitude de la guerre avec l'Autriche fit tomber, le 3 mai, le 3 0/0 à 60.50 et le 4 1/2 0/0 à 87.75. Un emprunt d'un demi-milliard se contractait à la même époque ; mais qu'est-ce que cette bagatelle si on eût cru à l'avenir?

La guerre finie, on revient, nous l'avons dit plus haut, à 72.90 le 3 0/0 et à 101 le 4 1/2 0/0. Cette hausse se trouvait justifiée par l'élan donné à la production, grâce à l'introduction partielle du libre-échange dans notre politique commerciale vis-à-vis de nos voisins. (Se rappeler la lettre de l'Empereur du 5 janvier 1860.) Mais rien ne compense la foi en l'avenir, et cette foi-là ne s'impose pas ; ce sont les faits qui la font naître.

Vers cette époque (1862), une conversion, beaucoup moins heureuse que celle de 1852, suscita la création d'un nouveau 3 0/0 qui remplaça l'ancien ; les échéances des arrérages de ce nouveau fonds sont trimestrielles, heureuse innovation qui ne compense malheureusement pas les dommages produits au Trésor public par l'opération qui la motiva.

En 1864, des faits de la politique extérieure (guerre des Duchés en Danemark, guerre civile aux États-Unis) ramènent le 3 0/0 à 64.45.

En 1866, la guerre entre l'Autriche et la Prusse est déclarée et tant que l'on craint de nous y voir prendre part, les cours sont bas ; on cote 62.45 le 5 juin et le 4 juillet, ignorant encore la bataille décisive de Sadowa, livrée le même jour, on fait 64.30 et on ferme à 65.40. Le lendemain la nouvelle est connue et le 3 0/0 ouvre à 70 francs. On est imprévoyant, on ne pense qu'au présent, c'est possible ; cela même est, comme nous l'avons déjà vu, dans le tempérament de la Bourse ; mais ce qui est certain, c'est que l'on croit à la paix et qu'on la veut, surtout.

Somme toute, l'Empire eût été accepté par la Bourse, si les actes peu mesurés du gouvernement n'avaient pas trahi une politique d'aventures. La richesse du pays s'est grandement développée sous ce régime comme elle l'avait d'ailleurs déjà fait sous Louis-Philippe, et même la Restauration ; mais ce qui accrut principalement son essor, ce que ces derniers gouvernements n'avaient pas su faire, l'application de la liberté économique, Napoléon III la pratiquait, au moins dans une mesure inaccoutumée chez nous. Malheureusement, se reportant à l'origine du gouvernement, aux mœurs politiques de son chef, on est vivement tenté de trouver durement acquise cette prospérité toute matérielle.

Aussi les dernières années du régime impérial sont-elles signalées par des fautes d'un caractère de gravité si évident, qu'il faut nécessairement croire, non à la fatalité, mais à des causes originaires dont on ne peut plus éluder les conséquences. Le règlement de l'affaire du grand-duché de Luxembourg, entre la Prusse et nous, s'opère à notre avantage. Des tendances libérales accentuées se font jour, et le gouvernement lui-même, privé successivement de tous les appuis qui lui ont permis de vivre jusqu'alors, les accueille avec quelque espoir. Sur son initiative, on vote, en 1869, un sénatus-consulte qui intronise, en majeure partie, le gouvernement parlementaire. Le cabinet Ollivier inaugure l'année 1870, dont on était loin, alors, de prévoir la triste fin. Un plébiscite renouvelle, le 8 mai, le pacte entre la nation et la famille Bonaparte, à la suite de la publication d'une nouvelle édition fort modifiée de la constitution impériale. Homme de bourse, nous ne parlons que des faits, sans discuter les principes. A ce point de vue, l'Empire va avoir une longue durée ; il a les organes d'un gouvernement viable, et Napoléon III peut disparaître du monde ; pour la première fois depuis cent ans, on verra le fils succéder à son père sur le trône de France. Le 3 0/0 dépasse 75 francs, cours qu'il n'avait pas vu depuis 1856. Vain espoir, vains projets ! Une faute, la dernière qui lui restait à commettre, avait dit M. Thiers, va précipiter le gouvernement impérial dans l'abîme et risquera d'y entraîner la France à sa suite.

Nous passerons rapidement par-dessus les événements militaires de 1870-71, et le double crime de la Commune (révolte armée, et division du pays, l'ennemi l'occupant). Nous nous contenterons de remarquer que le 3 0/0 n'est jamais descendu durant cette douloureuse épreuve, au-dessous de 50 francs, et que le billet de la Banque de France n'a jamais perdu d'une manière sensible et stable (10 0/00 en septembre 1870 ; 5 0/00 en octobre ; 3 0/00 en mars 1871), quoiqu'on soupçonnât l'importance des découverts courageusement consentis par cette institution en faveur du Trésor, et que l'on pressentît la quantité d'effets impayés qui s'accumulaient dans son portefeuille. Disons de suite que le commerce français a honorablement fait face aux difficultés d'une importance inouïe, devant lesquelles il se trouvait. Sur 874 millions d'effets prorogés, il n'y en eut que 277 tombés en souffrance, dont 270 rentrés avant la fin de 1872.

Le relèvement de la France est dû en grande partie à son crédit, ne nous le dissimulons pas, et c'est le côté le plus consolant de nos malheurs, car le crédit, c'est l'honneur des temps modernes. C'est lui qui nous a permis de payer la rançon de nos départements occupés et de ne pas désespérer de l'avenir, malgré les douloureux sacrifices que les événements nous imposaient parmi lesquels figure, hélas ! au premier rang, la dure séparation de nos chères provinces de l'Est. Les événements de 1871 et 1872 créent un nouveau 5 0/0 qui, par sa hausse rapide (80.25, juin 1871 ; 100 fr. septembre 1875 ; 107,25, juillet 1876), fait présumer, par avance, des intentions, bien plausibles d'ailleurs, de conversion. L'année 1876 s'écoulera cependant sans que cette opération se réalise.

Cette hausse, dont nous donnons les caractères à trois époques, est due à l'acheminement de la France vers un gouvernement définitif accepté, quoique indirectement, par la majorité du pays. En octobre 1873, le pouvoir exécutif, confié dans un moment d'angoisses au patriotisme éclairé de M. Thiers, est conféré pour sept ans au maréchal de Mac-Mahon, et le 5 0/0 ne tarde pas à faire le plus haut cours (93.60) de toute l'année, après avoir été à 85 en janvier. Ce cours de 93.60 est un minimum au-dessous duquel on ne descendra guère plus, et, en 1874 comme on a vu, on dépasse le pair. La constitution légale du gouvernement républicain (25 février 1875) est une seconde étape qui assure à la rente 5 0/0 des cours supérieurs au pair. Le fonctionnement régulier de cette organisation nouvelle consolide la hausse, l'accélère, et, si le cours de 107.25 n'est pas conservé, ne l'attribuons pas à des difficultés intérieures, mais bien aux craintes nées de la politique extérieure en Orient.

Nota bene. — Les tableaux que nous offrons au public sont extraits des documents suivants: *Cours des effets commerçables à la Bourse de Paris*; — *Cours authentique de la Bourse de Paris*; — *Moniteur universel*; — Journal *le Commerce*; — *Cours Bresson*; — *Cours de Choisy* (ces deux derniers réunis actuellement sous la direction de M. Desfossés); — *Cours authentique de la Bourse de Lyon*; — *Cours authentique de la Bourse de Marseille*, etc., etc.

Les cinq premiers donnent, **par mois**, les plus hauts et plus bas cours des rentes françaises et dans une dernière colonne, les cours moyens annuels.

Les soixante-seize suivants contiennent les plus hauts et plus bas cours **annuels** *au comptant* des principales valeurs négociées et cotées à Paris, Lyon, Marseille, etc.: à Paris, depuis la reprise des négociations légales en numéraire; à Lyon, depuis le 1er janvier 1844; à Marseille, depuis le 1er janvier 1857, soit au parquet, soit en banque (coulisse), etc.

L'espace parcouru (1797 à 1876) par ces soixante-seize tableaux est subdivisé en seize périodes quinquennales.

Trois tableaux supplémentaires donnent le cours de quelques valeurs non comprises dans les tableaux précédents, de 1842 à 1871, particulièrement de valeurs cotées en Banque.

Les colonnes comprises sous la dénomination de REPÈRES, servent à aider le lecteur à consulter ce recueil; à cet effet, chaque valeur a, sur tous les tableaux sur lesquels elle figure, le même numéro d'ordre.

Les points (....) indiquent que la valeur dont il s'agit n'existait pas encore, ou qu'elle n'était pas encore admise à jouir du bénéfice de la cote; sous ce dernier rapport, nos recherches ne se sont pas arrêtées à la cote authentique, et quand des publications quotidiennes ont régulièrement donné les cours faits hors parquet, nous les avons relevés et compris dans nos tableaux. Ce qui précède a principalement trait aux fonds publics étrangers sous la Restauration et le commencement du règne de Louis-Philippe, aux valeurs industrielles de 1835 à 1841, aux actions des Compagnies de chemins de fer d'octobre 1844 à fin 1847, à celles des Compagnies d'assurances et aux valeurs cotées *en Banque* de 1862 à fin 1876.

Les guillemets (») expriment l'absence de cours cotés.

Nous n'avons rien négligé pour que la colonne *Dénomination des valeurs* fût claire et précise et que les autres renseignements accompagnant cette dénomination des valeurs soient exacts.

Nous avons continué à donner les cours des actions de presque toutes les Compagnies d'assurances sous l'ancienne forme, c'est-à-dire en exprimant la prime (b-bénéfice) pour cent du pair nominal ou la perte (p) pour cent toujours du pair nominal sans nous préoccuper de la quotité des versements ou dépôts. Tous nos soins ont été acquis à cette partie fort méticuleuse de nos investigations statistiques.

Emprunts en rentes perpétuelles du Gouvernement français du 1er avril 1814 à 1877.

MODE DE NÉGOCIATION.	ADJUDICATAIRES.	DATE DE LA NÉGOCIATION.	PRIX DE NÉGOCIATION	NATURE DE LA RENTE.	RENTES ADJUGÉES.	CAPITAL ENCAISSÉ PAR LE TRÉSOR.	CAPITAL NOMINAL.	RENDEMENT AU PRIX de négociation 0/0
Négociation directe	Ventes sur place et à l'étranger	1816-1817	57 26[1]	5 0/0	6.600.000	69.763.000	120.000.000	8.73
Id	Baring frères et Hope et Ce	10 février 1817	52 50	—	9.090.909	95.454.546	181.818.181	9.52
Id	Id	11 mars 1817	55 50	—	8.620.689	95.689.655	172.413.780	9.01
Id	Divers	11 mars 1817	64 50	—	2.000.000	25.800.000	40.000.000	7.75
Id	Baring frères et Hope et Ce	28-30 juillet 1817	61 50	—	9.000.000	110.700.000	180.000.000	8.13
Id	Divers	1817-1818	67 60	—	1.288.402	17.420.613	25.768.040	7.39
Souscription volontaire	Le Public	9 mai 1818	66 50	—	14.925.500	198.509.150	298.510.000	7.52
Négociation directe	Baring frères et Hope et Ce	9 octobre 1818	67 »	—	12.313.433	165.000.000	246.268.660	7.46
Publicité et concurrence	Hottinguer & Ce, Baguenault & Ce et Delessert & Ce	9 août 1821	85 55	—	9.585.220[2]	164.003.114	191.704.400	5.84
Id	De Rothschild frères	10 juillet 1823	89 55	—	23.114.516	413.980.981	462.290.320	5.58
Id	Id	12 janvier 1830	102 07 1/2	4 0/0	3.134.950	80.000.005	78.373.750	3.92
Id	Diverses maisons	19 avril 1831	84 »	5 0/0	7.142.858	120.000.014	142.857.160	5.96
Souscription volontaire	Le Public	1831	100 »	—	1.021.945	20.438.900	20.438.900	5 »
Publicité et concurrence	Rothschild frères, Davillier & Ce et Hottinguer & Ce	8 août 1832	98 50	—	7.614.213	150.000.000	152.284.260	5.07
Id	De Rothschild frères	18 octobre 1841	78 52 1/2	3 0/0	5.730.659	150.000.000	191.021.966	3.83
Id	Id	9 décembre 1844	84 75	—	7.079.616	200.000.000	235.988.200	3.54
Souscription volontaire	Les Déposants aux caisses d'épargne	1837-1845	100 »	4 0/0	8.092.647	202.316.175	202.316.175	4 »
Publicité et concurrence	De Rothschild frères	10 novembre 1847	75 25	—	2.569.413	64.450.878	85.647.100	3.99
Souscription volontaire	Le Public	mars 1848	71 60	5 0/0	1.826.387	26.182.089	36.567.740	6.98
Id	Id	27 juillet 1848	75 25	—	13.107.000	197.260.350	262.140.000	6.64
Souscription obligatoire	Les Porteurs de bons du Trésor	Déc. du 7 juillet, Loi du 21 nov. 1848	46 40	3 0/0	15.694.360	233.228.653	523.145.333	6.45
Id	Les Déposants aux caisses d'épargne	Id. Id. 1848	71 60	5 0/0	19.620.808	280.969.971	392.416.160	6.98
Id	Les Etablissements tontiniers	Décret du 29 juillet 1848	69 »	—	447.476	6.162.444	8.949.520	7.24
Id	Les Communes et div. établ. publics	Id. 1848	45 »	3 0/0	11.869	178.035	395.633	6.66
Id	Les Actionnaires du chemin de fer de Lyon	Décret du 17 août 1848	71 83[1]	5 0/0	6.817.349	97.951.665	136.346.972	6.96
Souscription volontaire	Le Public	14-25 mars 1854	92 50	4 1/2 0/0	4.550.640	93.541.085	101.125.333	4.86
Id	Id	Id. 1854	65 25	3 0/0	7.159.590	155.721.085	238.653.000	4.59
Id	Id	3-14 janvier 1855	92 »	4 1/2 0/0	8.052.120	164.621.120	178.936.000	4.89
Id	Id	Id. 1855	65 25	3 0/0	15.857.530	344.901.226	528.584.333	4.59
Id	Id	18-29 juillet 1855	92 25	4 1/2 0/0	4.389 760	89.990.080	97.550.222	4.87
Id	Id	Id. 1855	65 25	3 0/0	31.699.740	689.469.352	1.056.658.000	4.59
Souscription obligatoire	Les Actionnaires du palais de l'Industrie	Loi du 6 juin 1857	69 17	—	441.176	10.169.107	14.705.867	4.34
Id	La Banque de France	Loi du 9 juin 1857	75 »	—	4.000.000	100.000.000	133.333.333	4 »
Souscription volontaire	Le Public	7-15 mai 1859	60 50	4 1/2 0/0	573.710	11.474.200	12.749.111	4 »
Id	Id	Id. 1859	90 »	3 0/0	25.199.660	508.193.678	839.988.666	4.95
Souscription obligatoire	La Caisse de la dotation de l'armée	1857-58-59-60-61	69 10[1]	—	7.942.315	182.947.678	264.743.833	4.34
Souscription volontaire	Les Porteurs d'oblig. trentenaires	Loi du 12 février 1862	66 49[1]	—	12.092.520	268.000.000	403.084.000	4.51
Id	Le Public	18-25 janvier 1864	66 30	—	14.249.339	314.910.392	474.977.965	4.53
Id	Id	6-13 août 1868	69 25	—	19.514.315	450.456.720	650.477.166	4.33
Id	Id	23-24 août 1870	60 60	—	39.830.119	804.568.400	1.327.670.633	4.93
Id	Id	20 juin 1871	82 50	5 0/0	138.897.640	2.291.811.060	2.777.952.800	6.06
Id	Id	15 juillet 1872	84 50	—	207.026.310	3.498.744.639	4.140.526.200	5.92
Totaux					737.318.733	13.164.980.639	17.629.378.516	

1. Prix moyen de la négociation.
2. Ce ne fut pas 9,585,220 fr. de rentes (5 0/0) qui furent adjugées le 9 août 1821, mais bien 12,514,220 fr.; seulement la différence (2.929.000 fr. de 5 0/0) provenant d'achats sur la place en 1818, nous n'avons, pour être d'accord avec les documents officiels, porté que le solde.

Plus hauts et plus bas cours mensuels et cours moyens annuels au comptant des Rentes françaises de 1797 à nos jours.

ANNÉES.	Janvier. pl. haut	Janvier. pl. bas	Février. pl. haut	Février. pl. bas	Mars. pl. haut	Mars. pl. bas	Avril. pl. haut	Avril. pl. bas	Mai. pl. haut	Mai. pl. bas	Juin. pl. haut	Juin. pl. bas	Juillet. pl. haut	Juillet. pl. bas	Août. pl. haut	Août. pl. bas	Septembre pl. haut	Septembre pl. bas	Octobre. pl. haut	Octobre. pl. bas	Novembre. pl. haut	Novembre. pl. bas	Décembre. pl. haut	Décembre. pl. bas	COURS MOYEN ANNUEL.	ANNÉES.
Inscriptions de rente sur le Grand-Livre de la dette publique. (17 janvier 1797 — 7 janvier 1798.)																										
1797	10 »	8 »	10 25	8 12	9 25	7 87	17 »	8 62	27 »	15 87	36 75	25 »	27 »	16 75	17 50	14 »	15 25	7 »	11 25	6 50	10 »	7 50	8 25	6 81	13 45	1797
1798	7 25	6 81	.....	.....	.....	.....	.....	.....	.....	.....	.....	.....	.....	.....	.....	.....	.....	.....	.....	.....	.....	.....	.....	.....	6 95	1798
Tiers consolidé. (10 janvier 1798 — 20 mai 1802.) — 5 0/0 consolidé. (21 mai 1802 — 10 mars 1832.) — 5 0/0. (11 mars 1832 — 2 avril 1852)																										
1798	24 25	17 »	21 50	19 »	20 62	15 50	17 50	13 25	16 12	14 75	15 37	13 25	17 50	13 50	18 »	15 50	19 87	16 87	18 75	13 50	13 »	10 50	13 25	9 »	15 80	1798
1799	16 »	9 75	11 87	10 12	11 25	9 37	11 87	10 »	11 62	9 »	11 25	9 87	10 25	8 50	8 50	7 25	8 75	7 »	11 87	7 »	22 50	10 »	22 »	17 50	11 19	1799
1800	21 25	18 »	21 »	17 37	24 »	19 50	23 75	17 37	27 50	19 75	34 50	26 37	35 50	29 37	37 75	30 75	36 50	34 12	37 25	34 12	36 87	30 75	44 »	33 75	28 43	1800
1801	59 75	42 »	68 »	57 75	57 »	51 »	57 75	52 25	54 87	48 »	52 12	46 »	47 25	41 75	50 »	39 50	54 »	46 »	63 »	52 25	60 75	52 60	55 75	52 25	52 18	1801
1802	59 »	53 35	57 60	56 »	57 90	55 »	57 40	53 30	57 70	55 60	56 10	53 05	54 20	52 50	54 75	50 15	53 75	50 80	55 80	52 65	54 15	52 75	57 »	52 75	54 72	1802
1803	57 80	55 80	64 60	58 »	66 60	54 25	56 25	54 25	55 »	47 »	50 35	47 75	53 45	50 70	55 75	53 10	54 90	51 25	52 30	51 15	52 50	51 »	53 75	51 50	53 54	1803
1804	55 90	53 75	58 40	55 30	58 »	52 20	55 45	54 »	59 50	55 20	59 »	57 10	59 75	57 »	57 80	55 15	57 »	54 25	59 20	55 50	59 45	58 »	58 75	57 20	56 84	1804
1805	58 75	57 30	62 25	55 30	64 40	58 »	58 40	56 65	60 90	58 20	62 15	60 15	62 50	60 90	62 »	58 »	56 90	54 90	63 30	54 40	62 10	58 30	60 75	59 10	59 41	1805
1806	62 60	60 40	62 95	61 60	63 80	61 »	62 75	64 75	62 75	64 70	65 25	62 »	68 15	64 80	68 25	68 10	68 05	64 60	69 40	63 30	75 75	69 10	77 »	70 80	65 51	1806
1807	77 10	74 90	76 30	74 50	75 30	72 50	73 60	74 30	75 20	73 »	77 80	75 15	81 20	77 40	93 40	80 45	92 50	82 »	87 30	83 »	87 80	84 80	87 20	85 50	79 70	1807
1808	86 90	85 10	86 60	85 05	85 60	83 »	87 40	84 30	88 15	86 40	86 80	84 50	85 90	83 90	85 15	79 75	84 90	78 25	81 »	80 »	81 »	80 »	80 75	78 10	83 64	1808
1809	80 55	78 70	80 30	79 25	80 25	77 »	83 40	77 15	84 »	81 30	83 40	81 45	83 10	76 90	79 80	78 »	79 10	76 25	79 90	77 50	80 80	79 10	80 25	79 50	79 60	1809
1810	79 20	78 40	83 15	79 »	84 50	80 60	84 90	80 50	80 85	80 30	81 60	80 50	82 20	80 25	82 80	80 90	82 75	80 35	80 75	80 35	80 50	79 40	79 90	78 85	80 86	1810
1811	81 85	79 30	81 80	81 05	81 50	78 25	78 85	78 »	79 »	77 70	80 30	78 85	82 40	80 »	83 25	82 10	83 05	80 45	82 60	80 85	83 40	82 20	83 »	82 »	80 84	1811
1812	83 »	84 70	83 60	82 95	83 30	79 15	80 30	79 50	81 55	80 25	82 30	81 30	82 70	81 80	83 25	82 75	83 »	80 20	82 10	81 10	81 45	78 65	79 20	76 50	81 18	1812
1813	80 20	77 15	79 55	78 05	78 10	71 »	74 75	70 80	76 80	72 20	77 «	73 40	77 »	74 45	76 95	72 20	75 10	63 25	65 »	52 »	58 »	49 25	56 75	47 50	70 08	1813
1814	53 75	46 »	57 59	47 50	56 »	45 »	66 »	49 50	63 »	56 50	70 25	60 90	69 50	64 75	80 »	68 80	79 50	72 25	75 50	73 40	74 25	71 30	73 90	71 10	59 36	1814
1815	78 50	72 90	80 25	77 50	81 65	65 50	69 »	55 »	62 25	56 »	66 »	53 »	69 75	56 »	69 »	55 »	62 80	56 50	69 20	56 35	57 75	52 30	64 »	52 30	63 41	1815
1816	64 »	59 80	64 40	59 90	63 25	58 50	59 70	58 30	60 50	58 90	60 10	58 70	59 15	57 »	57 70	56 90	58 25	55 40	58 40	57 45	57 85	54 50	56 »	54 50	59 25	1816
1817	61 »	55 05	61 40	59 50	61 75	59 50	66 25	61 20	69 »	66 85	67 »	63 40	69 «	64 25	69 »	67 90	68 75	65 50	65 60	64 35	66 »	63 60	65 »	63 05	63 90	1817
1818	67 »	64 75	67 40	66 »	67 45	65 25	68 30	65 80	69 60	67 25	74 50	69 15	78 »	74 25	80 »	77 80	79 90	73 10	76 40	71 »	72 »	68 »	69 50	60 »	70 65	1818
1819	70 »	65 60	71 70	66 »	68 70	64 85	67 75	66 05	67 15	66 15	69 40	66 85	71 80	69 20	72 30	70 95	73 15	69 60	71 35	69 30	71 10	67 50	71 45	67 75	68 34	1819
1820	72 70	71 30	74 35	70 10	74 80	71 60	74 35	73 20	74 95	73 45	77 15	73 25	79 60	77 40	79 10	76 90	77 60	73 50	75 50	73 70	77 80	75 60	79 40	77 10	75 08	1820
1821	82 45	79 70	85 65	81 25	85 80	73 75	82 90	81 30	85 50	82 »	87 30	85 35	86 45	85 30	88 60	86 05	88 60	85 35	90 65	88 45	90 60	89 20	89 35	82 25	83 73	1821
1822	87 70	83 35	94 70	87 70	91 40	88 25	88 25	86 10	89 80	87 60	92 30	89 65	92 05	90 60	94 20	94 85	95 »	94 85	93 85	92 60	93 25	85 »	94 10	86 50	89 64	1822
1823	88 90	75 50	84 90	76 50	82 35	76 75	86 60	78 25	89 70	84 95	89 20	86 20	92 05	88 30	93 05	90 80	92 65	88 70	94 40	89 15	90 20	88 75	92 50	90 10	85 02	1823
1824	96 25	93 »	100 85	95 25	104 80	98 80	104 »	100 30	104 80	102 70	104 50	101 30	102 20	97 10	101 60	98 10	102 15	98 80	103 05	101 20	102 50	100 45	102 50	100 90	100 50	1824
1825	103 50	102 25	105 20	103 30	106 25	102 25	102 60	101 40	102 30	100 95	103 10	101 10	103 50	102 70	102 35	102 »	102 25	99 15	99 93	99 50	99 80	90 30	97 60	93 »	99 44	1825
1826	99 20	96 40	99 70	96 70	98 90	95 95	97 40	96 05	97 10	95 75	98 40	96 80	100 »	98 30	100 95	100 10	101 05	97 45	99 50	97 70	100 10	99 25	100 »	97 65	98 24	1826
1827	100 50	98 80	101 50	100 50	101 60	98 50	101 »	99 50	100 80	99 90	102 60	100 60	103 50	102 55	104 70	102 80	104 50	101 40	102 10	101 25	102 10	99 50	102 »	100 45	101 14	1827
1828	104 35	101 56	104 60	103 30	104 45	101 40	102 75	101 25	103 50	102 50	106 »	103 20	106 65	105 45	108 »	105 90	109 »	105 60	106 30	104 90	106 55	105 »	107 50	106 75	104 76	1828
1829	109 50	107 »	110 50	109 50	110 65	107 30	109 05	107 20	108 25	106 50	109 45	107 75	109 95	109 »	110 10	108 05	110 »	106 70	108 55	107 «	109 20	108 20	109 90	107 80	108 65	1829
1830	109 05	107 75	109 85	108 50	109 40	105 »	106 50	105 60	105 90	104 20	104 90	102 50	106 25	99 »	104 70	100 »	103 50	92 »	96 80	94 »	96 50	90 »	94 »	84 50	93 97	1830
1831	94 40	91 50	93 85	89 50	89 90	77 20	89 25	74 80	93 »	86 75	92 75	86 75	88 65	85 »	90 »	80 »	91 90	85 »	94 50	87 40	96 55	93 80	98 80	95 50	89 40	1831
1832	97 »	92 »	98 »	95 30	98 15	95 70	97 10	94 90	97 85	94 65	98 30	96 75	98 90	96 40	99 65	98 60	99 70	93 50	96 60	95 »	95 80	95 55	99 85	96 15	97 »	1832
1833	103 60	99 65	105 50	102 75	105 »	100 25	102 15	100 20	104 10	102 10	104 50	103 65	104 55	103 70	105 05	104 20	105 05	101 40	102 50	100 20	102 75	101 75	104 10	102 50	102 82	1833
1834	105 40	104 05	106 »	105 30	106 60	104 »	104 90	103 70	106 35	104 90	106 55	105 65	107 »	105 40	106 35	104 20	106 65	104 20	105 25	105 25	106 50	105 30	106 75	105 65	105 55	1834
1835	107 90	106 65	109 25	107 90	109 50	106 70	108 40	107 30	108 85	106 40	108 60	106 90	109 25	108 »	109 70	108 55	110 30	107 10	109 05	108 15	109 »	108 25	108 60	107 30	108 27	1835
1836	110 90	108 40	110 30	108 30	110 20	107 25	108 10	107 75	108 05	107 70	108 40	107 90	109 »	108 30	109 30	108 55	109 20	103 20	106 35	104 85	106 15	105 40	108 10	106 25	107 77	1836
1838	109 25	108 20	109 85	108 95	109 70	106 25	107 05	106 50	108 50	106 85	110 »	108 50	110 45	109 85	110 90	110 15	111 »	108 15	109 90	108 35	109 75	106 75	105 15	106 90	108 68	1837
1839	110 »	108 »	110 »	109 20	109 75	107 25	109 20	107 05	109 50	107 50	111 »	109 50	111 75	110 40	111 85	111 10	111 45	108 75	110 65	109 20	111 20	109 90	110 40	109 »	109 66	1838
	110 70	109 70	111 »	109 80	111 15	108 25	110 90	109 »	111 60	110 80	111 50	110 90	112 10	111 15	112 85	112 05	112 05	110 20	111 »	110 40	111 70	110 75	112 75	111 40	111 04	1839
1837																										

Plus hauts et plus bas cours mensuels et cours moyens annuels au comptant des Rentes françaises de 1797 à nos jours. (Suite.

Années.	Janvier.		Février.		Mars.		Avril.		Mai.		Juin.		Juillet.		Août.		Septembre		Octobre.		Novembre.		Décembre.		Cours moyen annuel.	Années.
	pl. haut	pl. bas	pl. haut	pl. bas	pl. haut	pl. bas	pl. haut	pl. bas	pl. haut	pl. bas	pl. haut	pl. bas	pl. haut	pl. bas	pl. haut	pl. bas	pl. haut	pl. bas	pl. haut	pl. bas	pl. haut	pl. bas	pl. haut	pl. bas		
5 0/0. (Suite.)																										
1840	112 30	111 50	113 95	112 20	114 40	111 60	114 »	111 15	116 20	113 70	117 80	115 50	119 20	112 50	116 40	110 30	113 80	100 30	109 50	110 50	112 25	108 20	111 95	110 »	111 80	1840
1841	112 70	110 45	113 05	111 50	113 85	110 50	114 »	112 25	115 25	113 65	115 25	114 30	115 60	114 30	116 70	115 50	117 05	114 35	116 60	114 30	116 45	115 60	116 70	116 15	114 04	1841
1842	118 60	116 65	119 45	118 70	119 95	117 10	120 »	117 75	120 20	119 35	120 10	118 50	120 »	116 »	120 30	117 95	120 80	118 10	119 »	118 30	119 25	118 40	119 80	118 50	119 »	1842
1843	120 75	119 60	121 80	120 60	122 45	120 »	121 30	119 80	121 25	119 95	121 95	119 85	121 95	121 05	123 10	121 80	123 35	120 40	121 25	120 40	121 95	120 90	123 70	122 »	121 30	1843
1844	125 05	123 60	126 »	124 40	126 30	121 30	123 40	121 40	122 55	121 45	122 40	121 45	122 35	121 20	121 45	119 50	121 35	118 80	119 »	118 10	119 75	118 70	122 »	119 20	121 65	1844
1845	122 45	120 65	122 85	121 40	121 60	117 25	119 50	116 95	121 90	120 »	122 55	121 30	122 »	120 60	122 25	121 30	121 95	117 35	118 10	117 25	117 80	116 50	120 05	116 45	119 95	1845
1846	122 90	120 50	123 60	122 75	123 60	119 65	120 10	119 40	120 15	119 50	121 65	119 50	121 85	120 55	122 60	121 35	122 10	117 50	118 »	117 25	117 95	116 »	118 80	117 50	120 77	1846
1847	118 60	115 50	119 10	117 60	119 05	115 50	116 75	115 45	116 95	115 35	118 05	116 55	119 »	117 55	118 50	117 75	118 15	113 35	115 45	113 90	116 65	115 10	117 20	116 20	116 88	1847
1848	117 25	115 35	117 50	116 »	97 50	57 50	70 »	50 »	74 »	64 »	69 75	66 75	80 »	69 50	74 75	69 »	73 50	67 50	69 55	67 55	68 05	62 50	79 75	65 80	77 04	1848
1849	77 20	74 »	83 85	75 55	89 25	81 30	89 85	87 »	90 25	76 »	88 75	79 40	89 »	86 15	89 95	87 55	92 »	87 80	88 80	86 90	90 40	87 05	92 70	89 60	86 10	1849
1850	95 60	92 35	96 75	94 70	96 40	88 75	90 25	86 80	92 90	86 70	95 »	92 50	97 15	94 05	97 40	96 50	97 »	92 45	93 65	91 »	93 80	90 60	95 80	93 25	95 03	1850
1851	96 50	94 »	97 25	96 15	96 90	93 75	93 75	90 »	94 25	89 30	93 80	90 50	95 90	93 40	96 20	94 »	94 45	90 75	92 25	89 65	92 15	89 90	103 »	84 10	93 66	1851
1852	106 50	101 25	104 20	102 20	106 50	99 10	101 10	100 20	.....	.....	.....	.....	.....	.....	.....	.....	.....	.....	.....	.....	.....	.....	.....	.....	102 80	1852
4 1/2 0/0. — 1852 (3 Avril 1852 — 13 mai 1862.)																										
1852	.....	.....	.....	.....	.....	.....	101 55	99 90	100 60	99 45	102 40	99 75	104 90	101 95	105 60	104 »	105 50	103 20	106 60	103 25	107 »	104 50	106 60	104 60	103 22	1852
1853	105 80	103 25	106 30	104 50	106 70	101 75	103 80	102 80	104 25	101 50	102 40	99 »	103 55	100 40	105 30	102 15	105 15	100 »	101 »	98 75	100 10	99 25	102 50	100 »	102 72	1853
1854	100 75	96 50	99 »	95 »	97 15	88 75	91 »	88 »	96 25	90 25	99 »	96 »	99 »	96 95	100 90	98 »	101 »	97 25	99 »	97 50	98 »	93 »	97 »	92 50	96 09	1854
1855	96 25	91 10	96 20	94 50	99 40	93 75	94 75	93 »	94 15	93 »	95 »	92 »	93 60	92 »	95 25	94 »	95 25	90 80	91 »	89 75	91 »	90 »	92 »	90 75	93 48	1855
1856	95 50	89 50	97 »	95 25	97 »	93 25	94 »	92 50	94 50	93 50	94 »	92 »	94 »	93 25	95 50	93 50	93 25	90 »	92 »	90 »	92 25	90 »	92 »	91 »	92 »	1856
1857	94 50	92 25	95 50	94 »	95 50	92 »	92 95	90 50	92 25	91 »	92 »	91 »	93 »	91 50	93 75	92 75	93 50	90 »	91 90	90 25	91 »	90 20	93 50	90 50	92 48	1857
1858	96 »	93 20	96 »	94 50	95 40	92 45	93 75	92 40	93 60	92 75	94 50	93 25	96 50	94 20	97 75	96 20	97 90	95 50	96 60	95 30	97 75	95 85	98 »	96 20	95 22	1858
1859	97 20	95 »	98 10	95 50	97 90	94 »	96 »	89 »	90 50	87 75	93 50	90 »	96 75	93 10	98 50	96 50	98 »	93 90	95 75	95 »	96 »	95 »	97 »	95 75	95 35	1859
1860	97 50	95 75	98 »	96 75	98 »	94 75	97 »	95 60	96 75	95 »	97 05	96 »	97 75	96 60	98 25	97 45	98 »	94 75	96 »	95 50	96 75	95 50	97 »	96 25	96 66	1860
1861	97 40	96 40	98 05	97 20	98 10	95 55	95 75	94 90	96 75	95 50	96 90	96 40	98 »	96 75	98 60	96 80	99 »	96 »	96 40	95 25	97 05	95 25	95 60	94 50	96 70	1861
1862	99 90	95 25	101 »	99 »	100 »	97 »	98 75	97 20	98 75	97 40	.....	.....	.....	.....	.....	.....	.....	.....	.....	.....	.....	.....	.....	.....	98 66	1862
3 0/0. — 1825. (6 mai 1825 — 27 juin 1862.)																										
1825	.....	.....	.....	.....	.....	.....	.....	.....	75 30	74 55	76 10	74 50	76 35	75 75	75 80	70 85	72 15	70 50	72 05	71 25	71 40	60 »	65 75	59 80	68 62	1825
1826	68 70	65 »	67 40	63 »	65 80	64 »	66 05	64 10	65 95	63 75	67 10	64 60	66 30	65 65	66 40	65 90	66 35	65 70	68 85	66 »	72 35	69 50	71 80	66 25	67 11	1826
1827	68 60	66 25	69 10	68 25	70 20	69 »	71 20	70 15	70 70	69 55	71 50	69 35	73 »	71 90	73 70	71 90	73 35	71 75	72 30	71 30	71 90	66 15	69 25	66 40	69 92	1827
1828	70 40	66 80	70 70	68 60	69 40	68 30	70 30	68 30	70 50	69 80	72 70	69 95	73 »	71 70	73 10	72 15	74 45	72 85	74 30	73 60	75 05	74 »	76 10	73 65	71 43	1828
1829	75 40	73 95	77 20	75 55	79 55	76 60	80 »	78 50	80 »	76 40	80 55	78 50	82 »	79 95	81 90	78 »	81 50	80 50	83 05	81 15	84 75	82 85	86 10	83 55	80 05	1829
1830	85 35	83 50	84 85	83 70	84 25	80 85	84 35	83 50	83 40	80 40	80 20	76 15	80 25	72 »	79 50	71 65	73 70	63 50	66 65	63 »	66 20	60 »	63 15	55 »	70 78	1830
1831	63 »	60 50	64 30	55 25	55 30	47 75	60 50	46 »	66 70	59 20	67 50	58 10	58 70	55 55	59 »	49 »	61 25	55 80	66 75	57 55	70 »	66 40	70 50	67 25	60 59	1831
1832	67 60	62 »	67 60	64 75	71 »	66 90	70 95	68 »	70 85	67 15	70 50	67 25	68 60	66 50	69 60	68 35	69 85	67 90	68 55	66 20	68 35	66 95	70 »	67 45	68 30	1832
1833	77 55	70 »	80 50	76 »	79 15	76 80	78 15	76 60	80 »	77 25	80 45	77 45	77 75	76 85	77 40	76 »	76 25	74 95	75 70	70 80	75 70	73 80	76 40	74 30	76 33	1833
1834	76 20	74 75	76 30	75 15	78 75	76 25	78 75	77 60	80 »	78 65	79 55	77 70	77 80	75 35	75 75	73 60	77 15	74 20	78 90	77 30	79 »	77 »	78 15	76 20	77 94	1834
1835	77 75	76 75	79 60	77 80	81 25	79 35	82 25	80 75	82 35	78 50	79 60	76 80	79 60	77 25	79 25	78 30	81 »	79 05	82 35	81 15	81 70	80 50	80 60	78 20	79 86	1835
1836	81 50	80 15	81 15	79 80	81 60	80 60	82 20	81 65	82 15	81 50	81 90	79 95	80 65	80 10	80 50	79 60	80 10	76 85	79 25	77 50	79 45	78 45	80 20	78 65	80 29	1836
1837	80 »	79 30	79 90	79 10	79 75	78 25	79 20	78 55	79 60	78 65	80 »	77 75	79 30	78 75	79 50	79 »	79 75	78 80	81 15	79 65	81 45	80 35	80 75	78 50	79 48	1837
1838	79 80	78 85	79 85	79 45	80 35	79 50	81 15	80 20	81 40	80 65	81 65	79 85	81 05	80 »	81 »	80 55	81 »	80 50	81 50	80 70	82 20	81 45	81 65	78 15	80 66	1838
1839	79 20	78 50	78 80	77 80	80 25	78 90	81 55	79 95	81 90	80 90	81 30	79 10	80 10	78 90	81 05	80 15	81 30	80 30	81 85	81 »	82 10	81 70	82 50	80 30	80 90	1839
1840	81 05	80 45	82 50	80 95	83 75	82 35	84 35	83 25	85 10	84 15	86 15	84 35	86 65	81 30	82 80	77 30	80 10	68 50	76 90	65 90	80 35	76 20	79 65	76 05	78 79	1840
1841	77 80	76 40	77 15	75 60	77 70	76 40	79 50	77 90	79 70	78 75	78 90	76 40	77 05	76 20	77 75	76 80	79 55	75 95	79 90	79 »	80 60	79 90	80 20	78 10	79 02	1841
1842	79 40	78 15	80 40	79 60	80 70	80 »	81 75	80 50	82 25	81 60	82 15	78 70	80 »	76 60	79 40	77 70	80 30	79 10	80 25	79 75	80 60	79 90	80 80	78 10	80 09	1842
1843	79 90	78 70	80 65	79 60	82 65	80 70	83 20	84 70	82 35	81 50	84 65	72 75	80 45	79 55	81 60	80 15	82 30	81 50	82 »	81 30	82 05	81 55	82 45	80 45	81 05	1843

Plus hauts et plus bas cours mensuels et cours moyens annuels au comptant des Rentes françaises de 1797 à nos jours. *(Suite.)*

ANNÉES.	Janvier.		Février.		Mars.		Avril.		Mai.		Juin.		Juillet.		Août.		Septembre		Octobre.		Novembre.		Décembre.		COURS MOYEN ANNUEL.	ANNÉES.
	pl. haut	pl. bas	pl. haut	pl. bas	pl. haut	pl. bas	pl. haut	pl. bas	pl. haut	pl. bas	pl. haut	pl. bas	pl. haut	pl. bas	pl. haut	pl. bas	pl. haut	pl. bas	pl. haut	pl. bas	pl. haut	pl. bas	pl. haut	pl. bas		
3 0/0. — 1825. *(Suite.)*																										
1844	82 90	81 95	82 65	81 50	83 40	82 25	84 60	82 80	84 90	84 20	84 60	81 95	82 20	81 50	82 »	79 75	82 25	80 40	82 40	81 60	83 65	81 90	85 65	83 20	82 70	1844
1845	85 40	84 95	85 15	84 70	85 65	84 90	86 »	85 50	86 40	85 50	86 05	83 50	83 75	82 90	84 55	83 65	84 40	83 25	83 75	82 20	82 90	81 50	83 20	80 85	84 20	1845
1846	83 85	82 75	85 »	83 65	85 »	83 65	83 80	83 30	84 25	83 60	84 55	82 70	83 45	83 »	83 80	83 20	84 45	82 50	83 »	82 45	82 80	81 »	82 50	80 40	83 19	1846
1847	80 30	77 »	78 65	77 30	79 35	77 40	78 75	77 60	78 75	77 60	79 10	77 25	78 10	77 20	77 60	76 40	76 80	74 65	76 25	74 90	77 30	76 »	77 35	74 90	77 31	1847
1848	75 20	73 20	74 80	73 70	58 »	38 »	48 »	32 50	50 »	43 75	48 50	43 »	52 »	44 50	46 »	41 75	46 »	43 50	44 75	43 70	43 90	39 25	48 50	41 45	49 60	1848
1849	46 85	44 70	54 90	45 25	58 »	50 50	57 55	55 40	58 50	46 75	55 »	48 75	54 75	52 70	55 40	53 20	56 75	55 15	56 30	54 90	57 30	55 10	57 70	55 95	53 65	1849
1850	58 05	56 40	58 65	57 20	58 20	54 25	55 95	54 »	57 35	53 90	58 60	55 70	58 60	56 40	58 65	57 95	58 35	57 55	58 »	56 30	58 25	56 »	58 80	56 25	56 67	1850
1851	58 »	56 20	58 50	57 60	58 05	57 60	57 70	55 50	56 60	55 20	56 50	54 50	57 50	55 75	57 50	56 10	56 60	55 35	56 35	55 20	56 90	55 70	67 »	54 75	57 13	1851
1852	72 25	64 »	66 15	63 90	71 90	65 50	72 50	69 50	71 40	69 90	74 95	70 »	75 20	70 70	76 75	74 40	78 35	75 70	82 »	77 80	86 »	81 50	84 »	80 90	74 95	1852
1853	81 15	77 80	80 90	78 40	81 20	77 90	80 80	79 20	82 15	78 30	79 10	74 75	79 10	74 60	81 »	77 »	79 20	74 50	75 35	71 70	74 90	73 »	76 15	73 45	79 52	1853
1854	72 95	67 75	70 35	65 95	68 »	62 05	64 70	64 50	71 »	63 85	74 90	70 30	73 40	76 35	74 60	70 60	75 15	73 25	76 35	75 15	75 25	66 75	72 90	66 45	70 30	1854
1855	69 80	65 25	68 55	65 75	71 75	66 20	70 25	67 95	70 50	67 70	70 70	65 85	67 25	65 70	67 50	66 20	67 80	65 »	65 60	63 26	66 30	64 »	67 »	64 »	67 12	1855
1856	71 »	64 50	73 50	70 65	73 30	74 60	74 50	72 25	75 45	74 »	74 75	70 25	72 »	70 50	71 20	70 05	71 »	67 40	68 »	65 90	69 10	66 »	69 75	66 »	70 42	1856
1857	68 50	66 25	70 15	67 30	71 10	70 10	70 40	68 50	69 60	68 40	69 35	67 35	67 60	66 60	67 20	66 80	68 20	66 40	68 50	66 50	67 40	66 20	68 55	65 85	68 02	1857
1858	70 15	68 30	70 20	68 80	70 20	68 95	69 80	68 90	69 90	69 05	69 50	67 50	68 45	67 95	71 25	68 15	73 50	71 20	74 05	72 80	74 95	72 80	74 40	72 70	70 65	1858
1859	72 50	67 80	68 90	66 60	69 45	67 25	68 50	60 90	62 75	60 50	64 35	61 75	69 89	63 10	70 25	68 45	69 70	68 25	70 »	69 05	70 60	69 60	71 35	68 95	67 49	1859
1860	69 15	67 35	68 40	67 10	70 60	67 65	70 90	69 25	71 40	68 40	70 15	67 85	69 10	67 75	68 50	67 80	68 70	67 75	69 50	68 55	70 60	69 25	70 60	67 40	68 99	1860
1861	68 10	66 60	68 75	67 75	68 40	67 65	68 80	67 40	69 65	68 80	69 50	67 35	67 90	67 45	69 »	67 50	69 40	68 60	68 50	67 70	70 15	68 »	69 30	67 »	68 29	1861
1862	71 45	67 40	71 35	69 35	70 10	69 30	70 65	69 55	71 »	70 »	70 45	68 15	.....	.....	.....	.....	.....	.....	.....	.....	.....	.....	.....	.....	69 16	1862
4 1/2 0/0. — 1825. (25 mai 1825.)																										
1825	.....	.....	.....	.....	.....	.....	.....	.....	101 55	101 35	102 60	102 60	103 50	103 20	»	»	99 65	99 65	99 85	99 80	»	»	»	»	102 42	1825
1826	»	»	»	»	93 50	93 50	90 »	90 »	»	»	»	»	94 »	94 »	95 25	95 25	93 »	93 »	94 20	93 50	95 »	95 »	»	»	93 17	1826
1827	91 »	90 25	»	»	»	»	92 »	92 »	91 75	91 50	91 75	91 75	95 40	95 10	»	»	»	»	90 50	89 50	90 50	90 »	»	»	91 60	1827
1828	96 »	91 »	94 50	94 50	»	»	91 25	91 25	95 25	92 »	98 60	95 50	99 »	99 »	99 25	99 25	99 50	98 50	99 40	99 90	99 95	99 90	100 50	100 »	97 05	1828
1829	101 50	100 55	102 50	102 »	101 »	100 25	102 »	101 50	102 75	101 75	103 50	102 »	105 20	103 50	105 50	103 25	»	»	104 »	103 25	104 50	104 »	105 50	105 »	103 13	1829
1830	107 »	105 40	108 »	107 45	107 55	105 »	105 60	105 40	105 40	104 55	103 25	99 75	»	»	99 50	99 »	98 40	97 »	91 50	90 »	86 »	82 50	81 »	80 50	100 30	1830
1831	83 »	83 »	83 »	82 »	74 25	73 »	79 »	72 »	80 »	79 »	82 »	80 »	79 »	79 »	74 75	74 75	77 »	77 »	84 50	82 95	86 50	84 25	90 80	90 »	81 »	1831
1832	89 »	88 »	89 25	89 »	89 »	88 »	89 »	89 »	90 »	89 »	90 »	89 »	88 50	88 »	91 »	89 75	91 50	88 50	90 »	88 90	90 15	89 25	90 50	90 »	89 98	1832
1833	100 »	89 50	100 »	99 50	99 50	98 75	99 50	99 25	99 50	99 40	101 15	100 75	101 »	101 »	101 80	100 85	99 75	99 50	99 »	97 »	99 50	99 50	100 »	99 50	99 55	1833
1834	101 80	100 »	100 90	100 75	101 10	99 45	99 95	99 50	100 25	99 75	101 »	100 »	101 »	101 »	99 50	99 »	101 »	99 50	101 »	101 »	100 »	100 »	101 10	100 »	100 32	1834
1835	101 75	100 20	102 »	101 75	101 »	99 80	101 50	101 »	101 50	101 »	101 20	101 »	102 »	101 20	102 25	101 85	101 50	101 »	102 »	101 »	102 »	102 »	102 »	101 50	101 44	1835
1836	102 »	102 »	101 50	101 50	101 75	101 75	104 50	103 »	104 75	104 75	104 85	104 80	105 50	105 25	105 25	104 60	102 35	102 35	100 50	100 50	101 »	100 75	101 50	101 »	102 91	1835
1837	103 »	102 »	»	»	103 »	100 50	100 85	100 55	101 40	100 55	104 60	101 »	102 50	101 60	103 30	102 74	102 »	102 »	102 10	102 »	104 50	102 25	105 »	104 75	102 28	1837
1838	105 40	105 »	106 »	105 »	106 »	103 75	103 75	103 50	104 35	103 50	106 »	105 50	106 50	106 50	107 »	106 50	106 50	104 75	105 30	105 »	106 50	106 »	106 50	106 50	103 45	1838
1839	106 75	106 75	106 »	104 50	105 50	104 50	105 50	104 50	106 50	106 »	106 »	106 »	106 »	105 75	106 50	105 50	105 »	104 50	105 25	104 50	105 75	105 »	107 »	105 65	105 62	1839
1840	107 50	107 10	108 »	108 »	106 25	105 75	108 50	105 25	111 50	108 50	112 »	111 75	113 50	112 75	108 »	106 »	106 »	99 »	100 »	95 50	103 50	100 25	103 25	103 »	104 15	1840
1841	103 »	102 25	102 50	102 »	103 »	101 20	103 25	101 90	104 50	103 25	104 50	104 25	104 60	104 »	105 50	104 50	106 »	105 50	106 10	104 45	106 »	105 50	106 50	106 »	103 09	1841
1842	107 25	106 75	108 »	107 25	108 »	105 80	108 »	106 75	107 90	107 25	108 »	107 25	108 50	105 50	106 50	106 »	106 50	106 50	106 60	105 50	106 50	105 »	107 50	106 50	106 88	1842
1843	108 »	107 10	109 »	108 »	109 50	107 25	108 50	108 »	109 »	108 50	108 50	108 45	109 50	109 »	109 75	109 50	109 »	109 »	109 25	109 »	109 »	108 75	109 10	109 »	108 65	1843
1844	112 60	109 25	112 50	112 50	112 50	110 »	111 »	110 50	112 »	112 »	113 25	113 »	113 25	113 »	113 »	112 75	114 75	111 60	111 80	111 65	113 »	112 50	113 25	113 »	112 20	1844
1845	113 »	112 25	113 50	113 »	114 »	111 65	115 »	113 »	116 »	115 »	116 25	116 »	116 »	116 »	116 »	115 75	116 »	113 »	113 »	112 »	112 »	111 »	112 »	112 »	113 94	1845
1846	112 »	112 »	115 »	112 50	113 »	113 »	113 »	112 »	112 50	112 50	112 50	112 50	112 50	112 50	113 50	112 50	114 »	111 75	112 »	112 »	112 »	110 50	110 25	110 25	112 11	1846
1847	110 25	109 »	109 75	109 »	109 50	107 50	107 50	104 »	104 50	101 »	105 »	104 50	103 »	103 »	106 »	105 75	105 75	102 »	103 »	103 »	104 »	104 »	104 »	104 »	105 82	1847
1848	104 »	104 »	104 »	104 »	85 »	72 »	50 »	48 50	65 »	59 »	60 »	58 »	68 50	62 »	64 »	62 »	»	»	59 »	58 75	58 »	55 »	67 »	58 »	71 60	1848
1848	66 »	66 »	70 »	70 »	»	»	78 »	77 »	»	»	76 50	76 »	77 »	77 »	79 »	77 15	80 »	78 75	78 »	77 »	80 »	77 50	81 »	79 75	76 70	1845
1850	82 25	81 25	82 25	82 25	82 25	77 50	77 50	76 »	78 50	76 50	81 »	80 »	83 25	82 35	84 »	84 »	84 »	81 50	82 20	80 50	82 20	82 20	85 »	82 50	81 41	1850
1851	83 »	83 »	83 35	83 10	83 50	81 »	81 »	81 »	81 »	78 »	79 »	78 75	84 25	80 »	85 »	85 »	»	»	80 »	79 »	84 25	81 »	100 »	85 50	82 02	1851

Plus hauts et plus bas cours mensuels et cours moyens annuels au comptant des Rentes françaises de 1797 à nos jours. *(Suite.)*

Années	Janvier pl. haut	Janvier pl. bas	Février pl. haut	Février pl. bas	Mars pl. haut	Mars pl. bas	Avril pl. haut	Avril pl. bas	Mai pl. haut	Mai pl. bas	Juin pl. haut	Juin pl. bas	Juillet pl. haut	Juillet pl. bas	Août pl. haut	Août pl. bas	Septembre pl. haut	Septembre pl. bas	Octobre pl. haut	Octobre pl. bas	Novembre pl. haut	Novembre pl. bas	Décembre pl. haut	Décembre pl. bas	Cours moyen annuel	Années
4 1/2 0/0. — 1825. *(Suite.)*																										
1852	91 75	94 25	92 25	91 75	101 25	88 75	101 75	101 25	»	»	100 50	100 50	»	»	100 »	100 »	100 »	97 75	100 »	100 »	100 »	100 »	101 »	100 »	94 87	1852
1853	101 50	101 »	101 50	101 50	**102** »	99 75	100 »	99 75	100 »	100 »	100 50	99 75	100 50	100 »	101 »	100 »	100 »	98 »	98 50	98 50	98 »	97 80	98 »	96 »	99 84	1853
1854	98 »	97 »	»	»	95 50	92 50	»	»	»	»	98 »	93 50	93 50	93 50	»	»	»	»	»	»	91 25	91 »	94 25	94 »	93 48	1854
1855	92 »	90 50	91 75	91 75	89 75	89 75	90 »	88 75	89 »	88 75	89 50	89 50	89 50	89 »	93 75	93 75	90 »	88 »	88 »	88 »	88 50	88 »	88 50	88 50	89 69	1855
1856	»	»	92 50	92 50	89 50	89 »	89 50	89 50	89 50	89 50	89 50	89 »	89 50	89 50	90 »	90 »	87 75	87 75	87 75	87 75	87 50	87 »	87 »	87 »	89 44	1856
1857	87 50	87 50	87 50	87 50	87 50	85 »	87 »	87 »	85 »	85 »	85 50	85 »	86 »	85 50	87 50	86 50	83 »	83 »	83 »	83 »	83 »	**82 75**	83 75	83 »	84 99	1857
1858	84 50	83 »	85 »	85 »	85 25	**82 75**	84 »	84 »	84 »	84 »	85 »	84 »	85 »	85 »	85 25	85 »	85 »	85 »	86 »	85 »	90 »	86 50	91 50	90 »	85 24	1858
1859	97 »	92 »	95 »	92 »	95 »	92 75	92 75	89 »	89 75	88 10	92 75	90 50	96 75	93 20	97 25	95 50	96 »	93 75	95 »	94 50	95 95	94 50	96 »	95 50	94 43	1859
1860	96 50	95 50	96 »	95 50	95 50	95 »	95 50	95 50	95 50	95 50	95 50	95 »	95 75	95 50	95 75	95 50	95 50	95 50	95 50	95 50	»	»	95 50	95 50	95 58	1860
1861	95 »	95 »	95 75	95 »	95 75	93 50	»	»	94 10	94 10	94 10	94 10	94 40	94 20	94 40	94 40	95 »	92 50	92 50	92 50	93 »	93 »	92 35	90 »	93 87	1861
1862	92 50	91 »	**100 25**	95 »	99 »	97 »	97 75	97 »	98 10	96 75	97 50	96 50	97 75	96 50	98 50	96 75	98 25	96 »	99 30	97 55	98 50	97 50	98 »	97 45	97 29	1862
1863	99 »	98 »	99 50	98 50	99 50	96 »	98 50	95 75	97 40	96 80	97 25	96 60	97 25	95 50	97 »	95 70	98 »	95 »	96 15	95 »	93 50	94 30	95 40	94 »	96 74	1863
1864	95 30	94 50	95 70	95 »	95 70	92 50	94 50	93 »	94 50	93 »	93 75	93 »	95 »	93 20	95 »	94 25	94 95	91 75	92 40	91 40	93 »	**90** »	94 30	92 75	93 63	1864
1865	96 10	93 90	97 »	95 »	97 »	94 30	96 10	95 »	96 »	95 10	96 »	95 20	97 50	95 45	98 »	97 »	99 »	96 25	97 »	95 75	97 25	96 10	98 »	97 »	96 26	1865
1866	98 70	97 50	99 50	98 »	100 25	96 »	98 »	96 »	96 »	94 50	94 »	91 50	98 »	93 »	99 25	97 50	99 25	96 25	97 50	96 50	98 50	96 70	98 50	97 60	96 83	1866
1867	99 10	98 25	100 »	98 75	100 50	97 25	98 »	93 90	99 »	96 »	99 10	98 25	100 »	98 80	101 »	99 25	100 75	98 »	98 40	96 75	98 80	97 »	99 85	98 50	98 48	1867
1868	100 »	98 50	101 25	99 80	101 »	98 40	99 50	99 »	100 50	99 30	101 50	100 10	102 »	101 »	103 »	101 30	102 90	100 »	101 »	100 10	101 80	100 60	102 25	101 10	100 61	1868
1869	103 70	101 25	104 »	102 75	104 »	100 50	102 »	100 75	102 50	101 25	103 »	101 75	104 90	102 »	105 »	103 50	104 75	100 »	102 »	100 50	102 »	100 75	103 25	101 75	102 27	1869
1870	105 »	102 50	105 »	103 30	**105 75**	102 75	104 »	102 »	104 »	102 »	104 »	103 »	104 »	95 50	98 50	88 »	94 »	76 »	80 »	77 »	82 »	76 »	81 »	78 »	94 54	1870
1871	79 50	76 »	79 50	78 »	79 »	75 »	»	»	78 »	78 »	80 10	**74 50**	82 50	77 50	83 50	80 25	84 50	80 »	85 »	81 »	85 »	81 60	82 10	80 »	80 20	1871
1872	83 50	80 90	83 50	82 »	83 »	78 »	80 25	78 75	79 »	78 »	79 25	76 50	79 »	75 75	83 »	79 25	81 »	75 25	76 50	75 50	76 50	75 »	77 25	75 50	78 22	1872
1873	79 50	77 25	82 50	79 25	83 25	79 »	81 »	78 »	80 75	77 »	84 »	79 »	82 25	80 50	84 »	82 »	83 50	81 »	83 »	80 75	84 »	80 50	84 50	83 »	81 35	1873
1874	84 70	83 50	86 50	84 »	88 »	84 15	85 75	84 60	86 »	85 »	87 »	85 50	90 25	86 50	93 10	90 25	93 10	89 50	90 »	88 50	89 50	87 50	90 25	88 50	87 60	1874
1875	92 75	90 »	95 »	92 »	96 50	92 50	93 »	92 25	93 80	92 50	95 »	93 20	97 »	93 90	98 50	97 50	98 40	94 75	95 75	95 »	97 »	94 50	97 »	95 »	94 46	1875
1876	97 50	95 50	99 »	95 75	97 75	94 25	96 50	93 »	98 90	96 »	99 25	97 »	100 50	97 50	**105** »	101 »	104 25	101 50	102 50	97 50	102 »	99 »	104 80	100 25	98 93	1876
4 0/0. — 1830. (18 janvier 1830.)																										
1830	**103 40**	103 40	102 40	102 10	102 20	101 80	101 60	101 10	101 20	100 25	100 10	99 »	99 90	99 »	99 »	92 »	93 50	86 »	83 »	79 »	80 50	76 »	77 50	72 »	94 96	1830
1831	79 75	76 50	78 25	76 »	74 »	67 »	72 70	**66** »	76 »	74 50	77 50	74 »	74 »	70 50	73 75	67 »	73 50	69 »	77 50	71 50	81 »	77 50	82 75	80 »	74 71	1831
1832	81 95	79 »	82 »	80 »	83 10	80 »	83 25	82 »	82 75	81 »	82 25	80 50	82 »	80 »	83 »	80 80	82 70	80 »	80 75	80 »	81 »	80 »	83 25	80 »	81 50	1832
1833	92 50	85 25	94 »	91 50	95 »	92 60	93 »	92 50	95 »	92 80	95 40	94 50	94 50	94 25	94 50	94 »	94 »	91 »	91 »	88 50	90 20	90 »	90 70	90 »	92 36	1833
1834	92 »	90 50	93 »	92 »	94 »	92 »	93 50	91 90	94 40	92 80	94 10	93 50	94 »	93 »	94 »	92 50	93 »	91 50	94 »	92 »	93 »	92 »	93 50	92 »	93 16	1834
1835	93 75	93 40	97 25	95 »	98 50	96 20	99 50	98 30	99 20	97 90	98 50	98 »	99 25	98 »	99 10	98 20	100 »	97 70	99 10	98 50	99 85	99 »	99 60	98 50	98 44	1835
1836	102 50	99 75	104 »	102 »	104 »	101 35	101 50	100 50	101 50	101 »	102 »	101 25	102 »	101 50	101 90	101 15	101 60	99 75	99 50	97 75	99 »	97 75	99 40	98 40	100 82	1836
1837	101 »	99 20	101 »	100 90	100 85	98 30	99 10	98 »	99 50	98 30	100 10	99 50	101 »	100 »	102 »	101 »	102 10	99 90	100 50	100 »	102 »	100 45	102 »	100 75	100 18	1837
1838	102 »	101 »	104 »	101 75	104 25	101 50	101 75	101 »	102 »	101 25	102 50	102 »	103 50	101 25	104 »	103 50	104 50	101 25	102 40	101 »	105 25	102 40	103 75	101 »	102 61	1838
1839	102 40	101 60	102 50	101 80	102 50	100 50	102 05	101 40	102 »	101 50	102 »	101 30	103 »	102 »	103 20	102 75	103 50	101 30	101 60	101 25	101 50	100 90	102 50	101 25	101 99	1839
1840	104 50	102 40	104 »	103 25	104 20	102 »	104 75	102 »	105 »	104 »	106 75	104 60	**109** »	106 75	104 75	101 50	102 50	95 »	93 50	**89 50**	100 25	94 50	99 25	96 60	101 51	1840
1841	99 50	97 25	100 50	99 »	100 »	98 »	99 50	98 90	99 50	98 90	99 40	99 20	99 30	99 10	99 90	99 50	99 75	97 20	98 50	97 »	102 »	99 25	101 50	100 85	99 37	1841
1842	103 »	101 50	103 50	103 »	103 »	101 »	102 »	101 »	102 25	101 70	102 »	101 45	102 25	100 90	104 50	101 50	105 10	101 »	102 25	101 »	101 90	100 45	102 50	100 95	102 42	1842
1843	103 50	102 50	103 75	102 65	104 50	102 10	104 20	102 75	103 »	102 75	103 40	102 25	105 »	103 20	105 »	104 75	105 »	103 »	104 50	103 50	104 50	103 25	105 »	104 50	103 63	1843
1844	106 »	104 65	106 50	106 »	106 50	104 50	106 80	105 50	108 »	106 80	108 36	105 »	108 »	106 50	106 50	104 »	104 75	102 »	107 25	104 75	107 »	106 75	108 »	107 »	106 05	1844
1845	108 20	108 »	108 50	108 »	108 50	106 50	108 50	107 »	**110 50**	109 »	**110 50**	110 50	110 20	109 95	110 »	110 »	110 »	108 »	108 50	108 »	108 50	108 »	108 »	106 »	108 55	1845
1846	108 »	106 50	108 50	108 »	108 50	106 30	106 50	106 »	106 50	106 »	107 »	106 25	107 »	107 »	109 »	107 »	109 50	106 25	107 »	106 15	106 25	105 60	105 60	105 »	106 67	1846
1847	105 »	103 »	104 »	103 »	104 »	101 75	102 »	100 »	100 60	100 25	101 50	100 »	101 50	101 10	101 65	101 50	101 65	99 25	100 »	99 60	100 »	100 »	100 »	100 »	101 29	1847
1848	100 »	99 50	99 75	99 »	80 »	50 »	56 »	**46** »	56 »	53 »	55 50	52 »	62 »	53 »	58 »	58 »	55 »	55 »	55 »	54 »	53 »	50 50	62 75	52 50	61 80	1848
1849	62 »	57 »	67 50	59 »	67 50	65 50	68 »	66 »	74 »	62 50	72 35	64 »	70 »	68 »	71 25	69 50	72 »	68 50	69 20	68 50	70 25	69 »	72 25	70 25	67 85	1849
1850	75 25	72 25	75 »	75 »	75 »	72 »	71 »	69 »	70 50	68 »	73 »	71 »	76 25	74 »	76 50	76 »	76 25	73 »	73 »	72 »	73 25	73 25	74 25	73 »	73 11	1850
1851	78 80	74 »	76 50	76 »	76 10	73 50	73 »	71 75	71 75	69 50	72 55	70 50	73 50	72 25	74 50	73 50	74 50	72 »	72 50	70 15	74 »	70 45	84 75	71 »	73 22	1851

Plus hauts et plus bas cours mensuels et cours moyens annuels au comptant des Rentes françaises de 1797 à nos jours. *(Fin.)*

Années.	Janvier. pl. haut	Janvier. pl. bas	Février. pl. haut	Février. pl. bas	Mars. pl. haut	Mars. pl. bas	Avril. pl. haut	Avril. pl. bas	Mai. pl. haut	Mai. pl. bas	Juin. pl. haut	Juin. pl. bas	Juillet. pl. haut	Juillet. pl. bas	Août. pl. haut	Août. pl. bas	Septembre pl. haut	Septembre pl. bas	Octobre. pl. haut	Octobre. pl. bas	Novembre. pl. haut	Novembre. pl. bas	Décembre. pl. haut	Décembre. pl. bas	Cours moyen annuel	Années.
4 0/0. — 1830. (*Suite.*)																										
1852	84 50	83 30	84 75	84 »	94 25	83 »	94 25	93 »	93 »	91 »	94 »	90 »	92 »	90 50	92 »	92 50	93 25	90 75	98 50	94 60	98 50	98 »	99 »	98 25	90 75	1852
1853	99 75	99 25	99 75	99 75	100 »	97 75	98 »	97 75	98 »	95 »	98 »	98 »	98 »	98 »	98 50	98 »	98 50	96 50	96 »	96 »	96 »	95 50	95 50	92 »	97 66	1853
1854	92 »	89 50	90 »	89 »	90 »	90 »	85 »	84 »	86 »	85 »	87 »	86 »	86 50	86 »	85 »	84 25	84 50	82 50	83 50	83 »	83 50	83 »	83 50	81 »	85 82	1854
1855	82 »	80 »	83 50	82 »	83 50	81 50	83 »	82 »	82 75	82 75	84 »	82 75	83 50	83 50	83 50	83 »	83 »	84 »	81 »	80 »	81 »	80 »	81 »	81 »	82 43	1855
1856	83 »	81 »	87 »	85 50	86 »	85 »	86 »	86 »	86 50	82 »	82 »	82 »	82 »	82 »	82 »	82 »	80 »	80 »	80 »	80 »	80 »	80 »	81 »	80 »	82 41	1856
1857	80 »	80 »	83 »	80 »	82 »	80 »	82 »	82 »	80 50	80 »	80 »	80 »	80 »	80 »	80 50	80 »	80 50	79 »	79 50	79 »	79 »	79 »	80 »	79 »	78 64	1857
1858	80 »	80 »	80 »	80 »	82 »	79 »	82 »	82 »	82 »	82 »	82 »	81 »	84 »	84 »	85 »	84 »	83 25	83 »	83 25	83 »	84 25	83 25	85 »	84 25	82 43	1858
1859	85 »	85 »	85 50	85 »	83 50	83 50	83 50	80 »	80 »	78 50	80 »	78 50	82 50	79 50	90 »	82 »	90 »	88 »	88 »	82 »	86 »	82 »	86 25	86 »	84 39	1859
1860	86 »	86 »	86 »	86 »	86 »	84 »	87 »	86 »	87 »	87 »	87 »	87 »	87 »	87 »	87 »	87 »	87 »	85 »	85 »	85 »	86 25	85 25	86 25	86 »	86 48	1860
1861	86 25	86 25	87 »	86 50	87 »	85 »	85 »	84 »	84 50	84 »	84 »	83 »	85 »	83 »	85 50	85 »	85 »	83 »	83 50	83 »	83 50	83 50	83 50	80 »	84 63	1861
1862	85 75	82 50	94 25	86 25	94 »	94 »	95 25	93 »	93 25	93 »	93 »	93 »	92 50	92 »	92 »	92 »	92 »	91 75	93 »	93 »	93 »	93 »	92 »	94 95	91 84	1862
1863	94 95	91 95	»	»	90 »	90 »	90 »	90 »	90 »	90 »	90 »	90 »	90 »	90 »	»	»	»	»	88 25	88 25	88 »	88 »	87 95	87 80	89 56	1863
1864	87 80	87 60	88 20	87 90	86 20	86 20	86 30	86 20	»	»	86 30	86 30	86 30	86 30	86 50	86 50	84 75	84 75	84 25	84 10	»	»	83 »	80 »	85 79	1864
1865	84 »	83 50	85 40	85 40	84 25	83 55	85 »	84 40	84 80	84 80	84 50	84 30	88 50	85 75	88 50	88 50	87 50	87 »	87 »	87 »	87 25	87 25	»	»	85 87	1865
1866	89 »	88 75	90 »	89 50	88 50	87 20	88 20	87 80	87 50	87 50	85 »	84 75	85 »	85 »	85 »	85 »	»	»	85 50	85 »	86 »	85 25	87 »	86 50	86 82	1866
1867	88 »	87 »	87 75	87 50	88 »	85 »	85 »	81 »	85 75	81 »	87 »	85 75	88 »	88 »	90 »	88 »	90 »	88 »	89 »	89 »	»	»	90 »	90 »	87 32	1867
1868	90 »	90 »	90 »	90 »	89 50	89 »	89 75	89 75	89 75	89 50	91 50	89 50	90 50	90 50	94 50	94 50	92 50	91 50	90 »	90 »	92 »	92 »	»	»	90 46	1868
1869	92 »	92 »	92 »	91 »	94 »	89 »	89 50	89 50	89 50	89 25	89 50	89 50	89 50	89 50	»	»	87 50	87 50	88 50	87 50	88 »	87 50	94 »	90 »	89 49	1869
1870	94 »	90 »	94 »	90 »	89 »	89 »	90 »	90 »	90 »	90 »	93 »	90 »	90 »	90 »	80 »	80 »	»	»	»	»	»	»	»	»	88 75	1870
1871	»	»	64 50	64 50	»	»	»	»	»	»	»	»	»	»	65 »	65 »	67 »	65 »	»	»	»	»	»	»	65 28	1871
1872	71 25	70 »	71 25	70 50	»	»	70 50	70 50	71 »	71 »	70 »	70 »	70 »	70 »	»	»	»	»	68 »	66 »	67 »	67 »	67 50	67 »	69 32	1872
1873	67 50	67 50	69 »	68 25	70 50	70 »	70 75	70 75	»	»	70 75	70 75	72 »	72 »	72 50	72 »	72 50	72 50	72 »	72 »	73 »	72 »	»	»	70 93	1873
1874	»	»	74 50	73 »	73 »	73 »	74 »	73 »	74 »	74 »	76 »	75 50	77 »	77 »	78 05	78 »	78 »	78 »	78 »	77 50	78 »	78 »	78 »	78 »	76 08	1874
1875	78 »	78 »	80 »	80 »	81 »	80 »	84 »	80 50	84 »	81 »	84 50	84 25	83 75	82 »	»	»	84 »	84 »	84 »	84 »	84 »	84 »	86 50	84 »	82 02	1875
1876	87 »	87 »	88 »	87 »	86 »	86 »	85 »	84 »	»	»	86 »	82 »	86 25	86 »	94 »	95 »	92 40	91 50	92 »	94 »	»	»	90 »	90 »	87 97	1876
3 0/0. — 1862. (20 février 1862.)																										
1862	.....	.....	69 65	69 »	69 15	68 45	69 80	68 60	70 »	69 40	69 80	68 10	68 95	67 90	69 20	67 85	70 30	68 70	72 90	70 10	71 »	70 »	70 75	69 60	69 26	1862
1863	70 55	69 70	70 60	69 »	70 15	68 65	70 20	69 15	69 65	69 20	69 65	68 25	68 75	66 65	68 20	66 65	69 30	67 50	68 »	66 85	67 40	66 65	67 35	66 10	68 55	1863
1864	66 65	66 10	66 75	65 75	66 75	65 75	67 70	65 70	66 85	66 05	66 90	65 55	66 50	65 60	65 50	66 »	66 70	65 70	65 80	64 15	65 40	64 50	66 35	65 10	66 05	1864
1865	67 30	66 30	67 85	66 85	67 90	66 95	67 80	67 20	67 80	67 10	67 50	66 30	67 85	66 60	68 80	67 65	69 57	68 20	68 70	67 55	68 80	67 92	69 15	68 »	67 74	1865
1866	68 80	68 17	69 55	68 50	69 75	67 50	68 »	65 35	66 15	62 85	64 90	62 45	70 »	63 60	69 75	68 45	70 60	68 95	69 55	68 60	69 82	68 66	69 85	68 90	68 »	1866
1867	70 20	68 70	70 35	69 02	70 35	68 60	69 10	65 25	70 40	67 70	70 75	69 »	69 25	68 55	69 90	68 95	70 25	69 »	69 10	66 95	69 25	67 30	69 90	68 25	69 03	1867
1868	69 15	68 25	69 55	68 45	69 70	68 90	69 60	68 75	69 90	69 15	71 25	69 72	71 »	69 80	71 20	69 92	71 »	68 45	70 75	69 »	72 05	70 65	71 80	69 35	69 91	1868
1869	70 70	69 80	71 60	70 60	71 50	70 05	71 65	70 10	72 10	71 25	71 75	70 12	72 45	70 45	73 90	71 80	72 25	69 90	71 90	71 »	71 90	71 20	73 30	71 85	71 41	1869
1870	74 72	73 10	74 25	73 05	74 65	73 50	75 10	73 30	75 10	74 »	74 80	72 25	72 95	64 25	69 »	59 20	60 60	50 90	53 95	50 80	55 »	52 »	54 15	51 65	65 82	1870
1871	52 90	50 50	52 20	50 50	52 35	50 35	52 »	50 65	54 20	52 »	53 80	51 55	56 75	53 20	56 50	55 15	57 85	55 70	57 75	56 10	58 45	55 20	57 10	55 25	53 85	1871
1872	57 25	55 60	57 20	56 »	56 75	55 45	56 »	54 40	55 95	54 10	56 »	53 55	56 »	53 30	56 30	55 10	55 50	53 15	53 45	52 60	53 90	52 40	54 80	52 50	54 75	1872
1873	55 »	53 25	56 80	54 90	57 57	55 »	56 30	54 15	57 »	53 90	57 »	53 60	56 50	55 80	58 05	56 50	58 10	56 90	58 40	56 30	58 95	55 80	59 10	57 90	56 52	1873
1874	58 50	57 80	59 20	58 10	60 45	58 95	59 90	59 25	60 »	59 30	69 »	58 80	63 15	59 60	61 80	62 40	64 80	62 15	62 60	61 35	62 70	61 25	62 75	61 40	60 95	1874
1875	62 90	61 60	65 40	62 65	66 »	63 80	64 30	63 25	63 »	62 80	65 35	63 80	63 30	63 50	66 95	65 85	66 90	65 05	65 90	65 12	66 55	65 15	66 70	65 60	64 94	1875
1876	66 95	65 60	67 90	65 »	67 40	66 15	67 25	66 »	68 25	66 80	69 20	67 30	70 80	67 »	72 50	70 15	73 »	70 75	71 85	68 30	72 25	69 90	71 50	69 60	68 81	1876
5 0/0. — 1871. (27 juin 1871.)																										
1871	.....	.....	.....	.....	.....	.....	.....	.....	.....	.....	83 »	80 25	86 60	82 50	86 85	81 80	90 25	86 55	93 80	89 80	93 25	89 50	90 50	88 20	87 38	1871
1872	91 25	89 30	89 85	88 40	88 85	87 80	88 60	86 95	87 20	85 40	86 85	84 40	87 50	83 80	86 25	84 20	85 55	83 60	84 70	83 15	83 50	82 65	85 65	82 55	86 05	1872
1873	88 05	85 »	89 10	86 60	89 60	88 25	90 35	87 80	89 90	85 75	90 50	89 »	91 »	89 95	91 70	89 70	92 »	91 15	93 »	91 15	93 15	89 »	93 60	92 55	89 97	1873
1874	93 90	92 80	93 50	92 05	95 10	93 25	95 85	94 65	94 90	94 10	95 70	94 30	99 70	95 70	99 70	98 »	100 50	99 15	100 15	98 50	99 15	97 70	99 85	97 95	96 48	1874
1875	101 25	99 60	102 70	99 65	103 65	102 »	103 50	102 25	103 60	101 10	104 20	103 20	106 40	103 90	105 50	103 80	104 60	103 60	105 20	104 »	104 37	102 90	104 50	102 57	103 37	1875
1876	105 80	104 20	105 30	101 80	105 25	103 25	106 35	105 »	103 50	103 70	106 30	104 45	107 25	104 40	106 60	105 60	106 80	105 70	106 45	103 50	105 50	104 »	106 »	103 60	105 23	1876

1797 à 1801.

REPÈRES.	PAIR OU TAUX de REMBOURSEMENT.	DÉNOMINATION des VALEURS.	REPÈRES.	1797. plus haut.	1797. plus bas.	1798. plus haut.	1798. plus bas.	1799. plus haut.	1799. plus bas.	1800. plus haut.	1800. plus bas.	1801. plus haut.	1801. plus bas.	REPÈRES.
		VALEURS A REVENU FIXE.												
1	100	Inscriptions de rentes........................	1	36 75	6 50	7 25	6 81	....	....	....	....	....	....	1
2	100	5 0/0 (ancien tiers consolidé)................	2	....	....	24 25	9 »	22 50	7 »	44 »	47 37	68 »	39 50	2
61	100	Angleterre 3 0/0 consolidés (Bourse de Londres) ...	61	56 1/2	47 1/2	58 »	47 1/4	69 »	52 3/8	67 1/4	60 »	70 »	54 1/4	61
		VALEURS A REVENU VARIABLE.												
247	50	Caisse des rentiers..........................	247	....	....	....	....	53 »	30 »	30 50	18 »	100 »	30 »	247
248	1000	Banque de France..............................	248	....	....	....	....	....	....	....	....	1450 »	1170 »	248
249	1000	— Nouvelle émission..........................	249	....	....	....	....	....	....	....	....	1260 »	1185 »	249

1802 à 1806.

REPÈRES.	PAIR OU TAUX de REMBOURSEMENT.	DÉNOMINATION des VALEURS.	REPÈRES.	1802. plus haut.	1802. plus bas.	1803. plus haut.	1803. plus bas.	1804. plus haut.	1804. plus bas.	1805. plus haut.	1805. plus bas.	1806. plus haut.	1806. plus bas.	REPÈRES.
		VALEURS A REVENU FIXE.												
2	100	5 0/0..	2	59 »	50 15	66 60	47 »	59 75	52 20	63 30	51 90	77 »	60 45	2
61	100	Angleterre 3 0/0 consolidés (Bourse de Londres)...	61	79 »	66 »	73 »	50 1/4	58 7/8	53 3/4	62 »	57 »	64 5/8	58 1/2	61
		VALEURS A REVENU VARIABLE.												
247	50	Caisse des rentiers..........................	247	60 »	52 »	40 »	40 »	....	....	....	....	....	....	247
248	1000	Banque de France..............................	248	1350 »	1147 50	1385 »	1010 »	1167 50	1050 »	1367 50	1150 »	1265 »	1072 50	248
503	1000	Trois vieux ponts sur Seine...................	503	....	....	....	....	....	....	1475 »	1230 »	1310 »	1235 »	503

1807 à 1811.

REPÈRES.	PAIR OU TAUX de REMBOURSEMENT.	DÉNOMINATION des VALEURS.	REPÈRES.	1807.		1808.		1809.		1810.		1811.		REPÈRES.
				plus haut.	plus bas.	plus haut.	plus bas.	plus haut.	plus bas.	plus haut.	plus bas.	plus haut.	plus bas.	
		VALEURS A REVENU FIXE.												
2	100	5 0/0	2	93 40	71 30	88 15	78 10	84 »	76 25	84 50	76 40	83 40	77 70	2
61	100	Angleterre 3 0/0 consolidés (Bourse de Londres)	61	64 3/8	57 5/8	69 1/8	62 5/8	70 3/8	63 3/8	71 »	63 1/4	66 3/4	61 3/4	61
129	1000	Saxe. Emprunt 6 0/0 dit du roi de Saxe	129	....	....	....	....	....	....	....	....	1010 »	1005 »	129
		VALEURS A REVENU VARIABLE.												
248	1000	Banque de France	248	1430 »	1265 »	1365 »	1210 »	1277 50	1185 »	1295 »	1221 25	1278 75	1216 25	248
250	1000	— Nouvelle émission	250	1295 »	1225 »	....	....	....	....	....	....	....	....	250
503	1000	Trois vieux ponts sur Seine	503	1345 »	1125 »	1160 »	920 »	985 »	940 »	965 »	845 »	900 »	835 »	503
617	»	Fonderies de Vaucluse	617	....	....	....	....	1700 »	1700 »	....	....	....	....	617
815	»	Actions Jabach	815	....	....	....	....	....	....	1100 »	1090 »	1095 »	1010 »	815

1812 à 1816.

REPÈRES.	PAIR OU TAUX de REMBOURSEMENT.	DÉNOMINATION des VALEURS.	REPÈRES.	1812. plus haut.	1812. plus bas.	1813. plus haut.	1813. plus bas.	1814. plus haut.	1814. plus bas.	1815. plus haut.	1815. plus bas.	1816. plus haut.	1816. plus bas.	REPÈRES.
		VALEURS A REVENU FIXE.												
	100	5 0/0	2	83 60	76 30	80 20	47 50	80 »	45 »	81 65	52 30	61 40	54 30	2
39	100	Rentes 3 0/0 de la ville de Paris	39	....	....	....	....	....	....	....	....	57 25	56 50	39
61	100	Angleterre 3 0/0 consolidés (Bourse de Londres)	61	63 »	55 1/8	67 1/2	54 1/2	72 1/2	61 1/2	65 3/4	53 7/8	64 5/8	59 1/2	61
		VALEURS A REVENU VARIABLE.												
248	1000	Banque de France	248	1260 »	1205 »	1228 75	690 »	1225 »	470 »	1202 50	730 »	1160 »	1035 »	248
462	10000	Canal du Midi	462	12000 »	12000 »	»	»	»	»	»	»	»	»	462
503	1000	Trois vieux ponts sur Seine	503	870 »	805 »	855 »	822 50	940 »	780 »	950 »	820 »	900 »	835 »	503
815	»	Actions Jabach	815	1005 »	1000 »	990 »	990 »	....	....	....	....	....	....	815

1817 à 1821.

REPÈRES.	PAIR OU TAUX de REMBOURSEMENT.	DÉNOMINATION des VALEURS.	REPÈRES.	1817.		1818.		1819.		1820.		1821.		REPÈRES.
				plus haut.	plus bas.	plus haut.	plus bas.	plus haut.	plus bas.	plus haut.	plus bas.	plus haut.	plus bas.	
		VALEURS A REVENU FIXE.												
2	100	5 0/0	2	69 »	55 05	80 »	60 »	73 15	64 85	79 60	70 10	90 65	73 15	2
3	100	Certificats d'emprunt 5 0/0	3	....	....	86 25	78 25	....	....	....	....	....	....	3
4	100	— — —	4	....	....	....	....	....	....	....	....	93 05	84 55	4
39	100	Rentes 5 0/0 de la ville de Paris	39	70 »	57 »	77 »	67 50	»	»	76 50	76 50	82 75	84 65	39
40	1000	Ville de Paris. Obligat. 1816 6 0/0.. Emp. loterie.	40	1055 »	1005 »	1162 50	1035 »	1205 »	1050 »	1430 »	1190 »	1327 50	1200 »	40
48	1000	Ville de Bordeaux. Obligat. 1817 6 0/0. Emp. lot.	48	....	....	1085 »	1060 »	1050 »	1050 »	1175 »	1175 »	....	....	48
61	100	Angleterre. 3 0/0 consolidés. (Bourse de Londres)..	61	84 1/4	62 »	82 »	73 »	79 »	64 7/8	70 1/4	65 5/8	78 3/4	68 3/4	61
78	100	Deux-Siciles (Naples). 5 0/0	78	....	....	83 50	83 50	73 25	66 50	65 »	63 »	74 »	65 »	78
79	100	— — Obligations de Sicile	79	....	....	....	....	....	....	....	....	72 »	71 »	79
		VALEURS A REVENU VARIABLE.												
248	1000	Banque de France	248	1490 »	1112 50	1650 »	1435 »	1552 50	1377 50	1590 »	1332 50	1605 »	1430 »	248
305	5000	Cᵉ royale d'assurances maritimes	305	80 0/0 b.	7 0/0 b.	90 0/0 b.	28 0/0 b.	20 0/0 b.	6 0/0 b.	10 0/0 b.	8 0/0 b.	2 0/0 b.	1 0/0 b.	305
306	1000	Cᵉ commerciale d'assurances	306	....	....	33 1/4 0/0 b.	22 0/0 b.	»	»	»	»	10 0/0 b.	10 0/0 b.	306
307	12500	Cᵉ d'assur. géner. maritimes. Actions nominatives.	307	....	....	3 1/2 0/0 b.	3 0/0 b.	24 0/0 b.	20 0/0 b.	22 0/0 b.	20 0/0 b.	22 0/0 b	10 0/0 b.	307
308	1250	— — Actions au porteur.	308	....	....	....	....	16 0/0 b.	16 0/0 b.	»	»	12 0/0 b.	10 0/0 b.	308
326	500	Cᵉ d'assur. gén. contre l'incendie. Actions au porteur.	326	....	....	....	....	....	....	30 0/0 b.	21 0/0 b.	50 0/0 b.	30 0/0 b.	326
328	1000	Cᵉ française du Phénix. Assur. contre l'incendie.	328	....	....	....	....	....	....	850 »	800 »	935 »	825 »	328
329	5000	Cᵉ royale d'assurances contre l'incendie	329	....	....	....	....	....	....	7 0/0 b.	7 0/0 b.	17 0/0 b.	7 0/0 b.	329
503	1000	Trois vieux ponts sur Seine	503	910 »	870 »	1000 »	940 »	1000 »	935 »	1120 »	990 »	1320 »	1150 »	503

1822 à 1826.

REPÈRES.	PAIR OU TAUX de REMBOURSEMENT.	DÉNOMINATION des VALEURS.	REPÈRES.	1822. plus haut.	1822. plus bas.	1823. plus haut.	1823. plus bas.	1824. plus haut.	1824. plus bas.	1825. plus haut.	1825. plus bas.	1826. plus haut.	1826. plus bas.	REPÈRES.
		VALEURS A REVENU FIXE.												
2	100	5 0/0	2	95 »	83 35	93 65	75 50	104 80	93 »	106 25	90 50	101 05	95 75	2
4	100	Certificats d'emprunt 5 0/0	4	93 70	85 55	....	....	....	....	....	....	....	....	4
5	100	5 0/0, emprunt 1823	5	....	....	93 45	90 05	107 95	93 95	101 55	104 55	....	....	5
6	100	3 0/0 1825	6	....	....	....	....	....	....	76 35	59 80	72 35	63 »	6
7	100	4 1/2 0/0 1825	7	....	....	....	....	....	....	103 50	99 65	95 25	90 »	7
28	1250	Compagnie des 4 canaux. Omnium	28	1065 »	1000 »	1005 »	915 »	1290 »	1005 »	1262 50	1100 »	1155 »	1050 »	28
29	1250	— Actions de capital	29	....	....	....	....	1050 »	1000 »	910 »	910 »	1032 50	975 »	29
31	2500	Canal de Bourgogne. Omnium	31	....	....	....	....	24 1/2 b.	3/4 0/0 b.	25 1/8 0/0 b.	14 0/0 b.	14 0/0 b.	14 0/0 b.	31
32	1000	Canal de la Somme. Actions de capital	32	....	....	....	....	1062 50	1060 »	»	»	»	»	32
39	100	Rentes 5 0/0 de la Ville de Paris	39	96 »	92 75	95 25	83 »	105 »	96 25	103 »	97 50	101 »	98 »	39
40	1000	Ville de Paris. Obligations 1816 6 0/0. Emprunt loterie	40	1300 »	1230 »	1315 »	1190 »	1415 »	1305 »	1405 »	1375 »	1410 »	1342 50	40
61	100	Angleterre 3 0/0 consolidés (Bourse de Londres)	61	83 »	75 3/8	85 3/4	72 »	96 7/8	84 3/4	94 1/4	75 »	84 1/2	73 7/8	61
62	100	Autriche 5 0/0. Métalliques	62	....	....	82 »	79 1/2	97 20	85 3/4	»	»	»	»	62
63	»	— Obligations 1820, avec prime	63	....	....	....	....	350 »	330 »	....	....	....	....	63
69	100	Bade. — Obligations partielles. Emprunt loterie	69	....	....	120 1/4	116 »	136 »	120 »	135 »	135 »	....	....	69
78	100	Deux-Siciles (Naples) 5 0/0	78	81 1/8	66 »	78 1/2	65 1/2	98 1/2	78 7/8	91 80	70 »	79 70	70 »	78
79	100	— — Obligations de Sicile	79	83 1/2	66 »	82 1/2	71 »	96 »	85 3/4	89 05	83 1/4	82 »	71 »	79
80	100	— — 5 0/0 Certificats français	80	....	....	....	....	103 »	87 »	91 70	71 75	78 50	69 75	80
81	100	— — 5 0/0 Rothschild 1824	81	....	....	....	....	94 1/4	91 30	94 »	90 1/2	74 1/4	73 40	81
82	100	Espagne 5 0/0 (Cortès français)	82	....	....	33 »	24 »	27 1/2	11 »	21 1/4	10 »	12 »	6 »	82
83	100	— 5 0/0 (Guebhard)	83	....	....	60 1/2	60 1/2	67 1/2	52 »	62 »	46 1/4	56 »	42 »	83
84	100	— 5 0/0 (Cortès anglais)	84	....	....	28 »	25 1/2	23 »	17 3/4	19 »	14 »	....	....	84
85	100	— 5 0/0 Perpétuel 1824	85	....	....	....	....	....	....	....	....	45 »	40 »	85
105	1000	Haïti. Emprunt 1825 (Annuités)	105	....	....	....	....	....	....	837 50	780 »	800 »	635 »	105
110	100	Portugal 5 0/0 1823	110	....	....	....	....	87 3/4	87 3/4	....	....	....	....	110
117	100	Prusse. Obligations de 1822	117	....	....	88 1/8	88 »	88 3/4	88 1/8	....	....	....	....	117
135	1000	Obligations 4 0/0 de la Caisse hypothécaire	135	....	....	....	....	....	....	495 »	495 »	435 »	435 »	135
		VALEURS A REVENU VARIABLE.												
248	1000	Banque de France	248	1655 »	1520 »	1652 50	1415 »	2005 »	1615 »	2225 »	1960 »	2090 »	1950 »	248
252	1000	Caisse hypothécaire	252	....	....	....	....	....	....	1160 »	990 »	995 »	820 »	252
305	5000	Cie royale d'assurances maritimes	305	2 0/0 b.	2 0/0 b.	....	....	....	....	....	....	....	....	305
307	12500	Cie d'assur. génér.-maritimes. Actions nominatives	307	»	»	»	»	15 0/0 b.	15 0/0 b.	»	»	»	»	307
308	1250	— — — Actions au porteur	308	Pair.	Pair.	Pair.	Pair.	10 0/0 b.	5 0/0 b.	»	»	»	»	308
326	500	Cie d'assur. génér. contre l'incendie. Actions au port.	326	»	»	10 0/0 b.	10 0/0 b.	40 0/0 b.	40 0/0 b.	»	»	»	»	326
328	1000	Cie française du Phénix. Assurances contre l'incendie	328	930 »	875 »	1100 »	900 »	1500 »	1200 »	1525 »	1300 »	1250 »	1160 »	328
329	3000	Cie royale d'assurances contre l'incendie	329	8 0/0 b.	8 0/0 b.	»	»	8 0/0 b.	8 0/0 b.	»	»	17 0/0 b.	17 0/0 b.	329
348	750	Cie d'ass. gén. sur la vie des hommes. Act. au port.	348	....	....	....	....	25 0/0 b.	25 0/0 b.	»	»	»	»	348
463	5000	Canal d'Aire à la Bassée	463	....	....	5000 »	5000 »	6000 »	5200 »	5750 »	5600 »	»	»	463
464	Néant.	Cie des 4 canaux. Actions de jouissance	464	....	....	....	....	200 »	50 »	180 »	140 »	102 50	80 »	464
465	10000	Canal de la Sensée	465	....	....	....	....	17000 »	17000 »	»	»	»	»	465
466	Néant.	Canal du Rhône au Rhin. Actions de jouissance	466	....	....	....	....	....	....	610 »	560 »	»	»	466
503	1000	Trois vieux ponts sur Seine	503	1400 »	1400 »	1525 »	1390 »	1650 »	1650 »	1675 »	1555 »	1650 »	1525 »	503
689	»	Gaz. Compagnie Pauwels	689	....	....	....	....	....	....	1020 »	1020 »	»	»	689

1827 à 1831

Repères.	Pair ou taux de remboursement.	Dénomination des valeurs.	Repères.	1827. plus haut.	1827. plus bas.	1828. plus haut.	1828. plus bas.	1829. plus haut.	1829. plus bas.	1830. plus haut.	1830. plus bas.	1831. plus haut.	1831. plus bas.	Repères.
		VALEURS A REVENU FIXE.												
2	100	5 0/0	2	101 70	98 50	109 »	101 25	110 65	106 30	109 85	84 50	98 50	74 80	2
6	100	3 0/0, 1825	6	73 70	66 15	76 40	65 80	86 40	73 95	85 25	55 »	70 50	45 »	6
7	100	4 1/2 0/0, 1825	7	95 10	89 50	100 50	91 »	105 50	100 25	108 »	80 50	90 80	72 »	7
8	100	4 0/0, 1830	8	....	....	....	....	....	....	103 40	72 »	82 75	66 »	8
9	100	Emprunt 5 0/0, 1831	9	....	....	....	....	....	....	....	....	95 »	80 »	9
28	1250	Cᵉ des 4 canaux. Omnium	28	1107 50	1060 »	1210 »	1157 50	1282 50	1195 »	1290 »	1140 »	1040 »	865 »	28
29	1250	— — Actions de capital	29	1075 »	1000 »	1155 »	1032 50	1227 50	1110 »	1230 »	910 »	1025 »	770 »	29
31	2500	Canal de Bourgogne. Omnium	31	6 1/4 0/0 b.	3 0/0 b.	9 1/4 0/0 b.	5 1/2 0/0 b.	23 1/2 0/0 b	23 1/2 0/0 b	....	....	....	....	31
32	1000	Canal de la Somme. Actions de capital	32	»	»	»		»	»	»	»	520 »	520 »	32
33	1000	Canal de Bourgogne. Actions de capital	33	....	....	1035 »	967 50	1110 »	1060 »	1110 »	870 »	912 50	755 »	33
35	1000	Canal d'Arles à Bouc. Actions de capital	35	....	....	1065 »	1052 50	»	»	»	»	»	»	35
36	1000	Canal des Ardennes. Actions de capital	36	....	....	....	....	....	....	760 »	760 »	740 »	680 »	36
37	1250	Navigation de l'Oise. Actions de capital	37	....	....	....	....	....	....	....	....	923 »	840 »	37
39	100	Rentes 5 0/0 de la ville de Paris	39	103 »	99 »	103 50	100 25	106 »	104 »	106 30	91 50	97 60	78 »	39
40	1000	Ville-de-Paris. Obligat. 1816, 6 0/0. Emprunt loterie	40	1500 »	1400 »	1655 »	1480 »	1650 »	1610 »	....	....	....	....	40
61	100	Angleterre, 3 0/0, consolidés (Bourse de Londres)	61	89 1/2	76 3/4	88 3/8	80 7/8	94 1/4	85 5/8	94 1/4	77 1/2	84 3/4	74 7/8	61
62	100	Autriche, 5 0/0. Métalliques	62	»	»	»	»	»	»	»	»	»	»	62
78	100	Deux-Siciles (Naples), 5 0/0	78	79 70	72 70	81 40	74 »	94 70	77 75	94 40	55 »	82 75	33 »	78
79	100	— — Obl. de Sicile	79	83 1/2	78 1/2	87 1/2	80 1/2	96 1/2	90 1/8	95 1/2	91 1/2	87 1/2	72 1/2	79
80	100	— — 5 0/0 Certificats français	80	79 60	73 50	80 25	74 50	....	....	....	....	....	....	80
81	100	— — 5 0/0 Rothschild, 1824	81	77 40	77 40	....	....	....	....	....	....	....	....	81
82	100	Espagne, 5 0/0 (Cortès)	82	12 1/2	8 »	9 1/4	6 1/2	7 3/8	4 1/2	21 1/8	7 1/2	18 »	9 »	82
83	100	— 5 0/0 (Guebhard)	83	69 1/2	47 1/2	81 1/4	66 1/2	85 »	66 1/2	91 1/2	44 3/4	80 1/4	57 3/4	83
85	100	— 5 0/0, perpétuel 1824	85	47 1/2	39 1/2	33 1/2	44 3/4	67 3/8	42 3/4	84 3/8	35 1/2	60 3/4	41 1/2	85
105	1000	Haïti, emprunt 1825 (Annuités)	105	700 »	560 »	695 »	450 »	555 »	340 »	570 »	290 »	340 »	190 »	105
135	1000	Obligations 4 0/0 de la Caisse hypothécaire	135	480 »	400 »	515 »	412 50	480 »	480 »	»	»	»	»	135
		VALEURS A REVENU VARIABLE.												
248	1000	Banque de France	248	2030 »	1925 »	1935 »	1777 50	1920 »	1765 »	1920 »	1462 50	1850 »	1360 »	248
252	1000	Caisse hypothécaire	252	920 »	745 »	805 »	665 »	665 »	420 »	760 »	490 »	580 »	470 »	252
307	12500	Cᵉ d'assur. génér. maritimes. Actions nominatives	307	2 0/0 b.	2 0/0 p.	»	»	»	»	»	»	»	»	307
308	1250	— — Actions au port.	308	»	»	»	»	10 0/0 p.	10 0/0 p.	»	»	5 0/0 p.	5 0/0 p.	308
326	500	Cᵉ d'assur. gén. contre l'incendie. Actions au port.	326	»	»	»	»	»	»	»	»	»	»	326
328	1000	Cᵉ française du Phénix. Ass. incendie	328	1150 »	1050 »	1001 25	970 »	1200 »	1010 »	1200 »	1175 »	1000 »	1000 »	328
329	5000	Cᵉ royale d'assurance contre l'incendie	329	21 0/0 b.	21 0/0 b.	»	»	»	»	30 0/0 b.	30 0/0 b.	»	»	329
330	5000	L'Union. Ass. incendie	330	....	....	8 1/4 0/0 b.	6 0/0 b.	3 1/2 0/0 b.	1 0/0 b.	»	»	»	»	330
348	750	Cᵉ d'ass. gén. sur la vie des hommes. Act. au port.	348	»	»	»	»	»	»	»	»	»	»	348
350	5000	L'Union. Ass. sur la vie	350	....	....	....	....	6 1/4 0/0 b.	2 3/4 0/0 b.	»	»	»	»	350
463	5000	Canal d'Aire à la Bassée	463	»	»	»	»	»	»	»	»	»	»	463
464	néant.	Cᵉ des 4 canaux. Act. de jouissance	464	65 »	50 »	65 »	38 75	85 »	62 50	72 50	40 »	45 »	35 »	464
465	10000	Canal de la Sensée	465	»	»	»	»	16000 »	16000 »	»	»	»	»	465
466	néant.	Canal du Rhône au Rhin. Act. de jouissance	466	300 »	300 »	»	»	»	»	»	»	»	»	466
467	néant.	Canal de Bourgogne. Act. de jouissance	467	....	....	40 »	40 »	70 »	60 »	50 »	50 »	»	»	467
503	1000	Trois vieux ponts sur Seine	503	1900 »	1830 »	1890 »	1800 »	1910 »	1680 »	1900 »	1700 »	1050 »	1050 »	503
689	»	Gaz, Compagnie Pauwels	689	350 »	300 »	....	....	....	....	....	....	....	....	689
814	5000	Cᵉ des Salines et Mines de sel de l'Est	814	6 0/0 b.	12 1/2 0/0 b	5 0/0 b.	pair.	1 0/0 p.	22 1/2 0/0 p.	»	»	10 0/0 p.	20 0/0 p.	814

1832 à 1836.

REPÈRES.	PAIR ou TAUX de REMBOURSEMENT.	DÉNOMINATION des VALEURS.	REPÈRES.	1832. plus haut.	1832. plus bas.	1833. plus haut.	1833. plus bas.	1834. plus haut.	1834. plus bas.	1835. plus haut.	1835. plus bas.	1836. plus haut.	1836. plus bas.	REPÈRES.
		VALEURS A REVENU FIXE.												
2	100	5 0/0	2	99 65	92 »	103 50	99 65	107 »	103 70	110 30	106 40	110 30	103 20	2
6	100	3 0/0, 1825	6	71 »	62 »	80 50	70 »	80 »	73 60	82 35	76 75	82 20	76 85	6
7	100	4 1/2 0/0, 1825	7	94 50	88 »	101 80	89 50	101 80	99 »	102 25	99 80	103 50	100 50	7
8	100	4 0/0, 1830	8	85 25	79 »	95 40	85 25	94 40	90 50	100 »	93 40	104 »	97 75	8
10	100	Emprunt national 5 0/0	10	100 »	95 10	105 25	99 90	106 60	103 80	109 50	106 60	110 05	107 25	10
11	100	Emprunt 1832, 5 0/0	11	100 55	95 50	105 60	99 90	....	....	....	....	....	....	11
28	1250	Cᵉ des 4 canaux. Omnium	28	1082 50	970 »	....	....	....	....	....	....	....	....	28
29	1250	— — Actions de capital	29	1080 »	950 »	1172 50	1077 50	1185 »	1138 75	1232 50	1167 50	1250 »	1190 »	29
33	1000	Canal de Bourgogne. Actions de capital	33	950 »	900 »	1047 50	975 »	1052 50	1020 »	1090 »	1027 50	1065 »	1030 »	33
35	1000	Canal d'Arles à Bouc. Actions de capital	35	»	»	1032 50	1032 50	»	»	1060 »	1050 »	1065 »	1065 »	35
38	1250	Cᵉ des 3 canaux..... Actions de capital	38	....	....	....	....	....	....	1215 »	1200 »	1235 »	1195 »	38
39	100	Rentes 5 0/0 de la ville de Paris	39	99 40	93 30	104 »	99 »	104 70	101 »	106 50	102 50	104 75	102 »	39
41	1000	Ville de Paris. Obligat. 1832, 4 0/0. Emprunt loterie.	41	1025 »	1000 »	1155 »	997 50	1385 »	1120 »	1330 »	1250 »	1270 »	1165 »	41
61	100	Angleterre, 3 0/0 consolidé. (Bourse de Londres.)	61	85 3/4	81 5/8	91 1/4	84 1/4	93 »	87 1/2	92 5/8	80 1/4	92 1/4	86 5/8	61
62	100	Autriche, 5 0/0 métalliques	62	»	»	»	»	»	»	102 3/8	99 »	»	»	62
64	»	— — lots de 1834.... Emprunt loterie.	64	....	....	....	....	300 »	285 »	315 »	291 25	315 »	280 »	64
65	100	— 3 0/0 métalliques	65	....	....	....	....	....	....	76 5/8	76 1/8	76 1/8	74 1/4	65
70	100	Belgique, 5 0/0 1831	70	79 3/4	72 1/2	99 1/4	77 1/2	101 1/2	95 1/2	105 »	98 1/8	105 »	99 »	70
71	100	— 4 0/0	71	....	....	....	....	....	....	....	....	94 1/8	94 1/8	71
78	100	Deux-Siciles (Naples), 5 0/0	78	83 »	73 50	91 40	82 75	97 80	90 30	99 80	93 30	103 »	92 90	78
79	100	— — Obligations de Sicile	79	84 3/4	84 3/4	95 »	92 »	97 »	95 »	....	....	....	....	79
82	100	Espagne 5 0/0 (Cortès)	82	14 1/2	10 »	20 »	12 1/4	55 »	18 »	53 »	29 7/8	38 1/4	37 1/2	82
83	100	— 5 0/0 (Guebhard)	83	83 7/8	70 1/2	91 7/8	73 »	88 »	22 »	51 3/8	30 1/2	40 1/2	51 »	83
85	100	— 5 0/0 perpétuel, 1824	85	59 5/8	50 »	80 »	52 1/2	79 7/8	26 3/4	31 3/4	29 7/8	40 1/2	33 »	85
86	100	— 3 0/0, 1831	86	33 3/4	29 3/8	48 1/4	31 3/4	50 »	19 1/2	33 1/4	18 1/4	23 1/2	22 1/4	86
87	100	— dette différée, 1831	87	....	....	....	....	16 »	11 1/4	27 1/4	12 »	49 5/8	7 »	87
88	100	— dette différée, 1834	88	....	....	....	....	28 1/2	12 »	33 »	14 »	26 1/8	7 3/8	88
89	100	— 5 0/0, dette active, 1834	89	....	....	....	....	....	....	70 7/8	36 »	52 »	17 1/4	89
90	100	— dette passive, 1834	90	....	....	....	....	....	....	20 1/2	10 »	47 »	5 »	90
101	100	Grèce, 5 0/0. Omnium	101	....	....	106 1/2	100 1/2	104 1/2	104 1/2	»	»	101 »	101 »	101
102	100	— 5 0/0, 1832. Français	102	....	....	....	....	102 1/4	101 »	102 »	102 »	101 »	101 »	102
103	100	— 5 0/0, 1832. Russe	103	....	....	....	....	102 1/4	102 »	»	»	»	»	103
105	1000	Haïti. Emprunt 1825 (Annuités).	105	240 »	195 »	300 »	205 »	297 50	260 »	490 »	280 »	425 »	535 »	105
106	100	Hollande, 2 1/2 0/0	106	....	....	....	....	55 55	54 10	39 45	51 20	58 50	52 »	106
107	100	— 5 0/0	107	....	....	....	....	....	....	....	....	104 3/4	100 1/4	107
111	100	Portugal, 5 0/0, 1832. (Obligations miguélistes)	111	....	....	....	....	26 »	21 »	28 1/2	19 »	21 »	12 »	111
112	100	— 5 0/0, 1833. (Obligations pédristes)	112	....	....	....	....	88 »	79 1/4	101 3/4	82 1/2	85 1/4	43 »	112
113	100	— 6 0/0	113	....	....	....	....	97 1/2	92 1/4	108 »	95 1/2	....	....	113
114	100	— 3 0/0, 1834. (Obligations pédristes)	114	....	....	....	....	....	....	75 »	52 1/4	55 1/2	27 1/4	114
118	»	Prusse, lots de 1832........... Emprunt loterie.	118	....	....	....	....	227 50	215 »	247 50	213 »	235 »	220 »	118
119	100	Rome, 5 0/0	119	83 1/2	77 »	93 1/4	79 »	98 »	90 3/4	104 1/4	94 3/4	105 »	94 »	119
122	1000	Sardes (États). Piémont. Obl. 1834. Empr. loterie.	122	....	....	....	....	1232 50	1195 »	1230 »	1122 50	1152 50	1050 »	122
135	1000	Obligations 4 0/0 de la Caisse hypothécaire	135	»	»	»	»	»	»	520 »	492 50	508 75	490 »	135
144	100	Obligations de la Banque des États-Unis	144	....	....	....	....	....	....	....	....	101 1/2	100 »	144

1832 à 1836.

REPÈRES.	PAIR ou TAUX de REMBOURSEMENT.	DÉNOMINATION des VALEURS.	REPÈRES.	1832. plus haut.	1832. plus bas.	1833. plus haut.	1833. plus bas.	1834. plus haut.	1834. plus bas.	1835. plus haut.	1835. plus bas.	1836. plus haut.	1836. plus bas.	REPÈRES.
		VALEURS A REVENU VARIABLE.												
248	1000	Banque de France	248	1700 »	1595 »	1610 »	1655 »	1825 »	1697 50	2200 »	1755 »	2355 »	2135 »	246
252	1000	Caisse hypothécaire	252	555 »	500 »	597 50	537 50	655 »	565 »	722 50	607 50	800 »	700 »	252
253	1000	Banque de Marseille	253	....	....	....	....	....	....	....	....	1250 »	1185 »	253
254	1000	Banque de Bordeaux	254	....	....	....	....	....	....	....	....	1960 »	1945 »	254
255	1000	Banque de Lille	255	....	....	....	....	....	....	....	....	1150 »	1110 »	255
293	1000	Banque de Belgique. Émission de 1835	293	....	....	....	....	....	....	1230 »	1090 »	1340 »	1126 25	283
295	1000	Banque foncière de Belgique	295	....	....	....	....	....	....	1006 25	967 50	»	»	295
296	1000	Soc. des cap. réunis dans un but de mutualité industr.	296	....	....	....	....	....	....	....	....	1159 »	1120 »	298
302	2700	Banque romaine	302	....	....	....	....	2700 »	2700 »	2600 »	2150 »	....	....	302
307	12500	C^e d'ass. génér. maritimes. Actions nominatives	307	»	»	»	»	»	»	24 0/0 b.	24 0/0 b.	»	»	307
308	1250	— — — Actions au porteur	308	»	»	»	»	»	»	»	»	»	»	308
309	5000	Sécurité. Assurances maritimes	309	....	....	....	....	....	....	....	....	13 1/2 0/0 b.	9 0/0 b.	309
326	500	C^e d'ass. gén. contre l'incendie. Actions au port.	326	»	»	»	»	»	»	»	»	»	»	326
328	1000	C^e franç. du Phénix. Assurances contre l'incendie.	328	1010 »	950 »	1050 »	990 »	1015 »	1015 »	1025 »	1020 »	1032 50	1000 »	328
329	5000	C^e royale d'assurances contre l'incendie	329	»	»	13 0/0 b.	10 0/0 p.	»	»	»	»	»	»	328
330	5000	L'Union. Assurances incendie.	330	»	»	»	»	»	»	»	»	15 0/0 b.	10 0/0 b.	330
331	5000	Salamandre. *Gouin, Salze et Ce, Leroux de Lens et Ce*	331	....	....	....	....	....	....	Pair.	Pair.	1/2 0/0 b.	Pair.	331
332	6000	Le Soleil. Assurances incendie.	332	....	....	....	....	....	....	14 0/0 p.	14 0/0 p.	»	»	332
333	5900	L'Alliance. *Delaguepière et Ce*. —	333	....	....	....	....	....	....	....	....	2 0/0 b.	Pair.	335
334	5000	La France. —	334	....	....	....	....	....	....	....	....	1 1/4 0/0 b.	2 0/0 b.	334
348	750	C^e d'ass. gén. sur la vie des hommes. Act. au port.	348	»	»	»	»	»	»	»	»	»	»	348
350	3000	L'Union. Assurances sur la vie.	350	1 0/0 p.	1 0/0 p.	1 1/2 0/0 b.	1 1/2 0/0 b.	»	»	»	»	»	»	350
351	5000	C^e royale d'assurances sur la vie	351	....	....	Pair.	Pair	»	»	»	»	»	»	351
360	5000	Saint-Etienne—Lyon. Chemin de fer.	360	....	....	....	....	....	....	4900 »	4200 »	»	»	360
361	500	Paris—Saint-Germain. Chemin de fer.	361	....	....	....	....	....	....	....	....	600 »	550 »	361
403	5000	Canal d'Aire à la Bassée	403	»	»	»	»	»	»	1350 »	1150 »	»	»	403
464	Néant.	C^e des 4 canaux. Actions de jouissance	464	42 50	35 »	60 »	40 »	55 »	41 25	167 50	42 50	325 »	110 »	464
466	Néant.	Canal du Rhin au Rhin. Actions de jouissance	466	»	»	»	»	»	»	»	»	380 »	450 »	466
467	Néant.	Canal de Bourgogne. Actions de jouissance	467	»	»	55 »	55 »	55 »	52 50	120 »	60 »	220 »	110 »	467
468	Néant.	Canal d'Arles à Bouc. Actions de jouissance	468	....	....	....	....	42 50	42 50	»	»	125 »	105 »	468
469	1000	Canal de jonction de la Sambre à l'Oise	469	....	....	....	....	....	....	1150 »	1070 »	1135 »	1050 »	469
470	1000	Société de la Scarpe inférieure. *C. Bayard et Ce*.	470	....	....	....	....	....	....	1100 »	1000 »	»	»	470
471	1000	Sambre française canalisée	471	....	....	....	....	....	....	950 »	950 »	»	»	471
472	500	Canal de Vire et Taute. *Pierre Colin et Ce*	472	....	....	....	....	....	....	1100 »	1050 »	»	»	472
503	1000	Trois vieux ponts sur Seine	503	1150 »	1050 »	1225 »	1200 »	1125 »	1100 »	1300 »	1190 »	1310 »	1300 »	503
504	1000	Pont, port et gare de Grenelle	504	....	....	200 »	200 »	»	»	150 »	150 »	»	»	504
505	1000	Pont Louis-Philippe. *Séguin fr., Colin, Callou et Ce*.	505	....	....	....	....	1300 »	1200 »	1410 »	1275 »	»	»	505
506	1000	Pont du Carrousel. *Borde et Ce*	506	....	....	....	....	1350 »	1175 »	1800 »	1400 »	»	»	506
507	500	Pont de Bercy	507	....	....	....	....	....	....	550 »	525 »	»	»	507
508	1000	Pont de fer de Rouen. *Séguin frères, Colin et Ce*.	508	....	....	....	....	....	....	1230 »	1175 »	»	»	508
509	1000	Pont susp. de Conflans. *Séguin f., Huguenet et Ce*.	509	....	....	....	....	....	....	1150 »	1000 »	»	»	509
769	1000	Eaux de Seine aux Batignolles. *Torasse et Ce*	769	....	....	....	....	....	....	1050 »	1025 »	....	....	769
771	5000	Expl. et col. landes de Bordeaux. *Boyer, Fonfrède et Ce*	771	....	....	....	....	....	....	180 0/0 b.	100 0/0 b.	....	....	771
772	1000	Expl. des Etangs de Capestang. *Oscar Combe et Ce*.	772	....	....	....	....	....	....	1027 50	1005 »	....	....	772
814	3000	C^e des Salines et mines de sel de l'Est	814	»	»	28 0/0 p.	30 0/0 p.	20 0/0 p.	20 0/0 p.	3 0/0 p.	6 0/0 p.	2 0/0 b.	6 0/0 p.	814

1837 à 1841.

REPÈRES.	PAIR ou TAUX de REMBOURSEMENT.	DÉNOMINATION des VALEURS.	REPÈRES.	1837.		1838.		1839.		1840.		1841.		REPÈRES.
				plus haut.	plus bas.	plus haut.	plus bas.	plus haut.	plus bas.	plus haut.	plus bas.	plus haut.	plus bas.	
		VALEURS A REVENU FIXE.												
2	100	5 0/0	2	111 »	106 25	111 85	107 05	112 85	108 25	119 40	100 30	117 05	110 45	2
6	100	3 0/0, 1825	6	84 45	77 75	82 20	78 15	82 50	77 80	86 65	65 90	86 60	75 60	6
7	100	4 1/2 0/0, 1825	7	105 »	100 50	107 »	103 50	107 »	104 50	113 50	95 30	106 50	101 20	7
8	100	4 0/0, 1830	8	102 10	98 »	105 25	101 »	103 50	100 50	109 »	69 50	102 »	97 »	8
12	100	Emprunt, 3 0/0, 1841	12	....	....	....	....	....	....	....	....	84 20	78 70	12
29	1250	Ce des 4 canaux. Actions de capital	29	1222 50	1175 »	1275 »	1217 50	1280 »	1247 50	1285 »	1157 50	1262 50	1210 »	29
33	1000	Canal de Bourgogne. Actions de capital	33	1050 »	1020 »	1085 »	1055 »	1090 »	1035 »	1090 »	990 »	1072 30	1040 »	33
35	1000	Canal d'Arles à Bouc. Actions de capital	35	1050 »	1050 »	»	»	»	»	»	»	1055 »	1050 »	35
38	1250	Ce des 3 canaux. Actions de capital	38	1216 25	1216 25	1250 »	1232 50	1252 50	1217 50	1250 »	1195 »	1255 »	1225 »	38
39	100	Rentes 5 0/0 de la ville de Paris	39	106 »	102 »	105 »	103 »	105 »	103 50	105 50	102 50	105 25	102 50	39
41	1000	Ville de Paris. Oblig. 1832, 4 0/0. Emprunt loterie.	41	1190 »	1140 »	1200 »	1135 »	1255 »	1165 »	1310 »	1162 50	1305 »	1255 »	41
61	100	Angleterre, 3 0/0. Consolidés. (Bourse de Londres).	61	93 7/8	87 7/8	93 1/4	90 5/8	93 7/8	89 1/4	93 1/8	85 3/4	90 1/2	87 1/4	61
62	100	Autriche, 5 0/0. Métalliques	62	103 »	101 »	104 1/4	104 1/4	108 »	105 1/2	106 »	106 »	106 1/2	106 1/8	62
64	»	— Lots de 1834 .... Emp. lot.	64	310 »	280 »	350 »	300 »	380 »	335 »	387 50	330 »	370 »	340 »	64
65	100	— 3 0/0. Métalliques	65	»	»	»	»	»	»	»	»	75 »	75 »	65
70	100	Belgique, 5 0/0, 1831	70	104 5/8	100 1/2	105 »	95 »	104 »	97 1/2	106 3/8	90 »	104 1/4	97 1/2	70
71	100	— 4 0/0	71	93 »	93 »	93 1/2	93 1/4	»	»	»	»	»	»	71
72	100	— 3 0/0	72	....	....	75 55	66 60	73 25	64 40	77 90	57 50	72 40	68 40	72
73	100	— 5 0/0, 1840	73	....	....	....	....	....	....	98 5/8	97 1/4	105 1/8	97 1/2	73
78	100	Deux-Siciles (Naples), 5 0/0	78	100 70	96 20	102 50	98 »	103 30	98 50	106 »	94 »	107 50	100 80	78
87	100	Espagne. Dette différée, 1831	87	9 5/8	6 »	6 »	5 »	10 5/8	5 3/4	8 3/8	5 »	5 1/2	5 1/4	87
88	100	— — 1834	88	12 3/4	6 1/2	9 »	6 1/2	16 1/8	6 5/8	14 1/2	10 1/2	13 1/2	9 1/4	88
89	100	— 5 0/0, dette active, 1834	89	29 »	20 »	24 »	15 7/8	35 »	17 »	30 1/4	20 1/2	26 »	29 »	89
90	100	— Dette passive, 1834	90	7 7/8	4 1/2	5 3/8	3 1/2	10 »	3 1/2	7 7/8	5 »	6 1/2	4 1/2	90
96	100	Etats-Unis. 6 0/0, Etat Illinois	26	....	....	56 25	55 30	55 30	55 30	....	....	....	....	96
97	100	— 5 0/0, Etat New-York	97	....	....	....	....	....	....	100 15	97 50	99 »	90 »	97
98	100	— 5 0/0, Ville New-York	98	....	....	....	....	....	....	93 »	87 50	96 »	82 »	98
99	100	— 6 0/0, Etat Ohio	99	....	....	....	....	....	....	103 80	98 »	104 »	95 1/2	99
100	100	— 5 0/0, Etat Indiana	100	....	....	....	....	....	....	....	....	74 »	74 »	100
102	100	Grèce. 5 0/0, 1832. Garantie française	102	»	»	»	»	»	»	»	»	101 1/2	97 1/8	102
103	100	— 5 0/0, 1832. Garantie russe	103	102 1/8	102 1/8	»	»	»	»	101 1/4	101 1/4	101 3/8	101 1/4	103
105	1000	Haïti. Emprunt 1825 .... (Annuités.	105	380 »	290 »	600 »	315 »	580 »	352 50	635 »	470 »	680 »	570 »	105
106	100	Hollande. 2 1/2 0/0	106	56 »	52 »	56 »	53 1/2	56 1/2	52 »	55 1/4	50 »	53 1/2	50 »	106
107	100	— 5 0/0	107	101 3/4	99 1/4	»	»	»	»	101 »	99 1/2	101 »	100 »	107
111	100	Portugal. 5 0/0, 1832. (Obligations miguelistes)	111	13 »	10 »	10 »	5 »	6 1/2	3 »	4 »	2 3/4	3 »	2 3/4	111
112	100	— 5 0/0, 1833. (Obligations pédristes)	112	34 »	25 »	35 1/2	30 »	36 »	34 »	34 »	29 »	29 1/4	26 »	112
114	100	— 3 0/0, 1834. (Obligations pédristes)	114	33 »	17 7/8	26 »	17 1/4	26 »	19 »	25 »	20 »	21 1/4	18 1/2	114
115	100	— 5 0/0, différé, 1840	115	....	....	....	....	....	....	....	....	29 »	25 1/2	115
118	»	Prusse. Lots de 1832 .... Emp. lot.	118	250 »	230 »	255 »	230 »	280 »	235 »	250 »	255 »	302 50	290 »	118
119	100	Rome, 5 0/0	119	103 »	100 1/8	104 »	99 »	103 7/8	99 »	105 1/8	93 »	104 1/2	99 »	119
122	1000	Sardes (Etats) Piémont. Obl. 1834 ...... Emp. lot.	122	1080 »	1035 »	1092 50	1040 »	1140 »	1055 »	1190 »	1052 50	1140 »	1080 »	122
135	1000	Obl. 4 0/0 de la Caisse hypothécaire	135	497 50	487 50	500 »	490 »	497 50	490 »	497 50	490 »	497 50	490 »	135
144	1000	Obl. de la Banque des Etats-Unis	144	100 1/2	100 »	»	»	93 1/4	92 3/4	100 1/4	93 »	99 »	99 »	144
145	1250	Obl. Paris-Saint-Germain, 1839, 4 0/0	145	....	....	1167 50	1135 »	1160 »	1110 »	1180 »	1035 »	1197 50	1030 »	145
146	1000	— Paris-Versailles (r.d.) 1839, 5 0/0	146	....	....	....	....	1000 »	950 »	1040 »	935 »	1022 50	975 »	146

1837 à 1841. (*Suite.*)

REPÈRES.	PAIR OU TAUX de REMBOURSEMENT.	DÉNOMINATION des VALEURS.	REPÈRES.	1837. plus haut.	1837. plus bas.	1838. plus haut.	1838. plus bas.	1839. plus haut.	1839. plus bas.	1840. plus haut.	1840. plus bas.	1841. plus haut.	1841. plus bas.	REPÈRES.
147	1000	Obl. Montpellier-Cette, 1840, 5 1/2 0/0	147	....	....	....	....	....	....	1035 »	1000 »	1035 »	1000 »	147
148	1250	— Saint-Etienne-Lyon, 1841, 4 0/0	148	....	....	....	....	....	....	....	....	1111 25	1080 »	148
149	1000	— Mulhouse-Thann, 1840, 5 0/0	149	....	....	....	....	....	....	....	....	1010 »	1000 »	149
150	1200	— Citis, 1841, 4.16 0/0	150	....	....	....	....	....	....	....	....	1037 50	1025 »	150
214	1000	Obl. Canal Sambre à l'Oise, 1839, 5 0/0	214	....	....	....	....	1005 »	1005 »	1025 »	1025 »	1005 »	986 25	214
223	1200	— Mines de la Grand'Combe, 1840, 4.16 0/0	223	....	....	....	....	....	....	1080 »	980 »	1035 »	975 »	223
226	500	— Asphalte de Bastennes, 6 0/0	226	....	....	....	....	....	....	....	....	1030 »	1008 75	226
242	1200	— Cᵉ d'Arcachon, 4.16 0/0	242	....	....	....	....	....	....	....	....	1075 »	1025 »	242
		VALEURS A REVENU VARIABLE.												
246	1000	Banque de France	246	2600 »	2242 50	2800 »	2480 »	3000 »	2565 »	3800 »	2350 »	3470 »	3025 »	246
252	1000	Caisse hypothécaire	252	830 »	780 »	825 »	780 »	805 »	760 »	810 »	675 »	775 »	740 »	252
253	1000	Banque de Marseille	253	1265 »	1220 »	1210 »	1210 »	1600 »	1217 50	1670 »	1670 »	»	»	253
254	1000	Banque de Bordeaux	254	1950 »	1930 »	»	»	»	»	»	»	»	»	254
255	1000	Banque de Lille	255	1250 »	1075 »	1160 »	1061 25	1150 »	1075 »	1400 »	1250 »	1500 »	1300 »	255
256	1000	Banque du Havre	256	1140 »	1000 »	1190 »	1000 »	1150 »	1000 »	1205 »	1090 »	1200 »	1120 »	256
257	1000	Caisse gén. du comm. et de l'ind. *J. Laffitte et Cᵉ*	257	1080 »	1012 50	1165 »	995 »	1090 »	1005 »	1150 »	980 »	1090 »	1002 50	257
258	5000	— — — —	258	5300 »	4980 »	5800 »	4970 »	5395 »	5150 »	5270 »	5000 »	5190 »	5025 »	258
259	1000	C. gén. du comm. et de l'industrie de Valenciennes	259	....	....	1005 »	920 »	930 »	920 »	920 »	920 »	900 »	900 »	259
260	1000	C. d'esc. du com. et de l'ind. à Marseille. *Lançon et Cᵉ*	260	....	....	1045 »	1010 »	1000 »	1000 »	....	....	....	....	260
261	1000	Banque d'Orléans	261	....	....	....	....	....	....	1350 »	1500 »	»	»	261
262	1000	Compt. d'esc. des entr. *Estienne, Delachaume et Cᵉ*	262	....	....	....	....	....	....	....	....	1050 »	1050 »	262
263	1000	Banque de Rouen	263	....	....	....	....	....	....	....	....	2310 »	2295 »	263
293	1000	Banque de Belgique. Emission de 1835	293	1555 »	1256 25	1537 50	480 »	900 »	500 »	985 »	750 »	905 »	720 »	293
294	1000	— — — 1841	294	....	....	....	....	....	....	....	....	1050 »	1010 »	294
296	1000	Soc. des capital. réunis dans un but de mut. industr.	296	1143 75	1060 »	1185 »	1140 »	....	....	....	....	....	....	296
297	1058	Soc. génér. de Belgique pour favoriser l'indust. nat.	297	1720 »	1525 »	1770 »	1695 »	»	»	1512 50	1500 »	1535 »	1400 »	297
298	1000	Société des actions réunies	298	1150 »	1020 »	1122 50	500 »	625 »	500 »	680 »	645 »	»	»	298
299	1000	Banque commerciale d'Anvers	299	....	....	1300 »	1122 50	....	....	....	....	....	....	299
307	12500	C. d'assurances générales maritimes. Act. nomin.	307	18 0/0 b	7 0/0 b	20 0/0 b	12 0/0 b	22 0/0 b	5 0/0 b	23 0/0 b	14 0/0 b	14 0/0 b	11 0/0 b	307
308	1250	— — — Act. au port.	308	15 0/0 b	12 0/0 b	»	»	»	»	»	»	»	»	308
309	5000	Sécurité. Ass. mar.	309	18 0/0 b	12 0/0 b	14 0/0 b	6 0/0 b	8 0/0 b	6 0/0 b	9 1/4 0/0 b	6 0/0 b	6 0/0 b	4 0/0 b	309
310	5000	L'Union des ports —	310	3 0/0 b	1 1/2 0/0 b	»	»	13 0/0 p	18 0/0 p	13 0/0 p	17 0/0 p	13 0/0 p	15 0/0 p	310
311	5000	Le Lloyd français —	311	26 1/2 0/0 b	18 1/2 0/0 b	26 0/0 b	18 0/0 b	17 1/2 0/0 b	16 0/0 b	15 0/0 b	11 1/2 0/0 b	15 0/0 b	11 0/0 b	311
312	5000	Océan —	312	....	....	....	....	10 0/0 b	10 0/0 b	»	»	»	»	312
313	1000	Indemnité —	313	1 3/4 0/0 b	pair.	»	»	»	»	»	»	2 0/0 b	2 0/0 b	313
314	5000	La Chambre —	314	12 0/0 b	9 0/0 b	12 0/0 b	10 0/0 b	10 0/0 b	8 0/0 b	9 0/0 b	6 0/0 b	6 1/2 0/0 b	6 0/0 b	314
315	5000	Mélusine —	315	12 0/0 b	10 0/0 b	8 0/0 b	3 0/0 b	8 0/0 b	7 0/0 b	»	»	5 0/0 b	4 1/2 0/0 b	315
316	5000	L'Avenir —	316	....	....	....	....	2 0/0 b	pair.	1 0/0 b	pair.	pair.	2 0/0 p	316
326	500	Cᵉ d'ass. génér. contre l'incendie. Act. au porteur.	326	245 0/0 b	230 0/0 b	230 0/0 b	205 0/0	»	»	»	»	»	»	326
327	5000	— — — Act. nominatives	327	250 0/0 b	210 0/0 b	230 0/0 b	190 0/0 b	215 0/0 b	213 0/0 b	257 1/2 0/0 b	230 0/0 b	245 0/0 b	227 1/2 0/0 b	327
328	1000	Cᵉ française du Phénix. Ass. incendie	328	1225 »	1015 »	1260 »	1180 »	1310 »	1225 »	1523 »	1330 »	1600 »	1480 »	328
329	5000	Cᵉ royale d'assurances —	329	102 0/0 b	80 0/0 b	86 0/0 b	65 0/0 b	98 0/0 b	69 1/2 0/0 b	112 0/0 b	86 0/0 b	128 0/0 b	93 0/0 b	329
330	5000	L'Union —	330	39 1/2 0/0 b	24 0/0 b	36 1/2 0/0 b	28 0/0 b	82 0/0 b	27 3/4 0/0 b	55 0/0 b	25 0/0 b	40 0/0 b	30 0/0 b	330
331	5000	La Salamandre. *Raynau et Cᵉ* —	331	3 1/2 0/0 b	1 0/0 b	4 1/2 0/0 b	4 1/2 0/0 b	6 0/0 b	pair.	10 0/0 b	10 0/0 b	....	....	331

1837 à 1841. (*Suite.*)

REPÈRES.	PAIR ou TAUX de REMBOURSEMENT.	DÉNOMINATION des VALEURS.	REPÈRES.	1837. plus haut.	1837. plus bas.	1838. plus haut.	1838. plus bas.	1839. plus haut.	1839. plus bas.	1840. plus haut.	1840. plus bas.	1841. plus haut.	1841. plus bas.	REPÈRES.
332	6000	Le Soleil .... Ass. incendie	332	5 0/0 p	5 0/0 p	2 0/0 p	2 1/2 0/0 p	pair.	pair.	pair.	2 0/0 p	»	»	332
333	5000	L'Alliance. *Delaguepière et Cᵉ*....... —	333	3 0/0 b	2 0/0 b	»	»	»	»	»	»	9 0/0 b	8 1/2 0/0 b	333
334	5000	La France .... —	334	5 1/2 0/0 b	1 3/4 0/0 b	10 0/0 b	3 0/0 b	5 0/0 b	2 0/0 b	7 1/2 0/0 b	4 0/0 b	14 5/8 0/0 b	3 0/0 b	334
335	1000	Le Réparateur. *Villette et Cᵉ*........ —	335	20 0/0 b	20 0/0 b	22 1/2 0/0 b	22 1/2 0/0 b	22 1/2 0/0 b	22 1/2 0/0 b	22 1/2 0/0 b	22 1/2 0/0 b	»	»	335
336	5000	L'Urbaine.......................... —	336	3 0/0 b	1 0/0 b	1 0/0 b	1/2 0/0 b	pair.	pair.	1/2 0/0 b	1/2 0/0 b	pair.	pair.	336
337	5000	La Sécurité........................ —	337	....	....	2 0/0 b	1 0/0 b	10 0/0 p	10 0/0 p	2 0/0 b	3 0/0 p	4 0/0 p	4 1/2 0/0 p	337
338	2500	La Providence...................... —	338	....	....	pair.	pair.	pair.	pair.	»	»	»	»	338
339	5000	Indemnité.......................... —	339	....	....	....	....	....	....	....	....	1 1/2 0/0 p	1 1/2 0/0 p	339
348	750	Cᵉ d'as. gén. sur la vie des hommes... Act. au p.	348	30 0/0 b	24 0/0 b	»	»	26 2/3 0/0 b	26 2/3 0/0 b	»	»	»	»	348
349	7500	— — — Act. nom.	349	37 1/3 0/0 b	24 0/0 b	33 1/3 0/0 b	27 0/0 b	35 1/3 0/0 b	26 2/3 0/0 b	36 0/0 b	26 2/3 0/0 b	40 0/0 b	32 0/0 b	349
350	5000	L'Union......................... Ass. s. la vie	350	1/4 0/0 p	1 0/0 p	1/2 0/0 b	3/4 0/0 p	pair.	1 1/2 0/0 p	1/2 0/0 b	1 3/8 0/0 p	1 1/2 0/0 b	5/8 0/0 p	350
351	5000	Cᵉ royale d'assur. sur la vie........ —	351	1/4 0/0 b	1/4 0/0 p	1 1/2 0/0 b	1/2 0/0 p	5 1/2 0/0 b	1 1/2 0/0 b	5 1/4 0/0 b	2 0/0 b	4 1/2 0/0 b	2 1/2 0/0 b	351
352	1000	La Prévoyance. *De Chézelle et Cᵉ*... —	352	....	....	5 0/0 b	pair.	5 0/0 b	5 0/0 b	....	....	....	....	352
359	1000	Bourse militaire. *Ador et Cᵉ*........ Recrutem.	359	....	....	1610 »	1725 »	....	....	....	....	....	....	359
360	5000	Saint-Etienne-Lyon .... Ch. de fer.	360	3650 »	3650 »	5000	3900	5000	4900	5000.	5000	5300 »	5000 »	360
361	500	Paris-St-Germain................... —	361	1080 »	565 »	1072 50	600 »	705 »	530 »	780 »	500 »	830 »	637 50	361
363	500	Montpellier-Cette.................. —	363	665 »	545 »	720 »	432 50	530 »	350 »	430 »	300 »	275 »	180 »	363
364	500	Paris-Versailles (r. d.)............ —	364	800 »	595 »	877 50	530 »	755 »	460 »	647 50	330 »	462 50	302 50	364
365	500	— (r. g.).............. —	365	745 »	540 »	740 »	200 »	375 »	125 »	400 »	230 »	340 »	167 50	365
366	1000	Villers-Cotterets-Port-aux-Perches... —	366	1100 »	1000 »	»	»	»	»	250 »	250 »	....	....	366
367	500	Mulhouse-Thann. *Nicolas Kœchlin et Cᵉ* —	367	702 50	580 »	695 »	350 »	400 »	340 »	490 »	375 »	445 »	385 »	367
368	1000	Citis. *Ph. de Masin et Cᵉ*... Salines et Ch. de fer.	368	1030 »	1000 »	1170 »	950 »	1050 »	1015 »	650 »	450 »	600 »	350 »	368
369	500	Epinac-Canal du Centre .... —	369	595 »	530 »	680 »	525 »	....	....	....	....	....	....	369
370	500	Bordeaux-La Teste.................. —	370	....	....	650 »	415 »	440 »	375 »	400 »	375 »	420 »	350 »	370
371	500	Strasbourg-Bâle.................... —	371	....	....	555 »	320 »	350 »	270 »	442 50	310 »	....	....	371
372	350	— .... —	372	....	....	....	....	....	....	265 »	227 50	252 50	212 50	372
373	1000	Paris-La mer (plateaux)............ —	373	....	....	1028 75	900 »	995 »	922 50	995 »	995 »	....	....	373
374	500	Paris-Orléans...................... —	374	....	....	565 »	460 »	480 »	407 50	550 »	420 »	547 50	475 »	374
376	500	Paris-Rouen........................ —	376	....	....	....	....	....	....	....	....	485 »	440 »	376
424	500	Sambre à la Meuse.................. —	424	....	....	550 »	425 »	455 »	430 »	....	....	....	....	424
431	940	Cologne à la Belgique (Soc. rhénane). —	431	....	....	1120 »	1020 »	....	....	....	....	....	....	431
463	5000	Canal d'Aire à la Bassée........................	463	3900 »	3900 »	4475 »	4475 »	»	»	»	»	»	»	463
464	Néant.	Cᵉ des 4 canaux. Act. de jouissance.............	464	342 50	265 »	280 »	115 »	175 »	115 »	200 »	125	170 »	150 »	464
466	Néant.	Canal du Rhône au Rhin. Act. de jouissance......	466	550 »	495 »	440 »	440 »	430 »	400 »	472 50	470 »	415 »	402 50	466
467	Néant.	Canal de Bourgogne. Act. de jouissance..........	467	222 50	155 »	167 50	80 »	90 »	60 »	110 »	60 »	92 50	70 »	467
469	1000	Canal de jonction de la Sambre à l'Oise.........	469	1077 50	1025 »	1150 »	1045 »	1000 »	870 »	900 »	875 »	780 »	600 »	469
473	500	Canal de Roanne à Digoin........................	473	720 »	660 »	695 »	585 »	530 »	530 »	380 »	350 »	330 »	270 »	473
474	5000	Canal d'Aigues-Mortes à Beaucaire...............	474	....	....	....	....	....	....	9850 »	8200 »	»	»	474
485	500	Omnibus des ch. de fer. *Moreau-Chaslon, et Cᵉ*.	485	....	....	617 50	510 »	»	»	»	»	350 »	350 »	485
487	1000	Messag. gén. de France. *Laffitte, Caillard et Cᵉ*.	487	....	....	1010 »	1010 »	»	»	970 »	950 »	910 »	900 »	487
488	500	Cᵉ des voit. de place de Paris. *Camille, Letessier et Cᵉ*	488	....	....	400 »	400 »	400 »	380 »	»	»	»	»	488
503	1000	Trois vieux ponts sur Seine.....................	503	1375 »	1325 »	1460 »	1350 »	1500 »	1425 »	1550 »	1460 »	1500 »	1500 »	503
504	1000	Pont, port et gare de Grenelle..................	504	100 »	100 »	»	»	»	»	150 »	150 »	»	»	504
507	500	Pont de Bercy...................................	507	»	»	»	»	»	»	540 »	510 »	590 »	555 »	507

1837 à 1841. (*Suite.*)

REPÈRES.	PAIR OU TAUX de REMBOURSEMENT.	DÉNOMINATION des VALEURS.	REPÈRES.	1837. plus haut.	1837. plus bas.	1838. plus haut.	1838. plus bas.	1839. plus haut.	1839. plus bas.	1840. plus haut.	1840. plus bas.	1841. plus haut.	1841. plus bas.	REPÈRES.
510	1000	Pont de Beaucaire....................	510	1082 50	1077 50	1000 »	1000 »	»	»	»	»	1000 »	985 »	510
513	500	Bat. à vapeur de la Basse-Seine. *Ad. Levrier et Cᵉ*...	513	657 50	505 »	592 50	480 »	430 »	345 »	355 »	330 »	»	»	513
514	500	— St-Valery-sur-Somme à Londres. *Dagneaux et Cᵉ*.	514	600 »	450 »	480 »	400 »	....	....	....	....	....	....	514
515	500	Bateaux en fer (Cavé). *Aug. Garay et Cᵉ*......	515	565 »	450 »	520 »	420 »	430 »	430 »	....	....	....	....	515
516	500	Remorq. à Paris par la vapeur. *A. Page et Cᵉ*..	516	510 »	450 »	500 »	475 »	....	....	....	....	....	....	516
517	500	Paquebots à vapeur entre le Havre et Londres...	517	515 »	500 »	530 »	425 »	430 »	350 »	....	....	....	....	517
518	500	Bat. à vap. en fer de la Marne. *Ed. Tavenet et Cᵉ*.	518	530 »	510 »	560 »	510 »	....	....	....	....	....	....	518
519	500	Paquebots à vapeur de Bordeaux au Havre......	519	....	....	550 »	340 »	375 »	325 »	325 »	325 »	....	....	519
520	500	Cᵉ gén. de transp. et de navig. *A. Lubbert et Cᵉ*..	520	....	....	525 »	315 »	375 »	315 »	....	....	....	....	520
521	500	Bat. à vap. de l'Oise et de l'Aisne. *Conti et Cᵉ*.....	521	....	....	505 »	500 »	500 »	500 »	....	....	....	....	521
533	1000	Pêcherie de la morue. *E. Campion, Théroulde et Cᵉ*	533	....	....	1320 »	1250 »	1000 »	950 »	850 »	250 »	»	»	533
534	500	Parcs à huîtres flottants. *Roblin, Tavenet et Cᵉ*....	534	....	....	520 »	520 »	....	....	....	....	....	....	534
535	250	— — —	535	....	....	275 »	257 50	....	....	....	....	....	....	535
536	1000	H. et ch. de fer de Montet-aux-Moines et Froidefond.	536	1230 »	1010 »	1020 »	840 »	380 »	375 »	....	....	....	....	536
537	500	Houillères de la Haute-Loire..................	537	502 50	500 »	640 »	510 »	»	»	»	»	»	»	537
538	1000	Houil. de la Theurée-Maillot et des Porrots.....	538	1070 »	1010 »	1070 »	900 »	....	....	....	....	....	....	538
539	1000	Houil. de la Grand'Combe et chem. de fer du Gard.	539	1750 »	1300 »	2400 »	1500 »	2100 »	1375 »	1675 »	1490 »	1550 »	1160 »	539
540	500	Houil. de l'Arroux. *Damiron, Soultzener et Cᵉ*.	540	612 50	575 »	620 »	600 »	»	»	380 »	380 »	....	....	540
541	1000	Houillères de la Chazotte...................	541	....	....	1145 »	900 »	990 »	375 »	550 »	500 »	300 »	300 »	541
542	1000	M. de houil. de Gémonval. *Boisson, Faucompré et Cᵉ*	542	....	....	1015 »	1000 »	....	....	....	....	....	....	542
543	5000	— Ferques. *Frémicourt et Cᵉ*.......	543	....	....	11000 »	9000 »	»	»	»	»	»	»	543
544	500	Charb. de Bray, Maurage et Boussoit.........	544	....	....	635 »	530 »	490 »	450 »	455 »	440 »	....	....	544
545	1000	Houil. de la Grande-Veine et du bois de St-Ghislain..	545	....	....	1042 50	900 »	950 »	950 »	....	....	....	....	545
546	1000	H. d'Unieux-et-Fraisse. *Isnar de Villeneuve et Cᵉ*.	546	....	....	1025 »	775 »	800 »	770 »	....	....	....	....	546
547	1000	Houillère du Centre-du-Flenu..............	547	....	....	1200 »	995 »	1025 »	1000 »	1015 »	995 »	»	»	547
548	500	Houillère de Montieux-St-Etienne............	548	....	....	525 »	320 »	300 »	280 »	325 »	325 »	»	»	548
549	1000	Charbonnage de Pont-de-Loup Sud...........	549	....	....	1125 »	730 »	725 »	500 »	510 »	382 50	350 »	300 »	549
550	1000	Houil. du Ragny et des Perrins. *Poulet, Blondeau et Cᵉ*	550	....	....	1015 »	1000 »	750 »	500 »	....	....	....	....	550
551	1000	Houillères de Layon et Loire................	551	....	....	1125 »	1000 »	»	»	»	»	1000 »	1000 »	551
552	1000	Cᵉ générale de Recherches. *L. Fléchey et Cᵉ*..	552	....	....	1130 »	1100 »	....	....	....	....	....	....	552
553	1000	Houillère de Chaney-Saint-Etienne..........	553	....	....	1025 »	880 »	890 »	800 »	760 »	630 »	500 »	475 »	553
554	6000	Mines de houille de Méons..................	554	....	....	6180 »	6120 »	....	....	....	....	....	....	554
555	1000	Cᵉ générale des mines de Rive-de-Gier.........	555	....	....	1090 »	1050 »	»	»	»	»	»	»	555
556	250	Lign. et houil. de Luzarches. *Fr. de Moncey et Cᵉ*.	556	....	....	315 »	210 »	....	....	....	....	....	....	556
557	1000	La Taupe, Grigues, Arrest-s.-Allier. *Cockrill et Cᵉ*.	557	....	....	1077 50	1050 »	....	....	....	....	....	....	557
558	5000	Ch. de B.-Espérance-s.-Lambussart. *Urbain et Cᵉ*.	558	....	....	5600 »	5600 »	....	....	....	....	....	....	558
559	2000	Mines de Fins, Noyant et Souvigny...........	559	....	....	2300 »	2300 »	....	....	....	....	....	....	559
560	10000	Houillère et chemin de fer d'Epinac.........	560	....	....	....	....	5000 »	5000 »	3000 »	3000 »	3800 »	3500 »	560
562	500	Mines de houille des Touches. *Godard et Cᵉ*....	562	....	....	....	....	....	....	550 »	550 »	....	....	562
582	1000	Min. d'asphalte de Pyrimont-Seyssel. *Coignet et Cᵉ*	582	1950 »	1450 »	10200 »	2500 »	2950 »	1550 »	1550 »	900 »	»	»	582
583	1000	Prod. bit Dez-Maurel. *Perronnet de St-Etienne et Cᵉ*	583	1185 »	1160 »	2900 »	500 »	515 »	350 »	....	....	....	....	583
584	1000	Seyssel belge. *Sues et Cᵉ*..................	584	....	....	1925 »	1000 »	850 »	825 »	....	....	....	....	584
585	500	Bitume élastique Polonceau. *Guyot-Duclos et Cᵉ*	585	....	....	1150 »	440 »	440 »	425 »	....	....	....	....	585
586	500	Seyssel allemand. *A. Kolly et Cᵉ*............	586	....	....	1200 »	450 »	401 25	350 »	....	....	....	....	586
587	500	Seyssel anglais........................	587	....	....	2400 »	450 »	475 »	425 »	»	»	»	»	587
588	1000	Houille et asphalte de Lobsann. *Dournay et Cᵉ*.....	588	....	....	6000 »	1850 »	....	....	....	....	....	....	588
589	1000	Bitume végéto-minéral et de couleur. *Roux et Cᵉ*	589	....	....	2600 »	950 »	800 »	700 »	....	....	....	....	589

1837 à 1841. *(Suite.)*

REPÈRES.	PAIR ou taux de remboursement.	DÉNOMINATION des VALEURS.	REPÈRES.	1837. plus haut.	1837. plus bas.	1838. plus haut.	1838. plus bas.	1839. plus haut.	1839. plus bas.	1840. plus haut.	1840. plus bas.	1841. plus haut.	1841. plus bas.	REPÈRES.
590	1000	Mastic bitumineux végétal. *Adrien aîné et Cᵉ*	590	....	....	2150 »	1800 »	....	....	....	....	....	....	590
591	1000	Bitume minéral. *Aulnette et Cᵉ*	591	....	....	1820 »	1450 »	....	....	....	....	....	....	591
592	500	Asphalte de la H.-Loire. *Souteyran-Laroulle et Cᵉ*	592	....	....	690 »	500 »	....	....	....	....	....	....	592
593	1000	Asphalte de Bastennes. *Debray et Cᵉ*	593	....	....	**2800** »	1600 »	»	»	950 »	930 »	750 »	690 »	593
594	500	Asphalte Guibert. *Salba et Cᵉ*	594	....	....	**665** »	350 »	300 »	**300** »	....	....	....	....	594
595	500	Bastennes anglais	595	....	....	600 »	495 »	....	....	....	....	....	....	595
596	500	Bitumes du Nord. *A. Ménard et Cᵉ*	596	....	....	500 »	450 »	....	....	....	....	....	....	596
597	500	Polonceau anglais	597	....	....	510 »	510 »	....	....	....	....	....	....	597
598	»	Seyssel américain	598	....	....	610 »	550 »	....	....	....	....	....	....	598
599	1000	Mines d'or de la Gardette. *B.-L. May. et Cᵉ*	599	1025 »	1020 »	**1150** »	1000 »	»	»	900 »	**200** »	....	....	599
600	1000	Mines de cuivre argentifère du Valais	600	....	....	1027 50	1000 »	....	....	....	....	....	....	600
608	100	Mines de zinc de la Vieille-Montagne	608	....	....	....	....	....	....	....	....	140 »	**135** »	608
618	1000	Forges de Dôle et du Verderat. *Baille, Febvret et Cᵉ*	618	....	....	1200 »	1150 »	....	....	....	....	....	....	618
619	3000	Forges de l'Aveyron (Decazeville)	619	....	....	1900 »	1800 »	»	»	»	»	2700 »	2700 »	619
620	3000	Forges d'Alais	620	....	....	....	....	1200 »	**1200** »	»	»	»	»	620
651	500	Galvanisation du fer. *Sorel et Cᵉ*	651	....	....	**3000** »	400 »	520 »	350 »	370 »	360 »	230 »	230 »	651
652	1000	Fab. d'objets en bois (Grimpé). *Gosse, de Billy et Cᵉ*	652	....	....	1250 »	1250 »	....	....	....	....	....	....	652
653	500	Zincage du fer. *Moreau et Cᵉ*	653	....	....	680 »	510 »	....	....	....	....	....	....	653
654	1000	Affinage de la fonte	654	....	....	1100 »	1050 »	....	....	....	....	....	....	654
655	1000	Clouterie mécanique. *A. Clavaud et Cᵉ*	655	....	....	1100 »	1000 »	....	....	....	....	....	....	655
656	500	Société *Chameroy et Cᵉ*	656	....	....	570 »	500 »	»	»	»	»	»	»	656
657	1000	Acier fusible et damas oriental. *Sir Henry et Cᵉ*	657	....	....	460 »	460 »	....	....	....	....	....	....	657
658	500	Fers creux. *Gandillot et Cᵉ*	658	....	....	500 »	500 »	»	»	»	»	»	»	658
659	1000	Usines de Pont. *Laurent, Boisson et Cᵉ*	659	....	....	1030 »	1000 »	....	....	....	....	....	....	659
660	1000	Cᵉ dép. des Machines omnitoles. *Crampel et Cᵉ*	660	....	....	1017 50	1010 »	....	....	....	....	....	....	660
681	5000	Théâtre de la Renaissance. *Anténor Joly et Cᵉ*	681	....	....	5225 »	**5150** »	**5260** »	5180 »	....	....	....	....	681
690	1000	Gaz portatif comprimé	690	**1530** »	1020 »	1240 »	**900** »	960 »	940 »	....	....	....	....	690
691	1000	Cᵉ européenne, gaz de résine. *Ph. Mathieu et Cᵉ*	691	....	....	1520 »	1560 »	....	....	....	....	....	....	691
692	2500	Gaz de Paris, Cᵉ angl. *Manby, Henry, Wilson et Cᵉ*	692	....	....	....	....	....	....	....	....	6000 »	3750 »	692
693	500	— Cᵉ franç. *Larrieu, Brunton, Pauwels et Cᵉ*	693	....	....	....	....	....	....	....	....	608 33	608 33	693
717	500	Gaz de Marseille p. la résine *Donnadieu, Guillon et Cᵉ*	717	**572 50**	470 »	450 »	400 »	93 »	**82 50**	....	....	....	....	717
731	500	Filature de lin d'Amiens. *(Maberly)*	731	....	....	590 »	400 »	425 »	320 »	450 »	380 »	420 »	300 »	731
732	1000	Société de Pont-Remy. *Liénart fils et Cᵉ*	732	....	....	**1280** »	1160 »	1065 »	960 »	790 »	780 »	800 »	725 »	732
733	1000	Cordages et tissus en soie végétale. *E. Pary et Cᵉ*	733	....	....	1600 »	1000 »	....	....	....	....	....	....	733
734	625	Cᵉ continentale (Boulogne). *Hopwood et Cᵉ*	734	....	....	**755** »	755 »	»	»	»	»	»	»	734
735	500	Soc. de colonisation. *Alph. de Rostaing et Cᵉ*	735	....	....	....	....	400 »	200 »	....	....	....	....	735
748	600	Cuirs vernis et toiles cirés. *Couteaux et Cᵉ*	748	....	....	640 »	605 »	....	....	....	....	....	....	748
749	500	Cuirs vénitiens et velours gravés. *Despréaux et Cᵉ*	749	....	....	500 »	415 »	....	....	....	....	....	....	749
751	1000	Manuf. de Verneuil. *P. Galtié, Levassort et Cᵉ*	751	....	....	1025 »	1010 »	....	....	....	....	....	....	751
752	500	Man. de Guise (papier maïs). *H. Bouchet et Cᵉ*	752	....	....	**750** »	400 »	500 »	**200** »	....	....	....	....	752

1837 à 1841. (*Fin.*)

REPÈRES.	PAIR ou TAUX de REMBOURSEMENT.	DÉNOMINATION des VALEURS.	REPÈRES.	1837. plus haut.	1837. plus bas.	1838. plus haut.	1838. plus bas.	1839. plus haut.	1839. plus bas.	1840. plus haut.	1840. plus bas.	1841. plus haut.	1841. plus bas.	REPÈRES.
755	1000	Sucrerie *Lesnier et Cᵉ*	755	....	....	1140 »	1050 »	....	....	....	....	....	....	755
756	1000	Sucrerie de Laverdine. *Al. Bourgeois, Michon et Cᵉ*	756	....	....	1040 »	1005 »	....	....	....	....	....	....	756
757	1000	Sucr. roy. de la Grèce. *C. Roberti, Villeroi et Cᵉ*	757	....	....	....	....	....	....	1002 50	1000 »	....	....	757
762	500	Savonner. à la vap. de l'Ourcq. *Chaudron-Junot et Cᵉ*	762	....	....	2200 »	585 »	600 »	600 »	»	»	»	»	762
763	500	— de la Pet.-Villette. *H. Pitay et Cᵉ*	763	....	....	775 »	405 »	....	....	....	....	....	....	763
764	500	— des Bat.-Monceaux. *Droux et Cᵉ*	764	....	....	750 »	450 »	»	»	»	»	150 »	150 »	764
765	500	— du pont de Flandre. *Vallée et Cᵉ*	765	....	....	520 »	510 »	»	»	»	»	»	»	765
766	500	— de l'Elbe. *Et. Perrin et Cᵉ*	766	....	....	575 »	510 »	....	....	....	....	....	....	766
767	500	Bains Vigier. *Duvergier, de Villeneuve et Cᵉ*	767	....	....	520 »	510 »	....	....	....	....	....	....	767
768	500	Bains Frascati au Havre. *Brédart et Cᵉ*	768	....	....	....	....	512 50	510 »	....	....	....	....	768
773	1000	Soc. agric. de Montesson. *Brame-Chevalier et Cᵉ*	773	1105 »	1065 »	....	....	....	....	....	....	....	....	773
774	1000	Cᵉ gén. de desséchem. *Thurninger, Guyardin et Cᵉ*	774	....	....	1100 »	1050 »	1050 »	940 »	975 »	420 »	415 »	350 »	774
775	5000	Cᵉ d'Arcachon. *Cte de Blacas, Vissocq, Cazeaux et Cᵉ*	775	....	....	....	....	....	....	....	....	5000 »	5000 »	775
778	500	Brasserie Lyonnaise. *L. Combalot neveu et Cᵉ*	778	520 »	500 »	610 »	520 »	....	....	....	....	....	....	778
779	500	Amidonnerie, vermicel. et brasser. *A. Boniface et Cᵉ*	779	....	....	525 »	510 »	....	....	....	....	....	....	779
782	1000	Carrières à plâtre de Triel et environs. *Bourdin et Cᵉ*	782	1075 »	1050 »	1115 »	1072 50	....	....	....	....	....	....	782
783	1000	Pierres à meules de Pringy. *Blouet et Cᵉ*	783	....	....	1255 »	1150 »	....	....	....	....	....	....	783
784	1000	Société plâtrière de Paris. *G. Higonnet et Cᵉ*	784	....	....	1447 50	1400 »	1457 50	1380 »	....	....	....	....	784
787	1000	Moulins de Saint-Maur. *Touaillon et Cᵉ*	787	....	....	1250 »	1000 »	»	»	180 »	150 »	200 »	200 »	787
788	1000	Lithocéramie de Briare. *Brisset, Azambre et Cᵉ*	788	....	....	1140 »	1100 »	....	....	....	....	....	....	788
789	500	Verreries de Masnières. *V. de Villepin et Cᵉ*	789	....	....	500 »	500 »	....	....	....	....	....	....	789
795	500	Bougies de l'Etoile. *De Milly et Cᵉ, H. Binet et Cᵉ*	795	....	....	1205 »	800 »	825 »	700 »	....	....	....	....	795
796	500	Stéarinerie de Vaugirard *Delacretaz, Fourcade et Cᵉ*	796	....	....	725 »	442 50	....	....	....	....	....	....	796
797	500	Bougies de l'Eclair. *Aug. Regeard et Cᵉ*	797	....	....	925 »	500 »	....	....	....	....	....	....	797
798	»	Bougies parisiennes	798	....	....	640 »	475 »	....	....	....	....	....	....	798
799	500	Bougies du Phénix. *A. Bigot et Cᵉ*	799	....	....	770 »	585 »	....	....	....	....	....	....	799
800	500	Bougies royales. *Paillasson et Cᵉ*	800	....	....	505 »	400 »	....	....	....	....	....	....	800
801	500	Bougies cirag. de l'Arc-en-Ciel. *Léon Lemoult et Cᵉ*	801	....	....	507 50	440 »	....	....	....	....	....	....	801
802	250	Bougies-Chandelles du Soleil. *Boucher d'Argis et Cᵉ*	802	....	....	620 »	420 »	....	....	....	....	....	....	802
803	500	Bougies de l'Union. *Schneider et Cᵉ*	803	....	....	625 »	475 »	....	....	....	....	....	....	803
804	500	Bougies du Phare. *Régnier et Cᵉ*	804	....	....	500 »	415 »	»	»	»	»	100 »	100 »	804
805	500	Produits chimiques d'Amiens. *Cartier et Cᵉ*	805	....	....	520 »	515 »	....	....	....	....	....	....	805
806	1000	— de Grenelle. *E. Buran et Cᵉ*	806	....	....	1000 »	975 »	»	»	500 »	500 »	....	....	806
807	500	Parfumerie de la Cᵉ parisienne. *Chaumas et Cᵉ*	807	....	....	527 50	525 »	....	....	....	....	....	....	807
808	»	Incombustible	808	....	....	525 »	425 »	....	....	....	....	....	....	808
810	500	Fab. d'alun et de coup. de Quessy. *A. Gautier et Cᵉ*	810	....	....	550 »	500 »	....	....	....	....	....	....	810
814	5000	Cᵉ des salines et mines de sel de l'Est	814	5 0/0 p	6 0/0 p	....	....	....	....	....	....	....	....	814
816	500	Papeterie Veynen. *Veynen et Cᵉ*	816	....	....	600 »	450 »	....	....	....	....	....	....	816

1842 à 1846.

REPÈRES.	PAIR ou TAUX de REMBOURSEMENT.	DÉNOMINATION des VALEURS.	REPÈRES.	1842.		1843.		1844.		1845.		1846.		REPÈRES.
				plus haut.	plus bas.	plus haut.	plus bas.	plus haut.	plus bas.	plus haut.	plus bas.	plus haut.	plus bas.	
		VALEURS A REVENU FIXE.												
2	100	5 0/0	2	120 80	116 »	123 70	119 60	126 30	118 10	122 85	116 45	123 60	116 »	2
6	100	3 0/0, 1825	6	82 25	76 60	83 20	78 70	85 65	79 75	86 40	80 85	85 »	80 40	6
7	100	4 1/2 0/0, 1825	7	108 50	105 »	109 75	107 25	113 25	109 25	116 25	111 »	115 »	110 25	7
8	100	4 0/0, 1830	8	105 10	100 45	105 »	102 10	108 30	102 »	110 50	106 »	109 50	105 »	8
12	100	Emprunt 3 0/0 1841	12	82 10	78 80	....	....	....	....	....	....	....	....	12
13	100	— — 1844	13	....	....	....	....	87 25	86 15	86 70	84 60	84 50	83 »	13
29	1250	Cᵉ des 4 Canaux. Actions de capital	29	1282 50	1240 »	1290 »	1232 50	1300 »	1260 »	1295 »	1240 »	1275 »	1240 »	29
33	1000	Canal de Bourgogne. Actions de capital	33	1090 »	1055 »	1100 »	1062 50	1100 »	1050 »	1115 »	1065 »	1080 »	1045 »	33
35	1000	Canal d'Arles à Bouc. Actions de capital	35	1070 »	1060 »	1075 »	1070 »	1072 50	1072 50	1085 »	1080 »	»	»	35
38	1250	Cᵉ des 3 Canaux. Actions de capital	38	1250 »	1250 »	1275 »	1240 »	1285 »	1255 »	1265 »	1245 »	1235 »	1220 »	38
39	100	Rentes 5 0/0 de la ville de Paris	39	106 »	102 50	107 »	103 »	106 50	103 »	105 50	102 50	106 50	102 »	39
41	1000	Ville de Paris. Obligat. 1832 4 0/0. Emp. loterie.	41	1305 »	1260 »	1415 »	1270 »	1480 »	1380 »	1477 50	1377 50	1425 »	1355 »	41
61	100	Angleterre. 3 0/0 consolidés (Bourse de Londres).	61	95 1/8	88 1/2	97 1/8	92 1/8	101 1/4	96 1/2	100 5/8	91 7/8	97 3/4	93 1/4	61
62	100	Autriche. 5 0/0 métalliques	62	109 1/2	107 1/2	111 1/2	109 1/2	112 1/4	110 »	112 1/2	110 3/4	109 »	104 »	62
64	»	— Lots de 1834. Emp. loterie.	64	377 50	352 50	395 »	365 »	425 »	380 »	425 »	395 »	430 »	390 »	64
70	100	Belgique. 5 0/0 1831	70	105 5/8	102 1/4	106 5/8	103 3/8	107 3/4	101 1/4	103 »	102 3/4	....	....	70
72	100	— 3 0/0	72	73 75	70 »	77 90	71 60	79 80	77 40	78 75	76 75	74 »	73 »	72
73	100	— 5 0/0 1840	73	107 »	102 3/4	108 5/8	104 3/8	109 7/8	103 1/4	105 1/2	99 »	103 »	99 1/2	73
74	100	— 5 0/0 1842	74	....	....	109 1/8	106 »	110 1/2	105 »	107 1/4	100 3/4	105 3/4	101 »	74
75	100	— 2 1/2 0/0	75	....	....	....	....	62 3/4	61 1/2	62 3/4	55 »	58 »	52 3/4	75
76	100	— 4 1/2 0/0	76	....	....	....	....	103 1/8	102 1/4	104 »	98 »	102 »	97 3/8	76
78	100	Deux-Siciles (Naples). 5 0/0	78	109 05	103 50	109 15	105 50	107 »	95 »	105 »	96 »	103 25	99 75	78
87	100	Espagne. Dette différée 1831	87	6 »	3 1/4	5 1/2	5 »	8 »	5 1/4	9 1/8	6 7/8	6 3/4	5 1/8	87
88	100	— — 1834	88	12 5/8	8 1/2	13 1/2	10 »	16 1/8	12 »	18 »	15 »	16 1/2	15 »	88
89	100	— 5 0/0 dette active 1834	89	26 1/4	21 1/4	33 1/4	23 7/8	37 »	29 1/2	40 3/4	35 1/2	37 1/4	31 »	89
90	100	— Dette passive 1834	90	6 »	3 7/8	5 5/8	3 7/8	7 1/4	5 »	8 1/4	6 1/4	6 5/8	5 »	90
91	100	— 3 0/0 extérieur 1841	91	....	....	....	....	39 »	32 3/8	42 3/8	36 3/4	39 3/8	35 3/4	91
92	100	— — intérieur 1841	92	....	....	....	....	....	....	35 1/2	28 »	34 »	28 3/4	92
97	100	Etats-Unis. 5 0/0 Etat New-York	97	85 »	60 »	93 »	91 »	»	»	100 »	100 »	90 »	90 »	97
98	100	— 5 0/0 Ville New-York	98	68 »	68 »	100 »	93 »	101 »	100 »	....	....	....	....	98
99	100	— 6 0/0 Etat Ohio	99	90 »	80 »	102 »	91 »	102 »	98 »	97 »	97 »	»	»	99
102	100	Grèce. 5 0/0 1832, garantie française	102	102 »	101 »	105 1/2	102 1/2	107 »	103 »	104 »	104 »	104 »	100 1/2	102
103	100	— 5 0/0 1832, garantie russe	103	101 3/8	101 3/8	101 1/2	101 1/2	»	»	»	»	100 »	100 »	103
104	100	— 5 0/0 1832, garantie anglaise	104	....	....	....	....	....	....	....	....	101 »	101 »	104
105	1000	Haïti. Emprunt 1825. (Annuités)	105	675 »	501 25	635 »	427 50	570 »	400 »	455 »	360 »	»	»	105
106	100	Hollande 2 1/2 0/0	106	54 »	52 1/4	58 1/2	52 3/4	65 »	54 1/4	61 3/4	60 1/4	61 »	58 »	106
107	100	— 5 0/0	107	102 »	100 1/2	102 1/2	99 »	100 1/4	99 »	....	....	....	....	107
108	100	— 4 0/0	108	....	....	....	....	....	....	102 7/8	99 »	»	»	108
111	100	Portugal. 5 0/0 1832 (obligations miguélistes)	111	1 »	1 »	5 »	5 »	3 »	3 »	2 »	2 »	2 1/4	2 1/4	111
115	100	— 5 0/0 différé 1840	115	31 1/4	26 1/2	45 1/2	35 1/4	64 1/4	42 1/8	70 »	55 1/4	59 »	43 »	115
118	»	Prusse. Lots de 1832. Emp. loterie.	118	320 »	300 »	340 »	330 »	340 »	332 50	»	»	330 »	340 »	118
119	100	Rome. 5 0/0	119	106 1/2	102 »	108 »	103 3/4	107 »	103 1/2	107 1/4	99 1/4	103 1/4	99 3/4	119
122	1000	Sardes (Etats). Piémont, obligat. 1834. Emp. lot.	122	1155 »	1105 »	1225 »	1132 50	1285 »	1190 »	1283 »	1225 »	1265 »	1190 »	122
135	1000	Obligations 4 0/0 de la Caisse hypothécaire	135	497 50	490 »	498 75	490 »	496 25	490 »	498 75	457 50	496 25	487 50	135
145	1250	Obligations Paris-Saint-Germain, 1839, 4 0/0	145	1220 »	1165 »	1240 »	1187 50	1250 »	1210 »	1250 »	1190 »	1190 »	1100 »	145
146	1000	— Paris-Versailles (R. D.), 1839, 5 0/0	146	1035 »	982 50	1065 »	995 »	1090 »	1033 75	1060 »	1040 »	1025 »	1000 »	146

1842 à 1846. (*Suite.*)

REPÈRES.	PAIR OU TAUX de REMBOURSEMENT.	DÉNOMINATION des VALEURS.	REPÈRES.	1842.		1843.		1844.		1845.		1846.		REPÈRES.
				plus haut.	plus bas.	plus haut.	plus bas.	plus haut.	plus bas.	plus haut.	plus bas.	plus haut.	plus bas.	
147	1000	Obligations Montpellier-Cette, 1840, 5 1/2 0/0	147	1040 »	1012 50	1030 »	1020 »	....	....	....	....	....	....	147
148	1250	— Saint-Etienne-Lyon, 1841, 4 0/0	148	1150 »	1115 »	1175 »	1175 »	1250 »	1210 »	1230 »	1210 »	1200 »	1120 »	148
149	1000	— Mulhouse-Thann, 1840, 5 0/0	149	1010 »	990 »	1030 »	990 »	1025 »	1000 »	1025 »	1025 »	1010 »	1010 »	149
150	1200	— Citis, 1841, 4.16 0/0	150	1045 »	1000 »	1015 »	1015 »	»	»	»	»	»	»	150
151	1250	— Paris-Saint-Germain, 1842-49, 4 0/0	151	1155 »	1110 »	1227 50	1125 »	1247 50	1260 »	1260 »	1182 »	1190 »	1115 »	151
152	1250	— Paris-Orléans, 1842, 4 0/0	152	1200 »	1150 »	1270 »	1177 50	1282 50	1225 »	1262 50	1200 »	1250 »	1215 »	152
153	1250	— Paris-Versailles (R. D.), 1843, 4 0/0	153	....	....	1182 50	1115 »	1225 »	1157 50	1227 50	1175 »	1175 »	1095 »	153
154	1250	— Bordeaux-la-Teste, 1843, 4 0/0	154	....	....	1095 »	1075 »	»	»	»	»	»	»	154
155	1250	— Strasbourg-Bâle, 1843, 4 0/0	155	....	....	1175 »	1130 »	1250 »	1162 50	1240 »	1200 »	1200 »	1100 »	155
156	1250	— Montpellier-Cette 4 0/0	156	....	....	....	....	1250 »	1200 »	»	»	»	»	156
157	1250	— Paris-Rouen, 1845, 3.20 0/0	157	....	....	....	....	....	....	1075 »	1000 »	1040 »	990 »	157
158	1250	— Rouen-Havre, 1845-47, 4 0/0	158	....	....	....	....	....	....	....	....	1135 »	1060 »	158
214	1000	Obligations Canal. Sambre à l'Oise, 1839, 5 0/0	214	1040 »	990 »	1040 »	1005 »	1055 »	1040 »	1035 »	1030 »	1047 50	1030 »	214
216	1000	— Canal des Alpines, 5 0/0	216	1050 »	1000 »	1050 »	1015 »	700 »	700 »	»	»	»	»	216
220	1250	— Houillères Haute-Loire, 4 0/0	220	....	....	....	....	....	....	....	....	1125 »	1120 »	220
223	1200	— Mines de Grand'Combe, 1840, 4.16 0/0	223	1057 50	998 75	1110 »	1055 »	1175 »	1095 »	1200 »	1105 »	1110 »	1075 »	223
224	1250	— — 1844, 4 0/0	224	....	....	....	....	1155 »	1126 25	1200 »	1110 »	1140 »	1100 »	224
226	500	— Asphaltes de Bastennes, 6 0/0	226	1015 »	1000 »	»	»	»	»	»	»	»	»	226
228	1000	— Decazeville (Aveyron), 1844, 4 1/2 0/0	228	....	....	....	....	....	....	....	....	1010 »	995 »	228
234	1000	— Lits militaires, 5 0/0	234	....	....	....	....	1025 »	1000 »	1020 »	1000 »	1000 »	960 »	234
242	1200	— Cᵉ d'Arcachon, 4.16 0/0	242	1045 »	1010 »	1030 »	900 »	»	»	»	»	»	»	242
		VALEURS A REVENU VARIABLE.												
248	1000	Banque de France	248	3395 »	3170 »	3355 »	3230 »	3265 »	3000 »	3390 »	3160 »	3510 »	3300 »	248
252	1000	Caisse hypothécaire	252	772 50	740 »	780 »	752 50	793 75	752 50	775 »	535 »	580 »	285 »	252
255	1000	Banque de Lille	255	1650 »	1525 »	1680 »	1650 »	1630 »	1625 »	1800 »	1800 »	1825 »	1825 »	255
256	1000	Banque du Havre	256	1340 »	1240 »	1270 »	1230 »	1240 »	1210 »	1270 »	1235 »	1270 »	1212 50	256
257	1000	Caisse gén. du com. et de l'ind. *A. Gouin et Cᵉ.*	257	1060 »	1000 »	1125 »	1047 50	1170 »	1050 »	1150 »	1072 50	1320 »	1140 »	257
258	5000	— —	258	5085 »	5000 »	5100 »	5005 »	5165 »	5000 »	....	....	....	....	258
262	1000	Compt. d'esc. d. entrep. *Estienne, Delachaume et Cᵉ*	262	»	»	»	»	1050 »	1050 »	»	»	»	»	262
264	1000	Compt. gén. du commerce. *H. Ganneron et Cᵉ*	264	....	....	....	....	1057 50	1025 »	1170 »	1040 »	1360 »	1110 »	264
265	500	Caisse centr. du com. et des ch. de fer. *Baudon et Cᵉ*	265	....	....	....	....	....	....	....	....	520 »	496 25	265
293	1000	Banque de Belgique. Emission de 1835	293	830 »	750 »	790 »	747 50	710 »	525 »	785 »	610 »	935 »	775 »	293
294	1000	— — — — 1841	294	1085 »	1025 »	1127 50	1040 »	1120 »	1070 »	1090 »	1075 »	1130 »	1070 »	294
295	1000	Banque foncière de Belgique	295	775 »	775 »	....	....	....	....	....	....	....	....	295
297	1038	Soc. gén. de Belgique pour favoriser l'indust. nat.	297	1520 »	1460 »	»	»	»	»	1640 »	1500 »	1825 »	1560 »	297
298	1000	Société des actions réunies	298	»	»	»	»	»	»	600 »	600 »	850 »	650 »	298
307	12500	Cᵉ d'assurances générales maritimes. Act. nom.	307	22 1/2 0/0 b	13 0/0 b	23 0/0 b	15 0/0 b	25 0/0 b	14 0/0 b	25 1/2 0/0 b	13 0/0 b	5 0/0 b	5 0/0 b	307
309	5000	Sécurité. Ass. maritimes.	309	9 0/0 b	7 0/0 b	9 0/0 b	8 0/0 b	12 0/0 b	10 0/0 b	17 0/0 b	11 0/0 b	20 0/0 b	12 0/0 b	309
310	5000	Union des Ports —	310	11 0/0 p	12 1/2 0/0 p	8 1/2 0/0 p	10 1/2 0/0 p	2 1/2 0/0 p	8 0/0 p	2 0/0 b	1 3/4 0/0 p	»	»	310
311	5000	Le Lloyd français —	311	15 0/0 b	13 0/0 b	13 0/0 b	12 0/0 b	19 0/0 b	11 0/0 b	21 0/0 b	16 0/0 b	»	»	311
312	5000	Océan —	312	»	»	»	»	32 0/0 b	21 0/0 b	»	»	»	»	312
313	1030	Indemnité —	313	»	»	5 0/0 b	3 0/0 b	15 0/0 b	6 0/0 b	17 0/0 b	13 0/0 b	»	»	313
314	5000	La Chambre —	314	7 1/2 0/0 b	7 1/2 0/0 b	7 1/2 0/0 b	6 0/0 b	9 0/0 b	7 1/2 0/0 b	12 0/0 b	9 0/0 b	9 0/0 b	6 0/0 b	314
315	5500	Mélusine —	315	5 0/0 b	3 0/0 b	7 1/2 0/0 b	5 0/0 b	3 0/0 b	2 0/0 p	4 0/0 b	pair.	3 0/0 b	3 0/0 b	315
316	5000	L'Avenir —	316	1 0/0 b	pair.	9 0/0 b	6 0/0 b	12 1/2 0/0 b	9 0/0 b	15 1/2 0/0 b	11 0/0 b	15 0/0 b	15 0/0 b	316
317	5000	Comptoir parisien —	317	....	....	2 0/0 b	1 0/0 b	8 0/0 b	3 0/0 b	15 0/0 b	11 0/0 b	....	....	317
318	6250	Le Trident —	318	....	....	....	....	2 0/0 b	2 0/0 b	3 1/4 0/0 b	3 0/0 b	pair.	pair.	318
319	5000	L'Espérance —	319	....	....	....	....	....	....	10 0/0 b	10 0/0 b	»	»	319

1842 à 1846. *(Suite.)*

Repères.	Pair ou taux de remboursement.	Dénomination des valeurs.		Repères.	1842. plus haut.	1842. plus bas.	1843. plus haut.	1843. plus bas.	1844. plus haut.	1844. plus bas.	1845. plus haut.	1845. plus bas.	1846. plus haut.	1846. plus bas.	Repères.
320	5000	La Vigie	Ass. maritimes.	320	....	....	....	....	....	....	....	....	3 0/0 b	3 0/0 b	320
327	5000	Cᵉ d'ass. gén. cont. l'incendie	Actions nom.	327	245 0/0 b	230 0/0 b	270 0/0 b	225 0/0 b	330 0/0 b	266 0/0	355 0/0 b	345 0/0 b	350 0/0 b	327 1/2 0/0 b	327
328	1000	Cᵉ française du Phénix	Ass. incendie.	328	1900 »	1600 »	2640 »	1925 »	3950 »	2670 »	3753 »	3300 »	3300 »	2575 »	328
329	5000	Cᵉ royale d'assur. cont. l'incendie	—	329	139 0/0 b	103 0/0 b	142 0/0 b	144 0/0 b	165 0/0 b	142 0/0	170 0/0 b	150 0/0 b	145 0/0 b	100 0/0 b	329
330	5000	L'Union	—	330	46 0/0 b	36 0/0 b	68 1/4 0/0 b	50 0/0 b	64 0/0 b	46 1/2 0/0 b	60 1/2 0/0 b	50 0/0 b	54 0/0 b	35 0/0 b	330
332	6000	Le Soleil	—	332	»	»	pair.	pair.	»	»	4 0/0 b	pair.	pair.	40 0/0 p	332
334	5000	La France	—	334	20 1/2 0/0 b	4 0/0 b	19 0/0 b	6 0/0 b	34 0/0 b	18 1/2 0/0	34 0/0 b	24 0/0 b	30 0/0 b	23 0/0 b	334
336	5000	L'Urbaine	—	336	2 1/2 0/0 b	5 0/0 p	5 0/0 b	1 0/0 p	20 0/0 b	6 0/0 b	20 0/0 b	18 0/0 b	18 0/0 b	18 0/0 b	336
337	5000	La Sécurité	—	337	pair.	4 0/0 p	1/2 0/0 b	2 0/0 p	10 0/0 b	1/2 0/0 p	11 0/0 b	8 1/2 0/0 b	6 0/0 b	2 1/2 0/0 p	337
338	2500	La Providence	—	338	1/2 0/0 b	1/2 0/0 b	11 0/0 b	8 0/0 b	30 0/0 b	12 0/0 b	28 0/0 b	25 0/0 b	26 0/0 b	14 0/0 b	338
339	5000	Indemnité	—	339	pair.	5 1/4 0/0 p	pair.	1 1/2 0/0 p	9 0/0 b	1/2 0/0 b	9 0/0 b	2 1/2 0/0 b	8 0/0 b	8 0/0 b	339
340	5000	L'Aigle	—	340	....	....	....	....	1 0/0 b	4 0/0 p	»	»	»	»	340
341	2500	Le Sauveur	—	341	....	....	....	....	pair.	pair.	pair.	12 0/0 p	pair.	pair.	341
342	5000	La Bienfaisante	—	342	....	....	....	....	....	....	5 0/0 b	3 0/0 b	5 0/0 b	1/2 0/0 b	342
343	5000	La Confiance	—	343	....	....	....	....	....	....	4 0/0 b	2 0/0 b	»	»	343
344	1000	Palladium	—	344	....	....	....	....	....	....	pair.	20 0/0 p	»	»	344
345	1000	La Réparatrice	—	345	....	....	....	....	....	....	....	....	20 0/0 p	20 0/0 p	345
348	7500	Cᵉ d'as. gén. sur la vie des hommes	Actions nom.	348	40 0/0 b	34 0/0 b	48 0/0 b	37 0/0 b	53 1/3 0/0 b	43 2/3 0/0 b	66 2/3 0/0 b	60 0/0 b	73 1/3 0/0 b	66 2/3 0/0 b	348
350	5000	L'Union	Ass. s. la vie.	350	5 1/2 0/0 b	4 0/0 b	14 1/4 0/0 b	7 1/4 0/0 b	19 1/2 0/0 b	13 1/2 0/0 b	24 0/0 b	18 0/0 b	16 0/0 b	13 0/0 b	350
351	5000	Cᵉ royale d'assurances sur la vie.	—	351	8 0/0 b	3 3/8 0/0 b	17 1/4 0/0 b	40 0/0 b	36 0/0 b	17 1/2 0/0 b	41 7/8 0/0 b	35 0/0 b	36 0/0 b	20 0/0 b	351
353	5000	La France	—	353	....	....	2 1/2 0/0 b	pair.	5 0/0 b	2 1/2 0/0 b	5 0/0 b	2 0/0 b	pair.	pair.	353
354	5000	La Providence	—	354	....	....	....	....	5 0/0 b	5 0/0 b	7 0/0 b	5 0/0 b	»	»	354
355	5000	Le Phénix	—	355	....	....	....	....	....	....	5 0/0 b	3 0/0 b	pair.	pair.	355
356	5000	L'Urbaine	—	356	....	....	....	....	....	....	2 0/0 b	pair.	»	»	356
360	5000	Saint-Étienne-Lyon	Chem. de fer.	360	8000 »	5225 »	7200 »	6500 »	9090	7200	8950 »	7900 »	8515	7000	360
361	500	Paris-Saint-Germain	—	361	897 50	800 »	872 50	770 »	1630 »	780 »	1217 50	925 »	1160 »	1025 »	361
363	500	Montpellier-Cette	—	363	305 »	250 »	350 »	265 »	545 »	375 »	630 »	470 »	450 »	390 »	363
364	500	Paris-Versailles (rive droite)	—	364	367 50	242 50	325 »	240 »	520 »	340 »	675 »	440 »	590 »	387 50	364
365	500	— (rive gauche)	—	365	225 »	75 »	180 »	400 »	415 »	153 75	440 »	252 50	380 »	250 »	365
367	500	Mulhouse-Thann	—	367	865 »	370 »	440 »	320 »	400 »	350 »	430 »	360 »	»	»	367
368	1000	Citis. *Ph. de Masin et Cᵉ*	Salines et ch. fer.	368	»	»	200 »	200 »	»	»	»	»	20 »	20 »	368
370	500	Bordeaux-La-Teste	Chem. de fer.	370	840 »	325 »	»	»	»	»	275 »	432 50	205 »	100 »	370
372	350	Strasbourg-Bâle	—	372	252 50	190	232 50	180 »	320 »	212 50	348 75	205 »	265 »	212 50	372
374	500	Paris-Orléans	—	374	633 75	505 »	840 »	615 »	1152 50	830 »	1322 50	1035 »	1350 »	1190 »	374
375	néant.	— Actions de jouissance.	—	375	....	....	....	....	....	....	....	....	920 »	850 »	375
376	500	Paris-Rouen	—	376	680 »	465 »	830 »	650 »	1087 50	817 50	1235 »	860 »	1080 »	845 »	376
377	500	Rouen-Havre	—	377	....	....	638 75	505 »	837 50	640 »	995 »	700 »	830 »	620 »	377
378	500	Avignon-Marseille	—	378	....	....	640 »	555 »	942 50	652 50	1200 »	800 »	1025 »	850 »	378
380	500	Centre (Orléans-Vierzon)	—	380	....	....	....	....	750 »	660 »	945 »	605 »	770 »	555 »	380
381	500	Amiens-Boulogne	—	381	....	....	....	....	625 »	550 »	740 »	480 »	580 »	430 »	381
382	500	Orléans-Bordeaux	—	382	....	....	....	....	660 »	560 »	815 »	525 »	690 »	515 »	382
383	500	Paris-Sceaux	—	383	....	....	....	....	640 »	565 »	785 »	590 »	510 »	475 »	383
384	500	Montereau-Troyes	—	384	....	....	....	....	....	....	640 »	420 »	462 50	335 »	384
385	»	Loire (Andrézieux-Roanne)	—	385	....	....	....	....	....	....	415 »	250 »	340 »	300 »	385
386	500	Nord	—	386	....	....	....	....	....	....	860 »	618 75	800 »	640 »	386
391	500	Fampoux-Hazebrouck	—	391	....	....	....	....	....	....	537 50	480 »	506 25	380 »	391
392	500	Dieppe-Fécamp	—	392	....	....	....	....	....	....	537 50	470 »	500 »	352 50	392
393	500	Est (Paris-Strasbourg)	—	393	....	....	....	....	....	....	552 50	545 »	570 »	473 75	393
396	500	Tours-Nantes	—	396	....	....	....	....	....	....	590 »	535 »	600 »	480 »	396
397	500	Paris-Lyon	—	397	....	....	....	....	....	....	647 50	590 »	660 »	480 »	397
398	500	Lyon-Avignon	—	398	....	....	....	....	....	....	....	....	513 75	461 25	398

1842 à 1846. *(Suite.)*

REPÈRES.	PAIR OU TAUX de REMBOURSEMENT.	DÉNOMINATION des VALEURS.	REPÈRES.	1842. plus haut.	1842. plus bas.	1843. plus haut.	1843. plus bas.	1844. plus haut.	1844. plus bas.	1845. plus haut.	1845. plus bas.	1846. plus haut.	1846. plus bas.	REPÈRES.
399	500	Bordeaux-Cette .... Chem. de Fer.	399	....	....	....	....	....	....	....	....	485 »	445 »	399
425	500	Anvers-Gand .... —	425	....	....	....	....	....	....	800 »	560 »	600 »	525 »	425
426	500	Charleroi-Erquelines .... —	426	....	....	....	....	....	....	580 »	497 50	512 50	365 »	426
427	500	Cᵉ Anglo-Belge .... —	427	....	....	....	....	....	....	542 50	527 50	....	....	427
444	1000	Naples-Nocéra-Castellamare .... —	444	....	....	....	....	....	....	1090 »	1035 »	»	»	444
463	5000	Canal d'Aire à La Bassée	463	»	»	»	»	6600 »	6600 »	7000 »	6600 »	6800 »	6800 »	463
464	Néant.	Cᵉ des 4 canaux. Actions de jouissance	464	170 »	130 »	157 50	132 50	135 »	120 »	142 50	110 »	125 »	100 »	464
466	Néant.	Canal du Rhône au Rhin. —	466	545 »	505 »	»	»	»	»	»	»	»	»	466
467	Néant.	Canal de Bourgogne. Actions de jouissance	467	118 75	85 »	112 50	90 »	110 »	90 »	102 50	82 50	85 »	65 »	467
469	1000	Canal de jonction de la Sambre à l'Oise	469	675 »	600 »	650 »	550 »	600 »	400 »	860 »	600 »	800 »	725 »	469
470	1000	Soc. de la Scarpe inf. *C. Bayard de la Vingtrie et Cᵉ*	470	»	»	»	»	»	»	1250 »	1250 »	»	»	470
471	1000	Sambre française canalisée	471	»	»	1250 »	1200 »	»	»	»	»	»	»	471
473	500	Canal de Roanne à Digoin	473	340 »	260 »	»	»	»	»	»	»	»	»	473
474	5000	Canal d'Aigues-Mortes à Beaucaire	474	»	»	»	»	»	»	»	»	8000 »	8000 »	474
475	1000	Canal Saint-Martin. Omnium	475	....	....	....	....	1425 »	1400 »	1300 »	1300 »	....	....	475
476	1000	— Actions de capital	476	....	....	....	....	1150 »	1150 »	900 »	900 »	....	....	476
477	Néant.	— Actions de jouissance	477	....	....	....	....	315 »	250 »	200 »	200 »	....	....	477
486	250	Omn. des ch. de fer. *Moreau-Chaston, C. David et Cᵉ*	486	»	»	188 75	100 »	183 »	170 »	»	»	»	»	486
487	1000	Messag. générales de France. *Caillard et Cᵉ*	487	»	»	900 »	900 »	650 »	650 »	700 »	700 »	»	»	487
489	1000	Ent. gén. des Omnib. *St-Céran, Baudry et Boitard.*	489	2500 »	2500 »	2700 »	2525 »	2800 »	2800 »	3000 »	2700 »	2950 »	2775 »	489
490	1000	Soc. gén. des Parisiennes. *Desmoulins, Bottée et Cᵉ*	490	....	....	....	....	500 »	500 »	....	....	....	....	490
491	1000	Orléanaises. *Michel Moreau et Cᵉ, Berryer et Cᵉ*	491	....	....	....	....	1260 »	1100 »	»	»	»	»	491
492	800	Entrep. génér. des Favorites. *Prat et Cᵉ*	492	....	....	....	....	....	....	2125 »	1960 »	»	»	492
493	1000	Citadines. *Camille Gorre, Daux et Cᵉ*	493	....	....	....	....	....	....	....	....	1000 »	1000 »	493
503	1000	Trois vieux ponts sur Seine	503	1630 »	1550 »	1680 »	1635 »	1715 »	1680 »	1550 »	1450 »	1500 »	1400 »	503
504	1000	Pont, port et gare de Grenelle	504	»	»	100 »	100 »	»	»	»	»	100 »	100 »	504
506	1000	Pont du Carrousel	506	»	»	1800 »	1800 »	»	»	»	»	»	»	506
507	500	Pont de Bercy	507	»	»	630 »	630 »	»	»	»	»	»	»	507
510	1000	Pont de Beaucaire	510	960 »	950 »	990 »	990 »	»	»	»	»	»	»	510
537	500	Houillères de la Haute-Loire	537	»	»	»	»	»	»	350 »	200 »	310 »	310 »	537
539	1000	Houillères de la Grand'Combe et ch. de fer du Gard	539	1300 »	1155 »	1475 »	1250 »	1575 »	1300 »	1890 »	1490 »	1600 »	1420 »	539
541	1000	Houillères de la Chazotte	541	469 »	460 »	575 »	480 »	600 »	500 »	1000 »	710 »	800 »	600 »	541
549	1000	Charb. de Pont-de-Loup-Sud	549	350 »	325 »	250 »	250 »	200 »	200 »	»	»	»	»	549
551	1000	Houillères de Layon et Loire	551	»	»	975 »	975 »	»	»	»	»	»	»	551
553	1000	Houillères de Chaney-Saint-Etienne	553	»	»	»	»	450 »	450 »	....	....	....	....	553
560	10000	Houillères et ch. de fer d'Epinac	560	4350 »	3890 »	»	»	7000 »	7000 »	»	»	9500 »	9500 »	560
563	1000	Cᵉ houillère de Bouquiès et Cahuac. *J.-J. Lecouret Cᵉ*	563	625 »	625 »	....	....	....	....	....	....	....	....	563
580	500	Cᵉ des charbonnages belges	580	....	....	....	....	....	....	....	....	690 »	505	580
582	1000	Asphaltes de Pyrimont-Seyssel. *A. Rochn et Cᵉ* ..	582	»	»	1000 »	375 »	900 »	610 »	»	»	500 »	500 »	582
593	1000	Asphaltes de Bastennes. *Grémilly et Cᵉ*	593	603 »	600 »	940 »	860 »	»	»	»	»	»	»	593
601	100	Mines de Mouzaïa. *P. et A. Henry et Cᵉ*	601	....	....	....	....	....	....	585 »	557 50	»	»	601
602	1000	Soc. de l'Antonius et d. min. réunies. *C. Rochaz et Cᵉ*	602	....	....	....	....	....	....	....	....	1325 »	1250 »	602
608	100	Mines de zinc de la Vieille-Montagne	608	320 »	180 »	462 50	300 »	452 50	350 »	790 »	415 »	720 »	555 »	608
609	1000	Société de la Nouvelle-Montagne	609	....	....	....	....	....	....	3400 »	2500 »	3000 »	2600 »	609
610	1000	Société de la Grande-Montagne	610	....	....	....	....	....	....	....	....	2625 »	2105 »	610
612	375	Mines de zinc de Stolberg	612	....	....	....	....	....	....	....	....	750 »	660 »	612

1842 à 1846. (*Fin.*)

REPÈRES.	PAIR ou TAUX de REMBOURSEMENT.	DÉNOMINATION des VALEURS.	REPÈRES.	1842. plus haut.	1842. plus bas.	1843. plus haut.	1843. plus bas.	1844. plus haut.	1844. plus bas.	1845. plus haut.	1845. plus bas.	1846. plus haut.	1846. plus bas.	REPÈRES.
619	3000	Forges de l'Aveyron (Decazeville)	619	4000 »	3000 »	4200 »	3800 »	4000 »	3750 »	6275 »	3500 »	6500 »	5700 »	619
620	3000	Forges d'Alais	620	»	»	»	»	»	»	»	»	2400 »	2300 »	620
622	1000	Hauts-Fourneaux du Nord (Maubeuge)	622	....	....	....	....	....	....	....	....	1575 »	1250 »	622
646	500	— de Monceau	646	....	....	....	....	....	....	1000 »	800 »	1350 »	975 »	646
647	1000	Charb. et Hauts-Fourneaux de l'Espérance	647	....	....	....	....	....	....	....	....	1690 »	1150 »	647
651	500	Galvanisation du fer. *Hector Ledru et Cᵉ*	651	220 »	150 »	125 »	125 »	275 »	275 »	575 »	285 »	500 »	500 »	651
674	500	Entrepôts des Batignolles. *Heim et Cᵉ*	674	....	....	....	....	....	....	680 »	550 »	....	....	674
675	500	Entrepôts du Nord. *Gabriel Heim et Cᵉ*	675	....	....	....	....	....	....	630 »	530 »	»	»	675
692	2500	Gaz de Paris, Cᵉ anglaise. *Manby, Wilson et Cᵉ*	692	»	»	6800 »	5800 »	8000 »	6500 »	9650 »	7700 »	8950 »	7550 »	692
693	500	— Cᵉ française. *Larrieu, Brunton, Pilté et Cᵉ*	693	666 66	666 66	825 »	750 »	1043 75	875 »	1475 »	1034 25	1225 »	1000 »	693
694	500	Gaz de Belleville. *A. Ribot et Cᵉ*	694	....	....	1075 »	1075 »	1300 »	1000 »	1725 »	1350 »	1620 »	1400 »	694
695	1000	— de Paris. Cᵉ paris. *Dubochet, Pauwels, Pilté et Cᵉ*	695	....	....	....	....	2120 »	1550 »	2350 »	2200 »	»	»	695
696	500	— Société *Lacarrière et Cᵉ*	696	....	....	....	....	....	....	1500 »	1442 50	1250 »	1250 »	696
697	500	— Cᵉ du Nord. *Louis Gosse et Cᵉ*	697	....	....	....	....	....	....	700 »	680 »	645 »	587 50	697
698	500	— Cᵉ de l'Ouest. *Ch. Gosselin et Cᵉ*	698	....	....	....	....	....	....	737 50	725 »	»	»	698
699	500	L'Iris. *Ch. Boulanger et Cᵉ*	699	....	....	....	....	....	....	....	....	670 »	645 »	699
705	500	Gaz d'Alençon. *Bunot de Choisy et Cᵉ*	705	....	....	....	....	....	....	365 »	545 »	»	»	705
706	500	— d'Alger. *Louis de Choisy et Cᵉ*	706	....	....	....	....	....	....	....	....	505 »	502 50	706
707	300	— d'Arles. *L.-C. de Choisy et Cᵉ*	707	....	....	....	....	....	....	315 »	310 »	....	....	707
708	500	— Bolbec. *Soultzener, Lamy de Villechère et Cᵉ*	708	....	....	....	....	....	....	....	....	540 »	525 »	708
709	1000	— de Calais, St-Pierre. *Bertrand-Barbier et Cᵉ*	709	....	....	....	....	....	....	1425 »	1100 »	»	»	709
710	500	— de Cherbourg et Lorient. *De Choisy et Cᵉ*	710	....	....	....	....	....	....	660 »	525 »	510 »	510 »	710
715	300	— de Laval	715	....	....	....	....	400 »	390 »	370 »	350 »	350 »	350 »	715
720	500	— de Mézières et Charleville	720	....	....	....	....	....	....	700 »	650 »	600 »	600 »	720
726	300	— de Sedan. *Camille de Choisy et Cᵉ*	726	....	....	....	....	....	....	515 »	515 »	»	»	726
727	500	— de Thann	727	....	....	....	....	....	....	675 »	575 »	700 »	650 »	727
728	500	— de Troyes. *Blanchet et Cᵉ*	728	....	....	500 »	500 »	530 »	530 »	»	»	»	»	728
730	500	— de Versailles. *Ch. Gosselin et Cᵉ*	730	....	....	....	....	....	....	....	....	650 »	650 »	730
731	500	Fil de lin d'Amiens (*Maberly*)	731	375 »	295 »	430 »	350 »	600 »	355 »	837 50	550 »	775 »	575 »	731
732	1000	Société de Pont-Rémy. *Lienart fils et Cᵉ*	732	550 »	550 »	»	»	250 »	250 »	725 »	350 »	....	....	732
734	625	Cᵉ continentale (Boulogne). *Hopwood-Bosson et Cᵉ*	734	»	»	»	»	»	»	720 »	675 »	....	....	734
736	500	Union linière. *Wohrnitz et Cᵉ*	736	....	....	....	....	....	....	680 »	370 »	500 »	325 »	736
737	500	Filat. rouennaise. *L. Lebaudy, E. Bazile et Cᵉ*	737	....	....	....	....	....	....	600 »	530 »	515 »	505 »	737
738	500	Cᵉ lino-chanvrière	738	....	....	....	....	....	....	520 »	510 »	....	....	738
739	500	Filature de Frévent. *Millescamps et Cᵉ*	739	....	....	....	....	....	....	....	....	570 »	550 »	739
753	1000	Papeterie de Prouzel. *Tavernier, Obry et Cᵉ*	753	1100 »	1100 »	....	....	....	....	....	....	....	....	753
754	250	Société gén. des annonces. *Ch. Duveyrier et Cᵉ*	754	....	....	....	....	....	....	500 »	300 »	250 »	250 »	754
762	500	Savon. à la vapeur de l'Ourcq. *Chaudron-Junot et Cᵉ*	762	»	»	»	»	»	»	»	»	25 »	25 »	762
764	500	— des Batignolles-Monceaux. *Droux et Cᵉ*	764	»	»	»	»	150 »	150 »	....	....	....	....	764
765	500	— à la vap. du pont de Flandre. *C. Vallée et Cᵉ*	765	»	»	200 »	200 »	....	....	....	....	....	....	765
770	1000	Glacières de St-Ouen, Gentilly, etc. *A. Blée et Cᵉ*	770	....	....	....	....	....	....	1510 »	1500 »	»	»	770
774	1000	Cᵉ gén. de desséch. *Thurninger, Guyardin et Cᵉ*	774	300 »	300 »	250 »	250 »	»	»	100 »	100 »	»	»	774
775	5000	Cᵉ d'Arcachon. *Eur. Cazeaux et Cᵉ*	775	1350 »	2800 »	....	....	....	....	....	....	....	....	775
780	500	Cᵉ gén. des engrais. *Baronnet et Cᵉ*	780	....	....	....	....	....	....	360 »	510 »	....	....	780
786	»	Cᵉ belge de colonisation	786	....	....	1000 »	1000 »	1000 »	975 »	....	....	....	....	786

1847 a 1851.

REPÈRES.	PAIR ou TAUX de REMBOURSEMENT.	DÉNOMINATION des VALEURS.	REPÈRES.	1847. plus haut.	1847. plus bas.	1848. plus haut.	1848. plus bas.	1849. plus haut.	1849. plus bas.	1850. plus haut.	1850. plus bas.	1851. plus haut.	1851. plus bas.	REPÈRES.
		VALEURS A REVENU FIXE.												
2	100	5 0/0	2	119 10	113 35	117 50	50 »	52 70	74 »	97 40	86 70	103 »	89 10	2
6	100	3 0/0, 1825	6	89 30	74 65	75 20	32 50	58 50	44 70	58 80	53 90	67 »	54 50	6
7	100	4 1/2 0/0, 1825	7	110 25	102 »	104 »	48 50	81 »	66 »	85 »	76 »	100 »	78 »	7
8	100	4 0/0, 1830	8	105 »	99 25	109 »	46 »	72 65	57 »	76 50	68 »	84 75	69 30	8
14	100	Emprunt 3 0/0, 1847	14	77 30	76 05	76 25	74 75	....	....	....	....	....	....	14
15	100	Emprunt 5 0/0, 1848	15	....	....	79 »	63 »	90 »	73 70	....	....	....	....	15
16	100	Certif. de conversion d'actions de Lyon, 5 0/0	16	....	....	79 »	63 75	94 40	74 »	....	....	....	....	16
17	100	Emprunt 5 0/0, 1850	17	....	....	....	....	....	....	95 »	91 75	96 50	91 40	17
18	100	— 3 0/0, 1850	18	....	....	....	....	....	....	58 85	55 65	58 30	56 70	18
29	1250	Cᵉ des 4 canaux. Actions de capital	29	1255 »	1175 »	1255 »	650 »	1105 »	900 »	1150 »	1050 »	1162 50	1070 »	29
33	1000	Canal de Bourgogne. Actions de capital	33	1062 50	1020 »	1030 »	635 »	950 »	757 50	972 50	865 »	1000 »	900 »	33
35	1000	Canal d'Arles à Bouc. Actions de capital	35	»	»	»	»	885 »	885 »	»	»	»	»	35
38	1250	Cᵉ des 3 canaux. Actions de capital	38	1200 »	1185 »	»	»	1025 »	840 »	1110 »	1015 »	1075 »	1050 »	38
39	100	Rentes 5 0/0 de la ville de Paris	39	102 50	100 »	100 »	95 »	95 »	88 »	101 »	95 50	99 50	99 50	39
41	1000	Ville de Paris. Oblig. 1832, 4 0/0. Emprunt loterie	41	1380 »	1255 »	1330 »	865 »	1310 »	1000 »	1415 »	1250 »	1450 »	1310 »	41
42	1000	— — 1849, 5 0/0... Emprunt lot.	42	....	....	....	....	1195 »	1025 »	1190 »	1108 75	1185 »	1125 »	42
43	Néant.	Trois vieux ponts sur Seine. Annuités municip.	43	....	....	....	....	....	....	1050 »	990 »	1025 »	990 »	43
46	1000	Département de la Seine. Oblig. 1849.. Emp. lot.	46	....	....	....	....	1097 50	1060 »	1085 »	1045 »	1100 »	1040 »	46
50	1000	Ville de Marseille. Emp. 5 0/0, 1849... Emp. lot.	50	....	....	....	....	....	....	1077 50	1010 »	1095 »	1035 »	50
60	1000	Liste civile. — Obligations	60	....	....	....	....	....	....	1041 25	975 »	1082 50	1025 »	60
61	100	Angleterre, 3 0/0 consolidés (Bourse de Londres)	61	101 »	90 3/4	90 »	79 7/8	97 5/8	88 5/8	98 3/4	94 5/8	99 1/8	95 3/4	61
62	100	Autriche, 5 0/0. Métalliques	62	105 »	104 1/4	100 »	96 »	94 »	81 1/2	»	»	95 »	95 »	62
64	»	— Lots de 1834........ ....Empr. loter.	64	415 »	375 »	412 50	230 »	410 »	309 »	407 50	357 50	435 »	375 »	64
65	100	— 3 0/0. Métalliques	65	»	»	»	»	74 »	74 »	»	»	76 »	70 1/8	65
72	100	Belgique, 3 0/0	72	70 »	67 »	63 3/4	44 »	63 1/4	52 »	67 »	62 1/2	65 1/8	63 3/4	72
73	100	— 5 0/0, 1840	73	102 3/4	97 1/4	99 »	48 »	98 »	84 »	101 1/2	96 5/8	103 »	93 1/2	73
74	100	— 5 0/0, 1842	74	103 »	97 3/4	99 1/2	49 »	98 »	82 1/2	101 1/2	96 5/8	103 »	98 1/2	74
75	100	— 2 1/2 0/0	75	56 1/2	50 1/2	52 3/4	26 »	50 »	43 3/4	51 1/8	48 5/8	51 3/4	50 »	75
76	100	— 4 1/2 0/0	76	98 »	89 »	92 1/4	44 »	89 1/2	75 »	92 7/8	88 1/2	95 »	89 1/2	76
78	100	Deux-Siciles (Naples), 5 0/0	78	103 75	98 »	102 »	47 »	96 50	77 50	99 »	91 25	101 »	96 50	78
87	100	Espagne. — Dette différée, 1831	87	5 1/4	5 1/4	....	....	....	....	....	....	....	....	87
88	100	— — 1831	88	16 1/4	9 »	5 »	5 »	3 3/4	3 »	12 1/2	10 »	6 1/2	4 3/4	88
89	100	— 5 0/0 dette active, 1831	89	24 »	20 1/2	25 1/2	11 1/8	26 »	15 »	26 »	22 1/2	28 »	16 »	89
90	100	— dette passive, 1831	90	5 3/4	3 1/2	5 »	2 1/2	4 1/4	2 5/8	4 1/8	3 3/8	6 3/4	3 5/8	90
91	100	— 3 0/0 extérieur, 1841	91	35 7/8	27 3/4	32 1/4	15 »	39 3/4	25 3/4	39 7/8	35 5/8	42 3/8	36 1/2	91
92	100	— 3 0/0 intérieur, 1841	92	32 1/2	23 »	26 5/8	14 »	30 7/8	19 1/8	34 7/8	28 1/4	39 1/4	31 3/4	92
99	100	États-Unis, 6 0/0. Etat Ohio	99	100 »	100 »	»	»	106 »	100 »	»	»	»	»	99
102	100	Grèce, 5 0/0, 1831. Garantie française	102	96 »	96 »	101 3/4	74 »	92 1/2	88 1/2	45 »	87 »	93 »	85 »	102
103	100	— 5 0/0, 1832. Garantie russe	103	»	»	101 3/4	101 3/4	101 »	99 3/4	»	»	»	»	103
105	1000	Haïti. Emprunt 1825 (Annuités)	105	350 »	210 »	315 »	102 50	300 »	185 »	190 »	170 »	170 »	120 »	105
106	100	Hollande, 2 1/2 0/0	106	58 3/4	53 1/2	54 1/2	46 »	58 3/4	48 1/4	59 5/8	53 5/8	61 1/2	58 3/8	106
108	100	— 4 0/0	108	84 »	84 »	»	»	»	»	88 »	88 »	88 »	88 »	108
111	100	Portugal, 5 0/0, 1832. Obligations miguélistes	111	5 »	4 1/2	»	»	»	»	»	»	3 »	3 »	111
115	100	— 5 0/0 différé, 1840	115	36 »	18 1/4	25 1/2	20 1/2	29 »	25 »	36 »	33 1/2	34 1/2	31 5/8	115
119	100	Rome, 5 0/0	119	102 1/4	91 »	97 »	47 »	85 1/2	65 »	87 »	75 1/4	90 »	72 3/8	119
120	100	— — 1850	120	....	....	....	....	....	....	80 1/4	75 7/8	91 »	73 1/4	120
121	100	Russie, 4 1/2 0/0, 1849	121	....	....	....	....	....	....	97 1/2	93 »	103 »	93 5/8	121
122	1000	Sardes (États). Piémont. Ob. 1834 .... Emp. lot.	122	1200 »	1080 »	1083 75	640 »	992 50	760 »	995 »	945 »	1000 »	920 »	122

1847 à 1851. *(Suite.)*

REPÈRES.	PAIR OU TAUX de REMBOURSEMENT.	DÉNOMINATION des VALEURS.	REPÈRES.	1847. plus haut.	1847. plus bas.	1848. plus haut.	1848. plus bas.	1849. plus haut.	1849. plus bas.	1850. plus haut.	1850. plus bas.	1851. plus haut.	1851. plus bas.	REPÈRES.
123	1000	Sardes (Etats). Piémont. Obl. 1849....Emp. lot	123	....	....	....	....	940 »	750 »	980 »	912 50	950 »	865 »	123
124	100	— — 5 0/0 1849	124	....	....	....	....	90 80	82 50	91 55	81 »	92 »	78 »	124
125	100	— — 5 0/0 1850	125	....	....	....	....	....	....	85 55	82 75	85 50	78 »	125
126	1000	— — Obl. 1850. ..Emp. lot.	126	....	....	....	....	....	....	....	....	990 »	850 »	126
130	100	Toscane, 5 0/0 1849	130	....	....	....	....	....	....	79 »	74 »	77 1/2	72 »	130
135	1000	Obligations 4 0/0 de la Caisse hypothécaire	135	485 »	461 25	465 »	400 »	450 »	410 »	475 »	455 »	... .	... .	135
145	1250	Obligations Paris-Saint-Germain, 1839, 4 0/0	145	1160 »	1060 »	»	»	950 »	855 »	1100 »	910 »	1100 »	1000 »	145
146	1000	— Paris-Versailles, R. D., 1839, 5 0/0	146	1010 »	987 50	985 »	500 »	750 »	550 »	925 »	720 »	950 »	895 »	146
148	1250	— Saint-Etienne à Lyon, 1844, 4 0/0	148	1180 »	1120 »	1100 »	1100 »	950 »	950 »	1017 50	975 »	1010 »	915 »	148
151	1250	— Paris-Saint-Germain, 1842-49, 4 0/0	151	1150 »	1060 »	1050 »	650 »	945 »	805 »	937 50	850 »	1025 »	895 »	151
152	1250	— Paris-Orléans, 1842, 4 0/0	152	1225 »	1165 »	1165 »	690 »	1000 »	960 »	1025 »	955 »	1070 »	1000 »	152
153	1250	— Paris-Versailles. R. D., 1843, 4 0/0	153	1040 »	1035 »	1015 »	500 »	810 »	650 »	875 »	800 »	990 »	835 »	153
154	1250	— Bordeaux-la-Teste, 1843, 4 0/0	154	1000 »	1000 »	»	»	»	»	»	»	»	»	154
155	1250	— Strasbourg-Bâle, 1843, 4 0/0	155	1100 »	998 75	»	»	»	»	850 »	825 »	900 »	850 »	155
156	1250	— Montpellier-Cette, 1844, 4 0/0	156	»	»	»	»	»	»	»	»	»	»	156
157	1250	— Paris-Rouen, 1845, 3.20 0/0	157	998 75	910 »	895 »	640 »	745 »	700 »	795 »	765 »	925 »	760 »	157
158	1250	— Rouen-Havre, 1845-47, 4 0/0	158	1062 50	977 50	1005 »	525 »	752 50	570 »	835 »	695 »	900 »	790 »	158
159	1250	— Paris-Sceaux, 1847, 4 0/0	159	1000 »	1000 »	»	»	»	»	250 »	200 »	»	»	159
160	1250	— Paris-Rouen, 1847-49, 4 0/0	160	1015 »	1005 »	1025 »	640 »	905 »	715 »	955 »	875 »	1025 »	938 75	160
161	1000	— Avignon-Marseille, 1847, 4 0/0	161	....	....	1020 »	675 »	950 »	700 »	1050 »	992 50	»	»	161
162	1250	— Paris-Orléans, 1848, 4 0/0	162	....	....	850 »	735 »	1040 »	815 »	1020 »	945 »	1050 »	985 »	162
163	1250	— Rouen-Havre, 1848, 4.8 0/0	163	....	....	....	....	870 »	750 »	960 »	842 50	1015 »	900 »	163
164	250	— Montpellier-Cette, 1848, 5 0/0	164	....	....	....	....	150 »	150 »	190 »	190 »	»	»	164
165	1250	— Avignon-Marseille, 1850, 4 0/0	165	....	....	....	....	....	....	957 50	910 »	1040 »	925 »	165
166	1250	— Montereau-Troyes, 1850, 4 0/0	166	....	....	....	....	....	....	950 »	800 »	985 »	975 »	166
167	500	— Andrézieux-Roanne	167	....	....	....	....	....	....	410 »	400 »	400 »	380 »	167
168	500	— Nord, 3 0/0	168	....	....	....	....	....	....	....	....	291 25	250 »	168
169	500	— Amiens-Boulogne, 4 0/0	169	....	....	....	....	....	....	....	....	305 »	305 »	169
214	1000	Obligations Canal Sambre à l'Oise, 1839, 5 0/0	214	1008 75	1000 »	955 »	895 »	990 »	900 »	1000 »	975 »	1000 »	980 »	214
215	1050	— — 1850, 4.77 0/0	215	....	....	....	....	....	....	980 »	980 »	1000 »	980 »	215
216	1000	— Canal des Alpines, 5 0/0	216	600 »	600 »	....	....	....	....	....	....	....	....	216
220	1250	— Houillère Haute-Loire, 4 0/0	220	1047 50	1015 »	....	....	....	....	....	....	....	....	220
221	1250	— Mines de la Loire. 4 0/0 1846 anc	221	1127 50	1000 »	1045 »	700 »	995 »	850 »	1005 »	925 »	1050 »	955 »	221
223	1200	— Mines Grand'Combe, 1840, 4.16 0/0	223	1030 »	1065 »	»	»	»	»	847 50	780 »	870 »	800 »	223
224	1250	— — 1844, 4 0/0	224	1100 »	1045 »	1035 »	1035 »	»	»	847 50	780 »	870 »	800 »	224
229	500	— Decazeville (Aveyron), 1848, 5 1/2 0/0	229	....	....	350 »	350 »	420 »	375 »	400 »	400 »	410 »	410 »	229
234	1000	— Lits militaires, 5 0/0	234	985 »	930 »	955 »	685 »	860 »	700 »	915 »	830 »	940 »	875 »	234
		VALEURS A REVENU VARIABLE.												
248	1000	Banque de France	248	3400 »	3140 »	3230 »	950 »	2500 »	1650 »	2425 »	2010 »	2520 »	2020 »	248
252	1000	Caisse hypothécaire	252	290 »	230 »	250 »	95 »	150 »	105 »	162 50	125 »	175 »	145 »	252
256	1000	Banque du Havre	256	1300 »	1300 »	....	....	....	....	....	....	....	....	256
257	1000	Caisse g. du comm. et de l'ind., *A. Gouin et Cie*	257	1205 »	1120 »	1095 »	1070 »	....	....	....	....	....	....	257
262	1000	Compt. d'esc. d. entrep., *Estienne, Delachaume et Cie*	262	1100 »	875 »	....	....	....	....	....	....	....	....	262
264	1000	Comptoir gén. du commerce, *H. Gunneron et Cie*	264	1185 »	960 »	1000 »	120 »	....	....	....	....	....	....	264
265	500	Caisse centr. du com. et des ch. de fer, *Baudon et Cie*	265	500 »	455 »	475 »	215 »	360 »	225 »	400 »	400 »	....	....	265
266	1000	Caisse commerciale, *Bechet, Dethomas et Cie*	266	1030 »	900 »	960 »	550 »	....	....	....	....	....	....	266
267	500	— —	267	....	....	....	....	350 »	350 »	405 »	382 50	440 »	375 »	267
268	1000	Banque d'Alger	268	....	....	1300 »	700 »	....	....	....	....	....	....	268

1847 à 1851. (*Suite.*)

Repères.	Pair ou taux de remboursement.	Dénomination des valeurs.	Repères.	1847. plus haut.	1847. plus bas.	1848. plus haut.	1848. plus bas.	1849. plus haut.	1849. plus bas.	1850. plus haut.	1850. plus bas.	1851. plus haut.	1851. plus bas.	Repères.
269	500	Comptoir d'escompte de Paris	269	....	....	....	....	....	....	375 »	330 »	530 »	420 »	269
293	1000	Banque de Belgique. Émission de 1833	293	943 »	860 »	8·0 »	540 »	845 »	630 »	895 »	780 »	800 »	700 »	293
294	1000	— — 1841	294	1125 »	1080 »	977 50	950 »	1020 »	960 »	1127 50	1055 »	»	»	294
297	1058	Soc. gén. de Belgique pour favoriser l'indust. nat.	297	1650 »	1650 »	»	»	»	»	»	»	»	»	297
307	12500	Cie d'assur. génér. maritimes. Actions nominatives.	307	10 0/0 b	5 0/0 p	10 0/0 b	9 0/0 b	10 0/0 b	8 0/0 b	17 0/0 b	3 0/0 b	10 0/0 b	6 0/0 b	307
309	5000	Sécurité ... Assur. marit.	309	14 0/0 b	14 0/0 b	»	»	4 0/0 b	4 0/0 b	9 1/2 0/0 b	8 0/0 b	12 0/0 b	8 0/0 b	309
310	5000	Union des ports —	310	8 0/0 p	10 0/0 p	11 0/0 p	11 0/0 p	5 0/0 p	10 0/0 p	3 1/2 0/0 p	5 0/0 p	4 0/0 p	6 1/2 0/0 p	310
311	5000	Le Lloyd français —	311	3 0/0 b	pair.	»	»	1 0/0 b	1 0/0 b	pair.	pair.	2 0/0 b	5 0/0 p	311
312	5000	Océan —	312	»	»	»	»	»	»	»	»	»	»	312
313	1000	Indemnité —	313	»	»	pair.	pair.	»	»	»	»	pair.	pair.	313
314	5000	La Chambre —	314	6 0/0 b	5 0/0 b	»	»	»	»	3 0/0 b	3 0/0 b	3 0/0 b	3 0/0 b	314
315	5000	Mélusine —	315	pair.	pair.	»	»	11 0/0 p	11 0/0 p	6 3/4 0/0 p	6 3/4 0/0 p	4 1/2 0/0 p	6 0/0 p	315
318	6250	Le Trident —	318	»	»	20 0/0 p	20 0/0 p	....	....	....	....	....	....	318
319	5000	L'Espérance —	319	»	»	»	»	»	»	30 0/0 p	30 0/0 p	....	....	319
320	5000	La Vigie —	320	»	»	»	»	pair.	pair.	»	»	2 1/2 0/0 b	2 1/2 0/0 b	320
321	5000	La Sauvegarde —	321	....	....	....	....	....	....	....	....	7 0/0 p	7 0/0 p	321
327	5000	Cie d'assur. gén. contre l'incen. Actions nominatives	327	295 0/0 b	263 0/0 b	270 0/0 b	265 0/0 b	240 0/0 b	220 0/0 b	320 0/0 b	255 0/0 b	400 0/0 b	265 0/0 b	327
328	1000	Cie française du Phénix ... Assur. incendie.	328	2660 »	2300 »	2320 »	1200 »	2160 »	1500 »	2175 »	2050 »	2500 »	2100 »	328
329	5000	La Nationale (anc. comp. royale) —	329	115 0/0 b	105 0/0 b	110 0/0 b	67 0/0 b	95 0/0 b	75 0/0 b	100 0/0 b	85 0/0 b	102 0/0 b	95 0/0 b	329
330	5000	L'Union —	330	36 0/0 b	31 1/2 0/0 b	20 0/0 b	5 0/0 p	26 0/0 b	15 0/0 b	29 0/0 b	18 0/0 b	43 0/0 b	27 0/0 b	330
332	6000	Le Soleil —	332	»	»	»	»	pair.	pair.	10 0/0 b	4 0/0 b	25 0/0 b	15 0/0 b	332
334	5000	La France —	334	20 0/0 b	5 0/0 b	4 0/0 b	12 0/0 p	5 1/2 0/0 b	1/2 0/0 b	6 1/2 0/0 b	1 1/2 0/0 b	21 0/0 b	3 0/0 b	334
335	1000	Le Réparateur (*Villette et Cie*) —	335	»	»	»	»	42 0/0 p	42 0/0 p	....	....	....	....	335
336	5000	L'Urbaine —	336	6 0/0 b	5 0/0 b	6 0/0 b	5 0/0 b	5 0/0 b	pair.	10 0/0 b	5 0/0 b	15 0/0 b	5 0/0 b	336
337	5000	La Sécurité —	337	6 0/0 b	3 0/0 p	pair.	5 1/2 0/0 p	....	....	....	....	....	....	337
338	2500	La Providence —	338	14 0/0 b	7 0/0 b	9 0/0 b	9 0/0 b	6 0/0 b	pair.	4 0/0 b	2 0/0 b	pair.	1 0/0 p	338
342	5000	La Bienfaisante —	342	1 0/0 b	1 0/0 b	1 0/0 b	1 0/0 b	....	....	....	....	....	....	342
343	5000	La Confiance —	343	»	»	»	»	»	»	»	»	1 0/0 b	pair.	343
344	1000	Palladium —	344	1 0/0 b	1 0/0 b	pair.	pair.	....	....	....	....	....	....	344
345	1000	La Réparatrice —	345	17 1/2 0/0 p	17 1/2 0/0 p	»	»	35 1/2 0/0 p	35 1/2 0/0 p	....	....	....	....	345
346	1000	La Paternelle —	346	....	....	....	....	20 0/0 p	25 0/0 p	6 0/0 p	21 0/0 p	17 1/2 0/0 p	17 1/2 0/0 p	346
349	7500	Cie d'ass. gén. sur la vie des hommes. Act. nom.	349	78 0/0 b	68 2/3 0/0 b	70 0/0 b	66 2/3 0/0 b	10 0/0 b	4 0/0 b	33 1/2 0/0 b	13 1/3 0/0 b	30 0/0 b	13 1/3 0/0 b	349
350	5000	L'Union ... Assur. vie.	350	11 0/0 b	9 1/2 0/0 b	11 0/0 b	2 0/0 p	1 1/4 0/0 b	2 0/0 p	1 0/0 p	4 0/0 p	1 0/0 p	8 0/0 p	350
351	5000	La Nationale (anc. Comp. royale) —	351	26 0/0 b	19 1/8 0/0 b	21 0/0 b	3 0/0 p	8 0/0 b	2 0/0 b	9 0/0 b	5 0/0 b	10 5/8 0/0 b	2 0/0 b	351
353	5000	La France —	353	1/4 0/0 p	1/4 0/0 p	3/4 0/0 p	3/4 0/0 p	....	....	....	....	....	....	353
354	5000	La Providence —	354	3 0/0 b	2 0/0 b	....	....	....	....	....	....	....	....	354
355	5003	Le Phénix —	355	1 0/0 p	1 0/0 p	»	»	pair.	pair.	»	»	12 0/0 p	12 0/0 p	355
356	5000	L'Urbaine —	356	1 0/0 p	2 1/2 0/0 p	2 0/0 p	2 0/0 p	....	....	....	....	....	....	356
357	500	Caisse paternelle —	357	....	....	....	....	....	....	....	....	10 0/0 p	10 0/0 p	357
360	5000	Saint-Etienne-Lyon ... Chemin de fer.	360	7400 »	6900 »	7225 »	4870 »	6000 »	3600 »	7000 »	6250 »	6700 »	6300 »	360
361	500	Paris-Saint-Germain —	361	1050 »	740 »	750 »	290 »	430 »	310 »	425 »	335 »	525 »	390 »	361
363	500	Montpellier-Cette —	363	412 50	380 »	250 »	250 »	175 »	175 »	200 »	175 »	180 »	170 »	363
364	500	Paris-Versailles (rive droite) —	364	400 »	245 »	340 »	90 »	267 50	110 »	210 »	147 50	310 »	160 »	364
365	500	— (rive gauche) —	365	255 »	145 »	200 »	85 »	240 »	107 50	182 50	122 50	214 25	160 »	365
367	500	Mulhouse-Thann —	367	»	»	»	»	40 »	40 »	»	»	»	»	367
370	500	Bordeaux-la-Teste —	370	115 »	40 »	65 »	35 »	40 »	35 »	45 »	25 »	65 »	30 »	370
372	350	Strasbourg-Bâle —	372	248 75	147 50	162 50	65 »	125 »	80 »	137 50	102 50	190 »	135 »	372
374	500	Paris-Orléans —	374	1281 25	1130 »	1220 »	385 »	900 »	680 »	875 »	682 50	1050 »	805 »	374
375	Néant.	— Actions de jouiss. —	375	950 »	895 »	945 »	400 »	520 »	400 »	545 »	420 »	700 »	535 »	375
376	500	Paris-Rouen —	376	977 50	845 »	911 25	275 »	550 »	420 »	700 »	495 »	700 »	532 50	376

1847 à 1851. (*Suite.*)

Repères.	Pair ou taux de remboursement.	Dénomination des valeurs.	Repères.	1847. plus haut.	1847. plus bas.	1848. plus haut.	1848. plus bas.	1849. plus haut.	1849. plus bas.	1850. plus haut.	1850. plus bas.	1851. plus haut.	1851. plus bas.	Repères.
377	500	Rouen-Havre .... Chemin de fer.	377	693 75	432 50	450 »	140 »	350 »	220 »	285 »	200 »	297 50	200 »	377
378	500	Avignon-Marseille .... —	378	865 »	540 »	583 75	142 50	257 50	170 »	220 »	165 »	260 »	183 75	378
380	500	Centre (Orléans-Vierzon) .... —	380	623 75	522 50	545 »	190 »	382 50	213 75	445 »	302 50	507 50	365 »	380
381	500	Amiens-Boulogne .... —	381	440 »	340 »	370 »	135 »	235 »	130 »	225 »	175 »	280 »	245 »	381
382	500	Orléans-Bordeaux .... —	382	562 50	420 »	487 50	358 75	430 »	373 75	425 »	378 75	427 50	365 »	382
383	500	Paris-Sceaux (Orçay) .... —	383	350 »	425 »	430 »	125 »	»	»	»	»	»	»	383
384	500	Montereau-Troyes .... —	384	350 »	230 »	260 »	100 »	140 »	100 »	447 50	87 50	432 50	90 »	384
385	»	Loire (Andrézieux-Roanne) .... —	385	460 »	420 »	»	»	37 50	37 50	50 »	40 »	50 »	50 »	385
386	500	Nord .... —	386	645 »	497 50	551 25	302 50	480 »	382 50	490 »	402 50	581 25	447 50	386
392	500	Dieppe et Fécamp .... —	392	355 »	245 »	260 »	125 »	190 »	137 50	195 »	155 »	220 »	490 »	392
393	500	Est (Paris-Strasbourg) .... —	393	485 »	360 »	415 »	322 50	365 »	330 »	363 75	316 25	475 »	345 »	393
396	500	Tours-Nantes .... —	396	487 50	335 »	395 »	307 50	348 75	275 »	278 75	206 25	300 »	245 »	396
397	500	Paris-Lyon .... —	397	541 25	360 »	402 50	280 »	....	....	....	....	....	....	397
398	500	Lyon-Avignon .... —	398	475 »	425 »	....	....	....	....	....	....	....	....	398
399	500	Bordeaux-Cette .... —	399	465 »	440 »	....	....	....	....	....	....	....	....	399
425	500	Anvers-Gand .... —	425	600 »	540 »	500 »	500 »	280 »	225 »	332 50	275 »	440 »	365 »	425
426	500	Charleroi-Erquelinnes .... —	426	340 »	285 »	295 »	265 »	»	»	440 »	122 50	»	»	426
444	1000	Naples-Nocera-Castellamare .... —	444	»	»	»	»	»	»	»	»	»	»	444
458	Néant.	Eventualités de Lyon-Avignon	458	....	....	....	....	19 50	6 50	47 »	8 25	15 50	8 50	458
459	Néant.	— de Bordeaux-Cette	459	....	....	....	....	25 »	7 »	49 »	7 50	13 50	8 50	459
460	Néant.	— de Fampoux-Hazebrouck	460	....	....	....	....	32 75	23 »	24 »	19 50	»	»	460
461	500	Télégraphe électrique. Manche. *Wollaston et Cᵉ.*	461	....	....	....	....	....	....	....	....	725 »	500 »	461
463	5000	Canal d'Aire à la Bassée	463	6700 »	6400 »	5000 »	5000 »	»	»	»	»	»	»	463
464	Néant.	Cᵉ des 4 canaux. Actions de jouissance	464	130 »	90 »	120 »	50 »	95 »	50 »	125 »	60 »	130 »	105 »	464
466	Néant.	Canal du Rhône au Rhin. Actions de jouissance	466	»	»	»	»	»	»	420 »	420 »	550 »	550 »	466
467	Néant.	Canal de Bourgogne. Actions de jouissance	467	87 50	50 »	85 »	75 »	75 »	27 50	87 50	45 »	118 75	72 50	467
469	1000	Canal de jonction de la Sambre à l'Oise	469	700 »	700 »	600 »	600 »	500 »	500 »	640 »	600 »	725 »	600 »	469
470	1000	Société de la Scarpe inférieure. *C. Bayard et Cᵉ.*	470	»	»	»	»	»	»	»	»	»	»	470
471	1000	Sambre française canalisée	471	»	»	1500 »	800 »	»	»	»	»	»	»	471
473	500	Canal de Roanne à Rigoin	473	»	»	»	»	»	»	130 »	127 50	120 »	120 »	473
478	10000	Canaux d'Orléans et du Loing	478	....	....	....	....	....	....	....	....	6600 »	6000 »	478
487	1000	Messageries générales de France. *Caillard et Cᵉ*	487	»	»	»	»	525 »	500 »	550 »	520 »	»	»	487
488	300	Cᵉ gén. des voit. de pl. de Paris. *Delacour et Cᵉ*	488	»	»	»	»	»	»	605 »	530 »	640 »	640 »	488
489	1000	Omn. de Paris. *Moreau-Chaslon. X. Feuillant et Cᵉ*	489	»	»	2000 »	2000 »	»	»	1600 »	1600 »	1500 »	1500 »	489
492	800	Entr. gén. des favorites. *Louis Henry et Cᵉ*	492	1200 »	1200 »	»	»	»	»	»	»	1100 »	1100 »	492
494	500	Entrep. des lutéciennes. *M.-N. Liénard et Cᵉ*	494	825 »	825 »	»	»	»	»	645 »	645 »	600 »	600 »	494
495	1000	Entr. gén. des hirondelles. *Antoine Blanc et Cᵉ.*	495	....	....	....	....	300 »	300 »	175 »	150 »	....	....	495
496	80	Entrep. des gondoles parisiennes. *Malus et Cᵉ.*	496	....	....	....	....	....	....	....	....	150 »	150 »	496
497	500	Les sylphides, *Garnier et Cᵉ*	497	....	....	....	....	....	....	....	....	422 50	422 50	497
503	1000	Trois vieux ponts sur Seine	503	1450 »	1360 »	1400 »	1400 »	....	....	....	....	....	....	503
504	1000	Pont, port et gare de Grenelle	504	»	»	»	»	»	»	»	»	»	»	504
507	500	Pont de Bercy	507	»	»	600 »	600 »	»	»	»	»	»	»	507
537	500	Houillère de la Haute-Loire	537	»	»	»	»	»	»	»	»	»	»	537
539	1000	Houil. de la Grand'Combe et ch. de fer du Gard	539	1340 »	1075 »	1400 »	700 »	650 »	600 »	600 »	525 »	560 »	450 »	539
541	1000	Houillère de la Chazotte	541	520 »	450 »	450 »	145 »	335 »	250 »	359 »	270 »	200 »	200 »	541
547	1000	Houillère du centre du Fléau	547	»	»	»	»	»	»	»	»	»	»	547
548	500	Houillère de Monticux-Saint-Etienne	548	»	»	»	»	»	»	»	»	»	»	548
549	1000	Charbonnage de Pont-de-loup-sud	549	500 »	425 »	»	»	300 »	300 »	»	»	225 »	220 »	549

1847 à 1851. (*Fin.*)

REPÈRES.	PAIR ou taux de remboursement.	DÉNOMINATION des VALEURS.	REPÈRES.	1847. plus haut.	1847. plus bas.	1848. plus haut.	1848. plus bas.	1849. plus haut.	1849. plus bas.	1850. plus haut.	1850. plus bas.	1851. plus haut.	1851. plus bas.	REPÈRES.
551	1000	Houillère de Layon et Loire	551	»	»	»	»	»	»	»	»	»	»	551
560	10000	Houillère et chemin de fer d'Epinac	560	9000 »	8000 »	»	»	»		»	»	....	....	560
564	1000	Ce des mines de la Loire	564	835 »	385 »	640 »	190 »	325 »	247 50	350 »	272 50	341 25	260 »	564
566	1000	Mines de houille de Blanzy. *J. Chagot et Ce*	566	....	....	....	....	....	....	1600 »	1500 »	»	»	566
567	»	Mines de houille d'Azincourt	567	....	....	....	....	....	....	....	....	330 »	330 »	567
580	500	Ce des charbonnages belges	580	500 »	460 »	410 »	410 »	325 »	325 »	245 »	230 »	»	»	580
582	1000	Asphalte de Pyrimont-Seyssel. *L. Desvarannes et Ce*	582	»	»	»	»	230 »	230 »	300 »	170 »	60 »	60 »	582
593	1000	Asphalte de Bastennes. *Ledoux et Ce*	593	515 »	510 »	»	»	200 »	200 »	190 »	190 »	»	»	593
601	100	Mines de Mouzaia. *De Kerviguen et Ce*	601	»	»	»	»	»	»	»	»	»	»	601
602	1000	Antonius et mines réunies. *C. Rochaz et Ce*	602	1150 »	800 »	225 »	225 »	»	»	180 »	177 50	»	»	602
608	80	Mines de zinc de la Vieille-Montagne	608	650 »	560 »	560 »	175 »	310 »	225 »	292 50	265 »	322 50	250 »	608
609	1000	Société de la Nouvelle-Montagne	609	1100 »	850 »	»	»	367 50	315 »	390 »	380 »	»	»	609
610	1000	Société de la Grande-Montagne	610	1700 »	530 »	740 »	740 »	230 »	210 »	....	....	....	....	610
612	375	Mines de zinc de Stolberg	612	650 »	625 »	375 »	250 »	300 »	225 »	325 »	300 »	412 50	302 50	612
613	1000	Mines et usines de Nassau	613	....	....	....	....	325 »	80 »	....	....	....	....	613
619	3000	Forges de l'Aveyron (Decazeville)	619	6225 »	5000 »	4900 »	2000 »	3000 »	2300 »	2025 »	2000 »	2300 »	2000 »	619
620	3000	Forges d'Alais	620	2100 »	2100 »	»	»	»	»	»	»	»	»	620
622	1000	Hauts-fourneaux du Nord (Maubeuge)	622	1455 »	1325 »	650 »	650 »	900 »	900 »	350 »	300 »	300 »	300 »	622
623	»	Mines et forges d'Aubin. *F. et L. Riant et Ce*	623	....	....	300 »	200 »	250 »	200 »	290 »	200 »	150 »	80 »	623
624	500	Forg. et usines de Basse-Indre. *A. Langlois et Ce*	624	....	....	....	....	800 »	700 »	»	»	»	»	624
646	500	Hauts-fourneaux de Monceau	646	1087 50	900 »	887 50	425 »	812 50	575 »	755 »	700 »	737 50	625 »	646
647	1000	Charbonnages et hauts-fourneaux de l'Espérance	647	1250 »	1250 »	»	»	»	»	»	»	»	»	647
648	500	Houillères et fonderies de zinc de Valentin-Cocq	648	975 »	680 »	»	»	600 »	510 »	650 »	600 »	585 »	585 »	648
651	500	Galvanisation du fer. *Saint-Pôl et Ce*	651	»	»	»	»	»	»	»	»	»	»	651
656	500	Société *Chameroy et Ce*	656	»	»	600 »	475 »	»	»	»	»	»	»	656
661	1000	Grilles mobiles fumivores. *J.-B. Tailfer et Ce*	661	1050 »	1050 »	1050 »	1000 »	»	»	1000 »	1000 »	»	»	661
663	503	Société *J.-F. Cail*	663	....	....	....	....	....	....	....	....	362 50	317 50	663
672	303	Société du blanc de zinc et couleurs à base de zinc	672	....	....	....	....	515 »	500 »	500 »	480 »	»	»	672
675	500	Entrepôts du Nord. *Gabriel Heim et Ce*	675	375 »	250 »	....	....	....	....	....	....	....	....	675
692	2500	Gaz de Paris. Ce angl. *Manby, Margueritte et Ce*	692	8200 »	7350 »	6550 »	3400 »	5000 »	4000 »	5000 »	4600 »	5000 »	4200 »	692
693	500	— Ce française. *Brunton, Pilté et Ce*	693	1050 »	850 »	850 »	500 »	825 »	675 »	800 »	670 »	875 »	685 »	693
694	500	Gaz de Belleville. *Payn et Ce*	694	1400 »	1350 »	»	»	900 »	800 »	975 »	875 »	1000 »	925 »	694
695	1000	Gaz de Paris, Ce par. *Dubochet, Pauwels et Ce*	695	»	»	»	»	900 »	900 »	900 »	900 »	1140 »	1100 »	695
696	500	— Société *Lacarrière et Ce*	696	»	»	625 »	625 »	550 »	450 »	600 »	570 »	»	»	696
697	500	— Ce Nord. *C. Gosselin, Emile Brisou et Ce*	697	550 »	550 »	»	»	»	»	375 »	375 »	475 »	475 »	697
698	500	— Ce de l'Ouest. *Ch. Gosselin et Ce*	698	»	»	380 »	250 »	275 »	250 »	»	»	»	»	698
709	1000	Gaz de Calais et St-Pierre. *D. Gautier et Ce*	709	»	»	»	»	»	»	150 »	150 »	»	»	709
731	500	Filature de lin d'Amiens. (*Maberly*)	731	580 »	410 »	450 »	440 »	435 »	280 »	610 »	450 »	715 »	505 »	731
736	500	Union linière. *Wohrnitz et Ce*	736	200 »	100 »	»	»	»	»	»	»	15 »	15 »	736
740	500	Comptoir de l'industrie linière. *Cohin et Ce*	740	....	....	....	....	400 »	400 »	510 »	425 »	525 »	450 »	740
754	250	Soc. générale des annonces. *Ch. Duveyrier et Ce*	754	255 »	250 »	....	....	....	....	....	....	....	....	754
770	1000	Glacières de St-Ouen, Gentilly, etc. *A. Blée et Ce*	770	»	»	»	»	»	»	»	»	»	»	770
774	1000	Ce gén. de dessèch. *Thurninger, Guyardin et Ce*	774	100 »	100 »	....	....	....	....	....	....	....	....	774
793	1000	Glaces de Sainte-Marie-d'Oignies	793	....	....	....	....	800 »	800 »	1005 »	1005 »	1500 »	1060 »	793

1852 à 1856.

Repères.	Pair ou taux de remboursement.	Dénomination des valeurs.	Repères.	1852. plus haut.	1852. plus bas.	1853. plus haut.	1853. plus bas.	1854. plus haut.	1854. plus bas.	1855. plus haut.	1855. plus bas.	1856. plus haut.	1856. plus bas.	Repères.
		VALEURS A REVENU FIXE.												
2	100	5 0/0	2	106 50	99 10	....	....	....	....	....	....	....	....	2
6	100	3 0/0, 1825	6	86 »	63 90	82 15	74 70	76 35	61 50	74 75	63 20	75 45	64 53	6
7	100	4 1/2 0/0, 1825	7	101 75	88 75	102 »	97 80	98 »	94 »	93 75	88 »	92 50	87 »	7
8	100	4 0/0, 1830	8	99 »	83 »	100 »	92 »	92 »	81 »	84 »	80 »	87 »	80 »	8
19	100	4 1/2 0/0, 1852	19	107 »	99 45	106 70	98 75	101 »	88 »	99 40	89 75	97 »	89 50	19
20	100	Emprunt 4 1/2 0/0, mars 1854	20	....	....	....	....	100 05	92 25	97 75	94 50	....	....	20
21	100	— 3 0/0, mars 1854	21	....	....	....	....	76 25	63 85	70 30	65 25	....	....	21
22	100	1er — 4 1/2 0/0, janvier 1855	22	....	....	....	....	....	....	99 40	90 »	96 50	94 25	22
23	100	1er — 3 0/0, janvier 1855	23	....	....	....	....	....	....	72 50	63 90	75 15	62 »	23
24	100	2e — 4 1/2 0/0, juillet 1855	24	....	....	....	....	....	....	96 25	94 »	97 50	90 »	24
25	100	2e — 3 0/0, juillet 1855	25	....	....	....	....	....	....	68 60	64 90	75 50	62 53	25
29	1250	Cie des 4 canaux. Actions de capital	29	1215 »	1145 »	1225 »	1150 »	1180 »	1090 »	1150 »	1110 »	1135 »	1080 »	29
30	Néant.	— Actions de jouissance	30	....	....	162 50	112 50	117 50	100 »	110 »	100 »	105 »	95 »	30
33	1000	Canal de Bourgogne. Actions de capital	33	1055 »	1000 »	1055 »	1005 »	1010 »	965 »	1015 »	958 »	975 »	950 »	33
34	Néant.	— Actions indemnitaires	34	....	....	200 »	170 »	177 50	142 50	153 »	140 »	150 »	140 »	34
35	1000	Canal d'Arles à Bouc. Actions de capital	35	1012 50	1000 »	1020 »	1010 »	»	»	»	»	»	»	35
39	100	Rentes 5 0/0 de la ville de Paris	39	103 25	100 »	....	....	....	....	....	....	....	....	39
41	1000	Ville de Paris. Obl. 1832, 4 0/0. Empr. loterie.	41	1850 »	1380 »	....	....	....	....	....	....	....	....	41
42	1000	— Obl. 1849, 5 0/0. —	42	1270 »	1170 »	1200 »	1010 »	1100 »	995 »	1090 »	1015 »	1100 »	1025 »	42
43	Néant.	Trois vieux ponts sur Seine. Annuités municipales.	43	1030 »	1025 »	1040 »	1000 »	»	»	1030 »	930 »	»	»	43
44	1000	Ville de Paris. Obl. 1852, 5 0/0. Empr. loterie.	44	1410 »	1225 »	1360 »	1195 »	1185 »	1082 50	1140 »	1035 »	1085 »	1026 »	44
45	500	— Obl. 1855, 3 0/0. —	45	....	....	....	....	....	....	407 50	380 »	397 50	370 »	45
46	1000	Dép. Seine. Oblig. 1849. —	46	1100 »	1042 50	1075 »	1010 »	1015 »	995 »	1040 »	1010 »	....	....	46
50	1000	Ville de Marseille. Emp. 5 0/0, 1849. —	50	1160 »	1060 »	1200 »	1090 »	1075 »	1060 »	1040 »	1010 »	1035 »	1010 »	50
60	1000	Liste-Civile. Obligations	60	1110 »	1062 50	1120 »	1070 »	1080 »	1040 »	1090 »	1035 »	1036 »	1040 »	60
61	100	Angleterre. 3 0/0 Consolidés (Bourse de Londres).	61	101 3/4	95 7/8	101 »	90 3/4	96 1/4	85 1/8	93 3/4	86 1/4	95 1/8	86 »	61
62	100	Autriche, 5 0/0. Métalliques	62	85 1/2	85 1/2	»	»	»	»	»	»	»	»	62
64	»	— Lots de 1834. Emprunt loterie.	64	490 »	420 »	500 »	469 »	472 50	450 »	470 »	420 »	510 »	435 »	64
66	100	— 5 0/0 anglo, 1852	66	99 1/4	90 1/2	100 »	90 »	93 3/4	69 1/2	87 »	80 »	92 »	80 1/2	66
67	100	— 5 0/0 florins, 1852	67	88 »	82 1/4	90 7/8	80 1/4	73 1/2	65 1/4	67 1/2	65 »	84 »	80 »	67
72	100	Belgique, 3 0/0	72	75 1/2	65 1/2	75 1/2	73 »	72 5/8	57 1/2	75 1/4	72 »	76 3/4	72 7/8	72
74	100	— 5 0/0, 1840-42	74	103 3/4	99 5/8	101 »	95 3/4	....	....	....	....	....	....	74
75	100	— 2 1/2 0/0	75	58 »	50 3/8	58 »	53 »	59 1/8	49 »	53 3/4	50 »	57 1/2	53 »	75
76	100	— 4 1/2 0/0	76	100 »	92 »	100 »	94 »	96 »	81 3/4	95 1/4	90 3/4	100 »	93 3/4	76
77	100	— 5 0/0, 1852	77	103 3/4	100 1/2	102 1/4	99 »	»	»	102 »	98 »	101 »	99 »	77
78	100	Deux-Siciles (Naples), 5 0/0	78	107 »	98 50	107 50	101 »	110 »	85 »	113 »	105 »	111 »	109 »	78
88	100	Espagne. Dette différée, 1831	88	5 1/2	5 »	....	....	....	....	....	....	....	....	88
89	100	— 5 0/0, dette active, 1831	89	33 »	19 »	....	....	....	....	....	....	....	....	89
90	100	— Dette passive, 1831	90	6 »	5 »	5 1/4	4 1/4	4 1/8	3 1/4	....	....	....	....	90
91	100	— 3 0/0, extérieur 1841	91	51 1/4	40 »	49 »	44 »	44 »	33 »	40 »	35 »	47 »	38 »	91
92	100	— 3 0/0, intérieur 1841	92	46 1/2	35 3/4	44 1/2	39 »	40 1/2	31 »	36 »	28 3/4	43 »	32 1/2	92
93	100	— Dette différée, 1851	93	26 1/2	18 3/4	25 »	21 »	20 3/4	15 »	21 3/4	17 »	25 3/4	20 1/2	93
94	100	— Dette passive, 1851	94	6 3/8	5 3/4	6 »	4 3/8	4 7/8	3 1/4	7 3/4	3 3/4	7 3/4	5 3/4	94
102	100	Grèce. 5 0/0, 1832. Garantie française	102	99 »	94 »	99 1/2	99 1/2	90 »	90 »	»	»	»	»	102
105	1000	Haïti. Emprunt 1825 (Annuités).	105	390 »	200 »	430 »	345 »	350 »	310 »	550 »	500 »	550 »	515 »	105
106	100	Hollande, 2 1/2 0/0	106	67 1/2	59 »	66 1/4	59 1/2	61 »	51 »	67 »	39 1/2	64 1/2	52 1/2	106
108	100	— 4 0/0	108	89 3/4	89 3/4	92 1/4	92 1/4	»	»	92 1/2	92 1/2	94 1/2	94 1/2	108
111	100	Portugal. 5 0/0, 1832. (Obligations miguélistes)	111	12 »	8 1/4	8 1/4	8 1/4	»	»	»	»	»	»	111
115	100	— 5 0/0, différé 1840	115	39 »	32 »	38 1/2	35 »	....	....	....	....	....	....	115

1852 à 1856. *(Suite.)*

REPÈRES.	PAIR OU TAUX de REMBOURSEMENT.	DÉNOMINATION des VALEURS.	REPÈRES.	1852. plus haut.	1852. plus bas.	1853. plus haut.	1853. plus bas.	1854. plus haut.	1854. plus bas.	1855. plus haut.	1855. plus bas.	1856. plus haut.	1856. plus bas.	REPÈRES.
116	100	Portugal, 3 0/0, 1852	116	....	....	36 1/2	36 1/2	30 1/2	30 1/2	»	»	»	»	116
119	100	Rome, 5 0/0	119	101 »	88 1/4	100 »	94 3/4	92 1/2	74 1/2	86 »	79 3/4	93 »	80 1/2	119
120	100	— 5 0/0, 1850	120	101 »	88 3/4	100 »	95 »	....	....	....	....	....	....	120
121	100	Russie, 4 1/2 0/0, 1849	121	104 1/8	99 »	102 1/2	94 »	94 »	70 »	88 »	84 »	98 »	84 1/2	121
122	1000	Sardes (Etats). Piémont. Obl. 1834.. Empr. lot.	122	1032 50	975 »	1015 »	980 »	1005 »	900 »	990 »	960 »	1030 »	950 »	122
123	1000	— — Obl. 1849.. —	123	1000 »	950 »	995 »	960 »	970 »	880 »	910 »	855 »	990 »	865 »	123
124	100	— — 5 0/0 1849	124	100 75	88 75	100 60	93 »	96 50	75 »	88 50	83 50	94 50	83 50	124
126	1000	— — Obl. 1850.. Empr. lot.	126	990 »	925 »	995 »	955 »	990 »	880 »	900 »	880 »	935 »	900 »	126
127	100	— — 5 0/0, 1852. Cer. angl.	127	100 »	86 1/2	98 3/4	88 1/4	89 1/4	78 »	84 »	81 »	94 1/4	83 »	127
128	100	— — 3 0/0, 1853	128	....	....	71 »	58 50	60 50	43 »	55 50	30 »	62 »	50 25	128
130	100	Toscane, 5 0/0, 1849	130	90 »	76 1/2	»	»	»	»	»	»	83 1/2	83 1/2	130
131	100	— 3 0/0, 1852	131	....	....	67 »	56 »	61 »	54 »	56 »	54 1/2	57 1/4	54 1/2	131
132	1000	Turquie. Obligations 1852	132	1105 »	1000 »	1030 »	1000 »	....	....	....	....	....	....	132
133	100	— 6 0/0, 1854	133	....	....	....	....	85 3/4	74 »	91 1/2	75 »	103 1/2	91 »	133
136	500	Obl. Crédit foncier. Demi 4 0/0... Empr. loter.	136	....	....	....	....	435 »	400 »	450 »	410 »	450 »	410 »	136
137	600	— — — 3 0/0... —	137	....	....	....	....	470 »	375 »	415 »	352 50	415 »	360 »	137
138	100	— — Dix° 4 0/0... —	138	....	....	....	....	100 »	96 25	97 50	90 »	97 50	85 »	138
139	120	— — — 3 0/0... —	139	....	....	....	....	105 »	90 »	96 25	92 50	95 »	76 25	139
140	1200	— — Promesse 3 0/0... —	140	1075 »	1040 »	1125 »	965 »	970 »	895 »	938 75	900 »	940 »	910 »	140
145	1250	Obl. Paris-Saint-Germain, 1839 4 0/0	145	1150 »	1070 »	1200 »	1140 »	1175 »	1075 »	1125 »	1100 »	1000 »	975 »	145
146	1000	— Paris-Versailles (rive-droite), 1839, 5 0/0	146	1015 »	960 »	1020 »	990 »	990 »	960 »	980 »	900 »	900 »	908 »	146
148	1250	— Saint-Etienne-Lyon, 1844, 4 0/0	148	1110 »	1025 »	1105 »	1000 »	1000 »	950 »	1000 »	900 »	915 »	908 »	148
151	1250	— Paris-Saint-Germain, 1842-49, 4 0/0	151	1137 50	1005 »	1140 »	1090 »	1065 »	985 »	1000 »	950 »	1010 »	975 »	151
152	1250	— Paris-Orléans, 1842, 4 0/0	152	1155 »	1060 »	1160 »	1115 »	1100 »	1000 »	1015 »	990 »	1020 »	975 »	152
153	1250	— Paris-Versailles (rive-droite), 1843, 4 0/0	153	1100 »	975 »	1125 »	1055 »	1040 »	975 »	990 »	975 »	»	»	153
154	1250	— Bordeaux-la-Teste, 1843, 4 0/0	154	»	»	1020 »	1020 »	»	»	»	»	»	»	154
155	1250	— Strasbourg-Bâle, 1843, 4 0/0	155	1080 »	925 »	1080 »	1060 »	985 »	950 »	975 »	945 »	1000 »	945 »	155
156	1250	— Montpellier-Cette, 1844, 4 0/0	156	1000 »	1000 »	»	»	»	»	»	»	»	»	156
157	1250	— Paris-Rouen, 1845, 3.20 0/0	157	945 »	875 »	965 »	915 »	900 »	880 »	895 »	830 »	840 »	820 »	157
158	1250	— Rouen-Havre, 1845-47, 4 0/0	158	1060 »	900 »	1102 50	1020 »	1055 »	920 »	992 50	930 »	930 »	930 »	158
159	1250	— Paris-Sceaux, 1847, 4 0/0	159	500 »	375 »	500 »	300 »	180 »	180 »	»	»	»	»	159
160	1250	— Paris-Rouen, 1847-49-54, 4 0/0	160	1125 »	1025 »	1125 »	1070 »	1070 »	975 »	990 »	925 »	952 50	900 »	160
162	1250	— Paris-Orléans, 1848, 4 0/0	162	1135 »	1050 »	1145 »	1100 »	1085 »	980 »	1005 »	970 »	1010 »	935 »	162
163	1250	— Rouen-Havre, 1848, 4.80 0/0	163	1250 »	1005 »	1245 »	1205 »	1200 »	1115 »	1130 »	1160 »	»	»	163
164	250	— Montpellier-Cette, 1848, 5 0/0	164	245 »	240 »	»	»	»	»	»	»	»	»	164
165	1250	— Avignon-Marseille, 1850, 4 0/0	165	1160 »	990 »	1130 »	1050 »	»	»	»	»	985 »	985 »	165
166	1250	— Montereau-Troyes, 1850, 4 0/0	166	1025 »	1000 »	1025 »	995 »	1000 »	985 »	»	»	»	»	166
168	500	— Nord, 3 0/0	168	391 25	275 »	377 50	345 »	347 50	295 »	307 50	288 75	312 50	260 »	168
169	500	— Amiens-Boulogne, 4 0/0	169	400 »	320 »	400 »	400 »	375 »	375 »	»	»	335 »	335 »	169
170	1250	— Paris-Lyon, 1852, 4 0/0	170	1155 »	1050 »	1170 »	1050 »	1075 »	970 »	1040 »	955 »	1050 »	960 »	170
171	1250	— Lyon-Avignon, 1852, 4 0/0	171	1120 »	1042 50	1100 »	1100 »	»	»	»	»	»	»	171
172	625	— Strasbourg-Bâle, 1853, 4 0/0	172	555 »	505 »	545 »	525 »	515 »	475 »	500 »	475 »	505 »	462 50	172
173	1250	— Ouest, 1852-54, 4 0/0	173	1160 »	1010 »	1130 »	1040 »	1035 »	947 50	990 »	955 »	1000 »	910 »	173
174	650	— Est, 1852, 3.84 0/0	174	592 50	520 »	590 »	530 »	530 »	482 50	500 »	462 50	510 »	450 »	174
175	400	— Ouest (Versailles-rive-gauche), 1852, 3.75 0/0	175	400 »	297 50	375 »	315 »	335 »	280 »	343 »	305 »	310 »	280 »	175
176	300	— Paris-Orléans, 3 0/0	176	385 »	357 50	372 50	335 »	337 50	255 »	306 25	285 »	315 »	277 50	176
177	625	— Lyon-Méditerranée, 4 0/0	177	565 »	555 »	562 50	507 50	530 »	470 »	512 50	468 75	505 »	470 »	177
178	500	— — 3 0/0	178	373 75	373 75	371 25	322 50	327 50	285 »	310 »	280 »	312 50	273 75	178
179	500	— Paris-Orçay (Sceaux), 4 0/0	179	....	....	400 »	400 »	»	»	240 »	200 »	»	»	179
180	625	— Dijon-Besançon, 4 0/0	180	....	....	533 75	530 »	510 »	505 »	....	....	....	....	180
181	500	— Rhône-Loire, 3 0/0	181	....	....	....	....	330 »	260 »	500 »	280 »	303 75	272 50	181

1852 à 1856. (*Suite.*)

REPÈRES.	PARITÉ ou TAUX de REMBOURSEMENT.	DÉNOMINATION des VALEURS.	REPÈRES.	1852. plus haut.	1852. plus bas.	1853. plus haut.	1853. plus bas.	1854. plus haut.	1854. plus bas.	1855. plus haut.	1855. plus bas.	1856. plus haut.	1856. plus bas.	REPÈRES.
182	625	Obl. Rhône-Loire 4 0/0	182	....	....	....	....	505 »	440 »	493 »	480 »	500 »	470 »	182
183	562	— Nord (Charleroi-Erquelinnes), 3 0/0	183	....	....	....	....	340 »	330 »	»	»	»	»	183
184	500	— Grand-Central, 1853, 3 0/0	184	....	....	....	....	303 75	287 50	293 »	276 25	310 »	265 »	184
185	500	— Ouest (Dieppe-Fécamp), 4 0/0	185	....	....	....	....	....	....	385 »	320 »	380 »	380 »	185
186	500	— Lyon-Genève, 1855, 3 0/0	186	....	....	....	....	....	....	295 »	277 50	310 »	270 »	186
187	500	— Paris-Lyon, 3 0/0	187	....	....	....	....	....	....	302 50	280 »	310 »	250 »	187
188	500	— Grand-Central, 1855, 3 0/0	188	....	....	....	....	....	....	282 50	268 75	310 »	265 »	188
189	500	— Ouest, 3 0/0	189	....	....	....	....	....	....	295 »	275 »	315 »	262 50	189
190	500	— Bourbonnais, 3 0/0	190	....	....	....	....	....	....	....	....	310 »	250 »	190
191	500	— Midi, 3 0/0	191	....	....	....	....	....	....	....	....	315 »	277 50	191
192	1250	— Ouest, 1855, 4 0/0	192	....	....	....	....	....	....	....	....	1000 »	1000 »	192
200	500	— Manage-Erquelinnes (Centre), 3 0/0	200	....	....	....	....	....	....	350 »	350 »	»	»	200
202	500	— Chemins autrichiens, 3 0/0	202	....	....	....	....	....	....	278 75	260 »	305 »	263 75	202
214	1000	Obl. Canal Sambre à l'Oise, 1839, 5 0/0	214	1000 »	1000 »	1025 »	1025 »	....	....	....	....	....	....	214
215	1050	— — 1850, 4.77 0/0	215	1000 »	1000 »	1025 »	1025 »	....	....	....	....	....	....	215
221	1250	— Mines de la Loire, 4 0/0 1846 anc.	221	1157 50	1020 »	1165 »	1050 »	1050 »	940 »	1061 25	1000 »	1080 »	1015 »	221
223	1200	— Mines de la Grand'Combe, 1840, 4.16 0/0	223	1080 »	900 »	1075 »	1060 »	990 »	970 »	»	»	940 »	940 »	223
224	1250	— — 1844, 4 0/0	224	1100 »	900 »	1100 »	1030 »	990 »	970 »	»	»	940 »	940 »	224
227	500	— Vieille-Montagne, 5 0/0	227	....	....	485 »	475 »	475 »	400 »	460 »	425 »	440 »	440 »	227
229	500	— Decazeville (Aveyron), 1848, 5 1/2 0/0	229	»	»	512 50	490 »	»	»	»	»	500 »	500 »	229
234	1000	— Lits militaires, 5 0/0	234	1025 »	900 »	1015 »	990 »	1005 »	970 »	980 »	930 »	1000 »	950 »	234
		VALEURS A REVENU VARIABLE.												
248	1000	Banque de France	248	3100 »	2545 »	2950 »	2550 »	3000 »	2585 »	3300 »	2900 »	4200 »	3100 »	248
252	1000	Caisse hypothécaire	252	340 »	160 »	170 »	80 »	92 50	57 50	68 75	65 »	»	»	252
267	500	Caisse commerciale. *Bechet, Dethomas et Cie*	267	530 »	430 »	585 »	498 75	490 »	375 »	450 »	410 »	455 »	430 »	267
269	500	Comptoir d'escompte de Paris	269	810 »	535 »	725 »	585 »	642 50	470 »	640 »	535 »	720 »	595 »	269
271	1000	Caisse *Leroy, de Chabrol et Cie*	271	1175 »	1025 »	1200 »	1160 »	....	....	....	....	....	....	271
272	500	Crédit foncier de France	272	1275 »	535 »	1220 »	525 »	660 »	440 »	580 »	507 50	745 »	506 »	272
273	500	Caisse *Bouron et Cie*	273	525 »	525 »	540 »	525 »	»	»	»	»	540 »	340 »	273
274	500	Cie gén. des caisses d'escompte. *A. Prost et Cie*	274	500 »	500 »	»	»	»	»	»	»	»	»	274
275	500	Société générale de Crédit mobilier	275	1785 »	830 »	960 »	640 »	792 50	430 »	1650 »	722 50	1982 50	1140 »	275
276	500	Caisse commerc. de St-Quentin. *Lécuyer et Cie*	276	....	....	600 »	580 »	»	»	600 »	600 »	620 »	600 »	276
277	500	Société générale de crédit maritime. *Collas et Cie*	277	....	....	518 75	475 »	327 50	327 50	400 »	207 50	207 50	207 50	277
278	100	Sous-Comptoir des entrepreneurs	278	....	....	90 »	90 »	90 »	90 »	»	»	»	»	278
279	100	Comptoir central. *V.-C. Bonnard et Cie*. Act. n. lib.	279	....	....	130 »	108 75	115 »	100 »	110 »	100 »	....	....	279
280	100	— — Act. lib.	280	....	....	....	....	....	....	112 50	102 50	137 50	104 28	280
281	300	Caisse gén. des chem. de fer. *J. Mirès et Cie*	281	....	....	....	....	315 »	300 »	310 »	450 »	900 »	480 »	281
282	100	Caisse centrale de l'industrie. *Vergniolle et Cie*	282	....	....	....	....	....	....	118 75	110 »	162 50	108 75	282
293	1000	Banque de Belgique. Émission de 1835	293	945 »	705 »	952 50	900 »	910 »	895 »	950 »	850 »	950 »	950 »	293
294	1000	— — 1841	294	»	»	1055 »	1050 »	....	....	....	....	....	....	294
297	1058	Soc. gén. de Belgique pour favoriser l'ind. nation.	297	1835 »	1350 »	»	»	»	»	»	»	»	»	297
298	1000	Société des actions réunies	298	»	»	»	»	630 »	630 »	»	»	»	»	298
300	537	Banque du com. et de l'industrie à Darmstadt	300	....	....	670 »	450 »	520 »	440 »	630 »	472 50	860 »	595 »	300
301	500	Crédit I. et R. autrichien pour le com. et l'industrie.	301	....	....	....	....	....	....	....	....	935 »	692 50	301
307	12500	Cie d'assurances générales maritimes Act. nominat.	307	44 0/0 b	16 0/0 b	45 0/0 b	40 0/0 b	32 0/0 b	32 0/0 b	24 0/0 b	24 0/0 b	40 0/0 b	33 1/3 0/0 l	307
309	5000	Sécurité. Ass. maritim.	309	25 0/0 b	14 0/0 b	30 0/0 b	25 0/0 b	22 0/0 b	22 0/0 b	30 0/0 b	20 0/0 b	32 0/0 b	32 0/0 l	309
310	5000	L'Union des ports —	310	6 1/2 0/0 b	1 0/0 p	16 0/0 b	9 0/0 b	12 0/0 b	8 0/0 b	13 0/0 b	9 0/0 b	15 0/0 b	10 0/0 l	310
311	5000	Le Lloyd français —	311	11 0/0 b	4 0/0 b	16 1/2 0/0 b	11 1/2 0/0 b	17 0/0 b	9 0/0 b	12 0/0 b	10 0/0 b	30 0/0 b	12 0/0 l	311
312	5000	Océan —	312	25 0/0 b	20 0/0 b	25 0/0 b	25 0/0 b	»	»	25 0/0 b	25 0/0 b	»	»	312

1852 à 1856. (*Suite.*)

REPÈRES.	PAIR OU TAUX de REMBOURSEMENT.	DÉNOMINATION des VALEURS.		REPÈRES.	1852. plus haut.	1852. plus bas.	1853. plus haut.	1853. plus bas.	1854. plus haut.	1854. plus bas.	1855. plus haut.	1855. plus bas.	1856. plus haut.	1856. plus bas.	REPÈRES.
313	1000	Indemnité	Ass. marit.	313	12 1/2 0/0 b	12 1/2 0/0 b	14 0/0 b	14 0/0 b	»	»	14 0/0 b	14 0/0 b	....	....	313
314	5000	La Chambre	—	314	15 0/0 b	9 0/0 b	22 0/0 b	20 0/0 b	»	»	»	»	30 0/0 b	28 0/0 b	314
315	5000	Mélusine	—	315	13 0/0 b	1 0/0 p	17 0/0 b	15 0/0 b	16 0/0 b	10 0/0 b	20 0/0 b	14 1/2 0/0 b	»	»	315
320	5000	La Vigie	—	320	10 0/0 b	1/2 0/0 b	»	»	»	»	12 0/0 b	12 0/0 b	25 0/0 b	21 0/0 b	320
321	5000	La Sauvegarde	—	321	4 0/0 b	4 0/0 p	12 1/2 0/0 b	5 0/0 b	10 1/2 0/0 b	6 0/0 b	10 0/0 b	10 0/0 b	15 0/0 b	15 0/0 b	321
322	5000	Cᵉ centrale	—	322	....	....	....	....	....	....	....	....	18 0/0 b	12 0/0 b	322
323	5000	La Réunion	—	323	....	....	....	....	....	....	....	....	15 0/0 b	10 0/0 b	323
327	5000	Cᵉ d'ass. génér. contre l'incendie	Act. nomin.	327	470 0/0 b	420 0/0 b	550 0/0 b	500 0/0 b	610 0/0 b	560 0/0 b	640 0/0 b	600 0/0 b	700 0/0 b	675 0/0 b	327
328	1000	Cᵉ française du Phénix	Ass. incendie	328	3500 »	3000 »	3400 »	3200 »	3100 »	2900 »	3100 »	3000 »	3450 »	3000 »	328
329	5000	La Nationale (ancienne Cᵉ royale)	—	329	140 0/0 b	108 0/0 b	153 0/0 b	136 1/2 0/0 b	150 0/0 b	125 0/0 b	130 0/0 b	140 0/0 b	170 0/0 b	143 0/0 b	329
330	5000	L'Union	—	330	60 1/2 0/0 b	50 0/0 b	67 0/0 b	57 0/0 b	64 0/0 b	50 0/0 b	69 0/0 b	61 0/0 b	100 0/0 b	72 0/0 b	330
332	6000	Le Soleil	—	332	62 0/0 b	50 0/0 b	82 0/0 b	70 0/0 b	90 0/0 b	90 0/0 b	105 0/0 b	95 0/0 b	115 0/0 b	112 0/0 b	332
334	5000	La France	—	334	40 0/0 b	23 0/0 b	46 0/0 b	31 0/0 b	36 0/0 b	28 0/0 b	36 0/0 b	26 0/0 b	30 0/0 b	35 0/0 b	334
336	5000	L'Urbaine	—	336	54 0/0 b	20 0/0 b	76 0/0 b	54 0/0 b	72 0/0 b	64 0/0 b	80 0/0 b	70 1/2 0/0 b	100 0/0 b	83 0/0 b	336
338	2500	La Providence	—	338	25 0/0 b	pair.	31 0/0 b	20 0/0 b	28 0/0 b	22 0/0 b	28 0/0 b	23 0/0 b	45 0/0 b	28 0/0 b	338
340	5000	L'Aigle	—	340	»	»	»	»	»	»	»	»	25 0/0 b	15 0/0 b	340
343	5000	La Confiance	—	343	4 1/2 0/0 b	2 0/0 b	5 0/0 b	4 0/0 b	5 0/0 b	5 0/0 b	»	»	7 1/2 0/0 b	7 1/2 0/0 b	343
346	1000	La Paternelle	—	346	13 0/0 p	13 1/2 0/0 p	15 0/0 p	15 0/0 p	12 5/8 1/0 p	14 3/8 0/0 p	»	»	»	»	346
347	1000	Le Nord	—	347	....	....	....	....	10 0/0 b	9 0/0 b	12 0/0 b	12 0/0 b	»	»	347
349	7500	Cᵉ d'as. gén. sur la vie des hommes	Act. nomin.	349	53 1/3 0/0 b	33 1/3 0/0 b	65 0/0 b	60 0/0 b	68 1/3 0/0 b	68 1/3 0/0 b	93 1/3 0/0 b	60 0/0 b	113 1/3 0/0 b	101 2/3 0/0 b	349
350	5000	L'Union	Ass. sʳ la vie.	350	5 0/0 b	3 0/0 p	8 0/0 b	3 0/0 b	7 0/0 b	3 0/0 b	9 0/0 b	4 0/0 b	12 0/0 b	6 0/0 b	350
351	5000	La Nationale (ancienne Cᵉ royale)	—	351	17 0/0 b	7 0/0 b	18 0/0 b	15 0/0 b	15 0/0 b	9 0/0 b	22 0/0 b	13 0/0 b	25 0/0 b	16 0/0 b	351
355	5000	Le Phénix	—	355	6 0/0 p	12 0/0 p	2 0/0 p	4 0/0 p	3 0/0 p	3 0/0 p	3 0/0 p	3 0/0 p	3 0/0 p	3 0/0 p	355
357	500	Caisse paternelle	—	357	»	»	4 0/0 p	4 0/0 p	1/50/0 b	5 0/0 p	5 0/0 b	1 0/0 b	»	»	357
358	500	Cᵉ d'assur. génér. contre la grêle	—	358	....	....	....	....	....	....	5 1/2 0/0 b	3 0/0 b	9 0/0 b	3 0/0 b	358
361	500	Paris-Saint-Germain	Chem. de fer.	361	1620 »	495 »	1950 »	1297 50	....	....	....	....	....	....	361
362	250	—	—	362	....	....	885 »	800 »	800 »	535 »	850 »	660 »	....	....	362
363	500	Montpellier-Cette	—	363	632 50	230 »	....	....	....	....	....	....	....	....	363
364	500	Paris-Versailles (rive droite)	—	364	387 50	290 »	....	....	....	....	....	....	....	....	364
365	500	— (rive gauche)	—	365	316 25	228 75	....	....	....	....	....	....	....	....	365
367	500	Mulhouse-Thann	—	367	»	»	350 »	310 »	300 »	280 »	400 »	400 »	....	....	367
370	500	Bordeaux-la-Teste	—	370	360 »	65 »	322 50	220 »	270 »	200 »	750 »	230 »	760 »	550 »	370
372	350	Strasbourg-Bâle	—	372	405 »	190 »	425 »	327 50	400 »	340 »	»	»	»	»	372
374	500	Paris-Orléans	—	374	1800 »	1065 »	1620 »	1600 »	....	....	....	....	....	....	374
375	Néant.	— Actions de jouissance.	—	375	1200 »	720 »	1200 »	1200 »	....	....	....	....	....	....	375
376	500	Paris-Rouen	—	376	1070 »	630 »	1192 50	930 »	1065 »	795 »	1320 »	980 »	....	....	376
377	500	Rouen-Havre	—	377	590 »	215 »	562 50	425 »	610 »	400 »	702 50	527 50	....	....	377
378	500	Avignon-Marseille	—	378	625 »	222 50	....	....	....	....	....	....	....	....	378
379	509	— Actions converties.	—	379	565 »	340 »	577 50	500 »	....	....	....	....	....	....	379
380	500	Centre (Orléans-Vierzon)	—	380	621 25	495 »	....	....	....	....	....	....	....	....	380
382	500	Orléans-Bordeaux	—	382	638 75	422 50	....	....	....	....	....	....	....	....	382
383	500	Paris-Sceaux (Orsay)	—	383	220 »	40 »	270 »	130 »	210 »	130 »	257 50	150 »	....	....	383
384	500	Montereau-Troyes	—	384	417 50	130 »	501 25	210 »	175 »	175 »	....	....	....	....	384
385	»	Loire (Andrézieux-Roanne)	—	385	360 »	60 »	280 »	280 »	....	....	....	....	....	....	385
386	500	Nord	—	386	695 »	550 »	....	....	....	....	....	....	....	....	386
387	400	—	—	387	965 »	580 »	940 »	780 »	895 »	696 25	952 50	830 »	1175 »	835 »	387
392	500	Dieppe et Fécamp	—	392	380 »	220 »	380 »	300 »	322 50	250 »	330 »	272 50	....	....	392
393	500	Est (Paris-Strasbourg)	—	393	955 »	447 50	1020 »	715 »	850 »	665 »	990 »	770 »	1060 »	763 »	393
394	500	— — Nouv. émission.	—	394	....	....	....	....	662 50	500 »	837 50	620 »	925 »	692 50	394
396	500	Tours-Nantes	—	396	385 »	» 275 »	....	....	....	....	....	....	....	....	396
400	500	Paris-Lyon	—	400	1040 »	558 75	980 »	810 »	1067 50	755 »	1230 »	975 »	1365 »	1050 »	400

1852 à 1856. (*Suite.*)

REPÈRES.	PAIR ou TAUX de REMBOURSEMENT	DÉNOMINATION des VALEURS.	REPÈRES.	1852.		1853.		1854.		1855.		1856.		REPÈRES.
				plus haut.	plus bas.	plus haut.	plus bas.	plus haut.	plus bas.	plus haut.	plus bas.	plus haut.	plus bas.	
401	500	Ouest —	401	840 »	530 »	812 50	645 »	682 50	538 75	840 »	618 75	990 »	715 »	401
402	500	Blesmes-St-Dizier-Gray —	402	625 »	516 25	585 »	487 50	....	....	....	....	....	....	402
403	500	Lyon-Méditerranée —	403	865 »	560 »	860 »	660 »	887 50	615 »	1360 »	840 »	1850 »	1200 »	403
404	500	Dijon-Besançon —	404	650 »	525 »	600 »	502 50	725 »	470 »	690 »	690 »	....	....	404
405	500	Paris-Caen-Cherbourg —	405	690 »	537 50	652 50	560 »	550 »	390 »	720 »	500 »	....	....	405
406	500	Paris-Orléans (Nouvelles actions) —	406	1200 »	925 »	1300 »	950 »	1260 »	1005 »	1247 50	1055 »	1495 »	1090 »	406
407	Néant.	— Actions de jouissance —	407	....	....	....	....	850 »	700 »	860 »	710 »	900 »	735 »	407
408	500	Midi et canal latéral —	408	700 »	580 »	685 »	520 »	632 50	470 »	770 »	575 »	825 »	635 »	408
409	500	— Nouvelle émission —	409	....	....	....	....	....	....	....	....	790 »	655 »	409
410	500	Graissessac-Béziers —	410	532 50	520 »	535 »	457 50	435 »	415 »	500 »	410 »	670 »	440 »	410
411	500	Grand-Central (Lyon-Bordeaux) —	411	....	....	565 »	500 »	532 50	375 »	665 »	505 »	767 50	535 »	411
412	500	Lyon-Genève —	412	....	....	580 »	480 »	547 50	405 »	725 »	505 »	843 75	645 »	412
413	500	Saint-Rambert-Grenoble —	413	....	....	....	....	457 50	400 »	540 »	422 50	737 50	492 50	413
414	500	Ardennes-Oise —	414	....	....	....	....	....	....	580 »	495 »	700 »	480 »	414
416	500	Montluçon-Moulins —	416	....	....	....	....	....	....	590 »	560 »	557 50	557 50	416
417	500	Bességes-Alais —	417	....	....	....	....	....	....	....	....	750 »	730 »	417
425	500	Anvers-Gand —	425	545 »	245 »	565 »	562 50	»	»	»	»	»	»	425
426	500	Charleroi-Erquelinnes —	426	375 »	225 »	....	....	....	....	....	....	....	....	426
428	500	Manage à Erquelinnes (Centre) —	428	....	....	....	....	....	....	520 »	510 »	720 »	525 »	428
432	500	Chemins autrichiens —	432	....	....	....	....	....	....	817 50	542 50	957 50	691 25	432
437	250	Ouest-Suisse —	437	285 »	252 50	»	»	»	»	»	»	....	....	437
438	500	— —	438	....	....	....	....	....	....	465 »	460 »	630 »	410 »	438
439	500	Central-Suisse —	439	522 50	520 »	521 25	435 »	460 »	420 »	527 50	405 »	630 »	480 »	439
441	500	Victor-Emmanuel —	441	....	....	515 »	430 »	470 »	425 »	530 »	445 »	695 »	500 »	441
444	1000	Naples-Nocéra-Castellamare —	444	540 »	500 »	595 »	595 »	»	»	»	»	»	»	444
445	1000	Centre-Italie —	445	1045 »	1000 »	1002 50	9[illegible]5 »	»	»	»	»	1040 »	1040 »	445
447	250	Tarragone-Reus —	447	....	....	....	....	....	....	....	....	330 »	220 »	447
458	Néant.	Eventualités de Lyon-Avignon —	458	31 25	41 50	43 75	25 »	....	....	....	....	....	....	458
459	Néant.	— de Bordeaux-Cette —	459	25 »	43 »	21 75	15 50	....	....	....	....	....	....	459
460	Néant.	— Fampoux-Hazebrouck —	460	24 »	23 50	....	....	....	....	....	....	....	....	460
461	500	Télégraphe électriq. Manche. *Lord de Mauley et Cᵉ*	461	650 »	500 »	550 »	525 »	»	»	400 »	400 »	»	»	461
463	5000	Canal d'Aire à La Bassée	463	»	»	»	»	7000 »	7000 »	»	»	»	»	463
464	Néant.	Cᵉ des 4 canaux. Actions de jouissance	464	247 50	122 50	468 75	155 »	....	....	....	....	....	....	464
467	Néant.	Canal de Bourgogne. Actions de jouissance	467	240 »	107 50	497 50	185 »	....	....	....	....	....	....	467
470	1000	Soc. de la Scarpe inf. *C. Bayard de la Fingtrie et Cᵉ*	470	1000 »	1000 »	»	»	»	»	»	»	»	»	470
471	1000	Sambre française canalisée	471	1500 »	1100 »	1500 »	1500 »	»	»	»	»	»	»	471
473	500	Canal de Roanne à Digoin	473	»	»	»	»	»	»	»	»	»	»	473
479	100	Cᵉ gén. de Guadalquivir. *Partington et Cᵉ*	479	406 25	104 »	....	....	....	....	....	....	....	....	479
483	533	Canalisation de l'Ebre	483	....	....	550 »	422 50	»	»	»	»	»	»	483
487	1000	Messageries générales de France. *Caillard et Cᵉ*	487	»	»	625 »	625 »	»	»	....	....	....	....	487
488	500	Cᵉ gén. des voit. de place de Paris. *Delacour et Cᵉ*	488	»	»	870 »	870 »	»	»	....	....	....	....	488
489	1000	Ent. gén. des Omnibus. *A. Moreau-Chaslon et Cᵉ*	489	»	»	2400 »	2400 »	2200 »	2200 »	....	....	....	....	489
492	500	Entrep. génér. des Favorites. *Ern. Dejarnac et Cᵉ*	492	1500 »	1500 »	»	»	1800 »	1800 »	....	....	....	....	492
494	500	Entreprise des Lutéciennes. *Richard et Cᵉ*	494	»	»	830 »	830 »	»	»	....	....	....	....	494
498	1000	Société des Batignollaises. *Coustaut et Cᵉ*	498	650 »	600 »	650 »	650 »	»	»	....	....	....	....	498
499	500	Cᵉ générale des Omnibus (de Paris)	499	....	....	....	....	....	....	1110 »	7[illegible]0 »	945 »	700 »	499
500	125	Cᵉ imp. des voitures de Paris. *E. Caillard et Cᵉ*	500	....	....	....	....	....	....	210 »	1[illegible]5 »	120 »	82 50	500
504	1000	Pont, port et gare de Grenelle	504	50 »	80 »	»	»	»	»	400 »	400 »	»	»	504

1852 à 1856. (*Suite.*)

REPÈRES.	PAIR OU TAUX de REMBOURSEMENT.	DÉNOMINATION des VALEURS.	REPÈRES.	1852. plus haut.	1852. plus bas.	1853. plus haut.	1853. plus bas	1854. plus haut.	1854. plus bas.	1855. plus haut.	1855. plus bas.	1856. plus haut.	1856. plus bas.	REPÈRES.
522	500	Paquebots bordelais	522	....	....	533 75	517 50	....	....	....	....	....	....	522
523	500	Cie des paq. de l'Algérie. *Taffe, Rebufat, Carfarel et Cie*	523	....	....	582 50	505 »	....	....	....	....	....	....	523
524	500	Cie gén. de nav. à vapeur. *Bazin, Gay et Cie*	524	....	....	....	....	....	....	795 »	625 »	630 »	560 »	524
526	500	Cie générale maritime	526	....	....	....	....	....	....	625 »	530 »	650 »	390 »	526
527	100	Clippers français. *Graham, de Linarès et Cie*	527	....	....	....	....	....	....	125 »	97 50	105 »	10 »	527
529	500	Cie des services maritimes des Messageries imp.	529	....	....	....	....	....	....	1400 »	900 »	1550 »	1050 »	529
531	500	Cie franco-américaine. *Gauthier frères et Cie*	531	....	....	....	....	....	....	800 »	500 »	700 »	400 »	531
537	500	Houillère de la Haute-Loire	537	400 »	400 »	»	»	260 »	260 »	»	»	»	»	537
539	1000	— de la Grand'Combe et ch. de fer du Gard	539	1760 »	545 »	1585 »	1580 »	....	....	....	....	....	....	539
541	1000	— de la Chazotte	541	»	»	540 »	450 »	550 »	545 »	790 »	700 »	780 »	780 »	541
547	1000	— du Centre du Flenu	547	»	»	»	»	»	»	»	»	245 »	220 »	547
548	500	— de Montieux-Saint-Étienne	548	»	»	»	»	»	»	»	»	»	»	548
549	1000	Charb. de Pont-de-Loup-Sud	549	115 »	115 »	»	»	200 »	200 »	»	»	»	»	549
551	1000	Houillère de Layon et Loire	551	»	»	450 »	450 »	»	»	»	»	400 »	400 »	551
561	2500	Houillère et chemin de fer d'Epinac	561	»	»	»	»	»	»	»	»	»	»	561
564	1000	Cie des mines de la Loire	564	775 »	320 »	795 »	477 50	707 50	270 »	725 »	623 75	837 50	671 25	564
568	1000	Cie houillère de Chalonnes-sur-Loire	568	1100 »	1100 »	»	»	»	»	»	»	»	»	568
569	»	Houillères de la Grand'Combe	569	....	....	650 »	500 »	570 »	450 »	780 »	555 »	970 »	790 »	569
570	1000	Mines de la Mayenne et de la Sarthe	570	....	....	750 »	745 »	»	»	610 »	610 »	625 »	625 »	570
571	150	Houillèr. et ch. de fer de Carmaux. *Mancel et Cie*	571	....	....	....	....	....	....	....	....	155 »	120 »	571
580	500	Cie de charbonnages belges	580	»	»	320 »	290 »	420 »	400 »	385 »	385 »	470 »	450 »	580
581	500	Société charbonnière de Haut-Flénu	581	1400 »	1340 »	»	»	»	»	»	»	»	»	581
601	100	Mines de Mouzaïa. *Bœuf et Cie*	601	150 »	27 »	17 50	40 »	60 »	35 50	38 75	35 »	»	»	601
603	100	— de Tenès. *H. Fleury et Cie*	603	130 »	125 »	137 50	95 »	58 75	47 50	50 »	50 »	40 »	40 »	603
604	100	— de Valdiblora et Rora	604	127 50	122 50	132 50	100 »	....	....	....	....	....	....	604
608	180	— de zinc de la Vieille-Montagne	608	500 »	290 »	700 »	460 »	520 »	400 »	480 »	330 »	380 »	328 75	608
609	1000	Société de la Nouvelle-Montagne	609	800 »	320 »	1475 »	750 »	»	»	»	»	»	»	609
611	250	Mines de zinc de la Meuse	611	....	....	395 »	345 »	....	....	....	....	....	....	611
612	375	— de zinc de Stolberg	612	602 50	420 »	600 »	470 »	550 »	442 50	430 »	425 »	465 »	90 »	612
614	375	— — (Prusse-Rhén.) *St-Paul de Sinçay et Cie*	614	800 »	640 »	1165 »	757 50	....	....	....	....	....	....	614
615	750	— de zinc, fer et plomb d'Eschweiler	615	....	....	900 »	650 »	....	....	....	....	....	....	615
616	375	— — de la Silésie	616	....	....	453 75	385 »	400 »	260 »	360 »	460 »	210 »	425 »	616
619	3000	Forges de l'Aveyron (Decazeville)	619	3650 »	2300 »	4000 »	4000 »	3600 »	3600 »	4625 »	4500 »	5000 »	4500 »	619
620	3000	Forges d'Alais	620	4750 »	4750 »	»	»	4800 »	4800 »	3000 »	2600 »	3500 »	3500 »	620
622	1000	Hauts-Fourneaux du Nord (Maubeuge)	622	527 50	320 »	»	»	»	»	»	»	»	»	622
623	»	Mines et fonderies d'Aubin. *F. et L. Riant et Cie*	623	»	»	470 »	470 »	....	....	....	....	....	....	623
624	500	Forges de la Basse-Indre. *Ad. Langlois et Cie*	624	275 »	275 »	510 »	275 »	527 50	450 »	710 »	700 »	700 »	650 »	624
625	500	Hauts-Fourn. d'Herserange. *Aubé, Tronchon et Cie*	625	530 »	505 »	565 »	340 »	360 »	40 »	52 50	6 25	....	....	625
626	500	Châtillon-Commentry. *Bouguerel, Martenot et Cie*	626	....	....	550 »	500 »	550 »	475 »	525 »	475 »	555 »	400 »	626
627	»	Soc. minre. et métallurgique du bassin d'Aubin	627	....	....	....	....	....	....	570 »	510 »	....	....	627
628	250	H.-Fourn. d'Herserange et St-Nicolas. *Haillard et Cie*	628	....	....	....	....	....	....	....	....	257 50	250 »	628
646	500	Hauts-Fourneaux de Monceau	646	775 »	665 »	900 »	750 »	695 »	750 »	775 »	725 »	775 »	700 »	646
648	500	Houillère et fonderies de zinc de Valentin-Cocq	648	»	»	910 »	725 »	....	....	....	....	....	....	648
649	1000	Hauts-Fourneaux de la Providence	649	....	....	1100 »	1015 »	1105 »	1105 »	1240 »	1240 »	....	....	649
650	500	Mines et forges de la Sambre	650	....	....	....	....	515 »	510 »	»	»	»	»	650
651	500	Galvanisation du fer. *Carpentier et Cie*	651	305 »	200 »	560 »	560 »	....	....	....	....	....	....	651
661	1000	Grilles mobiles fumivores. *J.B. Taitfer et Cie*	661	»	»	1025 »	1000 »	»	»	»	»	»	»	661
662	250	Etablissem. Cavé. *Charbonnier, Bourgougnon et Cie*	662	....	....	295 »	230 »	275 »	240 »	240 »	90 »	55 »	45 »	662

REPÈRES.	PAIR ou TAUX de REMBOURSEMENT.	DÉNOMINATION des VALEURS.	REPÈRES.	1852. plus haut.	1852. plus bas.	1853. plus haut.	1853. plus bas.	1854. plus haut.	1854. plus bas.	1855. plus haut.	1855. plus bas.	1856. plus haut.	1856. plus bas.	REPÈRES.
663	500	Société *J.-F. Cail et Cᵉ*	663	842 50	345 »	900 »	680 »	800 »	600 »	750 »	635 »	645 »	550 »	663
664	500	— — Actions nouvelles	664	....	....	775 »	685 »	....	....	....	....	....	....	664
665	500	Société Milourd. *A. Desprel et Cᵉ*	665	575 »	490 »	....	....	....	....	....	....	....	....	665
666	500	Société *Ch. Christofle et Cᵉ*	666	....	....	915 »	800 »	....	....	....	....	....	....	666
667	100	Fonderie de Caronte. *J. Luyt et Cᵉ*	667	....	....	105 »	102 50	32 50	28 75	25 »	25 »	»	»	667
668	500	Établis. métallurg. d'Aisne et Nord. *Beuret et Cᵉ*	668	....	....	....	....	....	....	532 50	515 »	....	....	668
669	250	Mines réunies de Septènes. *Schwel-Frisch et Cᵉ*	669	....	....	275 »	240 »	235 »	167 50	190 »	50 »	100 »	75 »	669
672	500	Soc. du Blanc de zinc et couleurs à base de zinc	672	630 »	350 »	590 »	500 »	....	....	....	....	....	....	672
673	375	Phœnix (Prusse rhénane), mines et usines	673	....	....	1265 »	1200 »	1000 »	800 »	830 »	775 »	»	»	673
676	250	Docks Louis-Napoléon	676	268 »	232 »	305 »	198 »	236 »	185 25	208 »	186 50	240 »	165 »	676
682	200	Société des deux Cirques. *Dejean et Cᵉ*	682	....	....	....	....	....	....	....	....	245 »	102 50	682
684	100	Palais de l'Industrie	684	130 »	105 »	127 50	103 75	170 »	86 25	176 25	65 »	87 50	65 »	684
686	100	Cᵉ immobilière de Paris (Rivoli)	686	....	....	....	....	125 »	116 25	170 »	112 50	135 »	90 »	686
692	2500	Gaz de Paris. Cᵉ anglaise. *L. Margueritte et Cᵉ*	692	7000 »	5075 »	6950 »	5000 »	5450 »	4700 »	5375 »	3975 »	....	....	692
693	500	— Cᵉ française. *Brunton, Pilté et Cᵉ*	693	1265 »	860 »	1235 »	950 »	1050 »	843 75	1045 »	785 »	....	....	693
694	500	Gaz de Belleville. *Payn et Cᵉ*	694	1400 »	1125 »	1335 »	1330 »	1150 »	1125 »	1325 »	1260 »	....	....	694
695	1000	Gaz de Paris. Cᵉ parisienne. *Dubochet et Cᵉ*	695	1225 »	1100 »	1325 »	1210 »	»	»	»	»	....	....	695
696	500	— Société *Lacarrière et Cᵉ*	696	1075 »	775 »	»	»	»	»	»	»	....	....	696
697	500	— Cᵉ du Nord. *C. Gosselin, Brisou et Cᵉ*	697	»	»	675 »	675 »	»	»	»	»	»	»	697
698	500	— Cᵉ de l'Ouest. *Ch. Gosselin et Cᵉ*	698	625 »	625 »	»	»	»	»	»	»	....	....	698
700	250	L'Union des Gaz. *Goldsmid, Gregory et Cᵉ*	700	....	....	....	....	....	....	550 »	250 »	445 »	180 »	700
702	500	Cᵉ parisienne d'éclairage et de chauffage par le gaz	702	....	....	....	....	....	....	965 »	870 »	920 »	690 »	702
711	600	Gaz de Marseille. *J. Mirès et Cᵉ*	711	....	....	....	....	....	....	....	....	540 »	450 »	711
731	500	Filature de lin d'Amiens (*Maberly*)	731	895 »	695 »	925 »	790 »	890 »	700 »	725 »	645 »	700 »	625 »	731
736	500	Union linière. *Wohrnitz et Cᵉ*	736	35 »	35 »	....	....	....	....	....	....	....	....	736
740	500	Comptoir de l'industrie linière. *Cohin et Cᵉ*	740	650 »	500 »	630 »	605 »	565 »	500 »	605 »	542 50	580 »	540 »	740
741	1000	Filature rouennaise. Actions de 1ʳᵉ série	741	982 50	930 »	975 »	880 »	....	....	....	....	....	....	741
742	1000	— Actions de 2ᵉ série	742	....	....	....	....	300 »	300 »	....	....	....	....	742
743	450	Cᵉ linière de Pont-Remy	743	540 »	540 »	»	»	»	»	»	»	»	»	743
744	500	Société lainière. *A. Ouin et Cᵉ*	744	....	....	500 »	500 »	»	»	»	»	550 »	550 »	744
745	500	Filature de Gamaches. *A. de Laire et Cᵉ*	745	....	....	506 25	480 »	375 »	260 »	»	»	40 »	10 »	745
746	50	Flax-coton. *Orsi, Guibert et Cᵉ*	746	....	....	57 50	55 »	....	....	....	....	....	....	746
747	100	Filature de la Bresle. *Humbert et Cⁱᵉ*	747	....	....	....	....	....	....	110 »	102 50	110 »	97 50	747
750	100	Caoutchouc durci. *Richard et Cᵉ*	750	....	....	....	....	....	....	135 »	80 »	95 »	65 »	750
758	250	Sucreries, raffineries de la Scarpe. *E. Bocquet et Cᵉ*	758	....	....	285 »	275 »	....	....	....	....	....	....	758
759	500	Sucrerie Bourdon. *Herbet et Cᵉ*	759	....	....	635 »	550 »	....	....	....	....	....	....	759
770	1000	Glacières de St-Ouen, Gentilly, etc. *A. Blée et Cᵉ*	770	470 »	470 »	»	»	180 »	180 »	....	....	....	....	770
771	250	Cᵉ générale des Eaux	771	....	....	....	....	226 25	200 »	235 »	185 »	270 »	202 50	771
781	100	Société atmosphérique *Dʳ Ponthieux et Cᵉ*	781	....	....	....	....	....	....	112 50	106 25	110 »	100 »	781
790	500	Glaces et verreries de Montluçon. *Leguay et Cᵉ*	790	....	....	550 »	445 »	410 »	323 »	350 »	260 »	265 »	265 »	790
791	100	Verreries de la France et de l'étranger. *L. Baron et Cᵉ*	791	....	....	....	....	....	....	....	....	157 50	97 50	791
793	1000	Glaces de Sainte-Marie-d'Oignies	793	1835 »	1340 »	1900 »	1800 »	1500 »	1500 »	1425 »	1425 »	»	»	793
794	375	Glaces d'Aix-la-Chapelle	794	....	....	650 »	400 »	440 »	340 »	335 »	227 50	260 »	110 »	794
809	100	Société générale de Stéarinerie. *Moinier et Cᵉ*	809	....	....	....	....	....	....	....	....	113 75	85 »	809
811	100	Dess. et comp. des substances aliment. *Chollet et Cᵉ*	811	....	....	....	....	....	....	....	....	125 »	107 50	811

1857 à 1861.

REPÈRES.	PAIR OU TAUX de REMBOURSEMENT.	DÉNOMINATION des VALEURS.	REPÈRES.	1857. plus haut.	1857. plus bas.	1858. plus haut.	1858. plus bas.	1859. plus haut.	1859. plus bas.	1860. plus haut.	1860. plus bas.	1861. plus haut.	1861. plus bas.	REPÈRES.
		VALEURS A REVENU FIXE.												
6	100	3 0/0, 1825	6	71 40	65 85	74 95	67 50	72 50	60 50	71 40	67 40	70 15	66 80	6
7	100	4 1/2 0/0, 1825	7	87 50	82 75	91 50	82 75	97 25	88 40	96 50	95 »	95 75	90 »	7
8	100	4 0/0, 1830	8	83 »	79 »	85 »	79 »	90 »	78 50	87 »	84 »	87 »	80 »	8
19	100	4 1/2 0/0, 1852	19	95 50	90 »	98 »	92 40	98 50	87 75	98 25	94 75	99 »	94 50	19
25	100	2e emprunt, 3 0/0, juillet 1855	25	68 30	67 »	....	....	....	....	....	....	....	....	25
26	100	Emprunt, 3 0/0, mai 1859	26	....	....	....	....	71 60	62 70	71 20	67 35	....	....	26
27	500	Obligations du Trésor dites *trentenaires*	27	....	....	....	....	....	....	....	....	458 75	445 »	27
29	1250	Ce des 4 canaux. Actions de capital	29	1155 »	1080 »	1220 »	1130 »	1250 »	1190 »	1240 »	1200 »	1225 »	1190 »	29
30	Néant.	— Actions de jouissance	30	100 »	90 »	95 »	85 »	97 50	90 »	95 »	87 50	97 50	90 »	30
33	1000	Canal de Bourgogne. Actions de capital	33	960 »	925 »	960 »	925 »	980 »	950 »	990 »	965 »	985 »	960 »	33
34	Néant.	— Actions de jouissance	34	145 »	135 »	135 »	135 »	145 »	142 50	140 »	135 »	145 »	140 »	34
35	1000	Canal d'Arles à Bouc. Actions de capital	35	925 »	925 »	930 »	930 »	»	»	»	»	950 »	950 »	35
38	1250	Cie des 3 canaux. Actions de capital	38	1130 »	1130 »	1170 »	1145 »	1175 »	1145 »	»	»	1175 »	1175 »	38
42	1000	Ville de Paris. Obl. 5 0/0, 1849... Emp. loterie	42	1140 »	1040 »	1250 »	1075 »	1200 »	1195 »	....	....	....	....	42
43	Néant.	Trois vieux ponts sur Seine. Annuités municipales.	43	»	»	800 »	700 »	»	»	»	»	»	»	43
44	1000	Ville de Paris. Obl. 5 0/0, 1852... Emp. loterie.	44	1070 »	1005 »	1150 »	1035 »	1155 »	1055 »	1135 »	1085 »	1130 »	1085 »	44
45	500	— — 3 0/0, 1855-60. —	45	400 »	375 »	463 75	397 50	480 »	405 »	500 »	470 »	478 75	445 »	45
47	225	Dép. Seine. Obl. 4 0/0, 1857 ..... —	47	210 »	187 50	221 25	190 »	227 50	197 50	235 »	220 »	233 75	221 25	47
49	1000	Ville de Marseille. Emp. 4 1/2 0/0, 1839-44	49	920 »	875 »	960 »	900 »	950 »	900 »	965 »	925 »	970 »	922 50	49
50	1000	— Emp. 5 0/0, 1849. Emp. loterie.	50	1050 »	1005 »	1100 »	1000 »	1100 »	1036 25	1120 »	1065 »	1160 »	1050 »	50
51	1000	— — 5 0/0, 1854	51	995 »	950 »	1025 »	975 »	1028 75	980 »	1025 »	1004 25	1025 »	1000 »	51
52	1000	— — 3 1/4 0/0 1858	52	....	....	1050 »	1010 »	1045 »	1000 »	1030 »	1002 50	1031 25	1005 »	52
53	1000	— — 5 0/0, 1860	53	....	....	....	....	....	....	1025 »	1000 »	1025 »	1000 »	53
54	100	Ville de Lille. Obl. 3 0/0, 1860.... Emp. loterie.	54	....	....	....	....	....	....	96 25	91 25	95 »	91 25	54
55	1250	Ville de Lyon. Emp. 4 0/0, 1854	55	1020 »	987 50	1085 »	1000 »	1080 »	1025 »	1095 »	1037 50	1095 »	1058 75	55
56	1250	— — 4 0/0, 1857	56	1010 »	972 50	1080 »	982 50	1073 75	1025 »	1095 »	1037 50	1095 »	1058 75	56
57	1250	— — 4 0/0, 1859	57	....	....	....	....	1050 »	1020 »	1090 »	1012 50	1087 50	1052 50	57
58	50	Ville de Tourcoing, Roubaix. Obl. 1861 Emp. loterie.	58	....	....	....	....	....	....	....	....	45 »	38 75	58
59	1000	Ville de Rouen. Obl. 1861	59	....	....	....	....	....	....	....	....	1050 »	1000 »	59
60	1000	Liste-Civile. Obligations	60	1075 »	1045 »	1080 »	1030 »	1125 »	1050 »	....	....	....	....	60
61	100	Angleterre, 3 0/0. Consolidés. (Bourse de Londres)	61	94 5/8	87 1/8	98 7/8	94 1/8	97 1/2	88 7/8	95 7/8	92 1/4	94 1/8	89 3/8	61
64	»	Autriche. Lots de 1834 .... Emp. loterie.	64	440 »	440 »	»	»	»	»	450 »	450 »	....	....	64
66	100	— 5 0/0 anglo, 1852	66	91 1/2	86 1/2	94 1/4	88 »	94 »	76 »	83 »	72 »	74 1/2	67 1/2	66
67	100	— 5 0/0 florins, 1852	67	75 1/2	73 1/2	83 1/4	78 »	65 »	65 »	60 »	50 »	»	»	67
68	100	— 5 0/0, 1859	68	....	....	....	....	....	....	....	....	68 »	65 »	68
72	100	Belgique, 3 0/0	72	73 »	73 »	77 3/8	76 3/4	80 »	74 »	79 3/4	73 1/2	85 5/8	75 »	72
75	100	— 2 1/2 0/0	75	56 »	53 »	57 »	55 3/8	56 »	50 »	57 »	55 »	57 3/4	57 3/4	75
76	100	— 4 1/2 0/0	76	101 1/4	95 1/2	101 1/8	98 »	100 3/4	87 »	100 »	96 1/2	102 1/2	98 1/4	76
77	100	— 5 0/0, 1852	77	99 3/4	99 3/4	....	....	....	....	....	....	....	....	77
78	100	Deux-Siciles (Naples), 5 0/0	78	114 »	108 50	115 50	110 »	113 »	102 50	105 »	78 »	80 »	67 »	78
91	100	Espagne, 3 0/0. Extérieur, 1841	91	43 1/2	39 1/4	48 3/4	44 1/4	47 1/4	37 1/2	51 »	43 1/2	51 5/8	47 1/4	91
92	100	— 3 0/0. Intérieur, 1841	92	39 3/4	35 3/4	43 7/8	36 3/4	44 3/8	33 5/8	50 »	42 »	49 3/8	46 »	92
93	100	— Dette différée, 1831	93	26 »	23 »	34 3/8	25 1/4	34 1/2	25 »	42 »	32 1/4	43 1/4	39 7/8	93
94	100	— Dette passive, 1831	94	6 3/8	5 »	12 1/4	5 1/2	11 3/4	6 1/4	24 1/4	11 »	23 »	15 3/4	94

1857 à 1861. (*Suite.*)

REPÈRES.	PAIR ou TAUX de REMBOURSEMENT.	DÉNOMINATION des VALEURS.	REPÈRES	1857. plus haut.	1857. plus bas.	1858. plus haut.	1858. plus bas.	1859. plus haut.	1859. plus bas.	1860. plus haut.	1860. plus bas.	1861. plus haut.	1861. plus bas.	REPÈRES.
95	100	Espagne, 3 0/0. Extérieur, 1852-56	95	....	....	45 1/2	38 »	45 »	36 »	51 »	42 1/2	50 3/4	47 1/4	95
102	100	Grèce, 5 0/0, 1832. Garantie française	102	101 1/2	101 1/2	»	»	»	»	»	»	»	»	102
103	100	— 5 0/0, 1832. Garantie russe	103	101 7/8	101 1/2	»	»	»	»	»	»	»	»	103
105	1000	Haïti Emprunt 1825 (Annuités)	105	560 »	540 »	600 »	535 »	660 »	600 »	740 »	635 »	750 »	690 »	105
106	100	Hollande, 2 1/2 0/0	106	65 3/8	63 1/2	67 1/2	62 1/2	65 1/2	63 1/2	65 1/2	62 1/2	65 1/2	62 1/2	106
108	100	— 4 0/0	108	»	»	»	»	»	»	»	»	99 1/2	98 1/8	108
109	100	Italie 5 0/0	109	....	....	....	....	....	....	....	....	72 30	64 60	109
116	100	Portugal, 3 0/0, 1852	116	»	»	45 3/4	45 »	45 1/2	44 1/2	46 7/8	44 1/2	48 1/4	44 1/2	116
119	100	Rome, 5 0/0	119	90 1/2	84 »	95 1/2	87 »	93 »	77 »	85 1/2	71 3/4	74 1/2	64 1/2	119
121	100	Russie, 4 1/2 0/0. 1849	121	97 1/2	93 »	101 »	93 3/4	99 1/2	86 »	97 1/2	94 »	93 »	89 1/2	121
122	1000	Sardes (Etats). Piémont, Obl. 1834... Emp. loterie.	122	1030 »	1000 »	1110 »	1000 »	1060 »	975 »	1115 »	1050 »	1120 »	1060 »	122
123	1000	— — Obl. 1849... —	123	930 »	895 »	980 »	915 »	970 »	925 »	980 »	937 50	980 »	940 »	123
124	100	— — 5 0/0, 1849	124	92 50	87 »	96 »	89 »	94 »	74 75	85 »	76 25	79 »	64 60	124
126	1000	— — Obl. 1850... Emp. loterie.	126	935 »	880 »	990 »	910 »	945 »	945 »	980 »	950 »	970 »	930 »	126
127	100	— — 5 0/0, 1852.. Cert. angl.	127	90 »	87 »	92 1/2	85 3/4	84 »	81 »	83 1/2	80 »	80 1/2	76 »	127
128	100	— — 5 0/0, 1853	128	56 75	52 50	57 50	52 »	57 50	44 50	53 »	49 »	49 »	41 »	128
131	100	Toscane, 3 0/0, 1852	131	56 1/2	55 3/4	60 »	54 »	»	»	»	»	»	»	131
133	100	Turquie, 6 0/0, 1854	133	»	»	»	»	90 »	90 »	»	»	»	»	133
134	500	— 6 0/0, 1861	134	....	....	....	....	....	....	....	....	313 75	277 50	134
136	500	Obl. Crédit foncier. Demi 4 0/0...... Emp. lot.	136	440 »	420 »	485 »	420 »	480 »	495 »	500 »	466 25	495 »	470 »	136
137	600	— — — 3 0/0...... —	137	405 »	382 50	455 »	385 »	457 50	420 »	475 »	440 »	465 »	445 »	137
138	100	— — Dix^{e}. 4 0/0...... —	138	95 »	82 50	102 50	87 50	98 75	90 »	101 25	95 »	100 »	92 50	138
139	120	— — — 3 0/0...... —	139	90 »	75 »	90 »	77 50	93 »	83 »	98 75	87 50	96 25	86 25	139
140	1200	— — Promesses 3 0/0. —	140	960 »	900 »	1005 »	945 »	1000 »	965 »	1035 »	988 75	1030 »	995 »	140
141	500	Obligations communales. Entières 3 0/0. —	141	....	....	....	....	....	....	447 50	440 »	450 »	422 50	141
142	100	— — Cinquièmes.. —	142	....	....	....	....	....	....	....	....	92 50	85 »	142
143	500	Obl. du Crédit colonial. 3 0/0 —	143	....	....	....	....	....	....	....	....	502 50	497 50	143
145	1250	Obl. Paris-Saint-Germain, 1839, 4 0/0	145	1025 »	1020 »	1050 »	1050 »	....	....	....	....	....	....	145
146	1000	— Paris-Versailles (R. D.), 1839, 5 0/0	146	900 »	900 »	900 »	900 »	....	....	....	....	....	....	146
151	1250	— Paris-Saint-Germain, 1842-49, 4 0/0	151	1000 »	950 »	1010 »	1000 »	1000 »	955 »	1020 »	950 »	1050 »	975 »	151
152	1250	— Paris-Orléans, 1842, 4 0/0	152	1020 »	980 »	1015 »	985 »	1035 »	1000 »	1050 »	1015 »	1070 »	1020 »	152
153	1250	— Paris-Versailles (R. D.), 1843, 4 0/0	153	»	»	1000 »	900 »	1000 »	1000 »	950 »	940 »	1020 »	960 »	153
154	1250	— Bordeaux-la-Teste, 1843, 4 0/0	154	»	»	»	»	965 »	900 »	»	»	»	»	154
155	1250	— Strasbourg-Bâle, 1843, 4 0/0	155	900 »	875 »	975 »	900 »	975 »	925 »	985 »	940 »	981 25	940 »	155
157	1250	— Paris-Rouen, 1845, 3.20 0/0	157	820 »	820 »	790 »	760 »	760 »	740 »	800 »	760 »	785 »	760 »	157
158	1250	— Rouen-Havre, 1845-47, 4 0/0	158	900 »	825 »	910 »	875 »	975 »	910 »	980 »	925 »	980 »	950 »	158
160	1250	— Paris-Rouen, 1847-49-54, 4 0/0	160	930 »	850 »	1000 »	835 »	970 »	925 »	1000 »	950 »	1000 »	957 50	160
162	1250	— Paris-Orléans, 1848, 4 0/0	162	1000 »	900 »	1010 »	880 »	1000 »	945 »	1010 »	975 »	1040 »	970 »	162
163	1250	— Rouen-Havre, 1848, 4.80 0/0	163	1105 »	900 »	1025 »	1000 »	980 »	960 »	1125 »	965 »	1065 »	1045 »	163
165	1250	— Avignon-Marseille, 1850, 4 0/0	165	»	»	»	»	»	»	1070 »	1005 »	1015 »	1000 »	165
166	1250	— Montereau-Troyes, 1850. 4 0/0	166	975 »	975 »	»	»	»	»	965 »	950 »	980 »	950 »	166
168	500	— Nord, 3 0/0	168	295 »	273 75	312 50	282 50	305 »	275 »	313 75	295 »	312 50	301 25	168
169	500	— Amiens-Boulogne, 4 0/0	169	»	»	»	»	»	»	375 »	320 »	410 »	400 »	169
170	1250	— Paris-Lyon, 1852. 4 0/0	170	1010 »	950 »	1035 »	950 »	1035 »	965 »	1050 »	1005 »	1050 »	1045 »	170
172	625	— Strasbourg-Bâle, 1852, 4 0/0	172	475 »	437 50	500 »	430 »	488 75	450 »	500 »	475 »	500 »	465 »	172
173	1250	— Ouest, 1852-54, 4 0/0	173	950 »	900 »	1000 »	900 »	1010 »	965 »	1030 »	975 »	1007 50	975 »	173
174	650	— Est, 1852, 3.84 0/0	174	480 »	435 »	500 »	455 »	496 25	457 50	505 »	480 »	[illegible] 50	483 75	174
175	400	— Ouest (Versailles R. G.), 1852, 3.75 0/0	175	250 »	240 »	250 »	230 »	»	»	»	»	260 »	230 »	175

1857 à 1861. *(Suite.)*

REPÈRES.	PAIR ou TAUX de REMBOURSEMENT.	DÉNOMINATION des VALEURS.	REPÈRES.	1857. plus haut.	1857. plus bas.	1858. plus haut.	1858. plus bas.	1859. plus haut.	1859. plus bas.	1860. plus haut.	1860. plus bas.	1861. plus haut.	1861. plus bas.	REPÈRES.
176	500	Obl. Paris-Orléans, 3 0/0	176	286 25	262 50	307 50	272 50	303 75	270 »	310 »	288 75	308 75	297 50	176
177	625	— Lyon-Méditerranée, 4 0/0	177	500 »	450 »	520 »	475 »	515 »	482 50	520 »	500 »	525 »	507 50	177
178	500	— — 3 0/0	178	295 »	270 »	312 50	285 »	310 »	272 50	315 »	295 »	316 25	301 25	178
179	500	— Paris-Orsay, (Sceaux) 4 0/0	179	270 »	270 »	380 »	345 »	372 50	330 »	372 50	360 »	350 »	340 »	179
181	500	— Rhône-Loire, 3 0/0	181	295 »	262 50	305 »	272 50	302 50	275 »	310 »	290 »	310 »	297 50	181
182	625	— — 4 0/0	182	475 »	455 »	500 »	465 »	502 50	465 »	507 50	400 »	507 50	491 25	182
183	562	— Nord (Charleroi-Erquelinnes), 3 0/0	183	»	»	»	»	305 »	305 »	310 »	310 »	»	»	183
184	500	— Grand-Central, 1853, 3 0/0	184	285 »	260 »	305 »	272 50	300 »	270 »	306 25	287 50	300 »	295 »	184
185	500	— Ouest (Dieppe-Fécamp), 4 0/0	185	»	»	360 »	263 75	350 »	350 »	390 »	360 »	375 »	355 »	185
186	500	— Lyon-Genève, 1855, 3 0/0	186	290 »	265 »	307 50	277 50	302 50	270 »	307 50	290 »	305 »	293 75	186
187	500	— Paris-Lyon, 3 0/0	187	295 »	258 75	307 50	275 »	305 »	272 50	310 »	297 50	315 »	300 »	187
188	500	— Grand-Central, 1855, 3 0/0	188	280 »	258 75	305 »	270 »	300 »	270 »	306 25	286 25	306 25	293 75	188
189	500	— Ouest, 3 0/0	189	285 »	261 25	307 50	272 50	300 »	270 »	305 »	286 25	305 »	292 50	189
190	500	— Bourbonnais, 3 0/0	190	282 50	262 50	307 50	275 »	300 »	267 50	310 »	287 50	308 75	297 50	190
191	500	— Midi, 3 0/0	191	286 25	258 75	307 50	270 »	300 »	268 75	305 »	282 50	306 25	292 50	191
192	1250	— Ouest, 1855, 4 0/0	192	980 »	905 »	985 »	980 »	965 »	965 »	1000 »	980 »	995 »	975 »	192
193	500	— Est, 1856, 3 0/0	193	285 »	256 25	310 »	272 50	300 »	270 »	365 »	286 25	365 »	291 25	193
194	250	— Graissessac-Béziers, 3 0/0	194	140 »	105 »	130 »	85 »	125 »	93 75	130 »	80 »	85 »	50 »	194
195	500	— Bességes-Alais, 3 0/0	195	275 »	260 »	282 50	253 75	287 50	260 »	291 25	280 »	300 »	280 »	195
196	500	— Lyon-Genève, 1857, 3 0/0	196	287 50	257 50	305 »	271 25	300 »	272 50	307 50	286 25	303 75	292 50	196
197	500	— Ardennes, 3 0/0	197	272 50	255 »	305 »	262 50	300 »	270 »	303 75	283 75	303 75	290 »	197
198	500	— Dauphiné, 3 0/0	198	....	....	307 50	270 »	300 »	270 »	305 »	283 75	306 25	292 50	198
199	500	— Paris-Méditerranée (f[illegible]), 3 0/0	199	....	....	310 »	271 25	301 25	257 50	308 75	285 »	308 75	293 75	199
200	500	Obl. Manage-Erquelinnes (Centre), 3 0/0	200	»	»	262 50	260 »	»	»	»	»	»	»	200
201	500	— Guillaume-Luxembourg, 3 0/0	201	....	....	....	....	....	....	....	....	273 75	262 50	201
202	500	— Chemins autrichiens, 3 0/0	202	295 »	260 »	285 »	266 25	276 25	195 »	270 »	247 50	275 »	246 25	202
203	500	— Ligne d'Italie-Rhône-Simplon, 3 0/0	203	....	....	....	....	....	....	240 »	230 »	227 50	150 »	203
204	500	— Chemins Lombards-Vénitiens, 3 0/0	204	265 »	250 »	275 »	251 25	265 »	200 »	265 »	245 »	255 »	240 »	204
205	500	— Chemins Romains, 3 0/0	205	....	....	272 50	250 »	265 »	200 »	250 »	222 50	230 »	170 »	205
206	500	— Madrid-Saragosse, 3 0/0	206	....	....	271 25	247 50	265 »	220 »	273 75	247 50	268 75	256 25	206
207	500	— Séville-Xérès, 1859, 3 0/0	207	....	....	....	....	260 »	235 »	272 50	238 75	276 25	252 50	207
208	500	— Cordoue-Séville, 3 0/0	208	....	....	....	....	257 50	247 50	265 »	245 »	255 »	242 50	208
209	500	— Pampelune-Saragosse, 3 0/0	209	....	....	....	....	....	....	260 »	243 75	257 50	230 »	209
210	500	— Nord-Espagne, 3 0/0	210	....	....	....	....	....	....	255 »	246 25	261 25	240 »	210
211	500	— Montblanch-Reus, 3 0/0	211	....	....	....	....	....	....	250 »	235 »	245 »	203 75	211
212	500	— Séville-Xérès, 1860, 3 0/0	212	....	....	....	....	....	....	....	....	257 50	239 »	212
213	500	— Chemins Portugais, 3 0/0	213	....	....	....	....	....	....	....	....	248 75	220 »	213
217	500	Obl Omnibus de Paris, 5 0/0	217	....	....	....	....	....	....	....	....	455 »	445 »	217
218	500	— Ports de Marseille, 6 0/0	218	....	....	507 50	495 »	500 »	470 »	510 »	470 »	500 »	460 »	218
219	500	— Messageries impériales, serv. marit., 6 0/0	219	525 »	485 »	523 75	497 50	526 25	482 50	532 50	513 75	540 »	513 75	219
221	1250	— Mines de la Loire, 4 0/0. Anciennes 1846	221	1075 »	1035 »	1120 »	1025 »	1130 »	1160 »	1170 »	1130 »	1170 »	1142 50	221
222	1250	— — — Nouvelles 1852	222	965 »	922 50	955 »	931 25	1025 »	960 »	1025 »	990 »	1022 50	950 »	222
223	1200	— Mines de la Grand'Combe, 1840, 4.46 0/0	223	1000 »	925 »	1010 »	950 »	»	»	1050 »	1025 »	1150 »	1050 »	223
224	1250	— — — 1844, 4 0/0	224	1000 »	925 »	1050 »	1000 »	1010 »	1010 »	1039 »	995 »	1025 »	995 »	224
225	1250	— — — 1858, 4 0/0	225	....	....	....	....	....	....	....	....	1015 »	995 »	225
227	500	— Vieille-Montagne, 5 0/0	227	440 »	430 »	450 »	442 50	452 50	440 »	450 »	425 »	447 50	425 »	227
230	600	— Aveyron (Decazeville), 1855-57, 7 1/2 0/0	230	....	....	....	....	....	....	480 »	450 »	»	»	230
231	312	— Châtillon et Commentry (Forges), 4. 8 0/0	231	235 »	210 »	235 »	212 50	241 25	215 »	265 »	230 »	260 »	250 »	231

1857 à 1861. *(Suite.)*

Repères.	Pair ou taux de remboursement.	Dénomination des valeurs.	Repères.	1857.		1858.		1859.		1860.		1861.		Repères.
				plus haut.	plus bas.	plus haut.	plus bas.	plus haut.	plus bas.	plus haut.	plus bas.	plus haut.	plus bas.	
232	500	Obl. Horme. Anciennes, 5 0/0	232	485 »	425 »	445 »	422 50	460 »	435 »	460 »	447 50	482 50	470 »	232
233	300	— — Nouvelles, 5 0/0	233	255 »	233 75	267 50	250 »	273 75	260 »	280 »	265 »	282 50	265 »	233
234	1000	— Lits militaires, 5 0/0	234	980 »	920 »	920 »	920 »	925 »	925 »	940 »	940 »	»	»	234
235	450	— J.-F. Cail et Ce, 4.44 0/0	235	...	...	...	...	406 25	405 »	415 »	392 50	415 »	402 50	235
236	625	— Rue Impériale de Lyon. 4 0/0 1856	236	492 50	463 75	526 25	483 75	523 75	500 »	545 »	517 50	545 »	530 »	236
237	625	— Rue de la Bourse à Lyon. 4 0/0	237	...	...	...	...	...	...	510 »	508 75	497 50	495 »	237
238	625	— Ce immobilière de Saint-Etienne. 4 0/0	238	...	...	...	...	...	...	500 »	487 50	460 »	460 »	238
239	500	— Docks et entrepôts de Marseille, 3 0/0	239	...	...	...	...	...	...	282 50	255 »	287 50	272 50	239
240	500	— — du Havre. 3 0/0	240	...	...	...	...	...	...	...	...	264 25	260 »	240
241	500	— Ce immobilière de Paris (Rivoli), 3 0/0	241	...	...	...	...	...	...	...	...	290 »	263 75	241
243	300	— Gaz de la Guillotière, Vaise et Lyon	243	...	...	...	...	...	...	286 25	286 25	275 »	275 »	243
244	300	— Gaz de Lyon, 6 0/0	244	295 »	295 »	320 »	300 »	320 »	305 »	317 50	301 25	315 »	308 75	244
245	500	— Gaz de Paris, 5 0/0	245	...	...	457 50	400 »	462 50	407 50	477 50	440 »	462 50	440 »	245
246	500	— Eaux de Paris, 3 0/0	246	...	...	...	...	267 50	250 »	293 75	247 50	297 50	280 »	246
		VALEURS A REVENU VARIABLE.												
248	1000	Banque de France	248	4600 »	2720 »	3500 »	2975 »	3000 »	2500 »	2980 »	2780 »	2980 »	2820 »	248
251	1000	— Nouvelle émission	251	3250 »	2720 »	3500 »	3000 »	...	...	...	...	...	...	251
252	1000	Caisse hypothécaire	252	37 50	23 75	»	»	20 »	15 »	25 »	20 »	20 »	20 »	252
267	500	Caisse commerciale. *Bechet, Dethomas et Ce*	267	410 »	380 »	400 »	300 »	400 »	330 »	410 »	347 50	420 »	390 »	267
269	500	Comptoir d'escompte de Paris	269	725 »	650 »	722 50	660 »	710 »	550 »	710 »	605 »	662 50	607 50	269
270	500	— Nouvelle émission	270	...	...	...	...	...	...	635 »	610 »	637 50	610 »	270
272	500	Crédit foncier de France	272	635 »	500 »	680 »	580 »	725 »	580 »	955 »	715 »	1300 »	901 25	272
274	500	Ce génér. des caisses d'escompte. *A. Prost et Ce*	274	512 50	210 »	165 »	25 »	...	...	...	...	...	...	274
275	500	Société générale du Crédit mobilier	275	1487 50	670 »	1057 50	557 50	935 »	505 »	815 »	637 50	792 50	637 50	275
276	500	Caisse commerciale de St-Quentin. *Lécuyer et Ce*	276	660 »	580 »	580 »	540 »	560 »	550 »	550 »	550 »	545 »	500 »	276
278	100	Sous-comptoir des entrepreneurs	278	»	»	»	»	»	»	121 25	55 »	110 »	91 25	278
280	100	Comptoir central *V.-C. Bonnard et Ce*	280	156 25	142 50	155 »	55 »	66 25	36 25	37 50	42 50	50 »	37 50	280
281	500	Caisse générale des ch. de fer. *J. Mirès et Ce*	281	565 »	300 »	400 »	277 50	342 50	147 50	416 25	225 »	300 »	36 25	281
282	100	Caisse centrale de l'industrie. *Vergniolle et Ce*	282	163 75	120 »	142 50	95 »	105 »	70 »	77 50	30 »	70 »	35 »	282
283	500	Union financière et industrielle. *Saint-Paul et Ce*	283	527 50	370 »	505 »	445 »	490 »	390 »	420 »	395 75	...	...	283
284	300	Caisse l'Alliance. *Ch. Stokes et Ce*	284	530 »	520 »	500 »	380 »	...	...	...	...	...	...	284
285	1000	Société des nu-propriétaires	285	...	...	...	...	...	...	925 »	925 »	875 »	875 »	285
286	300	Société générale de crédit indust. et commercial	286	...	...	...	...	...	...	600 »	495 »	575 »	548 75	286
287	300	Société de crédit colonial	287	...	...	...	...	...	...	...	...	520 »	520 »	287
288	500	Sous-comptoir du commerce et de l'industrie	288	...	...	...	...	...	...	...	...	510 »	495 »	288
289	333	Omnium Lyonnais	289	547 50	500 »	485 »	450 »	450 »	390 »	426 25	410 »	460 »	435 »	289
290	500	Comptoir d'escompte de Lyon. *A.-F. Collet et Ce*	290	550 »	500 »	560 »	550 »	565 »	560 »	555 »	555 »	652 50	625 »	290
291	500	Banque de l'Algérie	291	673 75	575 »	730 »	600 »	710 »	620 »	750 »	680 »	748 75	658 75	291
292	500	Comptoir de la Méditerranée. *Gay Bazin et Ce*	292	510 »	440 »	445 »	350 »	350 »	300 »	335 »	305 »	310 »	300 »	292
293	1000	Banque de Belgique	293	»	»	1100 »	1100 »	1085 »	1075 »	»	»	992 50	992 50	293
300	537	Banque du commerce et de l'indust. de Darmstadt	300	805 »	440 »	545 »	510 »	»	»	395 »	395 »	390 »	387 50	300
301	475	Crédit I. et R. autrichien pour le commerce et l'ind.	301	»	»	»	»	»	»	390 »	342 50	350 »	270 »	301
303	500	Société générale du Crédit mobilier espagnol	303	...	...	...	...	512 50	472 50	500 »	450 »	490 »	415 »	303
304	500	Ce générale de Crédit en Espagne	304	...	...	...	...	...	...	...	...	307 50	227 50	304
307	12500	Ce d'assurances génér. maritimes. Act. nominat.	307	96 0/0 b	56 0/0 b	60 0/0 b	60 0/0 b	60 0/0 b	60 0/0 b	50 0/0 b	50 0/0 b	38 0/0 b	38 0/0 b	307

1857 à 1861. *(Suite.)*

Repères.	Pair ou taux de remboursement	Dénomination des valeurs.		Repères.	1857. plus haut.	1857. plus bas.	1858. plus haut.	1858. plus bas.	1859. plus haut.	1859. plus bas.	1860. plus haut.	1860. plus bas.	1861. plus haut.	1861. plus bas.	Repères.
309	5000	Sécurité	Ass. maritim.	309	»	»	35 0/0 b	38 0/0 b	44 0/0 b	30 0/0 b	28 0/0 b	28 0/0 b	»	»	309
310	5000	Union des Ports	—	310	47 0/0 b	41 0/0 b	25 0/0 b	20 0/0 b	20 0/0 b	20 0/0 b	»	»	45 0/0 b	44 0/0 b	310
311	5000	Le Lloyd français	—	311	32 0/0 b	30 0/0 b	34 0/0 b	29 0/0 b	30 0/0 b	20 0/0 b	45 0/0 b	45 0/0 b	»	»	311
312	5000	Océan	—	312	»	»	»	»	»	»	30 0/0 b	30 0/0 b	28 0/0 b	28 0/0 b	312
314	5000	La Chambre	—	314	»	»	31 0/0 b	31 0/0 b	»	»	»	»	»	»	314
315	5000	Mélusine	—	315	24 0/0 b	24 0/0 b	»	»	32 0/0 b	32 0/0 b	48 0/0 b	48 0/0 b	20 0/0 b	20 0/0 b	315
320	5000	La Vigie	—	320	»	»	»	»	34 0/0 b	30 0/0 b	31 0/0 b	31 0/0 b	30 0/0 b	30 0/0 b	320
321	5000	La Sauvegarde	—	321	45 0/0 b	45 0/0 b	21 0/0 b	20 0/0 b	45 0/0 b	40 0/0 b	»	»	»	»	321
322	5000	Cᵉ centrale	—	322	22 0/0 b	22 0/0 b	25 0/0 b	25 0/0 b	22 0/0 b	22 0/0 b	»	»	12 0/0 b	12 0/0 b	322
323	5000	La Réunion	—	323	23 0/0 b	19 0/0 b	25 0/0 b	20 0/0 b	14 0/0 b	14 0/0 b	12 0/0 b	12 0/0 b	12 0/0 b	12 0/0 b	323
324	5000	Comptoir	—	324	....	....	10 0/0 b	8 0/0 b	12 0/0 b	2 0/0 b	3 0/0 b	2 0/0 p	8 0/0 b	6 0/0 b	324
325	2500	Cᵉ marseillaise	—	325	pair.	pair.	»	»	17 0/0 p	17 0/0 p	»	»	»	»	325
327	5000	Cᵉ d'assur. gén. contre l'incendie	Act. nominat.	327	720 0/0 b	720 0/0 b	735 0/0 b	725 0/0 b	740 0/0 b	740 0/0 b	800 0/0 b	800 0/0 b	820 0/0 b	800 0/0 b	327
328	1000	Cᵉ française du Phénix	Ass. incendie.	328	3475 »	3200 »	3450 »	3100 »	3300 »	3000 »	3300 »	3000 »	3550 »	3350 »	328
329	5000	La Nationale (ancienne Cᵉ royale)	—	329	172 0/0 b	164 0/0 b	166 0/0 b	158 0/0 b	155 0/0 b	147 1/2 0/0 b	180 0/0 b	155 0/0 b	182 1/2 0/0 b	175 0/0 b	329
330	5000	L'Union	—	330	90 0/0 b	86 0/0 b	82 0/0 b	70 0/0 b	76 0/0 b	65 0/0 b	78 0/0 b	72 0/0 b	100 0/0 b	88 0/0 b	330
332	6000	Le Soleil	—	332	»	»	120 0/0 b	120 0/0 b	»	»	»	»	»	»	332
334	5000	La France	—	334	50 0/0 b	40 0/0 b	55 0/0 b	45 0/0 b	62 0/0 b	55 0/0 b	69 0/0 b	66 0/0 b	76 0/0 b	72 0/0 b	334
336	5000	L'Urbaine	—	336	110 0/0 b	102 0/0 b	106 0/0 b	90 0/0 b	95 0/0 b	90 0/0 b	96 0/0 b	90 0/0 b	102 0/0 b	100 0/0 b	336
338	2500	La Providence	—	338	80 0/0 b	60 0/0 b	80 0/0 b	80 0/0 b	80 0/0 b	75 0/0 b	80 0/0 b	75 0/0 b	100 0/0 b	80 0/0 b	338
343	5000	La Confiance	—	343	7 0/0 b	7 0/0 b	»	»	5 0/0 b	3 0/0 b	»	»	12 0/0 b	12 0/0 b	343
346	1000	La Paternelle	—	346	5 0/0 b	5 0/0 b	»	»	»	»	»	»	»	»	346
347	1000	Le Nord	—	347	»	»	17 1/2 0/0 b	17 1/2 0/0 b	»	»	»	»	»	»	347
349	7500	Cᵉ d'ass. gén. sur la vie des hommes	Act. nominat.	349	140 0/0 b	126 2/3 0/0 b	166 2/3 0/0 b	140 0/0 b	173 1/3 0/0 b	166 2/3 0/0 b	»	»	173 1/3 0/0 b	173 1/3 0/0 b	349
350	5000	L'Union	Ass. s. la vie.	350	15 0/0 b	7 0/0 b	12 0/0 b	9 0/0 b	15 1/2 0/0 b	14 0/0 b	20 0/0 b	20 0/0 b	20 0/0 b	20 0/0 b	350
351	5000	La Nationale (ancienne Cᵉ royale)	—	351	26 0/0 b	24 0/0 b	30 0/0 b	22 0/0 b	30 0/0 b	29 0/0 b	40 0/0 b	40 0/0 b	40 0/0 b	40 0/0 b	351
355	5000	Le Phénix	—	355	»	»	»	»	1 0/0 p	1 0/0 p	2 0/0 p	3 0/0 p	»	»	355
357	500	Caisse paternelle	—	357	10 0/0 b	10 0/0 b	»	»	»	»	»	»	»	»	357
358	500	Cᵉ d'assur. gén. contre la grêle		358	10 0/0 b	pair.	pair.	pair.	pair.	20 0/0 p	24 0/0 p	24 0/0 p	»	»	358
370	500	Bordeaux-la-Teste	Chem. de fer.	370	700 »	480 »	565 »	400 »	565 »	420 »	....	....	....	....	370
387	400	Nord	—	387	1050 »	810 »	1015 »	885 »	1000 »	812 50	1000 »	890 »	998 75	940 »	387
388	400	— Actions nouvelles	—	388	795 »	637 50	850 »	710 »	863 »	700 »	901 25	810 »	917 50	865 »	388
389	400	— Actions sorties, 1ᵉʳ tirage	—	389	....	....	....	....	....	....	957 50	902 50	975 »	905 »	389
390	400	— — 2ᵉ —	—	390	....	....	....	....	....	....	....	....	955 »	997 50	390
393	500	Est (Paris-Strasbourg)	—	393	922 50	607 50	767 50	600 »	695 »	530 »	662 50	590 »	625 »	557 50	393
394	500	— — Nouv. émiss.	—	394	862 50	635 »	....	....	....	....	....	....	....	....	394
395	Néant.	— — Act. de jouis.	—	395	....	....	....	....	....	....	250 »	200 »	220 »	195 »	395
400	500	Paris-Lyon	—	400	1600 »	1190 »	....	....	....	....	....	....	....	....	400
401	300	Ouest	—	401	885 »	602 50	725 »	550 »	610 »	450 »	600 »	550 »	571 25	565 »	401
403	500	Lyon-Méditerranée	—	403	2185 »	1725 »	....	....	....	....	....	....	....	....	403
406	500	Paris-Orléans. Nouvelles actions	—	406	1575 »	1245 »	1440 »	1162 50	1440 »	1093 75	1430 »	1300 »	1432 50	1275 »	406
407	Néant.	— Act. de jouissance	—	407	951 »	850 »	935 »	800 »	920 »	825 »	955 »	875 »	1045 »	950 »	407
408	500	Midi et canal latéral	—	408	875 25	512 50	615 »	465 »	550 »	395 »	530 »	490 »	690 »	497 50	408
409	500	— — Nouv. émission.	—	409	880 »	695 »	....	....	....	....	....	....	....	....	409

1857 à 1861. (*Suite.*)

Repères.	Pair ou taux de remboursement	Dénomination des valeurs.		Repères.	1857. plus haut.	1857. plus bas.	1858. plus haut.	1858. plus bas.	1859. plus haut.	1859. plus bas.	1860. plus haut.	1860. plus bas.	1861. plus haut.	1861. plus bas.	Repères.
410	500	Graissessac-Beziers	Ch. de fer.	410	617 50	275 »	427 50	400 »	205 »	120 »	470 »	67 50	85 »	28 75	410
411	500	Grand-Central (Lyon-Bordeaux)	—	411	651 25	585 »	656 25	635 »	....	....	....	....	....	....	411
412	500	Lyon-Genève	—	412	875 »	568 75	732 50	565 »	620 »	400 »	535 »	345 »	448 75	327 50	412
413	500	Saint-Rambert-Grenoble	—	413	730 »	420 »	575 »	535 »	....	....	....	....	....	....	413
414	500	Ardennes	—	414	602 50	400 »	502 50	418 75	500 »	415 »	460 »	428 75	430 »	350 »	414
415	500	— Actions nouvelles	—	415	500 »	455 »	525 »	435 »	517 50	410 »	490 »	435 »	437 50	360 »	415
417	500	Bességes-Alais	—	417	560 »	575 »	645 »	400 »	500 »	430 »	440 »	400 »	500 »	350 »	417
418	500	Paris-Lyon-Méditerranée. Act. lib.	—	418	965 »	780 »	945 »	710 »	947 50	717 50	950 »	847 50	1047 50	883 75	418
419	500	— Act n. lib.	—	419	935 »	775 »	885 »	755 »	....	....	....	....	....	....	419
420	500	Dauphiné. Ancien	—	420	....	....	570 »	460 »	530 »	430 »	....	....	....	....	420
421	500	— Nouveau	—	421	....	....	....	....	650 »	515 »	630 »	565 »	561 25	523 75	421
422	500	Lyon-Croix-Rousse	—	422	....	....	....	....	....	....	553 75	290 »	532 50	320 »	422
423	500	Chemins algériens	—	423	....	....	....	....	....	....	....	....	470 »	420 »	423
428	500	Manage-Erquelinnes (Centre)	Ch. de fer.	428	»	»	400 »	400 »	....	....	....	....	....	....	428
429	500	Hainaut et Flandre	—	429	....	....	....	....	355 »	330 »	»	»	»	»	429
430	500	Guillaume-Luxembourg	—	430	....	....	....	....	....	....	415 »	325 »	330 »	210 »	430
432	500	Chemins autrichiens	—	432	800 »	625 »	770 »	645 »	635 »	327 50	550 »	450 »	523 75	446 25	432
433	500	— Lombards-Vénitiens, etc.	—	433	675 »	550 »	662 50	565 »	582 50	412 50	570 »	453 75	516 75	453 75	433
434	500	— François-Joseph	—	434	535 »	445 »	522 50	450 »	515 »	460 »	....	....	....	....	434
435	500	— Russes. Non libérés	—	435	522 50	487 50	530 »	497 50	520 »	485 »	498 75	447 50	440 »	392 50	435
436	500	— — Libérés	—	436	....	....	....	....	460 »	457 50	485 »	427 50	430 »	375 »	436
438	500	Ouest-Suisse	—	438	551 25	395 »	470 »	395 »	400 »	265 »	282 50	200 »	215 »	140 »	438
439	500	Central-Suisse	—	439	540 »	430 »	500 »	440 »	451 25	350 »	447 50	410 »	445 »	410 »	439
440	500	Nord-Est-Suisse	—	440	505 »	485 »	480 »	470 »	....	....	....	....	....	....	440
441	500	Victor-Emmanuel	—	441	620 »	405 »	520 »	395 »	440 »	315 »	440 »	361 25	390 »	330 »	441
442	500	Chemins Romains	—	442	580 »	475 »	515 »	455 »	....	....	....	....	....	....	442
443	400	—	—	443	....	....	430 »	390 »	410 »	245 »	375 »	310 »	340 »	160 »	443
447	250	Tarragone-Reus	—	447	255 »	220 »	235 »	425 »	»	»	»	»	425 »	105 »	447
448	500	Madrid-Saragosse-Alicante. Non lib.	—	448	505 »	393 75	530 »	445 »	500 »	375 »	572 50	442 50	573 75	512 50	448
449	500	— — Libérés.	—	449	....	....	....	....	....	....	572 50	540 »	572 50	512 50	449
450	500	Séville-Xérès-Cadix	—	450	....	....	520 »	510 »	550 »	512 50	535 »	475 »	515 »	410 »	450
451	500	Cordoue-Séville	—	451	....	....	....	....	505 »	410 »	480 »	300 »	455 »	440 »	451
452	500	Nord-Espagne	—	452	....	....	....	....	505 »	480 »	502 50	415 »	480 »	415 »	452
453	325	Saragosse-Barcelone	—	453	....	....	....	....	....	....	472 50	400 »	460 »	318 75	453
454	500	Pampelune-Saragosse	—	454	....	....	....	....	....	....	505 »	460 »	490 »	318 75	454
455	500	Montblanch-Reus	—	455	....	....	....	....	....	....	500 »	500 »	500 »	500 »	455
456	526	Grao de Valencia-Almanza	—	456	....	....	....	....	....	....	340 »	527 50	»	»	456
457	500	Chemins portugais	—	457	....	....	....	....	....	....	....	....	470 »	370 »	457
461	500	Télégr. électr. Manche. *Sir James Carmichael et Cie.*		461	»	»	500 »	500 »	360 »	360 »	»	»	»	»	461
463	5000	Canal d'Aire à La Bassée		463	»	»	»	»	6000 »	6000 »	»	»	»	»	463
469	1000	Canal de jonction de la Sambre à l'Oise		469	»	»	765 »	765 »	»	»	»	»	800 »	830 »	469
473	500	Canal de Roanne à Digoin		473	400 »	100 »	»	»	»	»	»	»	»	»	473
480	Néant.	Cie des 3 canaux. Navig. de l'Oise. Act. de jouissance.		480	....	....	....	....	1900 »	1900 »	»	»	»	»	480
481	»	Canal de Givors		481	375 »	375 »	»	»	»	»	410 »	410 »	»	»	481
482	[illegible] 500	Touage de la Basse-Seine et de l'Oise		482	....	....	....	....	....	....	....	....	517 50	510 »	482
484	500	Canal maritime de Suez		484	....	....	....	....	....	....	....	....	459 »	438 75	484

1857 à 1861. (*Suite.*)

Repères.	Pair ou taux de remboursement.	Dénomination des valeurs.	Repères.	1857. plus haut.	1857. plus bas.	1858. plus haut.	1858. plus bas.	1859. plus haut.	1859. plus bas.	1860. plus haut.	1860. plus bas.	1861. plus haut.	1861. plus bas.	Repères.
499	500	Cᵉ générale des Omnibus (Paris)	499	905 »	775 »	920 »	845 »	905 »	830 »	945 »	855 »	925 »	825 »	499
500	125	Cᵉ impériale des voitures de Paris. *Ducoux et Cᵉ.*	500	91 25	45 »	53 75	30 »	45 »	20 »	78 75	40 »	73 75	50 »	500
501	100	Cᵉ générale des omnibus de Londres	501	116 25	80 »	100 »	36 25	45 »	35 »	46 25	37 50	42 50	25 »	501
502	100	Omnibus de Lyon	502	75 »	37 50	45 »	40 »	56 25	37 50	70 »	50 »	70 »	56 25	502
504	1000	Pont, port et gare de Grenelle	504	»	»	»	»	150 »	150 »	»	»	»	»	504
511	150	Ports de Marseille. *Mirès et Cᵉ*	511	212 50	135 »	186 25	140 »	155 »	87 50	....	....	....	....	511
512	500	— (Société anonyme)	512	....	....	....	....	....	....	500 »	400 »	400 »	292 50	512
524	500	Cᵉ gén. de navig. à vapeur. *Bazin, Gay et Cᵉ*	524	577 50	365 »	250 »	200 »	250 »	200 »	235 »	200 »	230 »	190 »	524
525	»	Cᵉ générale de navigation mixte	525	....	....	....	....	....	....	420 »	300 »	520 »	405 »	525
526	500	Cᵉ générale maritime	526	530 »	310 »	401 25	200 »	300 »	80 »	420 »	250 »	427 50	375 »	526
527	400	Clippers français. *Darnaud, Ducloz et Cᵉ*	527	32 50	45 »	....	....	....	....	....	....	....	....	527
528	400	— *Béraud, Villars et Cᵉ*	528	105 »	60 »	105 »	103 75	....	....	....	....	....	....	528
529	500	Cᵉ des services maritimes des Messageries impér	529	1200 »	530 »	650 »	480 »	680 »	495 »	677 50	496 25	715 »	588 75	529
530	500	— — — Nouvelle émission	530	....	....	....	....	510 »	498 75	593 75	490 »	680 »	564 25	530
531	500	Cᵉ Franco-américaine. *Gauthier frères et Cᵉ*	531	535 »	40 »	36 25	5 »	»	»	3 75	3 75	»	»	531
532	500	Cᵉ mar. de nav. à vapeur. *Marc Fraissinet et Cᵉ*	532	650 »	355 »	300 »	200 »	415 »	260 »	500 »	300 »	540 »	415 »	532
537	500	Houillère de la Haute-Loire	537	300 »	300 »	»	»	»	»	»	»	»	»	537
541	1000	— de la Chazotte	541	»	»	700 »	700 »	600 »	600 »	»	»	500 »	500 »	541
546	1000	— d'Unieux et Fraisse	546	168 75	145 »	150 »	145 »	140 »	120 »	40 »	10 »	20 »	5 »	546
548	500	— de Montieux-Saint-Etienne	548	»	»	435 »	425 »	400 »	400 »	»	»	»	»	548
551	1000	— de Layon et Loire	551	»	»	400 »	400 »	»	»	»	»	»	»	551
561	2500	— et chemin de fer d'Epinac	561	»	»	»	»	1500 »	1500 »	»	»	1700 »	1700 »	561
564	»	Cᵉ des Mines de la Loire	564	790	670	»	»	680 »	625 »	»	»	»	»	564
569	»	Houillère de la Grand'Combe	569	1050 »	860 »	980 »	705 »	800 »	680 »	770 »	710 »	850 »	712 50	569
571	150	— et ch. de fer de Carmaux. *Mancel et Cᵉ*	571	152 50	97 50	115 »	47 50	73 75	45 »	68 75	55 »	....	....	571
572	750	Mines et chemin de fer de Carmaux	572	....	....	....	....	....	....	330 »	300 »	325 »	260 »	572
573	1000	Roche-la-Molière et Firminy	573	525 »	510 »	490 »	490 »	410 »	387 50	451 25	390 »	480 »	451 25	573
574	»	Houillère du Ban Lafaverge	574	»	»	»	»	»	»	250 »	250 »	225 »	190 »	574
575	300	Ch. de fer et houill. de Portes et Sénéchas. *Mirès et Cᵉ*	575	280 »	275 »	»	»	120 »	120 »	....	....	....	....	575
576	»	Société des mines de la Loire	576	166 25	120 »	158 75	123 75	145 »	108 75	151 25	121 25	175 »	148 75	576
577	»	Montrambert et La Béraudière	577	165 »	133 75	158 75	141 25	153 75	115 »	140 »	120 »	142 50	121 25	577
578	»	Houillère de Saint-Etienne	578	162 50	120 »	150 »	120 »	151 25	110 »	151 25	125 »	163 75	157 50	578
579	»	— de Rive-de-Gier	579	301 25	262 50	285 »	245 »	270 »	216 25	240 »	193 75	225 »	190 »	579
580	500	Cᵉ des charbonnages belges	580	448 75	448 75	»	»	»	»	»	»	»	»	580
601	400	Mines de Mouzaïa. *Bœuf et Cᵉ*	601	»	»	47 50	45 »	»	»	46 25	6 »	46 25	41 25	601
605	»	Mines de gar-Rouban et Maziz. *R. Dervieu et Cᵉ*	605	....	....	425 »	400 »	460 »	390 »	315 »	300 »	250 »	280 »	605
606	500	Min. et fonderies de Santander. *Chauviteau et Cᵉ*	606	....	....	635 »	550 »	595 »	465 »	180 »	160 »	»	»	606
607	»	Mines de Kef-Oum-Theboul	607	»	»	520 »	500 »	540 »	485 »	400 »	400 »	225 »	225 »	607
608	80	— de zinc de la Vieille-Montagne	608	435 »	325 »	37 50	335 »	350 »	250 »	300 »	225 »	250 »	200 »	608
612	375	— de zinc de Stolberg	612	105 »	80 »	»	»	»	»	50 »	50 »	»	»	612
616	375	— de zinc de la Silésie	616	285 »	165 »	255 »	165 »	190 »	85 »	170 »	145 »	150 »	100 »	616
619	3000	Forges de l'Aveyron (Decazeville)	619	3603 »	3550 »	»	»	»	»	»	»	1100 »	1000 »	619

REPÈRES.	PAIR OU TAUX de REMBOURSEMENT.	DÉNOMINATION des VALEURS.	REPÈRES.	1857. plus haut.	1857. plus bas.	1858. plus haut.	1858. plus bas.	1859. plus haut.	1859. plus bas.	1860. plus haut.	1860. plus bas.	1861. plus haut.	1861. plus bas.	REPÈRES.
621	»	Forges d'Alais	621	550 »	550 »	550 »	550 »	»	»	»	»	»	»	621
626	500	— de Châtillon. *Bouguerel, Martenot et Cie*	626	455 »	235 »	290 »	160 »	220 »	475 »	232 50	490 »	225 »	465 »	626
628	250	H.-F. d'Herserange et St-Nicolas. *Maillard et Cie*	628	250 »	495 »	98 75	70 »	22 50	20 »	»	»	»	»	628
629	500	Forges et fond. de Nantes. *Baboneau, Nicolas et Cie*	629	503 75	503 75	497 50	375 »	»	»	25 »	25 »	»	»	629
630	500	H.-Fourn. du Rhône et du Gier. *Bodhuile et Cie*	630	220 »	400 »	»	»	»	»	»	»	»	»	630
631	»	Forges d'Allevard. *Charrière et Cie*	631	1200 »	1070 »	1070 »	1050 »	»	»	»	»	1025 »	1025 »	631
632	250	Aciéries de Firminy. *F.-F. Verdié et Cie*	632	245 »	192 50	112 50	112 50	185 »	150 »	240 »	150 »	250 »	242 50	632
633	»	Société Prenat et Cie	633	500 »	475 »	450 »	440 »	»	»	150	150	»	»	633
634	»	Forges de Pont-Evêque-Vienne	634	300 »	222 50	305 »	275 »	280 »	203 »	190 »	185 »	200 »	177 50	634
635	500	H.-Fourneaux de la Côte-d'Or. *Thoureau et Cie*	635	602 50	350 »	360 »	360 »	»	»	»	»	»	»	635
636	»	Forges et chantiers de la Méditerranée	636	990 »	540 »	640 »	555 »	645 »	550 »	758 75	630 »	890 »	736 75	636
637	500	— de la Franche-Comté. *A. Vautier et Cie*	637	502 50	340 »	»	»	»	»	485 »	115 »	492 50	420 »	637
638	»	— de Fourchambault. *Boigues, Rambourg et Cie*	638	505 »	450 »	455 »	290 »	350 »	160 »	245 »	495 »	315 »	250 »	638
639	»	Fonderies et forges de l'Horme	639	580 »	485 »	720 »	525 »	695 »	620 »	500 »	455 »	730 »	485 »	639
640	500	Forges du Creusot. *Schneider et Cie*	640	890 »	795 »	845 »	740 »	817 50	720 »	772 50	600 »	633 75	587 50	640
641	»	— de la mar. et desch. fer. *Petin, Gaudet et Cie*	641	545 »	450 »	500 »	400 »	458 75	370 »	527 50	375 »	698 75	501 25	641
642	»	— de la Loire et de l'Ardèche. Act. anciennes	642	4250 »	3900 »	3865 »	3060 »	3650 »	3175 »	....	....	....	....	642
643	»	— — — Act. nouvelles	643	431 25	403 75	400 »	315 »	380 »	330 »	....	....	....	....	643
644	»	Fonderies et forges de Bességes	644	4190 »	3805 »	3850 »	3000 »	....	....	....	....	....	....	644
645	»	Forges de Terre-Noire, La Voulte et Bességes	645	....	....	....	....	690 »	550 »	640 »	480 »	575 »	490 »	645
646	500	Hauts-Fourneaux de Montceau	646	675 »	650 »	750 »	740 »	740 »	680 »	740 »	600 »	640 »	550 »	646
650	500	Mines et forges de la Sambre	650	»	»	»	»	»	»	»	»	25 »	25 »	650
656	500	Société *Chameroy et Cie*	656	»	»	»	»	705 »	700 »	»	»	»	»	656
662	250	Etablissem. Cavé. *Charbonnier, Bourgougnon et Cie*	662	60 »	40 »	»	»	»	»	»	»	»	»	662
663	500	Société *J.-F. Cail et Cie*	663	660 »	540 »	725 »	640 »	735 »	645 »	697 50	630 »	740 »	650 »	663
667	400	Fond. de Caronte. *Besnier de la Pontonnerie et Cie*	667	»	»	»	»	8 25	8 25	»	»	»	»	667
670	»	Taillerie impériale de diamants	670	....	....	....	....	....	....	....	....	525 »	515 »	670
671	»	Chantiers et ateliers Marseillais. *Falquière et Cie*	671	....	....	....	....	....	....	....	....	425 »	305 »	671
673	375	Phœnix (Prusse rhénane). Mines et usines	673	350 »	350 »	»	»	»	»	»	»	»	»	673
676	250	Docks Louis-Napoléon	676	497 50	468 50	480 25	474 50	497 50	160 »	215 »	477 50	204 25	493 75	676
677	500	Entrepôts et magasins généraux de Paris	677	....	....	....	....	....	....	....	....	600 »	500 »	677
678	500	Docks et entrepôts de Marseille	678	....	....	....	....	....	....	....	....	500 »	454 25	678
679	500	— et entrepôts du Havre	679	....	....	....	....	....	....	....	....	500 »	335 »	679
680	»	Bassins de radoub à Marseille	680	715 »	617 50	710 »	700 »	800 »	750 »	....	....	....	....	680
682	200	Société des deux Cirques. *Dejean et Cie*	682	»	»	»	»	»	»	»	»	245 »	480 »	682
683	400	Château des Fleurs, à Marseille	683	....	....	....	....	60 »	45 »	48 75	25 »	40 »	25 »	683
684	400	Palais de l'Industrie	684	78 75	70 »	....	....	....	....	....	....	....	....	684
685	500	Cie des Abattoirs de Lyon	685	....	....	....	....	....	....	410 »	325 »	410 »	385 »	685
686	400	Cie immobilière de Paris (Rivoli)	686	410 »	90 »	405 »	93 75	440 »	80 »	447 50	98 75	450 »	420 »	686
687	500	Rue Impériale à Lyon	687	545 »	400 »	485 »	405 »	407 50	375 »	402 50	385 »	431 25	390 »	687
688	»	Société immobilière de Marseille	688	480 »	475 »	440 »	440 »	242 50	100 »	225 »	225 »	282 50	252 50	688
700	250	L'Union des gaz. *Goldsmid, Breittmeyer et Cie*	700	230 »	50 »	70 »	62 50	....	....	....	....	....	....	700
701	250	— — — Nouvelles actions	701	....	....	167 50	127 50	459 »	50 »	62 50	50 »	60 »	25 »	701
702	500	Cie parisienne d'éclairage et de ch. par le gaz	702	790 »	590 »	850 »	675 »	880 »	660 »	975 »	772 50	951 25	825 »	702

1857 à 1861. (*Fin.*)

REPÈRES.	PAIR OU TAUX de REMBOURSEMENT.	DÉNOMINATION des VALEURS.	REPÈRES.	1857. plus haut.	1857. plus bas.	1858. plus haut.	1858. plus bas	1859. plus haut.	1859. plus bas.	1860. plus haut.	1860. plus bas.	1861. plus haut.	1861. plus bas.	REPÈRES.
703	500	Cᵉ paris. d'éclair. et de ch. par le gaz. Nouv. émiss.	703	...	...	...	...	...	...	...	...	916 25	865 »	703
704	500	Gaz général de Paris. *Hugon et Cᵉ*	704	...	...	500 »	385 »	442 50	442 50	...	...	...	...	704
711	600	— de Marseille. *J. Mirès et Cᵉ*	711	550 »	300 »	360 »	280 »	350 »	240 »	400 »	260 »	370 »	187 50	711
712	700	— de Dijon	712	1550 »	1550 »	1700 »	1700 »	»	»	»	»	»	»	712
713	500	— De Florence	713	102 50	102 50	»	»	404 25	401 25	375 »	365 »	535 »	535 »	713
714	500	— de la Guillotière, Vaise et Lyon	714	1025 »	960 »	1245 »	1005 »	1625 »	1216 25	1950 »	1572 50	2000 »	1775 »	714
716	250	— de Lyon	716	2175 »	2650 »	2150 »	1950 »	2205 »	1970 »	2556 25	2150 »	2555 »	2205 »	716
718	300	— des trois villes du Midi	718	»	»	»	»	»	»	595 »	350 »	501 25	425 »	718
719	650	— de Metz	719	»	»	»	»	1450 »	1400 »	1350 »	1350 »	1550 »	1350 »	719
721	1000	— de Montpellier	721	1025 »	1000 »	1150 »	1150 »	»	»	»	»	1500 »	1300 »	721
722	440	— de Naples	722	450 »	420 »	500 »	500 »	505 »	502 50	480 »	480 »	500 »	495 »	722
723	787	— de Reims	723	530 »	530 »	504 25	500 »	560 »	560 »	630 »	625 »	»	»	723
724	500	— de Rennes	724	650 »	650 »	»	»	675 »	675 »	»	»	»	»	724
725	700	— de Saint-Étienne	725	1500 »	1500 »	1450 »	1450 »	1647 50	1690 »	1600 »	1600 »	2300 »	2150 »	725
728	500	— de Troyes	728	»	»	»	»	»	»	515 »	515 »	»	»	728
729	1000	— de Venise	729	1875 »	1775 »	1875 »	1700 »	1550 »	1450 »	1490 »	1400 »	1398 75	1300 »	729
731	500	Filature de lin d'Amiens (*Maberly*)	731	650 »	595 »	625 »	570 »	640 »	548 75	575 »	480 »	500 »	425 »	731
740	500	Comptoir de l'industrie linière. *Cohin et Cᵉ*	740	550 »	540 »	560 »	485 »	500 »	475 »	500 »	490 »	500 »	500 »	740
743	450	Cᵉ linière de Pont-Remy	743	»	»	»	»	»	»	»	»	378 75	378 75	743
747	100	Filature de la Bresle. *Humbert et Cᵉ*	747	30 »	30 »	40 »	40 »	25 »	25 »	...	...	...	...	747
750	400	Caoutchouc durci. *Richard et Cᵉ*	750	15 »	15 »	...	...	...	...	...	...	...	...	750
760	500	Raffinerie franco-belge. *Zangroniz et Cᵉ*	760	...	...	715 »	450 »	667 50	50 »	63 75	10 »	20 »	5 »	760
761	»	Usines centrales de la Guadeloupe. *Miot et Cᵉ*	761	...	...	...	...	...	...	350 »	525 »	»	»	761
771	250	Cᵉ générale des eaux	771	240 »	165 »	245 »	197 50	235 »	180 »	340 »	215 »	385 »	300 »	771
776	»	Jardin zoologique de Marseille	776	»	»	250 »	185 »	235 »	200 »	210 »	190 »	210 »	70 »	776
777	250	Jardin zoologique d'acclimatation	777	...	...	...	...	...	...	250 »	200 »	250 »	250 »	777
785	100	Cᵉ marbr. et ind. du Maine. *A. Ozou de Verrie et Cᵉ*	785	102 50	15 »	6 25	3 »	...	...	...	...	...	...	785
790	440	Glaces et verreries de Montluçon. *F. Berlioz et Cᵉ*	790	»	»	105 »	100 »	103 »	100 »	105 »	100 »	100 »	90 »	790
791	100	Verreries de la France et de l'étr. *L. Baron et Cᵉ*	791	70 »	3 »	...	...	...	...	...	...	...	...	791
792	500	— de la Loire et du Rhône. *Ch. Raabe et Cᵉ*	792	»	»	227 50	200 »	235 »	200 »	270 »	200 »	250 »	220 »	792
794	375	Glaces d'Aix-la-Chapelle	794	160 »	115 »	»	»	»	»	»	»	»	»	794
809	100	Soc. générale de stéarinerie. *Moinier et Cᵉ*	809	83 »	62 50	»	»	»	»	30 »	30 »	»	»	809
811	100	Dess. et comp. des substances aliment. *Chollet et Cᵉ*	811	115 »	47 50	20 »	20 »	»	»	33 75	10 »	25 »	10 »	811
812	»	Produits chimiques (Marseille). *Prat et Cᵉ*	812	125 »	120 »	100 »	55 »	97 50	70 »	131 25	98 75	125 »	90 »	812
813	100	Soc. gén. de produits chimiques. *De Glimes et Cᵉ*	813	116 25	100 »	...	...	...	...	...	...	...	...	813
817	»	Chantiers de la Buire (Lyon)	817	735 »	596 25	625 »	570 »	630 »	550 »	725 »	630 »	740 »	595 »	817

1862 à 1866

REPÈRES.	PAIR OU TAUX de REMBOURSEMENT	DÉNOMINATION des VALEURS.	REPÈRES.	1862.		1863.		1864.		1865.		1866.		REPÈRES.
				plus haut.	plus bas.	plus haut.	plus bas.	plus haut.	plus bas.	plus haut.	plus bas.	plus haut.	plus bas.	
		VALEURS A REVENU FIXE												
6	100	3 0/0 1825	6	72 90	67 60	70 60	66 10	67 70	64 45	69 57	66 30	70 60	62 45	6
7	100	4 1/2 0/0 1825	7	100 25	91 »	99 50	94 »	95 70	90 »	99 »	93 90	100 25	91 50	7
8	100	4 0/0 1830	8	95 25	82 50	91 95	87 80	88 20	80 »	88 50	83 50	90 »	84 75	8
19	100	4 1/2 0/0 1852	19	101 »	95 25	....	....	....	....	....	....	....	....	19
26¹	100	Emprunt 3 0/0 1864	26¹	....	....	....	....	67 85	64 50	....	....	....	....	26¹
27	500	Obligation 4 0/0 du Trésor, dite *trentenaire*	27	475 »	441 25	472 50	445 »	432 50	433 75	468 75	437 50	475 »	440 »	27
29	1250	Cie des 4 canaux, Action de capital	29	1240 »	1195 »	1240 »	1200 »	1250 »	1190 »	1250 »	1220 »	1240 »	1240 »	29
30	Néant.	— Action de jouissance (Annuité)	30	97 50	91 25	92 50	82 50	86 25	75 »	77 50	77 50	78 »	75 50	30
33	1000	Can. de Bourgogne, Action de capital	33	986 25	965 »	990 »	975 »	985 »	970 »	995 »	965 »	985 »	985 »	33
34	Néant.	— Act. indemnitaire (Annuité)	34	138 75	137 50	140 »	125 »	130 »	117 50	120 »	115 »	112 »	112 »	34
43	Néant.	Trois vieux ponts sur Seine. Annuité municipale	43	800 »	800 »	»	»	»	»	800 »	550 »	525 »	525 »	43
44	1000	Ville de Paris, Obl. 3 0/0 1852 Emp. Lot.	44	1130 »	1080 »	1127 50	1080 »	1150 »	1075 »	1165 »	1110 »	1185 »	1075 »	44
45	500	— — 3 0/0 1855-60 —	45	478 75	445 »	450 »	403 75	425 »	400 »	430 »	403 75	430 »	410 »	45
45¹	500	— — 4 0/0 1865 —	45¹	....	....	....	....	....	....	495 »	456 25	520 »	487 50	45¹
47	225	Départ. Seine, — 4 0/0 1857 —	47	232 50	221 25	235 »	220 »	232 50	221 25	233 75	221 75	231 25	218 »	47
48¹	100	V. de Bordeaux, Obl. 3 0/0 1863 —	48¹	....	....	90 »	86 25	88 75	76 25	83 »	76 25	84 50	76 »	48¹
49	1000	V. de Marseille — 4 1/2 0/0 1839-44	49	985 »	942 50	970 »	940 »	935 »	915 »	925 »	900 »	....	....	49
50	1000	— — 5 0/0 1849 Emp. Lot.	50	1200 »	1090 »	1175 »	1100 »	1200 »	1090 »	....	....	....	....	50
51	1000	— — 5 0/0 1855	51	1025 »	998 75	1017 50	995 »	1000 »	960 »	1010 »	970 »	1022 50	972 50	51
52	1000	— — 5 1/4 0/0 1857	52	1030 »	1010 »	1035 »	1000 »	1012 50	974 25	1012 50	985 »	1026 25	990 »	52
53	1000	— — 5 0/0 1859	53	1028 75	1000 »	1027 50	990 »	1015 »	985 »	1025 »	987 50	1025 »	900 »	53
53¹	500	— — 5 0/0 1862	53¹	515 »	495 »	513 75	496 25	502 50	475 »	512 50	480 »	517 50	480 »	53¹
53²	500	— — 4 0/0 1863	53²	....	....	428 75	403 75	417 50	398 75	420 »	463 75	430 »	400 »	53²
53³	1000	— — 4 1/2 0/0 1864	53³	....	....	....	....	960 »	925 »	990 »	915 »	998 75	935 »	53³
53⁴	500	— — 5 0/0 1865	53⁴	....	....	....	....	....	....	500 »	486 25	517 50	480 »	53⁴
54	100	Ville de Lille — 3 0/0 1860 —	54	100 »	93 75	101 25	92 50	100 »	90 »	95 75	91 25	98 50	88 »	54
54¹	100	— — 3 0/0 1863 —	54¹	....	....	....	....	95 »	83 75	90 »	84 25	92 50	80 »	54¹
55	1250	Ville de Lyon — 4 0/0 1854-57	55	1100 »	1055 »	1100 »	1077 50	1100 »	1050 »	1120 »	1050 »	1120 »	1075 »	55
57	1250	— — 4 0/0 1859	57	1100 »	1040 »	1100 »	1060 »	1088 75	1045 »	1100 »	1035 »	1115 »	1055 »	57
57¹	500	— — 5 0/0 1865-67	57¹	....	....	....	....	....	....	502 50	500 »	525 »	500 »	57¹
58	50	V. de Tourcoing et Roubaix 1861 Emp. Lot.	58	43 75	37 50	43 75	37 50	41 25	35 »	40 »	32 50	58 »	30 »	58
59	1250	Ville de Rouen Obl. 4 0/0 1861	59	»	»	»	»	960 »	960 »	960 »	950 »	»	»	59
61	100	Angleterre, 3 0/0 consolidé (Bourse de Londres).	61	91 5/8	91 3/4	93 7/8	90 3/8	92 »	87 1/8	91 5/8	87 1/8	90 3/8	84 5/8	61
66	100	Autriche, 5 0/0 Anglo 1852	66	84 »	68 3/4	86 1/4	76 1/2	83 1/2	78 »	85 »	74 1/2	77 »	57 1/2	66
67	100	— 3 0/0 Florins 1852	67	67 1/2	46 1/2	70 »	59 »	67 »	57 »	65 1/2	58 »	55 »	50 1/2	67
68	100	— 3 0/0 1859	68	81 1/4	70 »	82 1/4	78 1/2	»	»	79 »	74 »	71 »	71 »	68
68¹	500fl.	— 4 0/0 Emprunt de 1860 Emp. Lot.	68¹	....	....	1170 »	955 »	1190 »	970 »	1100 »	960 »	1020 »	675 »	68¹
68²	500	— 5 0/0 — 1865	68²	....	....	....	....	....	....	346 25	338 75	548 75	230 »	68²
71	100	Belgique, 4 0/0	71	»	»	»	»	92 »	92 »	»	»	»	»	71
72	100	— 3 0/0	72	83 3/4	83 3/4	83 »	83 »	72 »	72 »	82 »	71 »	86 »	72 »	72
75	100	— 2 1/2 0/0	75	58 »	53 »	»	»	60 »	59 3/4	58 1/4	57 »	53 »	52 »	75
76	100	— 4 1/2 0/0	76	102 1/2	98 »	101 3/4	98 1/2	102 »	97 3/4	101 1/2	95 1/2	102 »	93 »	76
77²	100	— Obl. V Bruxelles 3 0/0 1853 Emp. Lot.	77²	105 »	95 »	100 »	97 1/2	96 1/4	91 1/4	105 »	92 1/2	96 1/2	93 »	77²
77³	100	— — 3 0/0 1856 —	77³	105 1/4	101 1/4	97 1/2	97 1/2	95 »	95 »	95 »	94 1/4	98 »	90 »	77³
77⁴	100	— — 3 0/0 1862 —	77⁴	98 3/4	95 »	100 »	92 1/2	100 »	92 1/2	98 3/4	92 1/2	99 »	87 »	77⁴
77⁵	100	— — V. Liége 3 0/0 1862 —	77⁵	100 »	97 1/2	»	»	»	»	»	»	»	»	77⁵
78	100	Deux-Siciles (Naples), 5 0/0	78	72 50	64 »	....	....	....	....	....	....	....	....	78

1862 à 1866. *(Suite.)*

REPÈRES.	PAIR ou taux de remboursement	DÉNOMINATION des VALEURS.	REPÈRES.	1862. plus haut.	1862. plus bas.	1863. plus haut.	1863. plus bas.	1864. plus haut.	1864. plus bas.	1865. plus haut.	1865. plus bas.	1866. plus haut.	1866. plus bas.	REPÈRES.
81[1]	500	Egypte 7 0/0 1866 (*Ismaël-Pacha*)	81[1]	....	....	....	....	....	....	....	....	391 25	385 »	81[1]
91	100	Espagne, 3 0/0 Extérieur 1841	91	55 »	50 »	55 »	30 1/8	52 »	44 1/2	46 1/2	44 »	43 1/2	34 »	91
92	100	— 3 0/0 Intérieur 1841	92	50 7/8	46 »	53 1/4	49 1/4	51 1/2	42 1/2	44 »	36 3/4	36 1/2	30 1/2	92
93	100	— Dette différée 1831	93	47 »	40 1/2	49 »	45 »	47 3/4	40 »	41 3/4	36 1/2	36 1/2	29 »	93
94	100	— Dette passive 1851	94	24 »	15 3/4	38 »	23 1/2	36 1/2	26 5/8	33 »	26 1/2	27 1/2	13 1/2	94
95	100	— 3 0/0 Extérieur 1852-56	95	54 1/4	47 1/2	54 1/2	51 1/2	52 1/2	44 »	46 1/2	40 1/2	41 1/4	33 »	95
100[1]	100	Etats-Unis, 6 0/0 5-20 1862-82	100[1]	....	....	....	....	....	....	....	....	83 1/2	83 1/4	100[1]
105	1000	Haïti, Emprunt 1825 (Annuités)	105	750 »	715 »	745 »	700 »	735 »	680 »	700 »	635 »	615 »	600 »	105
106	100	Hollande, 2 1/2 0/0	106	66 1/2	60 »	66 1/2	63 »	66 1/2	61 »	67 »	60 1/2	....	....	106
109	100	Italie, 5 0/0	109	76 »	63 25	74 40	69 »	74 90	64 45	67 25	64 40	65 80	35 90	109
109[2]	100	— 3 0/0	1,9[2]	....	....	46 »	42 50	44 »	40 »	42 25	38 50	34 50	25 »	109[2]
109[3]	10)	Mexique, 6 0/0 1864	109[3]	... .	....	....	....	60 1/2	48 1/4	56 »	44 1/8	49 1/4	20 »	109[3]
109[4]	500	— Obl. 6 0/0 1865. Emp. Lot.	109[4]	....	....	....	....	....	....	341 25	285 »	327 50	95 »	109[4]
116	100	Portugal, 3 0/0 1852	116	49 »	43 1/2	50 »	46 1/2	48 1/4	44 »	48 »	45 1/4	42 »	40 1/8	116
119	100	Rome, 5 0/0 1831-53	119	76 1/2	63 »	80 »	73 1/4	77 3/4	69 1/2	77 »	65 1/2	70 »	54 »	119
121	100	Russie, 4 1/2 0/0 1849	121	93 1/8	88 1/4	94 1/2	84 »	86 »	81 1/4	89 »	84 1/2	86 1/4	82 1/2	121
121[1]	100	— 5 0/0 1862	121[1]	96 »	92 3/4	96 1/4	85 1/2	91 »	85 »	94 »	85 »	91 3/4	79 »	121[1]
122	1000	Sardes (Etats-) Piémont Oblig. 1834 Emp. Lot.	122	1095 »	1050 »	1120 »	1060 »	1105 »	1060 »	1125 »	1025 »	1105 »	745 »	122
123	1000	— — 1849 —	123	960 »	930 »	1000 »	940 »	970 »	940 »	970 »	925 »	935 »	925 »	123
124	100	— 5 0/0 1849.	124	75 »	63 95	72 »	72 »	....	....	....	....	....	....	124
125	100	— Oblig. 1850. Emp. Lot.	125	970 »	920 »	990 »	930 »	960 »	915 »	930 »	900 »	905 »	905 »	125
127	100	— 5 0/0 1852. Cert. Angl.	127	82 3/4	79 »	»	»	»	»	73 »	73 »	»	»	127
128	100	— 3 0/0 1858	128	48 »	40 75	40 »	40 »	....	....	....	....	....	....	128
131	100	Toscane, 3 0/0 1852	131	40 3/4	40 1/2	....	....	....	....	....	....	....	....	131
131[1]	500	Tunisie, Emprunt 7 0/0 1863	131[1]	....	....	492 50	456 25	475 »	320 »	416 25	350 »	420 »	260 »	131[1]
131[2]	500	— — 7 0/0 1865	131[2]	....	....	....	....	....	....	412 50	367 50	403 75	290 »	131[2]
134	500	Turquie, 6 0/0 1860	134	365 »	272 50	390 »	340 »	372 50	342 50	375 »	350 »	360 »	175 »	134
134[1]	300	— 6 0/0 1863	134[1]	....	....	373 75	330 »	355 »	330 »	370 »	338 75	340 »	175 »	134[1]
134[2]	100	— 5 0/0 1865 (Dette générale)	134[2]	....	....	....	....	....	....	45 »	42 10	43 »	25 »	134[2]
134[3]	500	— 6 0/0 1865	134[3]	....	....	....	....	....	....	....	....	325 »	182 50	134[3]
136	300	Obl. Créd. fonc. Demi 4 0/0 Emp. Lot.	136	495 »	471 25	492 50	435 »	465 »	447 50	488 75	447 50	505 »	465 »	136
137	600	— — 3 0/0 —	137	466 25	418 75	472 50	425 »	455 »	425 »	460 »	436 25	462 50	438 75	137
138	100	— Dixième 4 0/0 —	138	100 »	92 50	100 »	92 50	97 50	90 »	99 50	94 25	102 50	92 50	138
139	120	— — 3 0/0 —	139	95 »	86 25	95 »	85 »	95 »	86 25	97 50	87 50	97 »	91 »	139
140	1200	— Promesse 3 0/0 —	190	1032 50	1000 »	1100 »	900 »	910 »	880 »	1015 »	900 »	925 »	910 »	140
141	500	Oblig. communale. entière 3 0/0 —	141	431 25	410 »	425 »	388 75	413 75	370 »	405 »	382 50	411 25	365 »	141
142	100	— Cinquième 3 0/0 —	142	91 25	82 50	88 75	77 50	85 »	75 »	85 »	76 25	85 »	75 »	142
142[1]	500	Obligation crédit foncier, 4 0/0 1863 —	142[1]	....	....	472 50	463 75	477 50	453 75	467 50	461 25	500 »	455 »	142[1]
143	500	Obligation crédit colonial, 5 0/0 1861 —	143	510 »	475 »	490 »	450 »	485 »	447 50	500 »	462 50	480 »	437 50	143
143[1]	600	— 5 0/0 1865. —	143[1]	....	....	....	....	....	....	476 25	455 »	462 50	410 »	143[1]
148	1250	Obligation Saint-Etienne-Lyon 4 0/0 1841	148	972 50	935 »	995 »	962 50	973 »	950 »	1000 »	952 56	990 »	950 »	148
151	1250	— Paris-Saint-Germain 4 0/0 1842-49.	151	1025 »	990 »	1025 »	1010 »	1030 »	970 »	1090 »	965 »	1040 »	1000 »	151
152	1250	— Paris-Orléans 4 0/0 1842	152	1090 »	1045 »	1100 »	1025 »	1095 »	1055 »	1090 »	1050 »	1050 »	1020 »	152
153	1250	— Paris-Versailles (R. D.) 4 0/0 1843.	153	1020 »	1000 »	1040 »	1000 »	1035 »	1020 »	960 »	975 »	1025 »	960 »	153
155	1250	— Strasbourg-Bâle 4 0/0 1843	155	1010 »	975 »	1000 »	975 »	1005 »	955 »	1000 »	961 25	1000 »	975 »	155
157	1250	— Paris-Rouen 3.20 0/0 1845	157	800 »	795 »	800 »	770 »	865 »	785 »	790 »	765 »	850 »	785 »	157
158	1250	— Rouen-Havre 4 0/0 1845-47	158	1015 »	970 »	1005 »	950 »	950 »	910 »	1000 »	955 »	1025 »	970 »	158
160	1250	— Paris-Rouen 4 0/0 1847-49-54	160	1020 »	955 »	1005 »	955 »	990 »	925 »	1000 »	930 »	1025 »	960 »	160
162	1250	— Paris-Orléans 4 0/0 1848	162	1030 »	985 »	1025 »	990 »	1000 »	960 »	1005 »	975 »	1030 »	975 »	162
163	1250	— Rouen-Havre 4.8 0/0 1848	163	1120 »	1035 »	1093 »	1065 »	1100 »	1065 »	1060 »	1050 »	1190 »	1100 »	163

1862 à 1866. *(Suite.)*

REPÈRES.	PAIR ou TAUX de REMBOURSEMENT.	DÉNOMINATION des VALEURS.	REPÈRES.	1862. plus haut.	1862. plus bas.	1863. plus haut.	1863. plus bas.	1864. plus haut.	1864. plus bas.	1865. plus haut.	1865. plus bas.	1866. plus haut.	1866. plus bas.	REPÈRES.
165	1250	Obligation Avignon-Marseille 4 0/0 1850	165	1060 »	980 »	1035 »	1025 »	985 »	950 »	1040 »	1010 »	1025 »	1025 »	165
166	1250	— Montereau-Troyes 4 0/0 1850	166	1010 »	975 »	980 »	970 »	»	»	»	»	1010 »	960 »	166
168	500	— Nord 3 0/0	168	321 25	302 50	318 75	302 50	313 75	297 50	318 »	302 50	320 »	299 50	168
169	500	— Amiens-Boulogne 4 0/0	169	»	»	400 »	385 »	425 »	420 »	»	»	»	»	169
170	1250	— Paris-Lyon 4 0/0 1852	170	1065 »	1025 »	1055 »	1040 »	1060 »	1005 »	1060 »	1025 »	1112 50	1015 »	170
172	625	— Strasbourg-Bâle 4 0/0 1852	172	515 »	480 »	505 »	490 »	490 »	477 50	515 »	475 »	520 »	482 50	172
173	1250	— Ouest 4 0/0 1852-54	173	1030 »	975 »	1010 »	975 »	1010 »	950 »	1030 »	970 »	1035 »	990 »	173
174	650	— Est 3.84 0/0 1852	174	515 »	486 25	515 »	470 »	492 50	468 75	513 75	478 75	545 »	475 »	174
175	400	— Ouest (Act. Versailles R. G.) 3.75 0/0 1852	175	280 »	240 »	275 »	250 »	270 »	270 »	»	»	»	»	175
176	500	— Paris-Orléans 3 0/0	176	316 25	297 50	318 75	298 75	300 »	287 50	309 25	286 25	314 »	292 »	176
177	625	— Lyon-Méditerranée 4 0/0	177	540 »	506 25	535 »	500 »	520 »	500 »	540 »	510 »	543 »	500 »	177
178	500	— — 3 0/0	178	320 »	301 25	318 75	305 »	312 50	300 »	320 »	300 »	320 »	302 »	178
179	500	— Paris-Orsay (Sceaux) 4 0/0	179	375 »	350 »	360 »	350 »	375 »	340 »	367 50	350 »	386 25	345 »	179
181	500	— Rhône-Loire 3 0/0	181	317 50	293 75	315 »	300 »	305 »	290 »	314 »	287 50	315 »	298 »	181
182	625	— — 4 0/0	182	515 »	490 »	510 »	497 50	502 50	490 »	520 »	486 25	518 75	500 »	182
183	562	— Nord (Act. Charleroi-Erquel.) 3 0/0	183	350 »	318 75	327 50	327 50	325 »	320 »	335 »	320 »	340 »	325 »	183
185	500	— Ouest (Act. Dieppe-Fécamp) 4 0/0	185	375 »	365 »	375 »	350 »	360 »	345 »	375 »	350 »	365 »	340 »	185
186	500	— Lyon-Genève 3 0/0 1855	186	312 50	292 50	311 25	295 »	302 50	287 50	312 »	290 »	312 »	268 »	186
187	500	— Paris-Lyon 3 0/0	187	320 »	305 »	318 75	296 25	310 »	292 50	317 50	300 »	321 25	295 »	187
188	500	— Grand-Central 3 0/0 1855	188	311 25	293 75	310 »	293 75	298 75	286 25	308 50	287 50	315 »	291 »	188
189	500	— Ouest 3 0/0	189	311 25	292 50	306 25	292 50	293 75	263 75	310 »	262 50	312 50	289 50	189
190	500	— Bourbonnais 3 0/0	190	316 25	297 50	315 »	298 75	303 75	291 25	312 »	295 »	315 »	291 25	190
191	500	— Midi 3 0/0	191	312 50	292 50	307 50	293 75	296 25	282 50	308 »	283 75	312 25	287 50	191
192	1250	— Ouest 4 0/0 1855	192	1020 »	975 »	»	»	975 »	960 »	955 »	965 »	1030 »	995 »	192
193	500	— Est 3 0/0 1856	193	310 »	291 25	305 »	283 75	293 75	281 25	309 »	286 25	312 50	287 50	193
194	250	— Graissessac-Béziers 3 0/0	194	81 25	65 »	....	....	....	....	....	....	....	....	194
195	500	— Bességes-Alais 3 0/0	195	310 »	286 25	307 50	293 75	298 75	285 »	306 25	287 50	310 »	288 75	195
196	500	— Lyon-Genève 3 0/0 1857	196	310 »	292 50	310 »	293 75	300 »	285 »	307 »	283 75	308 75	286 25	196
197	500	— Ardennes 3 0/0	197	310 »	288 75	305 »	290 »	295 »	283 75	310 »	283 75	312 »	288 75	197
198	500	— Dauphiné 3 0/0	198	310 »	290 »	307 50	291 25	207 50	255 »	310 »	285 »	312 25	267 50	198
199	500	— Paris-Méditer. (fusion anc.) 3 0/0	199	312 50	295 »	310 »	293 75	296 25	287 50	309 50	285 »	314 »	256 50	199
199¹	500	— Lyon-Croix-Rousse 3 0/0	199¹	281 25	272 50	278 75	260 »	265 »	210 »	230 »	148 75	200 »	185 »	199¹
199²	500	— Est (Dieuse-Salines de l'Est) 3 0/0	199²	290 »	282 50	297 50	275 »	285 »	275 »	295 »	275 »	297 50	250 »	199²
199³	500	— Paris-Méditer. (*Vict.-Emm* 1862) 3 0/0	199³	287 50	277 50	293 75	275 »	285 »	260 »	290 »	267 50	300 »	220 »	199³
199⁴	500	— Libourne-Bergerac 3 0/0	199⁴	....	....	....	....	278 75	255 »	265 »	90 »	160 »	117 50	199⁴
199⁵	500	— Charentes 3 0/0	199⁵	....	....	....	....	....	....	283 75	259 75	287 50	260 »	199⁵
199⁶	500	— Paris-Méditerr. (fusion 1866) 3 0/0	199⁶	....	....	....	....	....	....	....	....	308 75	307 50	199⁶
201	500	Obligation Guillaume-Luxembourg 3 0/0	201	260 »	267 50 »	265 »	255 »	....	....	....	....	....	....	201
201¹	500	— — 4 0/0	201¹	....	....	....	....	....	....	....	....	497 50	425 »	201¹
202	500	— Chemins autrichiens 3 0/0	202	280 »	256 25	285 »	251 25	257 50	243 75	266 25	245 »	255 »	251 25	202
203	500	— Ligne d'Italie-Rhône-Simplon 3 0/0	203	237 50	172 50	252 50	195 »	230 »	192 50	212 50	40 »	55 »	25 »	203
204	500	— Chemins Lombards-Vénitiens 3 0/0	204	271 25	241 25	272 50	233 75	258 75	243 75	232 50	220 »	240 »	175 »	204
204¹	500	Bon — 6 0/0 1869	204¹	....	....	....	....	....	....	....	....	452 50	440 »	204¹
204²	500	— — — 1870-74	204²	....	....	....	....	....	....	....	....	447 50	420 »	204²
204³	500	— — — 1875	204³	....	....	....	....	....	....	....	....	420 »	415 »	204³
204⁴	500	— — — 1876	204⁴	....	....	....	....	....	....	....	....	417 50	408 75	204⁴
205	500	Obligation Chemins romains 3 0/0	205	250 »	205 »	260 »	237 50	212 50	215 »	218 75	145 »	152 50	60 »	205
206	500	— Medrid-Saragosse 3 0/0	206	275 »	255 25	278 75	263 75	263 75	212 50	240 »	180 »	198 25	130 »	206
207	500	— Séville-Xérès 3 0/0 1859	207	292 50	265 »	302 50	263 75	295 »	233 75	271 25	100 »	117 50	70 »	207
208	500	— Cordoue-Séville 3 0/0	208	265 »	240 »	270 »	235 »	256 25	230 »	240 »	200 »	212 50	175 »	208
209	500	— Pampelune-Saragosse 3 0/0	209	252 50	236 25	257 50	241 25	255 »	190 »	210 »	125 »	142 50	91 50	209

1862 à 1866. (Suite.)

Repères.	Pair ou taux de remboursement	Dénomination des valeurs.	Repères.	1862. plus haut.	1862. plus bas.	1863. plus haut.	1863. plus bas.	1864. plus haut.	1864. plus bas.	1865. plus haut.	1865. plus bas.	1866. plus haut.	1866. plus bas.	Repères.
210	500	Oblig. Nord-Espagne 3 0/0	210	262 50	240 »	272 50	225 »	265 »	230 »	252 50	160 »	185 »	120 »	210
211	500	— Montblanch-Reus 3 0/0	211	243 75	214 25	262 50	240 »	252 50	200 »	216 25	26 »	65 »	25 »	211
212	500	— Séville-Xérès 3 0/0 1860	212	271 25	235 »	272 50	250 »	251 25	200 »	212 50	78 »	97 50	45 »	212
212[2]	500	— *Victor-Emmanuel* 3 0/0 1863	212[2]	....	....	....	....	240 »	215 »	230 »	196 »	200 »	73 »	212[2]
212[3]	500	— Turin-Savone et Cairo-Acqui 3 0/0	212[3]	....	....	....	....	....	....	245 »	175 »	175 »	75 »	212[3]
213	500	— Chemins portugais 3 0/0	213	262 50	216 25	263 75	245 »	248 75	206 25	203 75	142 50	160 »	65 »	213
216[1]	525	Oblig. Canal-*Cavour* 3.71 0/0	216[1]	....	....	....	....	....	....	305 »	305 »	330 »	160 »	216[1]
217	500	— Omnibus de Paris 5 0/0	217	495 »	435 »	495 »	468 75	475 »	453 »	481 25	437 50	495 »	462 50	217
218	500	— Ports de Marseille 6 0/0	218	525 »	475 »	520 »	500 »	515 »	495 »	522 50	495 »	523 75	490 »	218
219	500	— Messag. impér. serv. marit. 6 0/0 1re sér.	219	517 50	521 25	545 »	515 »	527 50	505 »	535 »	512 30	535 »	497 50	219
219[1]	500	— — — — 2e —	219[1]	....	....	....	....	....	....	521 25	521 25	525 »	507 50	219[1]
219[2]	500	— — — 5 0/0	219[2]	....	....	....	....	517 50	508 75	»	»	» »	»	219[2]
219[3]	500	— Compagnie générale transatlantique 5 0/0	219[3]	....	....	....	....	....	....	....	....	452 50	437 50	219[3]
221	1250	Oblig. Mines de la Loire 4 0/0 ancienne 1846	221	1180 »	1152 50	1180 »	1145 »	1200 »	1145 »	1171 25	1157 50	1160 »	1155 »	221
222	1250	— — 4 0/0 nouvelle 1852	222	1020 »	990 »	1030 »	1000 »	1025 »	960 »	1025 »	983 75	1030 »	1003 75	222
224	1250	— Mines de la Grand'Combe 4 0/0 1844	224	1030 »	1013 75	1050 »	1012 50	1047 50	1022 50	1050 »	1035 »	1050 »	1000 »	224
225	1250	— — — 4 0/0 1856	225	1010 »	1005 »	1010 »	1030 »	1045 »	1010 »	1035 »	1020 »	1045 »	1025 »	225
227	500	Oblig. Vieille-Montagne 5 0/0	227	480 »	445 »	485 »	475 »	480 »	440 »	....	....	....	....	227
231[1]	312	— Châtillon-Commentry (forges) 4.8 0/0	231[1]	260 »	245 »	235 »	242 50	250 »	240 »	252 50	247 50	260 »	250 »	231[1]
232	500	— Horme ancienne 5 0/0	232	492 50	480 »	495 »	480 »	490 »	475 »	485 »	480 »	487 50	462 50	232
233	300	— — nouvelle 5 0/0	233	285 »	265 »	292 50	280 »	287 50	275 »	295 »	280 »	290 »	280 »	233
235	450	— *J.-F. Cail et Cie* 4. 44 0/0	235	415 »	390 »	420 »	405 »	415 »	405 »	430 »	460 »	430 »	425 »	235
235[2]	250	— Fourchambault (forges) 6 0/0 1858	235[2]	246 25	232 50	247 50	240 »	245 »	238 75	246 25	240 »	246 25	240 »	235[2]
235[4]	500	— Terre-Noire, Bessèges 5 0/0 1860	235[4]	475 »	465 »	490 »	465 »	475 »	465 »	465 »	430 »	420 »	420 »	235[4]
235[5]	275	— Aciéries de Firminy 5.45 0/0	235[5]	....	....	250 »	245 »	245 »	242 50	250 »	250 »	» »	» »	235[5]
235[6]	1250	— Fourchambault (forges) 4 0/0 1855	235[6]	....	....	....	....	1000 »	900 »	905 »	905 »	930 »	925 »	235[6]
235[7]	500	— Terre-Noire, Bessèges 6 0/0 1865	235[7]	....	....	....	....	....	....	....	....	490 »	475 »	235[7]
236	625	Oblig. Rue (impériale) de Lyon 4 0/0 1856	236	550 »	330 »	350 »	525 »	542 50	517 50	561 25	525 »	568 75	510 »	236
237	625	— Rue de la Bourse à Lyon 4 0/0	237	503 75	496 25	» »	» »	» »	» »	490 »	490 »	503 75	502 50	237
239	500	— Docks et Entrepôts de Marseille 3 0/0	239	310 »	272 50	300 »	265 »	256 25	260 »	260 »	268 75	290 »	270 »	239
240	500	— — du Havre 3 0/0	240	275 »	257 50	285 »	270 »	276 25	270 »	»	»	»	»	240
241	500	— Cie immobilière de Paris (Rivoli), 3 0/0	241	285 »	255 »	260 »	258 75	270 »	225 »	267 50	245 »	268 »	190 »	241
241[1]	625	— Rue (impériale) de Lyon 4 0/0 1862	241[1]	....	....	495 »	488 75	500 »	487 50	530 »	500 »	540 »	510 »	241[1]
241[2]	500	— Abattoirs de Lyon 5 0/0	241[2]	....	....	485 »	460 »	»	»	»	»	»	»	241[2]
243	500	Oblig. Gaz de La Guillotière, Vaise et Lyon 5 0/0	243	»	»	270 »	260 »	275 »	265 »	297 50	268 75	301 25	260 »	243
244	300	— Gaz de Lyon 6 0/0 1857	244	312 50	305 »	315 »	300 »	310 »	300 »	310 »	305 »	315 »	305 »	244
244[1]	300	— — 5 0/0 1863	244[1]	....	....	277 50	277 50	270 »	270 »	286 25	270 »	307 50	291 25	244[1]
245	500	— Gaz de Paris 5 0/0	245	493 »	432 50	490 »	470 »	480 »	457 50	500 »	460 »	500 »	455 »	245
245[1]	250	— Union des Gaz 6 0/0	245[1]	195 »	195 »	215 »	190 »	227 50	197 50	232 50	215 »	237 50	217 50	245[1]
245[2]	625	— Gaz de Marseille 4 0/0	245[2]	....	....	490 »	485 »	480 »	461 25	507 50	487 50	505 »	475 »	245[2]
245[6]	600	— Gaz de Naples 5 0/0 1863	245[6]	....	....	472 50	450 »	480 »	450 »	415 »	450 »	460 »	440 »	245[6]
246	500	Oblig. Eaux de Paris (Cie génle), 3 0/0	246	200 »	260 »	300 »	282 50	297 50	266 25	295 »	273 75	307 50	200 »	246
246[5]	625	— Salines de l'Est 4 0/0	246[5]	520 »	510 »	»	»	»	»	460 »	460 »	470 »	470 »	246[5]

1862 à 1866. (*Suite.*)

REPÈRES.	PAIR OU TAUX de REMBOURSEMENT	DÉNOMINATION des VALEURS.	REPÈRES.	1862. plus haut.	1862. plus bas.	1863. plus haut.	1863. plus bas.	1864. plus haut.	1864. plus bas.	1865. plus haut.	1865. plus bas.	1866. plus haut.	1866. plus bas.	REPÈRES.
		VALEURS A REVENU VARIABLE												
248	1000	Banque de France........	248	3500 »	2920 »	3500 »	3270 »	3595 »	3260 »	3800 »	3440 »	3735 »	3380 »	248
267	500	Caisse commerciale — *Bechet Dethomas et Cie*	267	450 »	380 »	505 »	415 »	510 »	435 »	500 »	470 »	490 »	475 »	267
269	500	Comptoir d'escompte de Paris........	269	725 »	617 50	785 »	680 »	1020 »	765 »	1025 »	870 »	1020 »	660 »	269
272	500	Crédit foncier de France........	272	1760 »	1455 »	1515 »	1210 »	1340 »	1095 »	1350 »	1235 »	1400 »	1080 »	272
275	500	Société générale de crédit mobilier........	275	1285 »	705 »	1482 50	1010 »	1315 »	853 75	1000 »	652 50	877 50	425 »	275
276	500	Caisse commerciale de St-Quentin — *Lécuyer et Cie*	276	685 »	510 »	430 »	375 »	»	»	»	»	477 50	477 50	276
278	100	Sous-comptoir des entrepreneurs........	278	266 25	91 25	322 50	226 25	262 50	212 50	245 »	190 »	210 »	112 50	278
280	100	Comptoir central — *E. Naud et Cie*........	280	43 75	35 »	62 50	41 25	55 »	35 »	57 50	37 50	46 »	28 »	280
281	500	Caisse générale des chem. de fer — *J. Mirès et Cie*	281	170 »	25 »	82 50	42 50	82 30	38 75	40 »	10 »	120 »	12 50	281
281¹	500	Comptoir lyonnais — *Droche, Robin et Cie*........	281¹	»	»	»	»	510 »	510 »	»	»	»	»	281¹
285	1000	Société des nu-propriétaires........	285	925 »	900 »	1000 »	900 »	....	....	....	....	....	....	285
286	500	Société gén. de crédit industriel et commercial.	286	720 »	555 »	790 »	677 50	817 50	690 »	755 »	665 »	700 »	575 »	286
287	500	Société de crédit colonial........	287	520 »	498 75	1250 »	500 »	....	....	....	....	....	....	287
287¹	500	— foncier colonial........	287¹	....	....	850 »	700 »	730 »	550 »	710 »	605 »	675 »	520 »	287¹
288	500	Sous-Comptoir du commerce et de l'industrie..	288	560 »	490 »	605 »	500 »	565 »	515 »	550 »	490 »	500 »	425 »	288
289	333	Omnium (Lyon)........	289	550 »	422 50	610 »	550 »	575 »	510 »	535 »	485 »	515 »	480 »	289
290	500	Comptoir d'escompte de Lyon — *A. F. Collet et Cie*	290	625 »	625 »	630 »	620 »	655 »	595 »	630 »	605 »	626 25	600 »	290
291	500	Banque de l'Algérie........	291	900 »	682 50	960 »	807 50	1000 »	850 »	1025 »	915 »	1020 »	970 »	291
291³	500	Crédit agricole........	291³	760 »	617 50	800 »	630 »	785 »	610 »	800 »	620 »	650 »	540 »	291³
291⁵	500	Crédit lyonnais........	291⁵	....	....	590 »	517 50	546 25	498 75	543 75	457 50	517 50	400 »	291⁵
291⁶	500	Société de dépôts et de comptes-courants........	291⁶	....	....	580 »	540 »	585 »	535 »	575 »	550 »	570 »	515 »	291⁶
291⁷	500	L'approvt, crédit des halles et march. de Paris.	291⁷	....	....	600 »	560 »	550 »	500 »	545 »	500 »	425 »	415 »	291⁷
291⁸	500	Comptoir de l'agriculture........	291⁸	....	....	650 »	495 »	505 »	475 »	530 »	485 »	»	»	291⁸
291⁹	500	S. gén. pr fav. le dév. du com. et de l'ind. en France	291⁹	....	....	....	....	670 »	551 25	625 »	580 »	607 50	500 »	291⁹
291¹⁰	500	Soc. lyonnaise de dépôts et de comptes-courants.	291¹⁰	....	....	....	....	....	....	497 50	487 50	512 50	480 »	291¹⁰
291¹¹	500	S. marseillaise de crédit industriel et commercial.	291¹¹	....	....	....	....	....	....	495 »	485 »	491 25	455 »	291¹¹
292	500	Comptoir de la Méditerranée — *Gay, Bazin et Cie*	292	312 50	260 »	....	....	....	....	....	....	....	....	292
301¹	500	Crédit foncier d'Autriche........	301¹	....	....	....	....	700 »	600 »	675 »	612 50	655 »	490 »	301¹
303	500	Société générale de crédit mobilier espagnol..	303	900 »	445 »	990 »	565 »	710 »	540 »	600 »	520 »	475 »	185 »	303
304	500	Compagnie générale de crédit en Espagne........	304	230 »	200 »	263 »	190 »	200 »	65 »	85 »	45 »	....	....	304
304¹	500	Société générale de crédit mobilier italien........	304¹	....	....	657 50	510 »	555 »	408 75	475 »	385 »	497 50	250 »	304¹
304²	500	Banque de crédit italien........	304²	....	....	525 »	485 »	500 »	445 »	450 »	435 »	....	....	304²
304³	540	B. de crédit et de dép. des Pays-Bas. (200 fl.)..	304³	....	....	655 »	570 »	608 75	535 »	570 »	543 75	....	....	304³
304⁴	500	— — —	304⁴	....	....	....	....	....	....	540 »	490 »	520 »	400 »	304⁴
304⁵	540	Soc. gén. de C. et d'Ind. (cr. mobil. néerlandais)	304⁵	....	....	627 50	540 »	612 50	366 75	410 »	330 »	383 75	312 50	304⁵
304⁶	500	Banque impériale ottomane........	304⁵	....	....	835 »	670 »	795 »	622 50	695 »	600 »	600 »	410 »	304⁵
307	12500	Cie d'assurances génér.. Assurances maritimes.	307	»	»	52 0/0 b	40 0/0 b	»	»	56 0/0 b	56 0/0 b	56 0/0 b	56 0/0 b	307
310	5000	L'Union des Ports........ —	310	16 0/0 b	15 0/0 b	15 0/0 b	15 0/0 b	»	»	»	»	»	»	310
311	5000	Le Lloyd français........ —	311	20 0/0 b	19 0/0 b	19 0/0 b	12 0/0 b	12 0/0 b	12 0/0 b	12 0/0 b	12 0/0 b	»	»	311
312	5000	L'Océan........ —	312	»	»	»	»	21 0/0 b	21 0/0 b	»	»	»	»	312
314	5000	La Chambre........ —	314	20 0/0 b	20 0/0 b	18 0/0 b	18 0/0 b	»	»	»	»	»	»	314
321	5000	La Sauvegarde........ —	321	»	»	Pair	Pair	»	»	»	»	»	»	321
322	5000	Cie centrale........ —	322	12 0/0 b	12 0/0 b	»	»	»	»	12 0/0 b	12 0/0 b	»	»	322
323	5000	La Réunion........ —	323	16 0/0 b	14 0/0 b	18 0/0 b	17 0/0 b	20 0/0 b	20 0/0 b	25 0/0 b	25 0/0 b	»	»	323
324	5000	Comptoir........ —	324	11 0/0 b	11 0/0 b	»	»	16 0/0 b	12 0/0 b	16 0/0 b	14 0/0 b	»	»	324
327	5000	Cie d'assurances générales....... Ass. incendie.	327	»	»	960 0/0 b	960 0/0 b	920 0/0 b	920 0/0 b	930 0/0 b	930 0/0 b	1000 0/0 b	1000 0/0 b	327

1862 à 1866. *(Suite.)*

REPÈRES.	PAIR ou taux de remboursement	DÉNOMINATION des VALEURS.		REPÈRES.	1862. plus haut.	1862. plus bas.	1863. plus haut.	1863. plus bas.	1864. plus haut.	1864. plus bas.	1865. plus haut.	1865. plus bas.	1866. plus haut.	1866. plus bas.	REPÈRES.
328	1000	Cie française du Phénix	Assur. incendie.	328	3600 »	3500 »	5000 »	5000 »	5000 »	5000 »	4500 »	4000 »	4100 »	4100 »	328
329	5000	La Nationale (anc. Cie royale)..	—	329	189 0/0 b	180 0/0 b	195 0/0 b	195 0/0 b	190 0/0 b	190 0/0 b	188 0/0 b	182 0/0 b	200 0/0 b	190 0/0 b	329
330	5000	L'Union	—	330	105 0/0 b	94 0/0 b	111 0/0 b	106 0/0 b	107 0/0 b	102 0/0 b	90 0/0 b	90 0/0 b	97 1/2 0/0 b	90 0/0 b	330
334	5000	La France	—	334	76 0/0 b	72 0/0 b	79 0/0 b	76 0/0 b	78 0/0 b	68 0/0 b	70 0/0 b	66 0/0 b	70 0/0 b	68 0/0 b	334
336	5000	L'Urbaine	—	336	115 0/0 b	110 0/0 b	140 0/0 b	125 0/0 b	141 0/0 b	141 0/0 b	130 0/0 b	130 0/0 b	120 0/0 b	120 0/0 b	336
338	2500	La Providence	—	338	100 0/0 b	100 0/0 b	»	»	120 0/0 b	120 0/0 b	118 0/0 b	118 0/0 b	»	»	338
343	5000	La Confiance	—	343	5 0/0 b	5 0/0 b	6 0/0 b	6 0/0 b	10 0/0 b	10 0/0 b	»	»	10 0/0 b	10 0/0 b	343
346	1000	La Paternelle	—	346	»	»	10 0/0 b	10 0/0 b	»	»	25 0/0 b	25 0/0 b	30 0/0 b	30 0/0 b	346
347	1000	Le Nord	—	347	»	»	30 0/0 b	30 0/0 b	»	»	»	»	»	»	347
349	7500	Cie d'assurances générales	Ass. sur la vie.	349	180 0/0 b	173 1/3 0/0b	193 1/3 0/0b	193 1/3 0/0b	193 1/3 0/0b	193 1/3 0/0	»	»	220 0/0 b	220 0/0 b	349
350	5000	L'union	—	350	22 0/0 b	20 0/0 b	23 0/0 b	21 0/0 b	24 0/0 b	24 0/0 b	29 0/0 b	26 0/0 b	»	»	350
351	5000	La Nationale (Anc. Cie royale).	—	351	40 0/0 b	36 0/0 b	42 0/0 b	40 0/0 b	42 0/0 b	42 0/0 b	30 0/0 b	30 0/0 b	60 0/0 b	60 0/0 b	351
355	5000	Le Phénix	—	355	1 0/0 b	1 0/0 b	1 0/0 b	Pair	»	»	2 0/0 b	2 0/0 b	4 0/0 b	4 0/0 b	355
357	500	Caisse paternelle	—	357	»	»	»	»	4 0/0 b	4 0/0 b	Pair	Pair	4 0/0 b	4 0/0 b	357
358	500	Cie d'assurances générales contre la Grêle		358	55 0/0 p	60 0/0 p	35 0/0 p	60 0/0 p	»	»	48 0/0 p	48 0/0 p	51 0/0 p	51 0/0 p	358
387	400	Nord	Ch. de fer.	387	1072 50	965 »	1050 »	955 »	1010 »	932 50	1155 »	960 »	1200 »	1025 »	387
388	400	— action nouvelle	—	388	1015 »	901 25	1020 »	992 50	....	....	....	....	....	....	388
390	400	— action sortie 2e tirage	—	390	1047 50	927 50	....	....	....	....	....	....	....	....	390
393	500	Est (Paris-Strasbourg)	—	393	610 »	520 »	365 »	465 »	505 »	455 »	540 »	501 25	550 »	475 »	393
395	Néant.	— — act. de jouis.	—	395	220 »	180 »	205 »	115 »	125 »	115 »	160 »	120 »	175 »	150 »	395
401	390	Ouest	—	401	386 25	525 »	370 »	502 50	525 »	490 »	562 50	517 50	573 75	510 »	401
401¹	Néant.	— action de jouissance	—	401¹	....	....	....	....	....	....	....	....	165 »	165 »	401¹
406	500	Paris-Orléans, nouvelle action	—	406	1395 »	1250 »	1470 »	1270 »	1160 »	1145 »	....	....	....	....	406
406¹	500	— — estampillée..	—	406¹	1100 »	992 50	1120 »	955 »	1010 »	812 50	932 50	800 »	895 »	780 »	406¹
406²	500	— act. nouv. émission..	—	406²	810 »	745 »	831 25	792 50	845 »	745 »	860 »	800 »	....	....	406²
407	Néant.	— act. de jouis. anc...	—	407	1010 »	900 »	....	....	....	....	....	....	....	....	407
407¹	Néant.	— nouv. act. de jouis..	—	407¹	700 »	662 50	760 »	505 »	620 »	525 »	560 »	495 »	550 »	490 »	407¹
408	500	Midi et canal latéral à la Garonne..	—	408	896 25	656 25	833 75	635 »	697 50	575 »	618 75	547 50	586 25	510 »	408
410	500	Graissessac-Béziers	—	410	45 »	30 »	....	....	....	....	....	....	....	....	410
412	500	Lyon-Genève	—	412	392 50	340 »	501 25	370 »	500 »	495 »	....	....	....	....	412
414	500	Ardennes	—	414	455 »	377 50	507 50	412 50	470 »	450 »	....	....	....	....	414
415	500	— action nouvelle	—	415	457 50	377 50	527 50	420 »	....	....	....	....	....	....	415
417	500	Bessèges-Alais	—	417	645 »	500 »	900 »	625 »	830 »	750 »	925 »	825 »	950 »	950 »	417
418	500	Paris-Lyon-Méditerranée	—	418	1205 »	1010 »	1225 »	925 »	960 »	882 50	....	....	....	....	418
418¹	500	— action estampillée..	—	418¹	....	....	975 »	910 »	965 »	857 50	985 »	815 »	931 25	772 50	418¹
418²	500	nouvelle émission..	—	418²	....	....	920 »	867 50	910 »	860 »	....	....	....	....	418²
421	500	Dauphiné	—	421	540 »	400 »	487 50	380 »	490 »	481 25	....	....	....	....	421
422	500	Lyon-Croix-Rousse	—	422	500 »	200 »	480 »	275 »	295 »	180 »	205 »	100 »	175 »	130 »	422
423	500	Chemins algériens	—	423	452 50	430 »	500 »	440 »	....	....	....	....	....	....	4.3
423¹	500	Lyon (Croix-Rousse) à Sathonay...	—	423¹	482 50	480 »	490 »	500 »	200 »	75 »	80 »	70 »	»	»	423¹
423²	500	Charentes	—	423²	....	....	475 »	415 »	432 50	340 »	395 »	297 50	405 »	325 »	423²
423³	500	Libourne-Bergerac	—	423³	....	....	....	....	425 »	350 »	390 »	200 »	....	....	423³
423⁴	500	Médoc (Bordeaux-Verdon)	—	423⁴	....	....	....	....	525 »	440 »	457 50	290 »	»	»	423⁴
429	500	Hainaut et Flandres	Ch. de fer.	429	255 »	250 »	....	....	....	....	....	....	....	....	429
430	500	Guillaume-Luxembourg	—	430	315 »	180 »	230 »	150 »	190 »	110 »	132 50	107 50	225 »	120 »	430
432	500	Chemins autrichiens	—	432	540 »	467 50	525 »	385 »	460 »	350 »	452 50	390 »	435 »	277 50	432
433	500	— Lombards-Vénitiens, etc....	—	433	640 »	505 75	615 »	510 »	565 »	497 50	556 25	381 25	435 75	250 »	433
436	500	— russes	—	436	545 »	390 »	451 25	400 »	....	....	....	....	....	....	436

1862 à 1866. (*Suite.*)

REPÈRES.	PAIR ou taux de remboursement	DÉNOMINATION des VALEURS.	REPÈRES.	1862. plus haut.	1862. plus bas.	1863. plus haut.	1863. plus bas.	1864. plus haut.	1864. plus bas.	1865. plus haut.	1865. plus bas.	1866. plus haut.	1866. plus bas.	REPÈRES.
438	500	Ouest-Suisse........ Ch. de fer.	438	200 »	100 »	172 50	60 »	63 75	28 75	40 »	33 75	....	....	438
438[1]	500	— action privilégiée...... —	438[1]	....	....	....	....	501 25	500 »	....	....	....	....	438[1]
439	500	Central-Suisse........ —	439	495 »	428 75	485 »	485 »	....	....	....	....	....	....	439
439[1]	500	Ligne d'Italie Rhône-Simplon........ —	439[1]	»	»	260 »	97 50	160 »	75 »	97 50	10 »	22 »	5 »	439[1]
441	500	*Victor-Emmanuel*........ —	441	397 50	321 25	475 »	363 75	397 50	305 »	322 50	205 »	220 »	55 »	441
443	400	Chemins romains........ —	443	221 25	177 50	....	....	....	....	....	....	....	....	443
443[1]	500	— .... —	443[1]	395 »	280 »	470 »	347 50	385 »	250 »	288 75	147 »	160 »	33 »	443[1]
443[2]	500	— action trentenaire. —	443[2]	451 25	430 »	480 »	436 75	477 50	400 »	440 »	280 »	307 50	95 »	443[2]
444	1000	Naples-Nocera-Castellamare........ —	444	»	»	»	»	505 »	503 »	....	....	....	....	444
444[1]	500	Chemins méridionaux Italiens........ —	444[1]	....	....	....	....	425 »	395 »	350 »	290 »	280 »	200 »	444[1]
447	250	Tarragone-Reus........ —	447	»	»	130 »	115 »	....	....	....	....	....	....	447
448	500	Madrid-Saragosse-Alicante Non lib. —	448	670 »	501 25	775 »	600 »	620 »	405 »	430 »	185 »	255 »	97 50	448
449	500	— libérée.. —	449	577 50	503 »	....	....	....	....	....	....	....	....	449
450	500	Séville-Xérès-Cadix........ —	450	482 50	410 »	540 »	460 »	485 »	225 »	292 50	32 »	60 »	20 »	450
451	500	Cordoue-Séville........ —	451	500 »	350 »	»	505 »	»	»	300 »	148 75	180 »	125 »	451
452	500	Nord-Espagne........ —	452	567 50	407 50	592 50	»	522 50	340 »	382 50	145 »	195 »	65 »	452
453	500	Saragosse-Barcelone........ —	453	385 »	290 »	392 50	297 50	302 50	145 »	200 »	77 50	120 »	30 »	453
454	500	Pampelune-Saragosse........ —	454	405 »	320 »	452 50	372 50	395 »	200 »	240 »	80 »	105 »	38 »	454
455	500	Montblanch-Reus........ —	455	....	....	490 »	480 »	485 »	480 »	30 »	15 »	35 »	35 »	455
457	500	Chemins portugais........ —	457	532 50	360 »	552 50	430 »	450 »	245 »	291 25	100 »	206 »	50 »	457
461	500	Télégr. élect. Manche.—*Sir James Carmichael et C*ᵉ	461	230 »	230 »	....	....	....	....	....	....	....	....	461
463	5000	Canal d'Aire à la Bassée........	463	»	»	9100 »	9000 »	7520 »	7520 »	»	»	»	»	463
469	1000	Canal de jonction de la Sambre à l'Oise........	469	»	»	»	»	930 »	930 »	»	»	»	»	469
482	500	Touage de la basse Seine et de l'Oise........	482	720 »	510 »	700 »	700 »	»	»	760 »	600 »	»	»	482
482[1]	500	Touage de Conflans à la mer........	482[1]	....	....	600 »	500 »	515 »	240 »	375 »	125 »	»	»	482[1]
484	500	Canal maritime de Suez........	484	540 »	423 75	558 75	460 »	498 75	412 50	465 »	411 25	447 50	220 »	484
484[1]	500	Canal *Cavour*........	484[1]	....	....	....	....	350 »	290 »	345 »	230 »	250 »	100 »	484[1]
499	500	Compᵉ générale des Omnibus (Paris)........	499	865 »	700 »	1045 »	845 »	1125 »	987 50	1195 »	1050 »	1100 »	970 »	499
499[1]	Néant.	— Action de jouissance	499[1]	200 »	200 »	»	»	»	»	740 »	740 »	470 »	467 50	499[1]
500	125	Compᵉ imp. des voitures de Paris — *Ducoux et C*ᵉ	500	73 75	56 25	116 25	67 50	106 25	77 50	95 »	68 »	91 75	53 »	500
501	120	Compᵉ générale des Omnibus de Londres........	501	80 »	31 25	71 25	45 »	85 »	66 25	100 »	82 50	112 50	72 50	501
502	100	Omnibus de Lyon — *Delahante et C*ᵉ........	502	80 »	60 »	90 »	75 »	84 25	65 »	65 »	55 »	55 »	50 »	502
504	1000	Pont, port et gare de Grenelle........	504	»	»	»	»	»	»	»	»	150 »	150 »	504
512	500	Ports de Marseille........	512	795 »	350 »	800 »	640 »	....	....	....	....	....	....	512
524	500	Cᵉ gén. de navig. à vapeur. — *Bazin, Gay et C*ᵉ	524	200 »	100 »	....	....	....	....	....	....	....	....	524
524[1]	500	— — Nouv. Société.	524[1]	485 »	470 »	530 »	485 »	605 »	520 »	1100 »	600 »	850 »	840 »	524[1]
525	»	Compagnie générale de navigation mixte........	525	647 50	515 »	700 »	595 »	617 50	548 75	630 »	557 50	610 »	540 »	525
526	500	Compagnie générale transatlantique........	526	690 »	400 »	600 »	497 50	595 »	490 »	570 »	462 50	555 »	350 »	526
526[1]	1000	Grappins (Rhône-Saône)........	526[1]	»	»	180 »	165 »	250 »	250 »	»	»	»	»	526[1]
529	500	Cᵉ des services des messageries maritimes........	529	765 »	590 »	920 »	757 50	825 »	742 50	830 »	765 »	785 »	610 »	529
529[1]	500	— Nouv. Emission	529[1]	476 25	530 »	816 »	675 »	770 »	720 »	....	....	....	....	529[1]
532	500	Cⁱᵉ maritime de navig. à vap. *Marc Fraissinet et C*ᵉ	532	596 25	465 »	625 »	520 »	598 75	515 »	610 »	490 »	560 »	375 »	532
532[1]	500	— Nouv. Emission.	532[1]	....	....	....	....	540 »	500 »	565 »	530 »	....	....	532[1]
532[2]	500	Cabotage international — *Bossy Maglione et C*ᵉ	532[2]	255 »	255 »	475 »	325 »	530 »	400 »	»	»	440 »	400 »	532[2]
532[3]	500	— Action estampillée..	532[3]	....	....	....	....	....	....	....	....	175 »	125 »	532[3]
532[4]	»	Compagnie générale de navigation à vapeur........	532[4]	110 »	70 »	55 »	65 »	86 25	75 »	70 »	70 »	90 »	85 »	532[4]
532[5]	500	Société gén. de transports maritimes à vapeur..	532[5]	....	....	....	....	....	....	521 25	480 »	500 »	450 »	532[5]
532[7]	500	Armements maritimes— *Peulvé, Petitdidier et C*ᵉ	532[7]	....	....	....	....	....	....	....	....	230 »	220 »	532[7]

1862 à 1866. (*Suite.*)

REPÈRES.	PAIR ou taux de remboursement	DÉNOMINATION des VALEURS.	REPÈRES.	1862. plus haut.	1862. plus bas.	1863. plus haut.	1863. plus bas.	1864. plus haut.	1864. plus bas.	1865. plus haut.	1865. plus bas.	1866. plus haut.	1866. plus bas.	REPÈRES.
546	1000	Houillères d'Unieux et Fraisse	546	»	»	10 »	5 »	....	....	....	....	....	....	546
561	2500	Houillère et chemin de fer d'Epinac	561	»	»	1500 »	1500 »	1500 »	1500 »	»	»	»	»	561
564	1000	Compagnie des Mines de la Loire	564	650 »	650 »	....	....	....	....	....	....	....	....	564
566	500	Mines de houille de Blanzy — *Jules Chagot et Cie*	566	»	»	»	»	615 »	615 »	»	»	»	»	566
569	»	Houillère de la Grand'Combe	569	920 »	815 »	932 50	860 »	990 »	865 »	1020 »	932 50	1065 »	940 »	569
572	750	Mines et chemin de fer de Carmaux	572	275 »	270 »	375 »	273 75	367 50	290 »	335 »	295 »	325 »	300 »	572
573	1000	Mines de Roche-la-Molière et Firminy	573	494 25	440 »	342 50	530 »	545 »	528 75	540 »	530 »	550 »	540 »	573
574	»	Houillères du Ban Lafaverge	574	»	»	170 »	150 »	160 »	130 »	165 »	165 »	»	»	574
576	»	Mines de la Loire	576	201 25	161 25	227 50	195 »	202 50	167 50	195 »	171 25	190 »	157 »	576
577	»	Houillères de Montrambert et de la Béraudière	577	161 25	130 »	170 »	140 »	157 50	135 »	152 50	137 »	157 50	136 »	577
578	»	— de Saint-Etienne	578	175 »	148 75	180 »	163 75	178 75	158 75	167 50	166 25	199 »	170 »	578
579	»	— de Rive-de-Gier	579	277 50	191 25	277 50	232 50	242 50	97 50	125 »	98 75	112 50	82 »	579
579[1]	1000	Mines de Campagnac	579[1]	875 »	830 »	1030 »	810 »	»	»	»	»	»	»	579[1]
579[2]	»	Grandes Flaches	579[2]	....	....	170 »	140 »	100 »	93 75	100 »	96 »	»	»	579[2]
579[3]	500	Houillères d'Ahun	579[3]	....	....	....	....	....	....	800 »	750 »	....	....	579[3]
579[4]	500	Charbon. des Bouches-du-Rhône—*Lhuillier et Cie*	579[4]	....	....	....	....	....	....	356 25	350 »	225 »	140 »	579[4]
601	100	Mines de Mouzaïa — *Bœuf et Cie*	601	21 25	11 25	22 50	10 »	13 75	10 »	8 25	7 25	15 »	5 75	601
605	»	Mines de Gar-Rouban et Mazis—*R. Dervieu et Cie*	605	»	»	»	»	150 »	40 »	»	»	»	»	605
606	500	Mines et fonderies de Santander—*Bernière et Cie*	606	»	»	»	»	»	»	»	»	250 »	110 »	606
606[1]	100	Cie aurifère et agricole de l'Approuague	606[1]	....	....	150 »	110 »	105 »	85 »	90 »	60 »	....	....	606[1]
607	»	Mines de Kef-Oum-Theboul	607	200 »	200 »	340 »	275 »	230 »	250 »	»	» »	160 »	50 »	607
608	80	Mines de zinc de la Vieille-Montagne	608	280 »	223 75	287 50	255 »	291 25	265 »	267 50	197 50	235 »	195 »	608
609	1000	— de la Nouvelle-Montagne	609	740 »	740 »	»	»	»	»	»	»	»	»	609
612	375	— de Stolberg et de Westphalie	612	»	»	»	»	»	»	»	»	»	»	612
616	375	— de la Silésie	616	130 »	90 »	132 50	100 »	160 »	95 »	130 »	100 »	140 »	110 »	616
621	»	Forges d'Alais	621	»	»	500 »	500 »	500 »	500 »	»	»	200 »	200 »	621
624	500	Forges de la Basse-Indre — *Ad. Langlois et Cie*	624	300 »	300 »	»	»	»	»	200 »	200 »	»	»	624
626	500	Forges de Châtillon et Commentry *Bouguerel Martenot et Cie*	626	217 50	125 »	120 »	80 »	....	....	....	....	....	....	626
626[1]	»	Forges de Châtillon et Commentry. (Nouv. Soc.)	626[1]	....	....	320 »	270 »	300 »	267 50	280 »	235 »	275 »	222 50	626[1]
631	1000	Forges d'Allevard — *Charrière et Cie*	631	1050 »	1050 »	»	»	»	»	»	»	»	»	631
632	250	Aciéries de Firminy — *F. F. Verdié et Cie*	632	340 »	240 »	330 »	270 »	295 »	220 »	250 »	220 »	255 »	220 »	632
633	»	Forges de Givors — *F. de la Rochette et Cie*	633	»	»	203 75	203 75	200 »	200 »	300 »	300 »	300 »	300 »	633
634	»	Forges de Pont-Evêque Vienne — *Harel et Cie*	634	350 »	210 »	330 »	290 »	»	»	447 »	412 50	»	»	634
636	»	Forges et chantiers de la Méditerranée	636	1202 50	785 »	1311 25	1160 »	1425 »	1260 »	1425 »	1290 »	1400 »	1190 »	636
637	500	Forges de la Franche-Comté — *S. Menans et Cie*	637	150 »	150 »	160 »	160 »	»	»	»	»	100 »	100 »	637
638	»	Forg. de Fourchambault—*Boigues, Rambourg et Cie*	638	400 »	300 »	450 »	370 »	461 25	390 »	450 »	405 »	437 50	380 »	638
639	»	Fonderies et forges de l'Horme	639	1000 »	690 »	1000 »	890 »	860 »	750 »	812 50	675 »	750 »	627 50	639
640	500	Forges du Creusot — *Schneider et Cie*	640	742 50	605 »	760 »	645 »	655 »	592 50	610 »	575 »	675 »	575 »	640
641	»	F. de la Marine et d. ch. de f. — *Petin, Gaudet et Cie*	641	907 50	675 »	800 »	710 »	765 »	680 »	820 »	727 50	775 »	605 »	641
645	»	Forges de Terre-Noire, La Voulte et Bességes	645	755 »	542 50	750 »	597 50	575 »	455 »	475 »	285 »	347 50	243 75	645
656	500	Société *Chameroy et Cie*	656	410 »	410 »	»	»	»	»	»	»	»	»	656
663	500	Société *J. F. Cail et Cie*	663	825 »	650 »	1050 »	800 »	1000 »	850 »	955 »	800 »	950 »	825 »	663
670	»	Taillerie impériale de diamants	670	512 50	302 50	565 »	495 »	575 »	350 »	»	»	360 »	300 »	670
671	500	Chantiers et ateliers marseillais—*Falguières et Cie*	671	365 »	300 »	385 »	332 50	346 »	280 »	310 »	282 50	295 »	225 »	671
671[1]	»	Chantiers de l'Océan	671[1]	....	....	....	....	543 »	480 »	525 »	430 »	465 »	250 »	671[1]
671[2]	»	Moteurs Lenoir	671[2]	....	....	....	....	310 »	250 »	270 »	103 75	140 »	45 »	671[2]
671[3]	500	Compagnie de Fives-Lille	671[3]	....	....	....	....	....	....	....	....	550 »	500 »	671[3]
677	500	Entrepôts et magasins généraux de Paris	677	740	510 »	775 »	590 »	642 50	490 »	690 »	560 »	690 »	500 »	677

1862 à 1866. *(Suite.)*

REPÈRES.	PAIR ou taux de remboursement	DÉNOMINATION des VALEURS.	REPÈRES.	1862. plus haut.	1862. plus bas.	1863. plus haut.	1863. plus bas.	1864. plus haut.	1864. plus bas.	1865. plus haut.	1865. plus bas.	1866. plus haut.	1866. plus bas.	REPÈRES.
678	500	Docks et entrepôts de Marseille	678	745 »	475 »	930 »	660 »	690 »	510 »	610 »	462 50	517 50	385 »	678
678^1	500	— — — Action nouvelle.	678^1	....	....	....	....	545 »	480 »	560 »	465 »	480 »	370 »	678^1
679	500	— — du Havre	679	410 »	400 »	410 »	410 »	»	»	450 »	450 »	»	»	679
679^1	500	— et chemin de fer de Saint-Ouen	679^1	555 »	547 50	622 50	377 50	425 »	280 »	378 75	200 »	240 »	80 »	679^1
679^2	500	Marchés du Temple et Saint-Honoré	679^2	....	....	600 »	580 »	618 75	547 50	615 »	560 »	595 »	540 »	679^2
679^3	500	Soc. immobres du Bd du Temple — *J. Amiel et Cie*	679^3	....	....	505 »	360 »	390 »	480 »	205 »	490 »	150 »	90 »	679^3
679^4	500	Magasins publics et généraux à Bordeaux	679^4	....	....	....	....	505 »	502 50	»	»	»	»	679^4
679^5	»	— généraux de Bercy	679^5	....	....	....	....	705 »	700 »	»	»	585 »	585 »	679^5
679^6	500	Halle aux cuirs	679^6	....	....	....	....	....	....	560 »	505 »	540 »	420 »	679^6
679^7	500	Compagnie générale des marchés	679^7	....	....	....	....	....	....	....	....	515 »	492 50	679^7
679^8	»	— de la gare d'eau de Vaise	679^8	486 25	486 25	»	»	»	»	491 25	485 »	485 »	475 »	679^8
682	200	Société des deux cirques — *Dejean et Cie*	682	242 50	200 »	225 »	200 »	240 »	210 »	245 »	220 »	235 »	200 »	682
683	100	Château des fleurs à Marseille	683	26 25	15 »	25 »	18 75	27 50	18 75	25 »	22 50	20 »	20 »	683
685	500	Comp. des abattoirs de Lyon — *P. Passaut et Cie*	685	380 »	360 »	392 50	377 50	420 »	378 75	435 »	402 50	447 50	407 50	685
686	100	— immobilière de Paris (Rivoli)	686	275 »	128 75	276 25	215 »	....	....	....	....	....	....	686
686^1	500	— — (Paris)	686^1	....	....	665 »	477 50	512 50	405 »	585 »	480 »	537 50	265 »	686^1
687	500	Rue (impériale) de Lyon	687	445 »	402 50	460 »	421 25	427 50	405 »	430 »	400 »	462 50	448 75	687
688	»	Société immobilière de Marseille	688	271 25	270 »	....	....	....	....	....	....	....	....	689
688^1	»	— du quartier neuf du Luxembourg	688^1	....	....	....	....	....	....	500 »	270 »	....	....	688^1
688^5	»	Compagnie immobilière de Belgique	688^5	....	....	608 75	560 »	570 »	495 »	....	....	....	....	688^5
689^1														
701	500	Compagnie centrale de gaz — *Lebon et Cie*	689^1	505 »	300 »	550 »	460 »	590 »	500 »	530 »	478 75	550 »	470 »	689^1
702	250	L'union des gaz — *F. Toché et Cie*	701	108 75	75 »	150 »	106 25	165 »	135 »	190 »	448 75	485 »	450 »	701
703	500	Cie parisienne d'éclair. et de chauff. par le gaz	702	1492 50	895 »	1910 »	1480 »	1760 »	1547 50	1830 »	1640 »	1740 »	1340 »	702
704	500	— — — — nouv. émis.	703	1500 »	914 25	1930 »	1500 »	1780 »	1550 »	....	....	....	....	703
705^2	500	Gaz général de Paris — *Hugon et Cie*	704	375 »	375 »	500 »	500 »	350 »	275 »	422 50	395 »	460 »	335 »	704
706^1	»	— d'Alais	705^2	525 »	475 »	»	»	»	»	»	»	»	»	705^2
706^3	500	— d'Angers	706^1	405 »	405 »	527 50	527 50	600 »	525 »	480 »	480 »	550 »	550 »	706^1
707^1	1000	— de Bayonne	706^3	»	»	»	»	850 »	850 »	»	»	»	»	706^3
707^2	»	— de Beaucaire	706^4	65 »	65 »	»	»	»	»	»	»	»	»	706^4
707^3	»	— de Besançon	707^1	407 50	407 50	»	»	»	»	»	»	»	»	707^1
708^4	»	— de Beziers	707^2	330 »	305 »	300 »	300 »	»	»	»	»	»	»	707^2
710^1	500	— de Bilbao	707^3	332 50	330 »	»	»	»	»	»	»	»	»	707^3
711^4	»	— de Castres et Agen	708^4	....	....	....	....	430 »	430 »	»	»	»	»	708^4
712	400	— de Clermont-Ferrand	710^1	»	»	357 50	357 50	»	»	511 25	511 25	»	»	710^1
712	600	— et hauts fourneaux de Marseille	711	446 25	267 50	585 »	432 50	515 »	450 »	545 »	493 75	517 50	435 »	711
713^1	700	— de Dijon	712	»	»	»	»	1550 »	1475 »	»	»	»	»	712
713	300	— de Dôle	712^1	225 »	225 »	»	»	»	»	»	»	»	»	712^1
713^1	500	— de Florence	713	»	»	775 »	750 25	820 »	792 50	950 »	900 »	960 »	950 »	713
714^2	»	— de Grenoble	713^1	....	....	85 »	85 »	»	»	»	»	»	»	713^1
714	»	— de la Corogne	713^2	....	....	....	....	....	....	481 25	481 25	»	»	713^2
714^2	500	— de la Guillotière, Vaise et Lyon	714	1925 »	1700 »	1820 »	1720 »	1844 25	1720 »	1950 »	1735 »	2050 »	1950 »	714
716^3	300	— du Puy	714^2	»	»	216 25	216 25	»	»	240 »	240 »	»	»	714^2
716	»	— de Limoges	714^3	271 25	271 25	»	»	550 »	537 50	»	»	»	»	714^3
718^1	250	— de Lyon	716	2760 »	2365 »	3000 »	2740 »	2780 »	2460 »	2755 »	2462 50	2725 »	2550 »	716
718	»	— de Malaga	716^1	»	»	»	»	»	»	250 »	250 »	275 »	275 »	716^1
720	300	— des Trois-villes-du-Midi	718	500 »	490 »	550 »	540 »	560 »	530 »	570 »	570 »	600 »	600 »	718
720^1	650	— de Metz	719	1355 »	1460 »	1700 »	1600 »	»	»	1650 »	1650 »	»	»	719
720^2	400	— de Montauban	720^1	»	»	»	»	450 »	450 »	»	»	»	»	720^1
720^3	»	— de Montbrison	720^2	....	....	480 »	480 »	»	»	»	»	»	»	720^2
721	300	— de Montélimar	720^3	»	»	»	»	490 »	490 »	»	»	»	»	720^3
	1000	— de Montpellier	721	»	»	»	»	1680 »	1680 »	1400 »	1225 »	»	»	721

1862 à 1866. (*Fin.*)

REPÈRES.	PAIR ou TAUX de REMBOURSEMENT	DÉNOMINATION des VALEURS.	REPÈRES.	1862. plus haut.	1862. plus bas.	1863. plus haut.	1863. plus bas.	1864. plus haut.	1864. plus bas.	1865. plus haut.	1865. plus bas.	1866. plus haut.	1866. plus bas.	REPÈRES.
721[1]	500	Gaz de Moulins	721[1]	»	»	»	»	»	»	425 »	425 »	»	»	721[1]
721[2]	»	— de Mulhouse — *L. H. Blanchard et Ce*	721[2]	....	....	503 75	390 »	305 »	390 »	465 »	345 »	357 50	280 »	721[2]
722[1]	500	— de Nevers	722[1]	»	»	»	»	»	»	»	»	1 080 »	1 075 »	722[1]
722[2]	500	— de Padoue, Vicence et Trévise	722[2]	»	»	»	»	»	»	320 »	320 »	»	»	722[2]
723	»	— de Reims	723	650 »	575 »	»	»	681 25	435 »	680 »	680 »	750 »	750 »	723
724	500	— de Rennes	724	»	»	»	»	1 120 »	1 100 »	1 150 »	1 150 »	»	»	724
724[2]	500	— de Rodez et Aurillac	724[2]	»	»	213 75	213 75	»	»	»	»	»	»	724[2]
725	700	— de Saint-Etienne	725	3 600 »	3 450 »	4 200 »	4 200 »	»	»	2 075 »	2 075 »	2 100 »	1 940 »	725
725[1]	»	— de Saône-et-Loire (Mâcon et Châlon-s.-S.)	725[1]	615 »	615 »	»	»	»	»	»	»	»	»	725[1]
728	850	— de Trieste	728	»	»	510 »	400 »	200 »	200 »	»	»	140 »	140 »	728
728[1]	500	— de Troyes	728[1]	560 »	560 »	640 »	391 25	»	»	650 »	650 »	»	»	728[1]
728[2]	»	— de Vaise	728[2]	495 »	495 »	505 »	492 50	»	»	»	»	»	»	728[2]
729	1000	— de Venise	729	1 400 »	1 200 »	1 575 »	1 390 »	1 475 »	1400 »	1 650 »	1 500 »	»	»	729
729[1]	500	— de Vérone	729[1]	»	»	865 »	812 50	»	»	»	»	»	»	729[1]
730[1]	500	Compagnie générale de gaz à Bruxelles	730[1]	....	....	517 50	475 »	305 »	460 »	345 »	452 50	527 50	450 »	730[1]
730[2]	500	Compagnie Napolitaine de Gaz	730[2]	....	....	710 »	675 »	715 »	715 »	800 »	705 »	905 »	825 »	730[2]
731	500	Filature de lin d'Amiens (*Maberly*)	731	520 »	455 »	520 »	480 »	595 »	510 »	640 »	540 »	725 »	600 »	731
740	500	Comptoir de l'industrie linière — *Cohin et Cie*	740	480 »	410 »	497 50	440 »	340 »	480 »	555 »	480 »	590 »	500 »	740
743	450	Compagnie linière de Pont-Remy	743	»	»	»	»	»	»	»	»	»	»	743
761	»	Usines centrales de la Guadeloupe — *Miot et Ce*	761	445 »	400 »	375 »	335 »	»	»	200 »	200 »	»	»	761
761[1]	»	Raffinerie — *P. Masset et fils*	761[1]	740 »	590 »	765 »	640 »	780 »	655 »	800 »	660 »	780 »	740 »	761[1]
761[2]	500	Raffinerie de la Méditerranée	761[2]	....	....	....	....	....	....	....	....	570 »	487 50	761[2]
761[3]	»	— *C. Rostand et Ce*	761[3]	....	....	1 100 »	510 »	1 270 »	890 »	....	....	....	....	761[3]
761[4]	»	— — (nouvelles actions)	761[4]	....	....	....	....	752 50	525 »	758 75	7 50	....	....	761[4]
761[5]	500	— *Emsens et Ce*	761[5]	....	....	695 »	520 »	700 »	225 »	500 »	447 50	520 »	340 »	761[5]
761[6]	»	— *Maurin et Ce*	761[6]	....	....	....	....	495 »	400 »	472 50	495 »	330 »	20 »	761[6]
761[7]	500	— Nantaises	761[7]	....	....	....	....	....	....	395 »	400 »	83 »	80 »	761[7]
770[2]	530	Compagnie fermière des eaux de Vichy	770[2]	....	....	....	....	650 »	650 »	650 »	600 »	635 »	600 »	770[2]
771	250	Compagnie générale des eaux	771	300 »	300 »	422 50	340 »	390 »	325 »	367 50	337 50	356 25	290 »	771
771[3]	100	Comp. de l'eau de Seine purifiée et des eaux gazeuses	771[3]	»	»	7 50	7 50	....	....	....	....	....	....	771[3]
776	»	Jardin zoologique de Marseille	776	95 »	95 »	100 »	50 »	85 »	40 »	51 25	50 »	»	»	776
777	250	Jardin zoologique d'acclimatation (Paris)	777	»	»	»	»	»	»	»	»	25 »	25 »	777
790	440	Glaces et verreries de Montluçon — *F. Berlioz et Ce*	790	»	»	»	»	»	»	102 »	102 »	102 50	102 50	790
791[1]	»	Cristalleries de Lyon	791[1]	»	»	302 50	302 50	310 »	263 75	300 »	300 »	310 »	305 »	791[1]
792	500	Verreries de la Loire et du Rhône — *Ch. Raabe et Ce*	792	212 50	167 50	193 »	170 »	230 »	170 »	210 »	190 »	252 50	193 »	792
794	375	Glaces d'Aix-la-Chapelle	794	»	»	»	»	197 50	197 50	....	....	....	....	794
809	100	Soc. gén. de stéarinerie — *Moinier et Ce*	809	16 25	15 »	»	»	»	»	»	»	»	»	809
811	100	Dess. et Comp. des subst. alim — *Chollet et Ce*	811	30 »	18 75	32 50	20 »	25 »	15 »	47 50	42 50	»	»	811
812	250	Prod. chim. (Marseille) — *Prat et Ce*	812	130 »	100 »	140 »	115 »	125 »	100 »	120 »	75 »	105 »	75 »	812
814[1]	500	Anciennes salines domaniales de l'Est	814[1]	....	....	680 »	500 »	690 »	590 »	895 »	708 75	1002 50	820 »	814[1]
817	500	Chantiers de la Buire — *J. Frossard et Ce*	817	715 »	600 »	645 »	575 »	580 »	530 »	575 »	500 »	600 »	540 »	817
818	100	Bateaux servitude (Marseille)	818	150 »	150 »	»	»	175 »	157 50	165 »	160 »	170 »	160 »	818
819	»	La Pensylvanienne (Marseille)	819	....	....	....	....	305 »	400 »	480 »	250 »	205 »	10 »	819

1867 à 1871.

REPÈRES.	PAIR ou TAUX de REMBOURSEMENT	DÉNOMINATION des VALEURS.	REPÈRES.	1867. plus haut.	1867. plus bas.	1868. plus haut.	1868. plus bas.	1869. plus haut.	1869. plus bas.	1870. plus haut.	1870. plus bas.	1871. plus haut.	1871. plus bas.	REPÈRES.
		VALEURS A REVENU FIXE												
6	100	3 0/0 1825	6	70 75	65 25	72 05	68 25	73 90	69 80	75 10	50 80	58 45	50 35	6
7	100	4 1/2 0/0 1825	7	101 »	93 90	103 »	98 40	105 »	100 »	105 75	76 »	85 »	74 50	7
8	100	4 0/0 1830	8	90 »	81 »	92 50	89 »	92 »	87 50	94 »	80 »	67 »	64 50	8
26^{2}	100	Emprunt 3 0/0 1868	26^{2}	....	....	72 05	68 55	73 50	69 60	74 50	73 »	....	....	26^{2}
26^{3}	100	— — 1870	26^{3}	....	....	....	....	....	....	61 »	51 40	54 75	51 60	26^{3}
26^{4}	100	5 0/0 1871	26^{4}	....	....	....	....	....	....			93 80	80 25	26^{4}
26^{5}	100	Emprunt 5 0/0 1871	26^{5}	....	....	....	....	....	....	....	....	95 10	83 »	26^{5}
27	500	Oblig. 4 0/0 du Trésor dite *trentenaire* 1889	27	480 »	445 »	492 50	465 »	506 25	480 »	505 »	445 »	443 »	405 »	27
27^{1}	500	6 0/0 1870. (Empt *Morgan*) trentenaire 1904	27^{1}	....	....	....	....	....	....	440 »	418 75	517 50	410 »	27^{1}
30	Néant.	Ce des 4 canaux. Act. de jouissance..... Ann. 1882	30	75 50	70 »	80 »	72 50	75 »	67 50	70 »	62 50	55 »	54 »	30
33	1000	Canal de Bourgogne. Act. de capital	33	985 »	982 50	985 »	985 »	....	....	....	....	....	....	33
34	Néant.	— Act. indemnitaire.. Ann. 1882	34	115 50	113 50	120 »	110 »	110 »	110 »	»	»	85 50	85 50	34
38^{1}	Néant.	Canal d'Ares à Bouc. Act. de jouissance Ann. 1890	38^{1}	»	»	36 50	36 50	30 »	30 »	32 50	28 75	»	»	38^{1}
38^{2}	Néant.	Navigation de l'Oise. Act. de jouissance. Ann. 1890	38^{2}	»	»	2560 »	2501 25	2535 »	2535 »	»	»	»	»	38^{2}
38^{3}	Néant.	Canal de la Somme. Act de jouissance. Ann. 1890	38^{3}	»	»	116 50	115 25	»	»	123 »	123 »	»	»	38^{3}
38^{4}	Néant.	Canal des Ardennes Act. de jouissance. Ann. 1890	38^{4}	»	»	96 50	96 50	»	»	90 »	90 »	»	»	38^{4}
43	Néant.	Trois vieux ponts sur Seine. Annuités munic. 1890	43	»	»	»	»	982 50	900 »	»	»	»	»	43
44	1000	Ville de Paris Obl. 5 0/0 1852... Empt-loter. 1870	44	1210 »	1145 »	1260 »	1200 »	1425 »	1230 »	1450 »	1100 »	»	»	44
45	500	— — 3 0/0 1855-60. — 1877	45	475 »	425 »	480 »	453 75	486 »	456 25	472 »	320 »	430 »	357 50	45
45^{1}	500	— — 4 0/0 1865.... — 1925	45^{1}	535 »	501 25	541 25	518 75	543 »	505 »	530 »	347 50	480 »	415 »	45^{1}
45^{2}	400	— — 3 0/0 1869.... — 1909	45^{2}	....	....	....	....	384 50	360 »	368 50	240 »	310 »	255 50	45^{2}
45^{3}	400	— — 3 0/0 1871 ... — 1946	45^{3}	....	....	....	....	....	....	....	....	287 75	258 75	45^{3}
47	225	Dép. Seine. Oblig. 4 0/0 1857 .... — 1888	47	235 »	225 »	239 »	227 50	240 »	226 »	237 »	180 »	230 »	200 »	47
47^{1}	100	Ville d'Amiens. Obl. 4 6/0 1871... — 1921	47^{1}	....	....	....	....	....	....	....	....	93 »	84 25	47^{1}
48^{1}	100	Ville de Bordeaux. Obl. 3 0/0 1863 — 1900	48^{1}	91 »	80 »	96 »	86 »	97 »	90 50	97 50	65 »	92 »	80 »	48^{1}
51	1000	Ville de Marseille. Obl. 5 0/0 1855 1875	51	1040 »	1005 »	1052 50	1010 »	1015 »	1017 »	1055 »	840 »	965 »	940 »	51
52	1000	— — 5 1/4 0/0 1857 1877	52	1037 50	1005 »	1070 »	1025 »	1055 »	1033 75	1062 50	860 »	970 »	860 »	52
53	1000	— — 5 0/0 1859 1879	53	1040 »	1002 50	1057 50	1017 50	1061 »	1027 50	1061 25	850 »	970 »	940 »	53
53^{1}	500	— — 5 0/0 1862 1911	53^{1}	527 50	498 75	531 25	505 »	528 »	507 50	535 »	430 »	496 »	445 »	53^{1}
53^{2}	500	— — 4 0/0 1863 1915	53^{2}	450 »	418 75	465 »	437 50	475 »	456 »	480 »	370 »	430 »	405 »	53^{2}
53^{3}	1000	— — 4 1/2 0/0 1864 1880	53^{3}	1012 50	950 »	1002 50	955 »	1010 »	977 50	1025 »	925 »	985 »	860 »	53^{3}
53^{4}	500	— — 5 0/0 1865	53^{4}	523 75	501 25	535 »	511 25	530 »	505 »	539 »	425 »	495 »	467 50	53^{4}
53^{5}	500	— — 5 0/0 1867	53^{5}	525 »	502 50	532 50	512 50	537 50	514 50	532 50	425 »	500 »	465 »	53^{5}
53^{6}	100	— — 6 0/0 1870	53^{6}	....	....	....	....	....	....	....	....	106 »	98 »	53^{6}
54	100	Ville de Lille. Obl. 3 0/0 1860..... Empt-loter. 1902	54	101 »	92 »	103 »	95 50	105 50	96 »	107 »	77 50	100 »	87 »	54
54^{1}	100	— 3 0/0 1863..... — 1903	54^{1}	99 25	86 25	101 50	93 50	103 »	92 50	100 50	80 »	95 »	82 50	54^{1}
54^{2}	500	— 4 1/2 0/0 1868 1898	54^{2}	....	....	....	....	510 »	492 50	515 »	490 »	490 »	475 »	54^{2}
55	1250	Ville de Lyon Ob 4 0/0 1854-57 1907	55	1145 »	1095 »	1195 »	1120 »	1175 »	1145 »	1165 »	905 »	1015 »	890 »	55
57	1250	— — 4 0/0 1859 1925	57	1142 50	1090 »	1190 »	1115 »	1170 »	1141 25	1185 »	910 »	1020 »	890 »	57
57^{1}	500	— — 5 0/0 1865-67 1895	57^{1}	527 50	510 »	533 75	512 50	532 50	512 50	537 50	425 »	482 50	415 »	57^{1}
57^{2}	500	— — 5 0/0 1870 1892	57^{2}	....	....	....	....	....	....	400 »	400 »	460 »	380 »	57^{2}
57^{3}	500	— — 7 0/0 1871 1892	57^{3}	....	....	....	....	....	....	....	....	541 25	435 »	57^{3}
57^{4}	500	Dép. du Rhône. 7 0/0 1871 1882	57^{4}	....	....	....	....	....	....	....	....	543 75	490 »	57^{4}
58	50	Villes de Tourcoing-Roubaix. 1861. Empt-lot. 1915	58	37 75	32 »	50 »	34 »	43 »	37 »	45 »	30 »	41 »	30 »	58
59	1250	Ville de Rouen. Obl. 4 0/0 1861 1910	59	1072 50	1025 »	1080 »	1075 »	1080 »	1080 »	»	»	»	»	59
61	100	Angleterre 3 0/0 consolidés. Bourse de Londres.	61	96 1/8	90 »	96 1/8	94 7/8	94 1/4	94 3/4	94 3/4	88 1/2	93 7/8	94 1/8	61

1867 à 1871. (*Suite.*)

REPÈRES.	PAIR ou TAUX de REMBOURSEMENT	DÉNOMINATION des VALEURS.	REPÈRES.	1867. plus haut.	1867. plus bas.	1868. plus haut.	1868. plus bas.	1869. plus haut.	1869. plus bas.	1870. plus haut.	1870. plus bas.	1871. plus haut.	1871. plus bas.	REPÈRES.
66	100	Autriche 5 0/0 Anglo 1832	66	74 »	62 1/2	73 »	60 »	70 »	60 »	68 »	64 1/2	76 »	61 »	66
67	100	— — Florin 1852	67	47 »	44 1/2	48 »	46 »	55 1/2	50 »	55 »	48 1/2	»	»	67
68	100	— — — 1859	68	70 »	70 »	65 »	58 »	66 »	64 »	»	»	67 »	67 »	68
68¹	500 fl.	— 4 0/0 Emp. de 1860... Emp. lot. 1917.	68¹	930 »	840 »	980 »	875 »	1095 »	940 »	1025 »	920 »	1105 »	940 »	68¹
68²	500	— — — de 1865 ....1904.	68²	345 »	295 »	360 »	309 »	343 »	312 »	337 »	260 »	385 »	275 »	68²
68³	300	— Obl. 5 0/0 dite domaniale.......1912.	68³	230 »	216 25	245 »	217 50	255 »	230 »	275 »	215. »	298 75	225 »	68³
68⁴	100	— 5 0/0 (conv.) Silber (Argent) rente	68⁴	……	……	……	……	……	……	……	……	65 1/2	60 »	68⁴
68⁵	100	— — — papier rente	68⁵	……	……	……	……	……	……	……	……	48 »	45 »	68⁵
72	100	Belgique 3 0/0	72	80 »	80 »	»	»	»	»	»	»	»	»	72
75	100	— 2 1/2 0/0	75	55 1/2	55 1/2	58 »	58 »	61 »	61 »	60 »	60 »	»	»	75
76	100	— 4 1/2 0/0	76	100 »	97 »	104 »	99 1/4	106 1/2	101 1/2	106 »	95 »	107 1/4	101 1/2	76
77¹	100	— Obl. v. Anvers 3 0/0 1867. Emp. lot. 1933.	77¹	98 »	83 3/4	95 »	88 1/2	100 »	93 1/4	103 »	83 »	100 »	85 »	77¹
77²	100	— — v. Bruxelles 3 0/0 1853. — 1918.	77²	100 »	96 »	105 »	97 »	103 1/2	95 »	102 »	90 »	100 »	95 »	77²
77³	100	— — — 3 0/0 1856. — 1921.	77³	100 »	95 »	100 »	96 »	98 3/4	94 »	98 1/2	96 »	97 1/2	93 1/2	77³
77⁴	100	— — — 3 0/0 1862. — 1928.	77⁴	102 1/2	93 1/2	102 1/2	96 »	103 1/2	96 »	105 »	75 »	102 1/2	90 »	77⁴
77⁵	100	— — — 3 0/0 1868. — 1933.	77⁵	……	……	102 1/4	97 »	105 »	99 »	106 »	90 »	110 »	91 1/4	77⁵
77⁶	100	— — ville Liége 2 0/0 1858.. — 1918.	77⁶	80 »	80 »	80 »	72 1/2	80 »	65 »	72 1/2	71 1/2	69 »	67 »	77⁶
77⁷	100	— — — 3 0/0 1862.. — 1928.	77⁷	»	»	»	»	102 3/4	93 1/2	92 1/2	92 1/2	»	»	77⁷
77⁸	100	— — — 3 0/0 1868.. — 1933.	77⁸	……	……	93 »	84 »	97 50	89 »	100 »	80 »	97 »	85 »	77⁸
81¹	300	Egypte 7 0/0 1866 (*Ismael-Pacha*) ....1890.	81¹	385 »	340 »	397 50	345 »	427 »	367 50	445 »	332 50	452 50	400 »	81¹
81²	100	— 7 0/0 1868 ....1898.	81²	……	……	75 1/4	69 1/2	82 1/2	70 1/2	85 1/2	68 1/2	88 1/2	73 1/2	81²
81³	500	— 7 0/0 1870 (*Ismael-Pacha*) ....18[illegible].	81³	……	……	……	……	……	……	401 25	285 »	390 »	355 »	81³
91	100	Espagne 3 0/0 Extérieur 1841	91	39 »	33 1/2	39 1/2	32 »	34 »	24 1/2	33 »	22 1/2	35 »	25 1/2	91
92	100	— 3 0/0 Intérieur 1841	92	36 3/4	29 »	34 3/8	29 1/2	31 »	21 1/4	28 3/4	19 1/2	30 »	25 »	92
93	100	— Dette différée 1831	93	35 3/4	28 »	37 1/4	28 1/2	32 5/8	25 3/4	29 »	25 3/4	32 »	32 »	93
94	100	— Dette passive 1831	94	25 »	17 1/2	……	……	……	……	……	……	……	……	94
95	100	— 3 0/0 Extérieur 1852-56	95	39 »	32 »	……	……	……	……	……	……	……	……	95
95¹	500	— Obl. 8 0/0 Pagarès	95¹	……	……	467 50	435 »	495 »	435 »	527 50	470 »	522 50	480 »	95¹
100¹	100	Etats-Unis 6 0/0 5-20 1862-82	100¹	86 1/4	79 1/2	87 1/2	79 3/4	100 1/2	84 1/2	106 1/2	90 »	114 »	102 1/4	100¹
100²	100	— — — 1864-84	100²	……	……	86 1/2	77 1/2	96 1/4	84 1/2	105 »	97 3/8	112 1/8	101 »	100²
100³	100	— 5 0/0 consolidé 1871	100³	……	……	……	……	……	……	……	……	107 1/2	105 3/4	100³
105	1000	Haïti emprunt 1825 .... (Annuité) 1877.	105	750 »	490 »	490 »	400 »	415 »	490 »	»	»	350 »	335 »	105
106	100	Hollande 2 1/2 0/0	106	64 »	52 »	»	»	58 1/2	57 1/2	58 3/4	57 1/2	59 3/4	59 1/2	106
108¹	300	Honduras 6 0/0 obl. hyp. des chem. de fer. 1856.	108¹	……	……	……	……	227 »	200 »	218 »	135 »	181 25	134 »	108¹
108²	300	Hongrie, Emprunt 5 0/0 1868 .... 1907.	108²	……	……	222 »	209 »	225 »	208 »	240 »	180 »	250 »	185 »	108²
109	100	Italie 5 0/0	109	56 80	43 20	58 40	41 70	58 40	51 »	60 90	42 50	69 75	51 25	109
109²	100	— 3 0/0	109²	33 75	27 50	34 25	28 »	34 50	34 50	35 50	31 50	39 25	34 »	109²
109³	100	Mexique 6 0/0 1864	109³	24 1/4	9 1/2	24 5/8	13 3/4	27 1/2	24 »	……	……	……	……	109³
109⁴	500	— Obl. 6 0/0 1865 .... Emp. Lot.	109⁴	173 75	85 »	135 50	121 25	175 »	132 50	110 »	110 »	……	……	109⁴
109⁵	100	Pérou 6 0/0 1870	109⁵	……	……	……	……	……	……	83 1/4	65 »	83 »	67 »	109⁵
116	100	Portugal 3 0/0 Extérieur	116	36 »	33 3/4	37 »	36 »	»	»	33 »	29 1/2	33 »	32 1/2	116
119	100	Rome 5 0/0 1831-1833	119	72 »	54 »	70 »	57 1/4	71 1/2	62 »	65 1/2	40 »	70 »	42 »	119
120¹	100	Roumanie (Princip. danubiennes) 8 0/0 1867	120¹	72 »	59 1/2	86 1/2	32 »	99 »	80 »	99 »	72 »	94 »	75 »	120¹
121	100	Russie 4 1/2 0/0 1849	121	84 »	84 »	88 »	82 »	92 1/2	85 »	88 »	86 1/2	95 1/2	86 »	121
121¹	100	— 5 0/0 1862	121¹	90 1/2	83 1/2	88 1/2	83 »	89 1/2	82 1/2	89 1/2	78 »	95 »	84 1/2	121¹
121²	500	— Emp. 4 0/0 1867 (Ch. de f. *Nicolas*). 1950.	121²	344 25	300 »	350 »	307 50	345 »	314 »	360 »	300 »	396 25	315 »	121²
121³	500	— — 4 0/0 1869 — 1951.	121³	……	……	……	……	340 »	316 »	358 »	300 »	305 »	315 »	121³
121⁴	100	— 5 0/0 1870 .... 1951.	121⁴	……	……	……	……	……	……	85 1/4	77 »	96 »	79 »	121⁴
122	1000	Sardes (Etats-) Piémont Ob. 1834 Emp. lot. 1870.	122	1060 »	900 »	950 »	900 »	1250 »	1060 »	950 »	950 »	……	……	122
123	1000	— — — 1849... — 1885.	123	820 »	780 »	800 »	770 »	830 »	825 »	870 »	825 »	810 »	780 »	123
125	1000	— — — 1850... — 1885.	125	800 »	790 »	790 »	770 »	830 »	830 »	820 »	820 »	760 »	760 »	125
127	100	— — 5 0/0 Anglo 1832.. 1897.	127	»	»	»	»	70 »	70 »	»	»	79 3/4	79 3/4	127

1867 à 1871. *(Suite.)*

REPÈRES.	PAIR ou TAUX de REMBOURSEMENT.	DÉNOMINATION des VALEURS.	REPÈRES.	1867. plus haut.	1867. plus bas.	1868. plus haut.	1868. plus bas.	1869. plus haut.	1869. plus bas.	1870. plus haut.	1870. plus bas.	1871. plus haut.	1871. plus bas.	REPÈRES.
131[1]	500	Tunisie, Emprunt 7 0/0 1863.............. 1878.	131[1]	380 »	135 »	237 50	130 »	175 »	110 »	225 »	120 »	192 50	125 »	131[1]
131[2]	500	— 7 0/0 1865.............. 1880.	131[2]	372 50	135 »	242 50	130 »	182 50	105 »	230 »	125 »	200 »	140 »	131[2]
134	500	Turquie 6 0/0 1860.......................... 1896.	134	295 »	210 »	335 »	237 50	340 »	291 »	370 »	250 »	345 »	260 »	134
134[1]	500	— — 1863 .... 1885.	134[1]	277 50	198 »	337 50	233 75	347 50	290 »	365 »	210 »	346 25	260 »	134[1]
134[2]	100	— 5 0/0 1865........... (Dette générale).	134[2]	34 75	27 »	44 20	30 »	46 25	37 50	55 »	35 »	31 60	38 »	134[2]
134[3]	500	— 6 0/0 1865.......................... 1887.	134[3]	270 »	198 »	342 50	235 »	347 50	298 75	381 25	250 »	347 50	265 »	134[3]
134[4]	500	— 6 0/0 1869.......................... 1903.	134[4]	....	....	....	....	307 50	290 »	330 »	200 »	302 50	235 »	134[4]
134[5]	500	— 6 0/0 Bons 31 octobre 1869..............	134[5]	....	....	....	....	525 »	465 »	....	....	....	....	134[5]
134[6]	500	— — — 30 avril 1870..............	134[6]	....	....	....	....	500 »	455 »	515 »	490 »	....	....	134[6]
134[7]	500	— — — 31 octobre —..............	134[7]	....	....	....	....	480 »	460 »	516 25	472 50	....	....	134[7]
134[8]	500	— — — 30 avril 1871..............	134[8]	....	....	....	....	482 50	435 »	500 »	460 »	»	»	134[8]
134[9]	500	— — — 31 octobre —..............	134[9]	....	....	....	....	470 »	415 »	495 »	390 »	485 »	475 »	136[9]
134[10]	500	— — — 30 avril 1872..............	134[10]	....	....	....	....	435 »	385 »	471 25	380 »	500 »	450 »	134[10]
134[11]	500	— — — 31 octobre—	134[11]	....	....	....	....	425 »	385 »	467 50	380 »	490 »	450 »	134[11]
134[12]	500	— — — 30 avril 1873..............	134[12]	....	....	....	....	420 »	375 »	465 »	375 »	470 »	440 »	134[12]
134[13]	500	— — — 31 octobre—	134[13]	....	....	....	....	420 »	375 »	465 »	375 »	465 »	440 »	134[13]
136	500	Oblig. Crédit foncier Demi 4 0/0 Emp. Lot. 1904.	136	510 »	477 50	525 »	496 25	522 50	503 75	527 »	400 »	500 »	425 »	136
137	600	— — 3 0/0 .... — 1904.	137	492 50	455 »	520 »	475 »	520 »	495 »	525 »	375 »	460 »	385 »	137
138	100	— Dixième 4 0/0 .... — 1904.	138	104 »	96 50	106 »	100 50	106 »	99 »	109 »	78 75	104 »	81 »	138
139	120	— — 3 0/0 .... — 1904.	139	102 50	90 »	103 50	97 50	105 »	99 »	104 25	73 75	97	78 »	139
140	1200	— Promesse 3 0/0..... — 1904.	140	965 »	920 »	1030 »	980 »	1020 »	1000 »	1020 »	985 »	865 »	800 »	140
141	500	Obligation communale entière 3 0/0 — 1910.	141	415 »	350 »	427 50	400 »	440 »	412 50	497 50	360 »	393 »	342 50	141
142	100	— cinquième 3 0/0 — 1910.	142	87 »	77 50	86 50	84 »	91 »	82 »	91 »	67 50	82 »	65 »	142
142[1]	500	Obligation Crédit foncier 4 0/0 1863 — 1922.	142[1]	503 75	472 50	522 50	492 50	522 50	500 »	525 »	390 »	475 »	410 »	142[1]
143	500	Obligation Crédit colonial 5 0/0 1861 — 1881.	143	491 25	450 »	495 »	450 »	500 »	470 »	510 »	420 »	500 »	400 »	143
143[1]	600	— — 5 0/0 1865 — 1917.	143[1]	461 25	405 »	425 »	395 »	440 »	400 »	415 »	365 »	450 »	345 »	143[1]
143[2]	150	Obl. Société générale Algérienne 4 0/0.... 1915.	143[2]	135 »	118 »	135 50	124 »	137 »	129 »	142 »	100 »	117 50	100 »	143[2]
143[3]	500	— — 5 0/0.... 1917.	143[3]	....	....	....	....	....	....	533 75	430 »	490 »	398 75	143[3]
143[4]	500	Obl. Crédit communal de France 5 0/0.... 1915.	143[4]	....	....	....	....	....	....	....	....	350 »	305 »	143[4]
144[1]	300	— Crédit communal suisse 5 0/0......... 1917.	144[1]	....	....	....	....	486 25	215 »	345 »	50 »	220 »	64 50	144[1]
148	1250	Obl. Saint-Etienne Lyon 4 0/0 1841 .... 1926.	148	1077 50	945 »	1100 »	1035 »	1080 »	1045 »	1080 »	1045 »	965 »	950 »	148
151	1250	— Paris-Saint-Germain 4 0/0 1842-49.... 1893.	151	1040 »	1009 »	1130 »	1020 »	1130 »	1075 »	1150 »	1100 »	1010 »	989 »	151
152	1250	— Paris-Orléans 4 0/0 1842.............. 1891.	152	1085 »	1060 »	1160 »	1081 25	1150 »	1135 »	1160 »	1145 »	1025 »	865 »	152
153	1250	— Paris-Versailles (R. D.) 4 0/0 1843 ... 1893.	153	1025 »	1025 »	1115 »	1045 »	1115 »	1083 »	1100 »	1070 »	980 »	960 »	153
154	1250	— Bordeaux-La Teste 4 0/0 1849......... 1893.	154	1000 »	960 »	1120 »	1000 »	1125 »	1100 »	1140 »	1080 »	1010 »	1010 »	154
155	1250	— Strasbourg-Bâle 4 0/0 — 1843 .... 1891.	155	1025 »	990 »	1105 »	1030 »	1105 »	1075 »	1090 »	1090 »	1015 »	1010 »	155
157	1250	— Paris-Rouen 3.20 0/0 — 1845............ 1918.	157	900 »	820 »	900 »	800 »	900 »	895 »	900 »	855 »	900 »	850 »	157
158	1250	— Rouen-Havre 4 0/0 — 1845-47........ 1925.	158	1030 »	1000 »	1100 »	1010 »	1085 »	1050 »	1100 »	1065 »	1080 »	980 »	158
160	1250	— Paris-Rouen 4 0/0 — 1847-49-54....... 1938.	160	1030 »	995 »	1100 »	1025 »	1120 »	1060 »	1100 »	1072 50	1000 »	969 »	160
162	1250	— Paris-Orléans 4 0/0 — 1848............ 1938.	162	1045 »	1005 »	1100 »	1020 »	1100 »	1060 »	1150 »	1030 »	1000 »	950 »	162
163	1250	— Rouen-Havre 4.80 0/0 — 1848......... 1936.	163	1160 »	1120 »	1185 »	1120 »	1183 »	1160 »	1175 »	1175 »	1010 »	1000 »	163
165	1250	— Avignon-Marseille 4 0/0 — 1850....... 1883.	165	1055 »	1030 »	1120 »	1050 »	1105 »	1095 »	1140 »	1030 »	1020 »	980 »	165
166	1250	= Montereau-Troyes 4 0/0 — 1850....... 1927.	166	1025 »	1000 »	1085 »	985 »	1100 »	1060 »	1100 »	1075 »	980 »	980 »	166
168	500	— Nord 3 0/0.............................. 1947.	168	325 50	305 »	350 »	312 »	352 25	334 »	365 »	275 »	314 25	285 »	168
169	500	— Amiens-Boulogne 4 0/0.................. 1869.	169	435 »	435 »	»	»	475 »	445 »	....	....	....	....	169
170	1250	— Paris-Lyon 4 0/0 — 1852 .... 1905.	170	1105 »	1020 »	1145 »	1053 »	1140 »	1099 »	1150 »	1020 »	1055 »	990 »	170
172	625	— Strasbourg-Bâle 4 0/0 — 1852 .... 1905.	172	525 »	495 »	552 50	510 »	552 50	528 25	566 25	500 »	500 »	450 »	172
173	1250	— Ouest 4 0/0 — 1852-54 .... 1902.	173	1053 »	1005 »	1110 »	1030 »	1110 »	1075 »	1125 »	1055 »	1000 »	970 »	173
174	650	— Est 3.84 0/0 — 1852.................. 1952.	174	525 »	495 »	547 50	510 50	549 »	525 »	572 50	400 »	500 »	440 »	174
175	400	— Ouest (Act. Vers. R. G.) 3.75 0/0 — 1852 1935.	175	»	»	»	»	227 50	265 »	255 »	255 »	245 »	245 »	175

1867 à 1871. *(Suite.)*

Repères.	Pair ou taux de remboursement	Dénomination des valeurs.		Repères.	1867.		1868.		1869.		1870.		1871.		Repères.
					plus haut.	plus bas.	plus haut,	plus bas.	plus haut.	plus bas.	plus haut.	plus bas.	plus haut.	plus bas.	
176	500	Obl. Paris-Orléans 3 0/0	1951	176	320 75	299 50	336 »	312 50	345 »	327 »	360 »	250 »	345 »	277 »	176
177	625	— Lyon-Méditerranée 4 0/0	1954	177	546 25	520 »	570 »	540 »	580 »	550 »	595 »	460 »	520 »	430 »	177
178	500	— — 3 0/0	1954	178	330 »	309 75	345 »	321 50	350 »	334 »	360 »	260 »	316 25	280 »	178
179	500	— Paris-Orsay (Sceaux) 4 0/0	1905	179	395 »	390 »	420 »	396 25	427 50	410 »	430 »	410 »	400 »	365 »	179
181	500	— Rhône-Loire 3 0/0	1952	181	318 75	300 »	337 50	311 25	342 50	324 50	353 »	290 »	340 »	265 »	181
182	625	— — 4 0/0	1952	182	530 »	500 »	550 »	520 »	556 25	530 »	562 50	475 »	525 »	480 »	182
183	502	— Nord (Action Charleroi-Erquelines) 3 0/0	1941	183	355 »	350 »	345 »	332 50	360 »	337 50	350 »	350 »	»	»	183
185	500	— Ouest (Action Dieppe-Fécamp), 4 0/0	1957	185	390 »	375 »	415 »	390 »	420 »	405 »	410 »	410 »	380 »	340 »	185
186	500	— Lyon-Genève, 3 0/0, 1855	1954	186	318 »	300 »	332 50	307 50	340 »	322 50	357 50	245 »	305 »	270 »	186
187	500	— Paris-Lyon, 3 0/0	1955	187	322 »	300 »	336 »	316 »	342 »	327 »	365 »	245 »	342 »	279 50	187
188	500	— Grand-Central, 3 0/0, 1855	1959	188	320 »	300 »	335 »	309 »	344 »	326 »	357 »	254 25	310 »	273 75	188
189	500	— Ouest, 3 0/0	1954	189	318 25	296 »	335 »	307 50	342 »	324 »	359 »	250 »	307 50	272 50	189
190	500	— Bourbonnais, 3 0/0	[illegible]	190	320 »	300 »	335 »	310 »	345 »	326 »	358 75	240 »	315 »	272 50	190
191	500	— Midi, 3 0/0	1957	191	318 »	297 50	331 »	307 50	339 75	320 »	355 50	250 »	307 50	275 »	191
192	1250	— Ouest, 4 0/0, 1855	1951	192	1045 »	1010 »	1060 »	1060 »	1120 »	1095 »	»	»	»	»	192
193	500	— Est, 3 0/0, 1856	1954	193	319 50	300 »	336 »	311 »	337 50	323 75	360 »	240 »	298 75	260 »	193
195	500	— Bességes-Alais, 3 0/0	1956	195	312 »	295 »	325 »	307 »	332 50	320 »	315 »	295 »	305 »	295 »	195
196	500	— Lyon-Genève, 3 0/0, 1857	1954	196	316 50	297 50	328 »	305 »	340 »	317 50	350 »	243 50	300 »	275 »	196
197	500	— Ardennes, 3 0/0	1955	197	318 »	298 75	334 »	307 50	340 »	325 »	359 »	260 »	300 »	260 »	197
198	500	— Dauphiné, 3 0/0	1957	198	319 »	300 »	333 75	308 50	340 »	322 »	356 »	255 »	307 50	270 »	198
199	500	— Paris-Méditerranée (fusion anc.), 3 0/0	1958	199	319 »	299 50	334 50	309 50	342 50	324 »	336 »	250 »	313 75	274 »	199
199¹	500	— Lyon-Croix-Rousse, 3 0/0	1950	199¹	240 »	165 »	260 »	210 »	297 50	260 »	306 25	225 »	300 »	240 »	199¹
199²	500	— Est (Dieuze. Salines de l'Est), 3 0/0	1950	199²	306 25	292 50	318 75	305 »	330 »	312 »	331 75	322 50	290 »	260 »	199²
199³	500	— Paris-Méd. (Victor-Emmanuel 1862), 3 0/0	1955	199³	310 »	270 »	322 »	306 25	333 »	315 »	347 »	250 »	298 75	270 »	199³
199⁵	500	— Charentes, 3 0/0	1954	199⁵	286 25	250 »	319 50	267 »	325 »	306 »	333 25	253 75	297 50	262 »	199⁵
199⁶	500	— Paris-Méditerranée (fusion 1866), 3 0/0	1958	199⁶	317 »	297 50	327 75	311 50	335 »	322 »	350 »	250 »	304 75	274 »	199⁶
199⁷	500	— Médoc, 3 0/0	1965	199⁷	273 75	240 »	310 »	240 »	315 »	292 50	317 50	255 »	285 »	250 »	199⁷
199⁸	500	— Lille-Béthune, 3 0/0	1958	199⁸	260 »	201 25	318 75	193 »	312 50	297 50	320 »	250 »	287 50	262 50	199⁸
199⁹	500	— Vitré-Fougères, 3 0/0	1961	199⁹	285 50	285 »	306 25	282 50	315 »	267 50	307 50	250 »	285 »	265 »	199⁹
199¹⁰	500	— Glos-Montfort-Pont-Audemer, 3 0/0	1962	199¹⁰	291 25	272 50	295 »	290 »	296 »	266 »	365 »	272 »	»	»	199¹⁰
199¹¹	500	— Pont-de-l'Arche-Gisors, 3 0/0	1963	199¹¹	....	....	312 50	278 »	320 »	295 »	312 50	275 »	260 »	220 »	199¹¹
199¹²	500	— Perpignan-Prades, 3 0/0	1961	199¹²	....	....	297 50	265 »	300 »	285 »	365 »	255 »	252 50	220 »	199¹²
199¹³	500	— Gisors-Vernon, 3 0/0	1960	199¹³	....	....	300 »	276 »	312 50	280 »	315 »	275 »	275 »	270 »	199¹³
199¹⁴	500	— Belleville-Beaujeu, 3 0/0	1920	199¹⁴	....	....	310 »	310 »	307 50	295 »	312 »	300 »	»	»	199¹⁴
199¹⁵	500	— Hérault, 3 0/0	1954	199¹⁵	....	....	....	....	301 »	287 »	310 »	255 »	260 »	240 »	199¹⁵
199¹⁶	600	— Les Vosges (La Vologne), 4.16 0/0	1903	199¹⁶	....	....	....	....	502 50	487 50	»	»	»	»	199¹⁶
199¹⁷	500	— La Vendée, 3 0/0		199¹⁷	....	....	....	....	315 »	297 »	312 »	255 »	285 »	244 25	199¹⁷
199¹⁸	500	— Les Dombes (Sud-Est), 3 0/0	1959	199¹⁸	....	....	....	....	296 50	277 50	299 50	265 »	275 »	250 »	199¹⁸
199¹⁹	500	— Frévent-Gamaches 3 0/0	1963	199¹⁹	....	....	....	....	290 »	280 »	285 »	230 »	270 »	218 75	199¹⁹
199²⁰	500	— Briouze-La Ferté-Macé, 3 0/0		199²⁰	....	....	....	....	300 »	295 »	310 »	270 »	»	»	199²⁰
199²¹	500	— Orléans-Rouen (Nord), 3 0/0	1961	199²¹	....	....	....	....	299 »	297 50	318 »	240 »	265 »	250 »	199²¹
199²²	500	— — (Sud), 3 0/0		199²²	....	....	....	....	....	....	310 »	245 »	266 25	215 »	199²²
199²³	500	— Bordeaux-La-Sauve, 3 0/0	1941	199²³	....	....	....	....	....	....	310 »	255 »	275 »	260 »	199²³
199²⁴	500	— Le Tréport-Abancourt, 3 0/0	1963	199²⁴	....	....	....	....	....	....	292 50	260 »	280 »	250 »	199²⁴
199²⁵	500	— Orléans-Châlons-sur-Marne, 3 0/0	1970	199²⁵	....	....	....	....	....	....	325 »	245 »	292 50	225 »	199²⁵
199²⁶	500	— Picardie-Flandres, 3 0/0	1964	199²⁶	....	....	....	....	....	....	317 »	275 »	270 »	240 »	199²⁶
199²⁷	500	— Lille-Valenciennes, 3 0/0	1969	199²⁷	....	....	....	....	....	....	320 »	280 »	286 »	265 »	199²⁷
199²⁸	500	— St-Etienne-St-Bonnet-le-Château, 3 0/0	1966	199²⁸	....	....	....	....	....	....	292 50	250 »	250 »	205 »	199²⁸
199²⁹	500	— Orne (Alençon-Condé), 3 0/0	1969	199²⁹	....	....	....	....	....	....	299 »	270 »	275 »	269 »	199²⁹
199³⁰	500	— Lisieux-Orbec, 3 0/0	1956	199³⁰	....	....	....	....	....	....	302 50	275 »	280 »	238 75	199³⁰
199³¹	500	— Les Vosges (La Vologne), 3 0/0	1964	199³¹	....	....	....	....	....	....	291 »	255 »	»	»	199³¹
199³²	500	— Ch. de fer Normands, 3 0/0	1959	199³²	....	....	....	....	....	....	....	....	260 »	260 »	199³²

1867 à 1871. *(Suite.)*

REPÈRES.	PAIR OU TAUX de REMBOURSEMENT	DÉNOMINATION des VALEURS.	REPÈRES.	1867. plus haut.	1867. plus bas.	1868. plus haut.	1868. plus bas.	1869. plus haut.	1869. plus bas.	1870. plus haut.	1870. plus bas.	1871. plus haut.	1871. plus bas.	REPÈRES.
201¹	500	Obl. Guillaume-Luxembourg, 4 0/0....... 1956.	201¹	435 »	414 25	496 25	375 »	510 »	480 »	530 »	470 »	490 »	435 »	201¹
203	500	— Ligne d'Italie-Rhône-Simplon, 3 0/0........	203	32 »	20 »	40 »	10 »	....	....	....	....	....	....	203
204	500	— Chemins Lombards-Vénitiens 3 0/0.. 1954.	204	230 25	195 »	229 »	201 »	254 »	219 50	251 »	195 »	263 »	215 »	204
204¹	500	Bons — 6 0/0. .. 1869.	204¹	511 25	460 »	517 50	497 50	520 »	497 »	....	....	....	....	204¹
204²	500	— — — ..1870-74.	204²	472 50	415 »	495 »	443 75	510 »	472 50	522 50	450 »	513 75	470 »	204²
204³	500	— — — .....1875.	204³	463 75	405 »	485 »	431 25	510 »	471 25	520 »	450 »	513 75	465 »	204³
204⁴	500	— — — .....1876.	204⁴	460 »	405 »	482 50	431 25	509 »	470 »	520 »	420 »	513 75	477 »	204⁴
204⁵	500	— — — .....1877.	204⁵	....	....	478 75	428 75	506 25	464 »	520 »	420 »	511 25	475 »	204⁵
204⁶	500	— — — .....1878.	204⁶	....	....	478 75	427 50	507 50	463 75	521 »	420 »	515 »	450 »	204⁶
205	500	Obl. Chemins romains 3 0/0. .... 1951.	205	144 25	85 »	126 »	83 »	144 »	115 »	149 50	95 »	187 »	120 »	205
206	500	— Madrid-Saragosse 3 0/0. .... 1953.	206	172 50	110 »	163 »	127 50	158 »	136 »	200 »	132 50	211 »	150 »	206
207	500	— Séville-Xérès, 3 0/0. 1859................	207	102 »	65 »	67 50	64 »	....	....	....	....	....	....	207
208	500	— Cordoue-Séville, 3 0/0. .... 1957.	208	192 50	145 »	»	»	»	»	»	»	»	»	208
209	500	— Pampelune-Saragosse, 3 0/0................	209	144 »	72 »	112 »	89 »	100 »	82 »	165 »	100 »	172 50	117 50	209
209¹	500	— Pampelune-Barcelone 3 0/0 convertie......	209¹	....	....	....	....	....	....	132 »	95 »	148 »	114 »	209¹
210	500	— Nord-Espagne, 3 0/0........................	210	150 »	70 »	131 25	100 50	163 »	125 »	190 »	161 »	....	....	210
210¹	500	— — (priorité) 3 0/0 .... 1958.	210¹	....	....	....	....	....	....	214 50	160 »	207 50	180 »	210¹
210²	500	— — (à revenu var.), 3 0/0. 1958.	210²	....	....	....	....	....	....	101 »	35 »	115 »	72 50	210²
211	500	— Montblanch-Reus 3 0/0......................	211	35 »	32 »	»	»	»	»	»	»	»	»	211
212	500	— Séville-Xérès, 3 0/0. 1860................	212	66 »	38 75	45 »	38 »	....	....	....	....	....	....	212
212¹	1000$	— Chemin Transcontinental-Memphis 6 0/0...	212¹	....	....	....	....	4025 »	2700 »	4400 »	4325 »	»	»	212¹
212²	500	— *Victor-Emmanuel*, 3 0/0 1863..............	212²	135 »	80 »	154 »	65 »	170 25	144 »	162 »	154 »	....	....	212²
212³	500	— Turin-Savone et Cairo-Acqui, 3 0/0........	212³	95 »	90 »	....	....	....	....	....	....	....	....	212³
212⁴	500	Bon Chemins méridionaux italiens, 6 0/0. 1900.	212⁴	....	....	....	....	....	....	450 »	325 »	500 »	400 »	212⁴
213	500	Obl. Chemins portugais, 3 0/0. .... 1959.	213	140 »	72 50	92 »	60 »	103 »	67 »	121 »	95 »	137 50	100 »	213
215¹	250	Obl. Touage Conflans à la mer, 10 0/0 .. 1894.	215¹	....	....	215 »	215 »	212 »	200 »	»	»	»	»	215¹
216²	500	— Canal de Suez, 5 0/0. ... Emp. Lot. 1918.	216²	....	....	355 75	307 50	490 »	300 »	420 »	257 50	355 »	255 »	216²
217	500	— Omnibus de Paris, 5 0/0. .... 1911.	217	544 25	465 »	521 25	490 »	525 »	500 »	525 »	425 »	500 »	447 50	217
218	500	— Ports de Marseille, 6 0/0............ Indét.	218	525 »	400 »	525 »	420 »	524 »	501 25	533 »	439 »	480 »	385 »	218
218¹	400	— Port et terrains de Cadix, 6 0/0. ... 1889.	218¹	....	....	....	....	....	....	220 »	170 »	163 75	135 »	218¹
219	500	— Mess. imp. serv. marit. 6 0/0 1870. 1ʳᵉ série.	219	540 »	510 »	526 25	506 25	540 »	500 »	550 »	550 »	....	....	219
219¹	500	— — — — 1880. 2ᵉ —	219¹	547 50	516 25	561 25	535 »	558 75	500 »	560 »	450 »	510 »	470 »	219¹
219²	500	— — — 5 0/0 .... 1896.	219²	505 »	465 »	525 »	500 »	525 »	492 50	524 »	420 »	520 »	440 »	219²
219³	500	— Cⁱᵉ générale transatlantique, 5 0/0.. 1891.	219³	450 »	380 »	485 »	390 »	485 »	422 50	420 »	430 »	407 50	300 »	219³
219⁴	300	— Bateaux à vapeur, Omnibus, 5 0/0........	219⁴	....	....	270 »	261 »	285 »	265 »	290 »	255 »	275 »	260 »	219⁴
221	1250	Obl. Mines de la Loire, 4 0/0 1846. Anc. 1871..	221	1195 »	1175 »	1205 »	1200 »	1220 »	1205 »	1210 »	1200 »	....	....	221
222	1250	— — 4 0/0 1852. Nouv. 1928.	222	1050 »	1010 »	1080 »	1045 »	1100 »	1042 50	1090 »	960 »	1000 »	915 »	222
224	1250	— Mines de la Grand'Combe 4 0/0 1844. 1899.	224	1070 »	950 »	1062 50	1050 »	1175 »	1150 »	1150 »	1140 »	»	»	224
225	1250	— — — 4 0/0 1856. 1899.	225	1070 »	1070 »	1075 »	1040 »	1075 »	1032 50	1090 »	1025 »	»	»	225
225¹	600	— Charb. de Roche-la-Molière et Firminy, 1895.	225¹	576 25	575 »	»	»	385 »	553 »	»	»	510 »	540 »	225¹
225²	312	— Houillère d'Ahun, 4. 8 0/0 .... 1909.	225²	....	....	275 »	260 »	290 »	226 25	265 »	210 »	245 »	220 »	225²
225³	500	— Charbonnages Herné-Bockum 3 0/0..........	225³	....	....	....	....	....	....	255 »	203 »	237 »	225 »	225³
231	625	— Châtillon-Commentry, 4 0/0 1853..... 1878.	231	»	»	»	»	420 »	420 »	315 »	593 75	»	»	231
231¹	312	— — 4. 8 0/0....... 1884.	231¹	267 50	255 »	290 »	260 »	305 »	285 »	300 »	293 75	275 »	265 »	231¹
232	500	— Horme. Anciennes 5 0/0............. 1883.	232	495 »	481 25	508 75	485 »	505 »	502 50	511 25	505 »	»	»	232
233	300	— — Nouvelles 5 0/0............. 1904.	233	300 »	285 »	302 50	300 »	305 »	300 »	305 »	300 »	»	»	233
235	450	— *J.-F. Cail et Cⁱᵉ*, 4. 44 0/0.................	235	450 »	400 »	445 »	435 »	435 »	435 »	....	....	....	....	235
235²	250	— Fourchambault (Forges) 6 0/0 1858... 1906.	235²	250 »	245 »	270 »	247 50	270 »	250 »	255 »	250 »	250 »	245 »	235²
235⁴	500	— Terre Noire, La Voulte et Bessèges, Forges 5 0/0 1862 1892.	235⁴	430 »	395 »	430 »	405 »	440 »	427 50	456 25	445 »	440 »	440 »	235⁴
235⁵	275	— Aciéries de Firminy, 5. 45 0/0........ 1877.	235⁵	251 25	251 25	250 »	243 75	250 »	250 »	»	»	»	»	235⁵
235⁶	1250	— Fourchambault (Forges) 4 0/0 1854 .. 1904.	235⁶	990 »	930 »	1030 »	967 50	1100 »	1055 »	1115 »	1055 »	1000 »	990 »	235⁵

1867 à 1871. (*Suite.*)

REPÈRES.	PAIR ou TAUX de REMBOURSEMENT	DÉNOMINATION des VALEURS.	REPÈRES.	1867. plus haut.	1867. plus bas.	1868. plus haut.	1868. plus bas.	1869. plus haut.	1869. plus bas.	1870. plus haut.	1870. plus bas.	1871. plus haut.	1871. plus bas.	REPÈRES.
235⁷	300	Obl. Terre Noire, La Voulte et Bességes Forges, 6 0/0 1865. 1897	235⁷	487 50	475 »	490 »	450 »	500 »	475 »	310 »	302 50	477 50	470 »	235⁷
235⁸	300	— Creusot, 5 0/0 1867. 1886	235⁸	275 »	270 »	290 »	268 50	300 »	257 »	300 »	260 »	285 »	257 »	235⁸
235⁹	500	— Chantiers-Méditer. Forges, 5 0/0 1867. 1878	235⁹	502 50	472 50	320 »	490 »	317 50	501 »	322 »	460 »	490 »	450 »	235⁹
235¹⁰	250	— Marine & Ch. de fer Forges-Petin-Gaudet & Cie, 6 0/0 1867. 1867	235¹⁰	....	....	270 »	257 50	270 »	257 »	260 »	240 »	255 »	242 50	235¹⁰
235¹¹	600	— Lits milit. Nouv.-Comp. 5 0/0 1867. 1890	235¹¹	....	....	551 25	490 »	565 »	490 »	550 »	470 »	522 50	400 »	235¹¹
235¹²	450	— Fives-Lille, 5 1/2 0/0 1867. 1895	235¹²	....	....	392 50	380 »	420 »	385 »	430 »	400 »	407 50	395 »	235¹²
236	625	Obl. Rue (Impériale) de Lyon, 4 0/0 1856. 1904	236	582 50	560 »	605 »	577 50	600 »	580 »	595 »	540 »	360 »	345 »	236
237	625	— Rue de la Bourse à Lyon, 4 0/0. 1909	237	510 »	495 »	523 75	507 50	516 25	502 50	525 »	485 »	485 »	485 »	237
239	500	— Docks et entrepôts de Marseille 3 0/0. 1959	239	289 »	230 »	282 »	235 »	295 »	272 50	294 »	150 »	262 50	231 »	229
240	500	— — du Havre 3 0/0. 1950	240	»	»	281 25	240 »	281 25	275 »	»	»	»	»	240
241	500	— Cie immob. de Paris (Rivoli) 3 0/0. 1952	241	250 50	150 »	224 »	162 50	222 »	170 »	231 25	105 »	175 »	110 »	241
241¹	625	— Rue (Impériale) de Lyon, 4 0/0 1862. 1919	241¹	560 »	535 »	584 25	550 »	575 »	555 »	570 »	520 »	532 50	505 »	241¹
241²	500	— Abattoirs de Lyon, 5 0/0. 1873	241²	»	»	505 »	500 »	510 »	497 50	510 »	497 50	»	»	241²
241³	300	— Halle aux cuirs, 6 0/0. 1878	241³	....	....	....	....	300 »	250 »	280 »	250 »	»	»	241³
241⁴	400	— Halles et Marchés de Naples, 6 0/0. 1872	241⁴	....	....	....	....	265 »	195 »	250 »	180 »	222 50	140 »	241⁴
243	500	Obl. Gaz de La Guillotière, Vaise et Lyon. 5 0/0 1893	243	307 50	290 »	317 50	300 »	316 25	305 »	315 »	300 »	288 75	270 »	243
244	300	— Gaz de Lyon, 6 0/0 1857. 1903	244	325 »	310 »	321 25	315 »	330 »	316 25	327 50	320 »	302 50	291 »	244
244¹	300	— — 5 0/0 1863. 1903	244¹	310 »	301 25	312 50	303 75	319 »	302 50	315 »	307 50	260 »	275 »	244¹
245	500	— Gaz de Paris, 5 0/0. 1905	245	510 »	465 »	522 50	490 »	531 »	502 50	527 50	420 »	500 »	450 »	245
245¹	250	— Union des gaz, 6 0/0. 1883	245¹	247 50	230 »	256 »	235 »	256 »	240 »	260 »	215 »	255 »	235 »	245¹
245²	625	— Gaz de Marseille, 4 0/0. 1907	245²	515 »	501 25	535 »	502 50	525 »	505 »	510 »	506 50	»	»	245²
245³	300	— Cie cent. du gaz *Lebon et Cie* 5 0/0. 1896	245³	271 25	260 »	285 »	235 »	292 50	270 »	295 »	240 »	287 50	195 »	245³
245⁴	300	— Gaz gén. de Paris, *Hugon et Cie* 5 0/0. 1902	245⁴	267 50	260 »	292 50	250 »	300 »	260 »	295 »	275 »	287 50	250 »	245⁴
245⁵	500	— Gaz de Florence, 6 0/0. 1896	245⁵	....	....	....	....	506 25	505 »	»	»	»	»	245⁵
245⁶	600	— Gaz de Naples 5 0/0 1863. 1921	245⁶	440 »	420 »	430 »	400 »	470 »	440 »	422 50	422 50	»	»	245⁶
245⁵	400	— Cotons et prod. algériens, 4 1/2 0/0. 1910	245⁵	....	....	....	....	....	....	298 75	450 »	248 75	247 50	245⁵
246	500	— Cie gén. des eaux, 3 0/0. 1951	246	341 25	294 75	327 50	307 »	335 »	315 »	340 »	280 »	306 »	280 »	246
246¹	500	— — 5 0/0. 1909	246¹	»	»	»	»	»	»	516 25	429 »	485 »	445 »	246¹
246²	500	— Eaux d'Avignon, 3 0/0.	246²	....	....	....	....	290 »	290 »	»	»	260 »	260 »	246²
246³	300	— Eaux de la Banlieue de Paris, 3 1/3 0/0.	246³	....	....	....	....	....	....	217 50	210 »	»	»	246³
246⁴	500	— Cie ferm. des tabacs italiens 6 0/0. 1883	246⁴	....	....	437 50	414 25	460 »	410 »	465 25	350 »	495 »	400 »	246⁴
246⁵	500	— Cie française des tabacs, 6 0/0. 1890	246⁵	....	....	....	....	....	....	....	....	220 »	175 »	246⁵
246⁶	625	— Salines de l'Est, 4 0/0. 1917	246⁶	»	»	»	»	530 »	500 »	525 »	520 »	450 »	450 »	246⁶
		VALEURS A REVENU VARIABLE												
248	1000	Banque de France.	248	3605 »	3030 »	3300 »	2995 »	3180 »	2725 »	2940 »	2260 »	3530 »	2325 »	248
257	500	Caisse commerciale — *Béchet Dethomas et Cie*.	267	495 »	455 »	495 »	460 »	510 »	465 »	540 »	500 »	500 »	500 »	267
269	500	Comptoir d'escompte de Paris.	269	865 »	630 »	752 50	637 50	730 »	670 »	747 50	520 »	725 »	535 »	269
272	500	Crédit foncier de France (non estampillé).	272	1540 »	1210 »	1550 »	1337 50	1800 »	1460 »	1805 »	1720 »	....	....	272
272²	500	— (estampillé).	272²	....	....	....	....	1285 »	1170 »	1340 »	840 »	1050 »	820 »	272²
272³	500	— (nouvelle émission).	272³	....	....	....	....	1200 »	1100 »	1290 »	1200 »	....	....	272³
275	500	Société générale du Crédit mobilier.	275	535 »	133 75	330 »	160 »	307 50	190 »	292 50	87 50	285 »	112 50	275
275²	500	Société du Crédit mobilier (nouv. société).	275²	....	....	....	....	....	....	....	....	532 50	505 »	275²
276	500	Caisse commerc. de Saint-Quentin — *Lécuyer et Cie*.	276	»	»	»	»	»	»	»	»	»	»	276
278	100	Sous-comptoir des entrepreneurs.	278	198 75	120 »	147 50	120 »	163 »	125 »	204 25	135 »	178 75	125 »	278
280	100	Comptoir central — *E. Naud et Cie*.	280	41 50	29 »	36 50	27 »	41 »	31 »	46 50	20 »	35 »	24 »	280
281	300	Caisse générale des chem. de fer. — *J. Mirès et Cie*.	281	70 »	33 »	53 50	31 »	79 »	28 »	48 »	23 »	36 25	10 »	281
281¹	300	Comptoir lyonnais — *Droche, Robin et Cie*.	281¹	515 »	558 75	555 »	515 »	» »	» »	» »	» »	520 »	565 »	281¹
286	500	Société générale de crédit industriel et commer.	286	655 »	600 »	670 »	620 »	665 »	625 »	675 »	559 »	640 »	595 »	286

REPÈRES.	PAIR ou TAUX de REMBOURSEMENT.	DÉNOMINATION des VALEURS.	REPÈRES.	1867. plus haut.	1867. plus bas.	1868. plus haut.	1868. plus bas.	1869. plus haut.	1869. plus bas.	1870. plus haut.	1870. plus bas.	1871. plus haut.	1871. plus bas.	REPÈRES.
287	500	Société de crédit foncier colonial	287	620 »	470 »	518 75	395 »	447 50	390 »	430 »	400 »	350 »	345 »	287
288	500	Sous-comptoir du commerce et de l'industrie	288	441 25	380 »	420 »	383 75	387 50	377 50	»	»	382 50	382 50	288
289	333	Omnium (Lyon)	289	535 »	477 50	525 »	477 50	565 »	525 »	570 »	450 »	520 »	400 »	289
290	500	Comptoir d'escompte de Lyon. — *A. F. Collet et Cᵉ.*	290	625 »	610 »	621 25	585 »	615 »	610 »	605 »	590 »	520 »	515 »	290
291	500	Banque de l'Algérie (non estampillé)	291	1030 »	988 75	1250 »	1095 »	1250 »	1200 »	1250 »	950 »	1360 »	1031 25	291
291^{1}	500	— (estampillé)	291^{1}	....	....	....	....	....	....	....	....	995 »	975 »	291^{1}
291^{2}	500	— (nouvelle émission)	291^{2}	....	....	....	....	....	....	....	....	980 »	975 »	291^{2}
291^{3}	500	Crédit agricole	291^{3}	650 »	570 »	660 »	605 »	660 »	610 »	650 »	540 »	567 50	460 »	291^{3}
291^{5}	500	Crédit lyonnais	291^{5}	460 »	350 »	510 »	360 »	530 »	475 »	568 75	400 »	710 »	420 »	291^{5}
291^{6}	500	Société de dépôts et de comptes courants	291^{6}	577 50	525 »	560 »	530 »	575 »	553 75	585 »	530 »	575 »	540 »	291^{6}
291^{7}	500	L'approv. (Crédit des halles et marchés de Paris)	291^{7}	450 »	450 »	»	»	320 »	320 »	»	»	»	»	291^{7}
291^{8}	500	Comptoir de l'agriculture	291^{8}	535 »	535 »	570 »	537 50	640 »	590 »	632 50	585 »	»	»	291^{8}
291^{9}	500	S. gén. p. fav. le dév. du com. et de l'ind. en France	291^{9}	575 »	475 »	613 75	502 50	650 »	550 »	640 »	420 »	600 »	445 »	291^{9}
291^{10}	500	Soc. lyonnaise de dépôts et de comp. courants	291^{10}	510 »	475 »	495 »	465 »	500 »	480 »	503 75	493 75	515 »	470 »	291^{10}
291^{11}	500	Soc. Marseillaise de crédit indust. et commercial	291^{11}	481 25	458 75	475 »	455 »	465 »	450 »	490 »	452 50	500 »	472 50	291^{11}
291^{12}	500	Société générale algérienne	291^{12}	502 50	459 »	500 »	465 »	515 »	495 »	520 »	470 »	505 »	460 »	291^{12}
291^{13}	500	Crédit rural	291^{13}	....	....	....	....	550 »	480 »	502 50	400 »	460 »	420 »	291^{13}
291^{14}	500	Banque des chemins de fer d'intérêt local	291^{14}	....	....	....	....	....	....	523 75	480 »	395 »	393 »	291^{14}
291^{15}	500	Banque franco-égyptienne	291^{15}	....	....	....	....	....	....	....	....	640 »	610 »	291^{15}
301^{1}	500	Crédit foncier d'Autriche (non estampillé)	301^{1}	675 »	590 »	760 »	620 »	980 »	748 75	1102 50	706 »	....	....	301^{1}
301^{2}	500	— (estampillé)	301^{2}	....	....	....	....	....	....	840 »	700 »	915 »	785 »	301^{2}
303	500	Société générale de crédit mobilier espagnol	303	317 50	445 »	338 75	476 25	395 »	250 »	481 25	250 »	530 »	317 50	303
304^{1}	500	Société générale de crédit mobilier italien	304^{1}	315 »	205 »	....	....	....	....	....	....	....	....	304^{1}
304^{4}	500	Banque de crédit et de dépôt des Pays-Bas	304^{4}	500 »	400 »	530 »	470 »	655 »	542 50	695 »	500 »	905 »	550 »	304^{4}
304^{5}	540	S. gén. de com. et d'ind. (Créd. mob. néerlandais)	304^{5}	337 50	285 »	235 »	285 »	....	....	....	....	....	....	304^{5}
304^{6}	500	Crédit foncier suisse	304^{6}	....	....	535 »	270 »	740 »	440 »	580 »	375 »	490 »	365 »	304^{6}
304^{7}	500	Crédit communal de France	304^{7}	....	....	....	....	....	....	....	....	410 »	372 50	304^{7}
304^{8}	500	Banque impériale ottomane	304^{8}	495 »	420 »	545 »	458 75	625 »	515 »	635 »	490 »	581 25	530 »	304^{8}
307	12500	Cᵉ d'assurances générales. Ass. maritimes	307	60 0/0b	56 0/0b	60 0/0b	60 0/0	64 0/0b	56 0/0b	64 0/0b	60 0/0b	70 0/0b	63 1/3 0/0b	307
323	5000	La Réunion —	323	47 0/0b	47 0/0b	»	»	»	»	»	»	»	»	323
327	5000	Cᵉ d'assurances générales. Ass. incendie	327	1000 0/0b	1000 0/0b	»	»	1190 0/0b	1040 0/0b	1190 0/0b	1190 0/0b	1111 0/0b	1020 0/0b	327
328	1000	Cᵉ française du Phénix —	328	4000 »	4000 »	4100 »	4100 »	4200 »	4200 »	4200 »	4200 »	3400 »	3400 »	328
329	5000	La Nationale (ancienne Cᵉ royale) —	329	200 0/0b	190 0/0b	»	»	212 0/0b	200 0/0b	250 0/0b	215 0/0b	200 0/0b	182 0/0b	329
330	5000	L'Union —	330	100 0/0b	97 0/0b	»	»	100 0/0b	97 0/0b	105 0/0b	105 0/0b	85 0/0b	85 0/0b	330
334	5000	La France —	334	70 0/0b	70 0/0b	70 0/0b	66 0/0b	68 0/0b	66 0/0b	73 1/2 0/0b	73 0/0b	70 0/0b	66 0/0b	334
336	5000	L'Urbaine —	336	124 0/0b	124 0/0b	116 0/0b	116 0/0b	98 0/0b	98 0/0b	98 0/0b	95 0/0b	»	»	336
3 8	2500	La Providence —	338	»	»	»	»	120 0/0b	120 0/0b	120 0/0b	120 0/0b	»	»	338
336	1000	La Paternelle —	346	»	»	»	»	34 0/0b	34 0/0b	34 0/0b	34 0/0b	»	»	346
349	7500	Cᵉ d'assurances générales. Assur. sur la vie	349	216 2/3 0/0b	216 2/3 0/0b	273 1/3 0/0b	273 1/3 0/0b	300 0/0b	306 0/0b	»	»	353 1/3 0/0b	300 0/0b	349
350	5000	L'Union —	350	30 0/0 b	30 0/0 b	»	»	34 0/0b	30 0/0b	45 0/0b	40 0/0b	25 0/0b	25 0/0b	350
351	5000	La Nationale (ancienne Cᵉ roy.) —	351	62 0/0 b	62 0/0 b	»	»	»	»	»	»	»	»	351
355	5000	Le Phénix —	355	»	»	»	»	10 0/0b	10 0/0b	20 0/0b	20 0/0b	»	»	355
358	500	Cᵉ d'assurances générales contre la grêle	358	50 0/0 p	51 0/0 p	»	»	Pair	2 0/0p	Pair	Pair	Pair	6 0/0 p	358
387	400	Nord. Ch. de fer	387	1235 »	1080 »	1230 »	1146 25	1208 75	1060 »	1235 »	930 »	1025 »	860 »	387
387^{1}	Néant	— Action de jouissance —	387^{1}	....	....	785 »	760 »	790 »	750 »	800 »	740 »	800 »	800 »	387^{1}
393	500	Est (Paris-Strasbourg) —	393	556 25	500 »	581 25	530 »	600 »	560 »	620 »	370 »	570 »	370 »	393
395	Néant	— Act. de jouiss. —	355	185 »	165 »	191 25	162 50	207 50	190 »	235 »	197 50	155 »	80 »	355
401	500	Ouest —	401	598 75	517 50	587 50	543 75	612 50	570 »	635 »	450 »	560 »	465 »	401
401^{1}	Néant	— Action de jouissance —	401^{1}	185 »	175 »	185 »	175 »	221 25	185 »	225 »	202 50	25 »	25 »	401^{1}

1867 à 1871. *(Suite.)*

REPÈRES.	PAIR ou TAUX de REMBOURSEMENT	DÉNOMINATION des VALEURS.		REPÈRES.	1867. plus haut	1867. plus bas.	1868. plus haut.	1868. plus bas.	1869. plus haut.	1869. plus bas.	1870. plus haut.	1870. plus bas.	1871. plus haut.	1871. plus bas.	REPÈRES.
406¹	500	Paris-Orléans	Ch. de fer.	406¹	940 »	810 »	920 »	853 »	970 »	900 »	1065 »	532 50	900 »	715 »	406¹
407¹	Néant	— Action de jouissance	—	407¹	565 »	525 »	590 »	530 »	625 »	580 »	655 »	592 50	520 »	466 25	407¹
408	500	Midi et canal latéral à la Garonne	—	408	590 »	510 »	647 50	530 »	640 »	597 50	687 50	510 »	660 »	510 »	408
417	500	Bessèges-Alais	—	417	»	»	»	»	925 »	925 »	»	»	»	»	417
418¹	500	Paris-Lyon-Méditerranée	—	418¹	943 75	845 »	996 25	866 25	998 75	927 50	1047 50	773 75	930 »	735 »	418¹
422	500	Lyon-Croix-Rousse	—	422	215 »	162 50	205 »	180 »	315 »	197 50	362 50	300 »	350 »	340 »	422
423¹	600	Lyon (Croix-Rousse) à Sathonay	—	423¹	18 75	18 75	15 »	15 »	....	....	....	....	....	....	423¹
423²	500	Charentes	—	423²	382 50	330 »	437 50	330 »	450 »	422 50	505 »	465 »	520 »	438 75	423²
423⁴	500	Médoc (Bordeaux-Verdon)	—	423⁴	260 »	260 »	250 »	245 »	445 »	350 »	385 »	350 »	»	»	423⁴
423⁵	500	Pont-Audemer-Glos-Montfort	—	423⁵	505 »	460 »	425 »	380 »	»	»	»	»	»	»	423⁵
423⁶	500	Dombes (Sud-Est)	—	423⁶	552 50	493 75	493 75	460 »	505 »	440 »	500 »	400 »	460 »	450 »	423⁶
423⁷	500	Lille-Béthune-Bully-Grenay	—	423⁷	....	....	450 »	390 »	440 »	400 »	507 50	400 »	450 »	440 »	423⁷
423⁸	500	Vitré-Fougères	—	423⁸	....	....	....	....	560 »	500 »	»	»	600 »	600 »	423⁸
423⁹	500	Vendée	—	423⁹	....	....	....	....	476 25	442 50	»	»	»	»	423⁹
423¹⁰	500	La Vologne (Vosges)	—	423¹⁰	....	....	....	....	505 »	562 50	»	»	»	»	423¹⁰
423¹¹	500	Perpignan-Prades	—	423¹¹	....	....	....	....	280 »	240 »	»	»	»	»	423¹¹
423¹²	500	Pont-de-l'Arche-Gisors	—	423¹²	....	....	....	....	480 »	480 »	»	»	»	»	423¹²
423¹³	500	Nord-Est	—	423¹³	....	....	....	....	....	....	395 »	345 »	320 »	250 »	423¹³
423¹⁴	500	Picardie-Flandres	—	423¹⁴	....	....	....	....	....	....	570 »	525 »	375 »	375 »	423¹⁴
423¹⁵	500	Orléans-Rouen (sud)	—	423¹⁵	....	....	....	....	....	....	600 »	597 50	»	»	423¹⁵
423¹⁶	500	Orléans-Châlons-sur-Marne	—	423¹⁶	....	....	....	....	....	....	507 50	502 50	530 »	525 »	423¹⁶
423¹⁷	500	Lille-Valenciennes	—	423¹⁷	....	....	....	....	....	....	....	....	535 »	550 »	423¹⁷
430	500	Guillaume-Luxembourg	—	430	175 »	97 50	195 »	95 »	210 »	185 »	242 »	190 »	215 »	175 »	430
432	500	Chemins autrichiens non estampillé	—	432	524 25	510 »	668 75	495 »	881 25	636 25	855 »	585 »	960 »	680 »	432
432¹	500	— estampillé	—	432¹	....	....	....	....	....	....	....	....	886 25	795 »	432¹
432²	500	— Act. nouvelle	—	432²	....	....	....	....	....	....	....	....	835 »	755 »	432²
432³	Néant	— Act. de jouiss	—	432³	110 »	100 »	»	»	373 »	200 »	382 50	340 »	430 »	340 »	432³
433	500	Chemins Lombards-Vénitiens, etc	—	433	420 »	335 »	431 25	335 »	584 25	420 »	540 »	305 »	470 »	346 25	433
433¹	500	Nord-Ouest-Autriche	—	433¹	....	....	....	....	430 »	330 »	449 »	310 »	520 »	385 »	433¹
439	500	Ligne d'Italie-Rhône-Simplon	—	439	12 »	2 »	....	....	....	....	....	....	....	....	439
440¹	300	Est-Hongrois	—	440¹	....	....	....	....	335 »	285 »	325 »	250 »	346 25	270 »	440¹
441	500	*Victor-Emmanuel*	—	441	100 »	30 »	70 »	32 50	56 50	45 »	56 »	53 »	....	....	441
443¹	500	Chemins-Romains	—	443¹	101 »	40 »	70 »	35 »	67 50	40 »	59 »	35 »	190 »	40 »	443¹
443²	500	— Action trentenaire	—	443²	212 50	85 »	200 »	65 »	202 »	125 »	177 50	110 »	330 »	450 »	443²
444¹	500	Chemins méridionaux Italiens	—	444¹	225 »	190 »	200 »	200 »	340 »	255 »	»	»	388 75	368 75	444¹
448	500	Madrid-Saragosse-Alicante	—	448	142 50	75 »	103 »	63 »	90 50	50 »	92 50	50 25	457 50	48 »	448
450	500	Séville-Xérès-Cadix	—	450	45 »	20 »	23 75	20 »	....	....	....	....	....	....	450
451	500	Cordoue-Séville	—	451	365 »	290 »	»	»	»	»	»	»	»	»	451
452	500	Nord-Espagne	—	452	125 »	50 »	92 »	50 »	66 »	43 »	75 »	40 »	97 50	40 »	452
453	500	Saragosse-Barcelone	—	453	62 50	50 »	....	....	....	....	....	....	....	....	453
454	500	Pampelune-Saragosse	—	454	65 »	49 »	....	....	....	....	....	....	....	....	454
454¹	500	Pampelune-Saragosse-Barcelone	—	454¹	60 »	35 »	52 »	32 »	39 »	22 »	67 »	35 »	80 »	35 »	454¹
457	500	Chemins portugais	—	457	125 »	48 »	60 »	30 »	43 »	29 »	60 »	30 »	67 50	35 »	457
461¹	500	Câble transatlantique français		461¹	....	....	....	....	455 »	375 »	471 25	310 »	672 50	380 »	461¹
463	5000	Canal d'Aire à la Bassée	Annuité 189	463	»	»	9100	9100 »	»	»	»	»	»	»	463
469	1000	Canal de jonction de la Sambre à l'Oise		469	930 »	930 »	920 »	917 50	»	»	»	»	850 »	850 »	469
482	500	Touage de la Basse-Seine et de l'Oise		482	675 »	675 »	»	»	»	»	650 »	650 »	»	»	482
482¹	500	Touage de Conflans à la mer		482¹	120 »	50 »	160 »	75 »	55 »	50 »	50 »	40 »	»	»	482¹
484	500	Canal maritime de Suez. Action		484	382 50	220 »	470 »	257 50	630 »	290 »	385 »	200 »	252 50	165 »	484
484¹	500	— — Délégation		484¹	....	....	....	....	470 »	210 »	297 50	125 »	170 »	97 50	484¹

REPÈRES.	PAIR ou TAUX de REMBOURSEMENT	DÉNOMINATION des VALEURS.	REPÈRES.	1867. plus haut.	1867. plus bas.	1868. plus haut.	1868. plus bas.	1869. plus haut.	1869. plus bas.	1870. plus haut.	1870. plus bas.	1871. plus haut.	1871. plus bas.	REPÈRES.
499	500	Cie gén. des omnibus (Paris)	499	1100 »	925 »	975 »	780 »	851 25	750 »	870 »	545 »	800 »	560 »	499
499¹	Néant.	— — Act de jouissance	499¹	»	»	»	»	»	»	300 »	75 »	75 »	75 »	499¹
500	125	Cie impér. des voitures de Paris — *Ducoux et Cᵉ*	500	68 »	42 »	....	....	....	....	....	....	....	....	500
500¹	500	Compagnie générale des voitures à Paris	500¹	326 25	158 75	295 »	192 50	303 75	230 »	325 »	165 »	250 »	460 »	500¹
502	100	Omnibus de Lyon — *Delahante et Cᵉ*	502	50 »	45 »	50 »	50 »	79 37	55 »	72 50	70 »	60 »	57 50	502
504	1000	Pont, port et gare de Grenelle	504	»	»	150 »	120 »	80 »	80 »	»	»	»	»	504
525	»	Cie gén. de navigation mixte	525	615 »	550 »	693 75	600 »	773 75	693 75	790 »	535 »	708 75	610 »	525
526	500	Cie gén. transatlantique	526	490 »	267 50	420 »	260 »	335 »	200 »	222 50	405 »	245 »	120 »	526
526¹	1000	Grappins (Rhône-Saône)	526¹	280 »	280 »	»	»	487 50	300 »	»	»	350 »	305 »	526¹
529	500	Cie des Messageries maritimes (Impériales)	529	780 »	698 75	805 »	720 »	810 »	750 »	800 »	520 »	630 »	495 »	529
532	500	Cie marit. de navig. à vap. — *Marc-Fraissinet et Cᵉ*	532	420 »	340 »	450 »	387 50	457 50	417 50	452 50	290 »	412 50	295 »	532
532³	500	Cabot. internat. — *Bossy-Maglione et Cᵉ* Act. estamp.	532³	70 »	70 »	60 »	60 »	»	»	170 »	170 »	»	»	532³
532⁴	»	Cie gén. de navigation à vapeur	532⁴	120 »	90 »	105 »	97 50	142 50	100 »	147 50	98 75	170 »	170 »	532⁴
532⁶	500	Société gén. de transp. maritimes à vapeur	532⁶	468 75	430 »	452 50	405 »	450 »	415 »	432 50	350 »	372 50	325 »	532⁶
532⁷	500	Armements maritimes — *Peulvé, Petitdidier et Cᵉ*	532⁷	265 »	265 »	276 25	260 »	290 »	245 »	350 »	350 »	»	» »	532⁷
532⁸	500	Comp. des bateaux à vap. omnibus (Saône-Seine)	532⁸	545 »	400 »	365 »	350 »	450 »	340 »	506 25	410 »	500 »	465 »	532⁸
532⁹	500	Batellerie à vapeur (Marseille)	532⁹	....	....	....	....	....	....	....	....	500 »	425 »	532⁹
561	2500	Houillères et chemin de fer d'Epinac	561	1225 »	1225 »	1200 »	1200 »	1025 »	1025 »	1260 »	1025 »	1200 »	1025 »	561
566	500	Mines de houille de Blanzy — *Jules Chagot et Cᵉ*	566	»	»	»	»	750 »	750 »	»	»	»	»	566
569	»	Houillères de la Grand-Combe	569	1035 »	965 »	1000 »	930 »	1050 »	955 »	1080 »	895 »	1000 »	920 »	569
572	750	Mines et chemin de fer de Carmaux	572	225 »	300 »	325 »	305 »	370 »	320 »	300 »	360 »	»	»	572
573	1000	Mines de Roche-la-Molière en Firminy	573	670 »	570 »	700 »	630 »	755 »	720 »	770 »	720 »	720 »	650 »	573
574	»	Houillères du Ban-Lafaverge	574	135 »	135 »	182 50	170 »	210 »	147 50	160 »	155 »	»	»	574
576	»	Mines de la Loire	576	200 »	170 »	228 »	195 »	230 »	193 »	230 »	180 »	221 »	185 »	576
577	»	Houillères de Montrambert et de la Béraudière	577	200 »	150 »	239 »	195 »	240 »	209 »	245 »	190 »	245 »	210 »	577
578	»	Houillères de Saint-Etienne	578	213 75	184 »	233 50	210 »	235 50	209 »	273 »	198 »	239 50	205 »	578
579	»	Houillères de Rive-de-Gier	579	89 »	70 »	80 »	68 »	87 50	55 »	68 50	48 »	53 »	41 »	579
579²	»	Grandes-Flaches	579²	»	»	»	»	115 »	80 »	»	»	100 »	40 »	579²
579⁴	500	Charbon. des Bouches-du-Rhône — *Lhuillier et Cᵉ*	579⁴	185 »	180 »	125 »	120 »	175 »	120 »	300 »	300 »	300 »	260 »	579⁴
601	100	Mines de Mouzaïa — *Bœuf et Cᵉ*	601	5 50	5 50	7 »	7 »	3 50	1 50	3 »	3 »	»	»	601
606	500	Mines et fonderies de Santander — *Bernière et Cᵉ*	606	»	»	222 50	150 »	250 »	225 »	»	»	»	»	606
607	»	Mines de Kef-Oum-Theboul	607	120 »	100 »	»	»	105 »	80 »	270 »	140 »	200 »	200 »	607
607¹	500	Mines de Mokta-el-Hadid	607¹	480 »	440 »	440 »	425 »	540 »	510 »	620 »	525 »	600 »	500 »	607¹
607²	500	Malfidano	607²	....	....	....	....	547 50	475 »	663 75	450 »	500 »	350 »	607²
608	80	Mines de zinc de la Vieille-Montagne	608	240 »	215 »	246 25	220 »	267 50	236 »	300 »	240 »	267 50	230 »	608
609	1000	Société de la Nouvelle-Montagne	609	»	»	»	»	1130 »	1100 »	1175 »	1175 »	»	»	609
612	375	Mines de zinc de Stolberg et de Westphalie	612	»	»	55 »	55 »	»	»	»	»	»	»	612
616	375	Mines de zinc de la Silésie	616	160 »	140 »	....	....	....	....	....	....	....	....	616
621	»	Forges d'Alais	621	»	»	250 »	250 »	200 »	190 »	»	»	»	»	621
626¹	»	Forges de Chatillon et de Commentry	626¹	305 »	275 »	332 50	295 »	425 »	330 »	485 »	440 »	430 »	410 »	626¹
632¹	500	Acières de Firminy	632¹	650 »	500 »	600 »	480 »	515 »	477 50	514 25	495 »	460 »	435 »	632¹
633	»	Forges de Givors — *F. de la Rochette et Cᵉ*	633	»	»	305 »	305 »	»	»	»	»	»	»	633
634	»	Forges de Pont-Evêque-Vienne — *Harel et Cᵉ*	634	»	»	165 »	120 »	300 »	280 »	300 »	292 50	320 »	310 »	634
636	»	Forges et chantiers de la Méditerranée	636	1350 »	1135 »	1300 »	1036 25	1190 »	1000 »	1022 50	700 »	920 »	775 »	636
637	500	Forges de la Franche-Comté — *S. Menans et Cᵉ*	637	75 »	75 »	150 »	75 »	215 »	150 »	210 »	150 »	140 »	135 »	637
638	»	Forges de Fourchambault. *Boigues, Rambourg et Cᵉ*	638	435 »	380 »	505 »	425 »	540 »	498 75	515 »	450 »	475 »	475 »	638
639	»	Fonderies et forges de l'Horme	639	720 »	668 75	822 50	690 »	900 »	822 50	950 »	860 »	850 »	850 »	639
640	500	Forges du Creusot — *Schneider et Cᵉ*	640	705 »	640 »	670 »	600 »	720 »	650 »	715 »	580 »	657 50	450 »	640
641	»	F. de la mar. et des chem. de fer. *Petin, Gaudet et Cᵉ*	641	775 »	580 »	610 »	497 50	610 »	275 »	300 »	245 »	310 »	177 50	641

1867 à 1871. (*Suite.*)

REPÈRES.	PAIR OU TAUX de REMBOURSEMENT.	DÉNOMINATION des VALEURS.	REPÈRES.	1867. plus haut.	1867. plus bas.	1868. plus haut.	1868. plus bas.	1869. plus haut.	1869. plus bas.	1870. plus haut.	1870. plus bas.	1871. plus haut.	1871. plus haut.	REPÈRES.
645	»	Forges de Terre-Noire, La Voulte et Bessèges	645	285 »	460 »	290 »	165 »	300 »	235 »	266 25	240 »	245 »	190 »	645
645¹	500	Saint-Étienne (Aciéries)	645¹	....	....	....	....	535 »	500 »	535 »	510 »	500 »	500 »	645¹
656	500	Société *Chameroy et Cᵉ*	656	»	»	»	»	»	»	»	»	500 »	500 »	656
663	500	Société *J. F. Cail et Cᵉ*	663	1015 »	820 »	910 »	827 50	935 »	860 »	950 »	850 »	800 »	775 »	663
671	500	Chantiers marseillais — *Falguières et Cⁱᵉ*	671	260 »	240 »	200 »	150 »	225 »	150 »	160 »	125 »	160 »	130 »	671
671¹	»	Chantiers de l'Océan	671¹	300 »	185 »	180 »	170 »	172 50	125 »	....	....	....	....	671¹
671²	»	Moteurs Lenoir	671²	5 »	5 »	10 »	10 »	85 »	45 »	....	....	....	....	671²
671³	500	Compagnie de Fives-Lille	671³	625 »	550 »	735 »	600 »	870 »	700 »	900 »	750 »	875 »	700 »	671³
671⁴	500	— des lits militaires	671⁴	....	....	1045 »	960 »	1075 »	615 »	860 »	550 »	575 »	400 »	671⁴
677	500	Entrepôts et Magasins généraux de Paris	677	635 »	520 »	577 50	520 »	582 50	475 »	495 »	430 »	430 »	350 »	677
678	500	Docks et Entrepôts de Marseille	678	405 »	200 »	295 »	170 »	290 »	195 »	230 »	60 »	250 »	70 »	678
678¹	500	— — — Actions nouvelles	678¹	390 »	210 »	295 »	160 »	285 »	230 »	....	....	....	....	678¹
679	500	Docks et Entrepôts du Havre	679	»	»	»	»	425 »	425 »	»	»	»	»	679
679¹	500	Docks et chemin de fer de Saint-Ouen	679¹	120 »	70 »	175 »	102 50	187 50	120 »	155 »	75 »	125 »	40 »	679¹
679²	500	Marchés du Temple et Saint-Honoré	679²	590 »	550 »	515 »	495 »	480 »	435 »	490 »	435 »	»	»	679²
679⁴	500	Magasins publics et généraux à Bordeaux	679⁴	450 »	450 »	»	»	»	»	»	»	»	»	679⁴
679⁶	500	Halle aux cuirs	679⁶	420 »	80 »	77 50	30 »	35 »	35 »	90 »	40 »	40 »	40 »	679⁶
679⁷	500	Compagnie générale des marchés	679⁷	512 50	480 »	495 »	460 »	480 »	440 »	415 »	415 »	350 »	350 »	679⁷
679⁸	»	Compagnie de la gare d'eau de Vaise	679⁸	480 »	417 50	»	»	»	»	275 »	275 »	»	»	679⁸
682	200	Société des deux cirques — *Dejean et Cⁱᵉ*	682	230 »	210 »	230 »	205 »	230 »	200 »	227 50	195 »	215 »	215 »	682
685	500	Compagnie des abattoirs de Lyon — *P. Passaut et Cⁱᵉ*	685	456 25	425 »	460 »	420 »	460 »	438 75	483 75	350 »	445 »	375 »	685
686¹	500	Compagnie immobilière (Paris)	686¹	395 »	71 25	145 »	60 »	120 »	80 »	187 50	30 »	128 75	47 50	686¹
687	500	Rue (Impériale) de Lyon	687	480 »	448 75	542 50	480 »	550 »	540 »	545 »	515 »	460 »	410 »	687
688²	500	Rue de la Bourse à Lyon — *A. Baudesson et Cⁱᵉ*	688²	....	....	400 »	400 »	360 »	350 »	»	»	445 »	445 »	688²
688³	500	Abattoirs de Naples	688³	....	....	....	....	480 »	440 »	315 »	180 »	225 »	140 »	688³
688⁴	500	Magasin général des soies à Lyon	688⁴	....	....	....	....	....	....	....	....	450 »	450 »	688⁴
689	500	Compagnie centrale du gaz — *Lebon et Cⁱᵉ*	689	535 »	440 »	537 50	465 »	645 »	540 »	625 »	535 »	505 »	306 »	689
701	250	L'Union des gaz — *F. Toché et Cⁱᵉ*	701	160 »	160 »	197 50	170 »	247 50	195 »	255 »	237 50	250 »	225 »	701
702	500	Cⁱᵉ parisienne d'éclairage et de chauff. par le gaz	702	1675 »	1370 »	1600 »	1520 »	1690 »	1455 »	1817 50	1220 »	1650 »	1300 »	702
704	500	Gaz général de Paris — *Hugon et Cⁱᵉ*	704	440 »	335 »	527 50	380 »	530 »	492 50	545 »	405 »	410 »	250 »	704
705¹	»	— d'Aix	705¹	....	....	....	....	....	....	....	....	630 »	630 »	705¹
705²	»	— d'Alais	705²	»	»	760 »	760 »	»	»	»	»	»	»	705²
706¹	500	— d'Angers	706¹	»	»	»	»	675 »	675 »	»	»	625 »	625 »	706¹
706²	»	— d'Annonay	706²	....	....	257 50	257 50	»	»	»	»	»	»	706²
706³	1000	— de Bayonne	706³	960 »	900 »	560 »	550 »	702 50	702 50	575 »	575 »	625 »	625 »	706³
707¹	»	— de Besançon	707¹	»	»	680 »	680 »	740 »	735 »	750 »	745 »	»	»	707¹
708¹	»	— de Bourg	708¹	700 »	700 »	»	»	»	»	»	»	»	»	708¹
708²	»	— de Bourges	708²	630 »	630 »	»	»	»	»	»	»	»	»	708²
708³	»	— de Bourgoin	708³	210 »	210 »	»	»	»	»	»	»	»	»	708³
710¹	400	— de Clermont-Ferrand	710¹	560 »	590 »	630 »	600 »	700 »	700 »	750 »	750 »	»	»	710¹
710²	»	— de Coblentz	710²	»	»	»	»	»	»	195 »	125 »	»	»	710²
711	600	— et hauts fourneaux de Marseille	711	512 50	413 75	475 »	420 »	452 »	410 »	457 50	410 »	433 75	400 »	711
712	700	— de Dijon	712	1850 »	1790 »	1800 »	1800 »	2000 »	1850 »	2000 »	1500 »	1850 »	1800 »	712
713	500	— de Florence	713	960 »	930 »	900 »	880 »	1205 »	905 »	[illegible]	1250 »	»	»	713
713²	»	— de la Corogne	713²	600 »	550 »	»	»	»	»	»	»	»	»	713²
714	500	— de la Guillotière, Vaise et Lyon	714	2060 »	1935 »	1940 »	1875 »	1995 »	1925 »	2030 »	1900 »	1850 »	1760 »	714
714¹	500	— de la Seyne (Marseille)	714¹	....	....	....	....	....	....	....	....	600 »	600 »	714¹
714²	300	— du Puy	714²	310 »	310 »	300 »	297 50	310 »	310 »	365 »	362 50	»	»	714²
714³	»	— de Limoges	714³	790 »	790 »	»	»	800 »	793 »	904 25	625 »	850 »	850 »	714³
716	250	— de Lyon	716	3025 »	2650 »	3045 »	2860 »	3090 »	2950 »	3160 »	2300 »	2700 »	2200 »	716

1867 à 1871. (*Fin.*)

Repères.	Pair ou taux de remboursement	Dénomination des valeurs.	Repères.	1867. plus haut.	1867. plus bas.	1868. plus haut.	1868. plus bas.	1869. plus haut.	1869. plus bas.	1870. plus haut.	1870. plus bas.	1871. plus haut.	1871. plus bas.	Repères.
716[1]	»	Gaz de Malaga	716[1]	282 50	280 »	»	»	»	»	»	»	»	»	716[1]
718	300	— des trois villes du Midi	718	650 »	620 »	650 »	625 »	630 »	600 »	620 »	540 »	510 »	470 »	718
719	850	— de Metz	719	1550 »	1480 »	»	»	»	»	»	»	»	»	719
720[1]	400	— de Montauban	720[1]	625 »	625 »	»	»	720 »	720 »	755 »	755 »	»	»	720[1]
720[2]	»	— de Montbrison	720[2]	»	»	»	»	230 »	230 »	»	»	»	»	720[2]
720[3]	300	— de Montélimar	720[3]	245 »	230 »	200 »	200 »	»	»	»	»	»	»	720[3]
721	1000	— de Montpellier	721	1785 »	1785 »	1850 »	1775 »	2100 »	2000 »	2400 »	2400 »	2000 »	2000 »	721
721[2]	»	— de Mulhouse	721[2]	270 »	270 »	307 50	280 »	525 »	340 »	600 »	527 50	385 »	340 »	721[2]
722[1]	500	— de Nevers	722[1]	»	»	»	»	»	»	1225 »	1225 »	»	»	722[1]
722[2]	500	— de Padoue, Vicence et Trévise	722[2]	220 »	220 »	»	»	405 »	405 »	»	»	»	»	722[2]
723	»	— de Reims	723	»	»	825	825 »	»	»	»	»	»	»	723
724	500	— de Rennes	724	1400 »	1400 »	1500 »	1500 »	»	»	»	»	»	»	724
724[2]	500	— de Rodez et Aurillac	724[2]	»	»	»	»	»	»	400 »	400 »	»	»	724[2]
725	700	— de Saint-Étienne	725	2150 »	1950 »	2100 »	2000 »	2250 »	2145 »	2300 »	2240 »	»	»	725
725[1]	»	— de Saône-et-Loire (Mâcon et Châlon-s.-S.)	725[1]	710 »	710 »	865 »	865 »	»	»	850 »	850 »	»	»	725[1]
726[1]	200	— de Tarare	726[1]	550 »	550 »	»	»	658 75	658 75	»	»	»	»	726[1]
728	500	— de Troyes	728	780 »	775 »	»	»	925 »	925 »	»	»	»	»	728
728[2]	»	— de Vaise	728[2]	515 »	515 »	»	»	500 »	500 »	»	»	530 »	530 »	728[2]
729	1000	— de Venise	729	2145 »	1840 »	1400 »	1400 »	1575 »	1430 »	»	»	1500 »	1450 »	729
729[1]	500	— de Vérone	729[1]	600 »	600 »	»	»	400 »	390 »	»	»	580 »	475 »	729[1]
730[1]	500	Compagnie générale de gaz à Bruxelles	730[1]	530 »	467 50	507 50	440 »	470 »	415 »	470 »	375 »	475 »	418 75	730[1]
731	500	Filature de lin d'Amiens (*Maberly*)	731	707 50	597 50	600 »	523 75	562 50	430 »	500 »	440 »	505 »	440 »	731
740	500	Comptoir de l'industrie linière — *Cohin et Cᵉ*	740	590 »	535 »	560 »	520 »	573 75	481 25	545 »	515 »	525 »	500 »	740
743	450	Compagnie linière de Pont-Remy	743	»	»	450 »	450 »	430 »	430 »	»	»	»	»	743
750	500	Cotons et produits algériens	750	....	....	....	....	482 50	300 »	360 »	275 »	»	»	750
754[1]	500	Journal *le Figaro*	754[1]	....	....	....	....	....	....	750 »	620 »	»	»	754[1]
761	»	Usines centrales de la Guadeloupe — *Miot et Cᵉ*	761	»	»	330 »	330 »	165 »	160 »	»	»	»	»	761
761[2]	500	Raffineries de la Méditerranée	761[2]	583 75	491 25	522 50	455 »	527 50	481 25	515 »	365 »	550 »	465 »	761[2]
761[6]	»	— *Maurin et Cᵉ*	761[6]	115 »	70 »	100 »	80 »	....	....	....	....	....	....	761[6]
761[7]	500	— Nantaises	761[7]	120 »	50 »	»	»	110 »	100 »	110 »	80 »	300 »	180 »	761[7]
761[8]	500	— de Saint-Louis	761[8]	....	....	....	....	492 50	450 »	»	»	550 »	545 »	761[8]
770[2]	»	Compagnie fermière des eaux de Vichy	770[2]	600 »	600 »	»	»	605 »	600 »	»	»	»	»	770[2]
771	250	Compagnie générale des eaux	771	350 »	300 »	427 50	335 »	480 »	413 75	520 »	370 »	437 50	376 25	771
771[1]	100	Compagnie des eaux de la banlieue de Paris	771[1]	....	....	507 50	503 75	508 75	500 »	»	»	»	»	771[1]
771[2]	»	Eaux d'Avignon	771[2]	....	....	....	....	....	....	220 »	220 »	»	»	771[2]
776	»	Jardin zoologique de Marseille	776	100 »	98 75	»	»	»	»	»	»	»	»	776
777	250	Jardin zoologique d'acclimatation (Paris)	777	25 »	25 »	»	»	»	»	»	»	»	»	777
787[1]	500	Société générale forestière	787[1]	....	....	....	....	....	....	500 »	250 »	»	»	787[1]
790	440	Glaces et verreries de Montluçon — *F. Berlioz et Cᵉ*	790	125 »	121 25	....	....	....	....	....	....	....	....	790
791[1]	300	Cristalleries de Lyon	791[1]	315 »	315 »	»	»	»	»	»	»	»	»	791[1]
792	1000	Verreries de la Loire et du Rhône	792	557 50	415 »	420 »	360 »	410 »	390 »	405 »	365 »	460	398 75	792
809[1]	500	Stéarineries de la Méditerranée	809[1]	....	....	....	....	....	....	....	....	500 »	480 »	809[1]
812	250	Produits chimiques (Marseille) — *Prat et Cᵉ*	812	110 »	90 »	135 »	102 50	170 »	125 »	145 »	125 »	140 »	120 »	812
814[1]	500	Anciennes salines domaniales de l'Est	814[1]	576 25	500 »	830 »	560 »	835 »	780 »	910 »	690 »	300 »	550 »	814[1]
814[2]	500	Salins du Midi	814[2]	....	....	....	....	570 »	522 50	630 »	580 »	590 »	475 »	814[2]
818	100	Bateaux servitude (Marseille)	818	172 50	165 »	190 »	150 »	210 »	190 »	212 50	150 »	192 50	145 »	818
820	500	Carnoules (Marseille)	820	....	....	290 »	290 »	265 »	215 »	45 »	45 »	»	»	820
821	500	Établissements Duval (Paris)	821	....	....	....	....	800 »	555 »	740 »	550 »	660 »	300 »	821

Complément pour les périodes 1842-1846, 1847-1851, 1852-1856 et 1857-1861.

REPÈRES.	PAIR ou TAUX de REMBOURSEMENT	DÉNOMINATION des VALEURS.	REPÈRES.	1842. plus haut.	1842. plus bas.	1843. plus haut.	1843. plus bas.	1844. plus haut.	1844. plus bas.	1845. plus haut.	1845. plus bas.	1846. plus haut.	1846. plus bas.	REPÈRES.
221	1250	Obl. Mines de la Loire 4 0/0 Anc. 1846	221	....	....	....	....	....	....	....	....	1155 »	1150 »	221
289	333	Omnium (Lyon)	289	....	....	....	....	533 33	333 33	541 66	450 »	565 »	450 »	289
564	1000	Mines de Rive-de-Gier. Cie des mines de la Loire.	564	....	....	....	....	785 »	600 »	1160 »	700 »	1075 »	770 »	564
631	1000	Forges d'Allevard — *Charrière et Ce*	631	....	....	....	....	1390 »	1200 »	1380 »	1260 »	1230 »	1190 »	631
642	»	Forges de la Loire et de l'Isère. (Action ancienne)	642	....	....	....	....	4400 »	3320 »	4100 »	3360 »	4110 »	4040 »	642
714	500	Gaz de la Guillotière, Vaise et Lyon	714	....	....	....	....	....	....	800 »	695 »	820 »	712 50	714
716	250	Gaz de Lyon	716	....	....	....	....	....	....	1075 »	950 »	1016 75	965 »	716
				1847		1848		1849		1850		1851		
289	333	Omnium (Lyon)	289	483 33	316 66	396 66	166 66	203 33	183 33	211 66	180 »	230 »	210 »	289
526[1]	1000	Grappins (Rhône-Saône)	526[1]	....	....	....	....	850 »	750 »	850 »	690 »	700 »	690 »	526[1]
631	1000	Forges d'Allevard — *Charrière et Ce*	631	1300 »	1300 »	1300 »	1300 »	1200 »	1200 »	1100 »	1100 »	»	»	631
639	»	Fonderies et forges de l'Horme	639	1170 »	540 »	250 »	140 »	245 »	170 »	255 »	195 »	380 »	215 »	639
642	»	Forges de la Loire et de l'Ardèche. (Act. anc.)	642	7540 »	5675 »	5750 »	2750 »	4125 »	2750 »	3030 »	2395 »	2980 »	1930 »	642
714	500	Gaz de la Guillotière, Vaise et Lyon	714	840 »	750 »	700 »	700 »	600 »	550 »	600 »	505 »	525 »	460 »	714
716	250	Gaz de Lyon	716	1062 50	999 50	1075 »	800 »	1355 »	940 »	1450 »	1300 »	1475 »	1260 »	716
728	500	Gaz de Troyes	728	»	»	»	»	»	»	»	»	»	»	728
				1852		1853		1854		1855		1856		
55	1250	Ville de Lyon. Emprunt 4 0/0 1854	55	....	....	....	....	1040 »	1035 »	1035 »	955 »	1015 »	957 50	55
222	1250	Obl. Mines de la Loire 4 0/0. Nouvelle 1852	222	1067 50	1055 »	1075 »	950 »	960 »	840 »	950 »	885 »	970 »	915 »	222
289	333	Omnium (Lyon)	289	376 66	226 66	433 33	333 33	405 »	375 »	445 »	385 »	560 »	420 »	289
526[1]	1000	Grappins (Rhône-Saône)	526[1]	1300 »	650 »	1160 »	965 »	1075 »	800 »	910 »	750 »	750 »	750 »	526[1]
576	»	Mines de la Loire	576	....	....	....	....	142 50	137 50	175 »	130 »	200 »	145 »	576
577	»	Houillères de Montrambert et de la Béraudière	577	....	....	....	....	182 50	178 75	175 »	130 »	170 »	133 75	577
578	»	Houillères de Saint-Etienne	578	....	....	....	....	110 »	108 75	177 50	110 »	195 »	145 »	578
579	»	Houillères de Rive-de-Gier	579	....	....	....	....	225 »	220 »	265 »	210 »	305 »	243 75	579
631	1000	Forges d'Allevard — *Charrière et Ce*	631	1170 »	1000 »	1240 »	940 »	»	»	1030 »	1030 »	»	»	631
634	»	Forges de Pont-Evêque-Vienne — *Harel et Ce*	634	....	....	740 »	550 »	550 »	475 »	425 »	290 »	450 »	220 »	634
636	»	Forges et chantiers de la Méditerranée	636	....	....	....	....	....	....	500 »	500 »	960 »	760 »	636
637	500	Forges de la Franche-Comté. — Vautherin, Gaunard, Regad & Cie.	637	....	....	....	....	....	....	527 50	500 »	577 50	478 75	637
638	»	Forg. de Fourchambault — *Boigues, Rambourg et Ce*	638	....	....	....	....	....	....	575 »	485 »	572 50	495 »	638
639	»	Fonderies et forges de l'Horme	639	735 »	355 »	1165 »	725 »	1000 »	840 »	900 »	660 »	750 »	500 »	639
640	500	Forges du Creusot — *Schneider et Ce*	640	....	....	....	....	920 »	687 50	920 »	857 50	960 »	797 50	640
641	»	Forg. de la mar. et des ch. de f. — *Petin Gaudet e Ce*	641	....	....	....	....	840 »	520 »	672 50	510 »	650 »	490 »	641
642	»	Forges de la Loire et de l'Ardèche	642	3550 »	2425 »	5025 »	3400 »	5030 »	3500 »	5395 »	4500 »	5350 »	4000 »	642
687	500	Rue (Impériale) de Lyon	687	....	....	....	....	655 »	597 50	625 »	475 »	725 »	457 50	687
712	700	Gaz de Dijon	712	....	....	....	....	1300 »	1300 »	1340 »	1310 »	1525 »	1325 »	712
713	500	— de Florence	713	....	....	....	....	460 »	460 »	300 »	250 »	»	»	713
714	500	— de la Guillotière Vaise et Lyon	714	640 »	500 »	750 »	690 »	760 »	652 50	860 »	800 »	1016 25	840 »	714
716	250	— de Lyon	716	1605 »	1362 50	1960 »	1550 »	2060 »	1790 »	2085 »	1920 »	2070 »	1935 »	716
718	300	— des Trois Villes du Midi	718	....	....	....	....	600 »	560 »	625 »	580 »	535 »	530 »	718
721	1000	— de Montpellier	721	....	....	1000 »	930 »	1100 »	1100 »	1050 »	1030 »	»	»	721
725	700	— de Saint-Etienne	725	....	....	....	....	....	....	1600 »	1330 »	1550 »	1500 »	725
728	500	— de Troyes	728	»	»	550 »	550 »	600 »	560 »	605 »	600 »	»	»	728
729	1000	— de Venise	729	....	....	....	....	1480 »	1210 »	»	»	1775 »	1450 »	729
				1857		1858		1859		1860		1861		
148	1250	Obl. Ch. de fer St-Etienne-Lyon 4 0/0 1841.. 1926	148	940 »	875 »	950 »	875 »	950 »	950 »	960 »	925 »	975 »	935 »	148
235[2]	250	Obl. Fourchambault (Forges) 6 0/0 1855.... 1906	235[2]	....	....	....	....	230 »	233 »	200 »	200 »	245 »	220 »	235[2]
526[1]	1000	Grappins (Rhône-Saône)	526[1]	»	»	400 »	400 »	»	»	160 »	160 »	»	»	526[1]

Complément pour les périodes 1862-1866 et 1867-1871.

Repères.	Pair ou taux de remboursement	Dénomination des valeurs.	Repères.	1862. plus haut	1862. plus bas	1863. plus haut	1863. plus bas	1864. plus haut	1864. plus bas	1865. plus haut	1865. plus bas	1866. plus haut	1866. plus bas	Repères.
108^{5}	45	Italie. Obl. V. Milan, 1861...... Emp. lot. 1916.	108^{5}	40 »	36.25	36 »	35 »	35 »	33.75	35 »	32 »	30 »	27 »	108^{5}
119^{1}	100	Rome. 5 0/0 pontifical 1860-64.......... 1896.	119^{1}	....	....	77 »	73 »	81 3/4	74 »	82 1/2	73 »	73 1/4	62 »	119^{1}
134^{6}	100	Turquie, 6 0/0 consolidé (Medjidié)............	134^{6}	41 5/8	37 1/2	55 »	38 »	54 1/2	46 1/4	54 3/4	47 »	....	....	134^{6}
211^{1}	500	Oblig. ch. Ciudad-Real-Badajoz 3 0/0..... 1958.	211^{1}	243.75	242.50	256 »	237.50	240 »	211 »	221 25	153 »	160 »	100 »	211^{1}
211^{2}	500	— Nord-Ouest-Espagne 3 0/0...........	211^{2}	....	....	250 »	225 »	226.25	173 »	190 »	67 »	73 »	37 »	211^{2}
211^{3}	500	— Lerida-Reus-Tarragone 3 0/0..........	211^{3}	....	....	232 »	229 »	236 »	187 »	190 »	42 »	60 »	35 »	211^{3}
211^{4}	500	— Méridionaux italiens 3 0/0..... 1967.	211^{4}	....	....	241 »	221.25	223 »	186 »	197 »	155 »	162.50	92.50	211^{4}
211^{5}	500	— Livournais (Florence) 3 0/0...... 1954.	211^{5}	....	....	252 »	238 »	234 »	215 »	220 »	206 »	203 »	147 »	211^{5}
217^{1}	125	— Voitures à Paris (Ce génér) 4 0/0 1914.	217^{1}	85 »	80 »	92 »	90 »	92 »	90 »	92 50	86 »	95 »	88 »	217^{1}
225^{6}	500	— Charbonn. des Bouches-du-Rhône, 6 0/0	225^{6}	....	....	....	....	....	....	520 »	520 »	450 »	450 »	225^{6}
241^{7}	505	— Soc. p. la vente des biens (Italie) 5 0/0 1880.	241^{7}	....	....	....	....	....	....	....	....	392 »	260 »	241^{7}
245^{10}	600	— Canal *Cavour* 3 0/0............... 1915.	245^{10}	....	....	485 »	450 »	445 »	370 »	380 »	305 »	330 »	180 »	245^{10}
301	475	Créd. mob. aut. pour le commerce et l'industrie	301	505 »	335 »	520 »	380 »	435 »	360 »	435 »	370 »	380 »	235 »	301
436	500	Ch. de fer russes (Gde Société des)..........	436	415 »	390 »	451.25	400 »	395 »	375 »	410 »	382 »	405 »	355 »	436
438	500	— ouest-suisse..................	438	200 »	100 »	172 50	60 »	63 75	28 75	40 »	12 »	40 »	22 »	438
439	500	— central-suisse..................	439	495 »	428.75	505 »	452 »	455 »	415 »	450 »	422 »	457 »	400 »	439
444^{1}	500	— méridionaux italiens...............	444^{1}	....	....	....	....	425 »	395 »	350 »	290 »	260 »	186 »	444^{1}
461	500	Télég. élect. Manche.—*Sir James Carmichael et Ce*	461	230 »	230 »	200 »	200 »	190 »	170 »	300 »	250 »	250 »	250 »	461
483	533	Canalisation de l'Ebre....................	483	170 »	128 »	165 »	120 »	167.50	100 »	125 »	80 »	77 »	52 »	483
484^{6}	500	Canal *Cavour*........................	484^{6}	....	....	505 »	445 »	432 »	290 »	345 »	230 »	250 »	100 »	484^{6}
501^{1}	100	Comp. gén. des omnibus de Londres. Titres anglais	501^{1}	55 »	25 »	65 »	34 »	77 »	57.50	92 »	77 »	89 »	73.25	501^{1}
532^{7}	500	Armements maritimes. — *Barbey et Ce*.........	532^{7}	....	....	305 »	270 »	357 »	220 »	260 »	255 »	267 »	220 »	532^{7}
580	500	Compagnie des charbonnages belges............	580	480 »	415 »	425 »	400 »	405 »	360 »	407 »	370 »	410 »	375 »	580
607^{7}	200	Mines de Huelva.—*Mercier et Ce*. (Act. de capital)	607^{7}	....	....	85 »	85 »	76 »	70 »	78 »	73 »	165 »	82 »	607^{7}
607^{8}	Néant	— (Act. de jouissance)	607^{8}	30 »	12 »	33 »	28 »	26 »	20 »	28 »	26 »	45 »	26.25	607^{8}
612	375	Mines de zinc de Stolberg et de Westphalie.	612	52 »	27.50	77 »	55 »	75 »	61 »	80 »	66 »	95 »	70 »	612
612^{1}	375	— (Actions privil.)	612^{1}	235 »	175 »	335 »	250 »	260 »	246 »	315 »	265 »	295 »	265 »	612^{1}
616	375	Mines de zinc de la Silésie..................	616	....	....	200 »	195 »	»	»	210 »	200 »	210 »	170 »	616
754^{2}	500	Soc. des Journaux réunis. *E. J. d'Anchald et Ce*	754^{2}	410 »	405 »	440 »	400 »	410 »	330 »	330 »	300 »	310 »	260 »	754^{2}
781^{1}	300	Vidanges et engrais. *Lesage et Ce* (acc. *Richer et Ce*)	781^{1}	300 »	240 »	355 »	302 »	350 »	301 »	342 »	295 »	305 »	275 »	781^{1}
				1867		**1868**		**1869**		**1870**		**1871**		
68^{6}	100	Autrichien 5 0/0 (cert.). silber (arg.) rente (ccd 1/7)	68^{6}	....	....	....	....	....	....	56.40	44 »	64.50	53 20	68^{6}
68^{8}	250 fl	— 4 0/0 1854 ..... Empr. Loter. 1904.	68^{8}	....	....	....	....	490 »	445 »	482 »	430 »	525 »	470 »	68^{8}
68^{9}	200 fl	— Empr. 1864....... Empr. Loter. 1918.	68^{9}	....	....	....	....	260 »	210 »	255 »	200 »	307.50	242.50	68^{9}
91^{2}	100	Espagne 3 0/0. Extérieur, 1841 (coulisse)......	91^{2}	36 3/4	29 3/4	37 15/16	31 3/8	32 7/16	25 3/16	32 7/8	23 3/4	34 3/4	27 1/2	91^{2}
92^{2}	100	— — Intérieur 1841 (coulisse)........	92^{2}	36 1/8	29 1/8	34 1/2	28 1/8	29 9/16	21 1/4	27 31/32	20 3/4	29 7/8	25 1/4	92^{2}
95^{2}	100	— Obl. V. Madrid, 3 0/0 1868. Empr. lot. 1938.	95^{2}	....	....	....	....	60 »	42.50	50.25	35 »	51.75	45 »	95^{2}
100^{6}	100	États-Unis 6 0/0 5-20 1862-82 (coulisse)........	100^{6}	85 »	76 3/4	85 »	79 3/8	99 3/4	84 3/4	104 1/2	90 »	108 5/16	102 9/16	100^{6}
108^{3}	250	Italie. Obl. V. Florence 4 0/0 1868. Empr. loter. 1918.	108^{3}	....	....	173.75	170 »	197 »	169.50	210.50	177.50	217 »	185 »	108^{3}
108^{5}	45	— — V. Milan, 1861.... Empr. loter. 1916.	108^{5}	27.50	27.50	28.50	26 »	37.50	28 »	32.25	27.50	52 »	25.50	108^{5}
108^{6}	10	— — — 1866.... Empr. loter. 1921.	108^{6}	9.25	9 25	13 »	9 »	9.25	7.75	8.25	6.75	9 »	7.50	108^{6}
108^{7}	150	— — V. Naples. 4 2/3 0/0 1868. Empr. loter. 1918.	108^{7}	....	....	....	....	425 »	115.50	136 »	100 »	138.75	115 »	108^{7}
119^{1}	100	Rome 5 0/0 pontifical 1860-64............ 1896.	119^{1}	74 »	62 »	79 »	64 1/2	70 1/2	64 1/4	71 1/4	50 »	67 »	55 1/2	119^{1}
119^{2}	100	— — — 1866.............. 1929.	119^{2}	67 »	62 »	66 »	61 »	77 3/4	65 1/4	85 3/4	63 1/2	65 1/2	55 1/4	119^{2}
121^{7}	100 r.a	Russie 5 0/0 1864.......... Empr. loter. 1921.	121^{7}	»	»	485 »	440 »	580 »	460 »	500 »	370 »	513.75	450 »	121^{7}
121^{8}	100 r.a	— — 1866...... .... Empr. loter. 1926.	121^{8}	....	....	470 »	435 »	555 »	445 »	495 »	350 »	532.50	455 »	121^{8}
134^{14}	100	Turquie 5 0/0 1865 (coulisse) Dette générale ...	134^{14}	....	....	44.40	33.50	45.65	37.75	54.75	37 »	51.60	45.40	134^{14}
134^{15}	400	— lots (ch. de fer). Empr. loter.... 1974.	134^{15}	....	....	....	....	....	....	....	....	155 »	137.50	134^{15}
142^{2}	500	Obl. Crédit foncier 5 0/0, cinquantenaires 1906.	142^{2}	502.50	495.75	518.75	500.50	521 »	503 »	531 »	435 »	483 »	445 »	142^{2}
142^{3}	500	— — 3 0/0, comales. cinquant 1912.	142^{3}	511.25	505.75	515 »	500 »	523.75	532 »	529 »	447.25	475 »	442 50	142^{3}

Complément pour les périodes 1862-1866 et 1867-1871 (fin).

Repères.	Pair ou taux de remboursement	Dénomination des valeurs.	Repères.	1867. plus haut	1867. plus bas	1868. plus haut	1868. plus bas	1869. plus haut	1869. plus bas	1870. plus haut	1870. plus bas	1871. plus haut	1871. plus bas	Repères.
142^{6}	500	Obl. Crédit agricole. (Bons 5 0/0)	142^{6}	.....	.....	.....	.....	.....	.....	508 75	495 »	490 »	445 »	142^{6}
143^{7}	100 fl.	— Crédit mob. autr. 1858 (*Lose*) Empr. loter. 1924.	143^{7}	.....	.....	.....	.....	350 »	315 »	340 »	263 »	412 »	325 »	143^{7}
199^{33}	500	— Ch. Nord-Est (France) 3 0/0 ..... 99 ans	199^{33}	.....	.....	.....	.....	303 »	297 »	322 »	298 50	300 »	282 50	199^{33}
201	500	— — Guillaume-Luxembourg 3 0/0 ..... 1959.	201	»	»	»	»	310 »	290 »	314 »	277 »	295 »	275 »	201
202	500	— — Autr. 3 0/0 anc. 1re émission ..... 1946.	202	255 25	222 »	272 »	250 »	297 »	265 50	306 »	250 »	305 »	271 25	202
202^{1}	500	— — — 3 0/0 nouv. série A ..... 1965.	202^{1}	245 50	210 »	268 30	243 »	296 75	259 »	303 75	260 »	302 75	270 »	202^{1}
204^{0}	500	— — Lombards 3 0/0 nouv. 1871 ..... 1968.	204^{0}	.....	.....	.....	.....	.....	.....	.....	.....	249 25	219 »	204^{0}
207	500	— — Séville-Xerès 3 0/0 1859 ..... 1906.	207	102 »	65 »	67 50	61 »	»	»	84 »	35 »	70 »	37 50	207
211^{1}	500	— — Ciudad-Real-Badajoz 3 0/0 ..... 1958.	211^{1}	95 »	70 »	75 »	51 25	65 »	58 »	»	»	»	»	211^{1}
211^{2}	500	— — Nord-Ouest-Espagne 3 0/0	211^{2}	32 50	42 »	50 »	32 »	48 »	32 »	65 »	40 »	43 »	39 50	211^{2}
211^{3}	500	— — Lerida-Reus-Tarragone 3 0/0	211^{3}	25 »	20 »	22 50	13 50	21 »	18 »	42 »	20 »	37 50	18 75	211^{3}
211^{4}	500	— — méridionaux italiens 3 0/0 1967	211^{4}	139 75	101 »	157 50	100 »	170 »	150 »	178 »	126 »	197 »	168 »	211^{4}
211^{5}	500	— — Livournais (Florence) 3 0/0 ..... 1955.	211^{5}	135 »	135 »	166 »	125 »	173 »	153 »	167 50	159 »	196 25	168 »	211^{5}
212	500	— — Séville-Xerès 3 0/0 1860	212	66 »	38.75	45 »	38 »	»	»	72 »	28 »	61 »	30 »	212
212^{2}	500	— — *Victor-Emmanuel* 3 0/0 1863 ..... 1935.	212^{2}	135 »	80 »	134 »	65 »	170 25	144 »	165 25	117 »	187 25	152 75	212^{2}
212^{3}	500	— — Turin-Savone et Cairo-Acqui 3 0/0	212^{3}	95 »	90 »	»	»	»	»	155 »	121 25	260 »	179 »	212^{3}
217^{1}	125	— Voitures à Paris (Comp. gén.) 4 0/0. 1914.	217^{1}	100 »	97 »	102 50	95 »	103 75	100 »	»	»	»	»	217^{1}
219^{5}	250	— Paq. *Valery fr. et fils* 6 0/0 1874-75 ... 1879-82.	219^{5}	.....	.....	.....	.....	.....	.....	.....	.....	238 »	235 »	219^{5}
225^{0}	500	— Charbonnages des Bouches-du-Rhône 6 0/0	225^{0}	»	»	480 »	450 »	500 »	490 »	502 50	300 »	»	»	225^{0}
225^{4}	300	— Mines de Béthune 6 0/0 1861	225^{4}	.....	.....	.....	.....	.....	.....	305 »	300 »	280 »	275 »	225^{4}
241^{5}	300	— Ch. de fer et docks de St-Ouen 6 2/3 0/0 1935.	241^{5}	275 »	275 »	300 »	280 »	298 75	286 25	295 »	285 »	»	»	241^{5}
241^{7}	505	— Soc. p. la vente des biens (Italie) 5 0/0 ... 1880.	241^{7}	375 »	325 »	420 »	330 »	435 »	407 »	450 »	350 »	450 »	432 50	241^{7}
245^{10}	600	— Canal *Cavour* 5 0/0 ..... 1915.	245^{10}	260 »	160 »	320 »	170 »	335 »	300 »	340 »	263 »	380 »	320 »	245^{10}
301^{0}	750	Crédit foncier central prussien	301^{0}	.....	.....	.....	.....	.....	.....	965 »	800 »	970 »	890 »	301^{6}
301	475	Crédit mob. autr. pour le commerce et l'industr.	301	400 »	400 »	490 »	387 »	595 »	545 »	»	»	»	»	301
304^{1}	500	Société gén. de Crédit mobilier italien	304^{1}	315 »	205 »	355 »	275 »	462 »	340 »	525 »	350 »	852 »	425 »	304^{1}
304^{2}	500	Banque de Crédit italien	304^{2}	»	»	»	»	372 50	372 50	»	»	555 »	480 »	304^{2}
325^{2}	4000	Cie Lyonnaise ..... Assurances maritimes	325^{2}	.....	.....	..... » .	.....	.....	.....	1 1/4 0/0 b	1 1/4 0/0 b	»	»	325^{2}
332	6000	Le Soleil ..... — Incendie.	332	»	»	163 1/3 0/0b	163 1/3 0/0b	198 7/16 0/0b	163 0/0 b	133 5/16 0/0b	133 5/16 0/0b	223 5/16 0/0b	183 5/16 0/0b	332
340	5000	L'Aigle ..... — —	340	»	»	180 0/0 b	180 0/0 b	190 0/0 b	180 0/0 b	125 0/0 b	125 0/0 b	192 1/2 0/0 b	192 1/2 0/0 b	340
357^{1}	1000	L'Urbaine (act. non libér.) .. — Vie	357^{1}	10 0/0 b	10 0/0 b	Pair	Pair	10 0/0 b	Pair	9 0/0 b	4 3/8 0/0 b	4 0/0 p	4 0/0 p	357^{1}
436	500	Chemins de fer russes (Grande Société des)	436	397 »	365 »	435 »	377 »	510 »	463 »	478 75	365 »	493 50	422 »	436
438	300	— ouest suisse	438	37 »	36 »	35 »	30 »	79 »	32 50	113 50	67 50	253 75	87 50	438
439	500	— central suisse	439	432 50	430 »	490 »	432 »	490 »	470 »	548 75	480 »	»	»	439
444^{1}	500	— méridionaux italiens	444^{1}	232 »	160 »	255 »	150 »	340 »	242 »	365 »	220 »	430 »	360 »	444^{1}
461	300	Télégr. élect. Manche. — *Sir James Carmichael et Cie*	461	200 »	200 »	373 »	325 »	975 »	300 »	»	»	»	»	461
461^{1}	500	Câble transatlantique français	461^{1}	.....	.....	515 »	500 »	600 »	370 »	475 »	310 »	672 50	380 »	461^{1}
483	538	Canalisation de l'Ebre	483	63 »	40 »	50 »	35 »	32 »	25 »	45 »	30 »	35 »	23 50	483
484^{6}	500	Canal *Cavour*	484^{6}	165 »	45 »	97 50	41 »	90 »	77 »	100 »	85 »	90 »	80 50	484^{6}
501^{1}	160	Comp. gén. des omnibus de Londres. Titres anglais	501^{1}	78 »	47 »	55 »	42 »	60 »	50 50	66 »	55 »	67 50	62 »	501^{1}
532^{7}	500	Armements maritimes. — *Peulvé, Petit-Didier et Cie*	532^{7}	270 »	235 »	276 25	255 »	307 »	272 »	350 »	255 »	260 »	220 »	532^{7}
580	500	Compagnie des Charbonnages belges	580	375 »	335 »	320 »	200 »	250 »	200 »	»	»	»	»	580
607^{7}	200	Mines de Huelva. — *Mercier et Cie* (Act. de capital)	607^{7}	170 »	160 »	200 »	155 »	202 »	172 »	200 »	182 »	170 »	110 »	607^{7}
607^{8}	néant.	— — (Act. de jouiss.)	607^{8}	47 »	40 »	59 »	45 »	107 »	60 »	112 50	102 50	170 »	95 »	607^{8}
612	375	Mines de zinc de Stolberg de Westphalie	612	90 »	74 »	76 »	55 »	75 »	63 75	96 »	71 »	150 »	85 »	612
612^{1}	375	— — — Act. priv.	612^{1}	307 »	265 »	277 »	250 »	250 »	260 »	325 »	276 »	332 50	285 »	612^{1}
616	375	Mines de zinc de la Silésie	616	160 »	140 »	235 »	215 »	335 »	247 »	382 »	345 »	355 »	370 »	616
616^{1}	375	— — ..... Act. priv.	616^{1}	190 »	167 »	255 »	167 »	340 »	280 »	387 »	350 »	385 »	370 »	616^{1}
754^{2}	500	Soc. des Journaux réunis *Grand-Guillot et Cie*.	754^{2}	157 »	150 »	175 »	115 »	185 »	135 »	210 »	190 »	»	»	754^{2}
754^{3}	»	*Petit Journal* (Paris)	754^{3}	.....	.....	420 »	410 »	325 »	130 »	520 »	430 »	»	»	754^{3}
781^{2}	500	Vidanges et engrais — *Lesage et Cie* (anc. *Richer et Cie*)	781^{2}	288 »	260 »	310 »	267 »	328 75	298 »	375 »	310 »	350 »	300 »	781^{2}
781^{1}	500	Compagnie fermière des Tabacs italiens	781^{1}	.....	.....	600 »	570 »	677 »	570 »	745 »	540 »	720 »	645 »	781^{1}

1872 à 1876.

Repères.	Pair ou taux de remboursement	Dénomination des valeurs.	Repères.	1872. plus haut	1872. plus bas	1873. plus haut	1873. plus bas	1874. plus haut	1874. plus bas	1875. plus haut	1875. plus bas	1876. plus haut	1876. plus bas	Repères.
		VALEURS A REVENU FIXE												
6	100	3 0/0 1825	6	57 25	52 40	59 10	53 25	64 80	57 80	66 95	61 60	73 »	65 »	6
7	100	4 1/2 0/0 1825	7	83 50	75 »	84 50	77 »	93 10	83 50	98 50	90 »	105 »	94 25	7
8	100	4 0/0 1830	8	71 25	66 »	73 »	67 50	78 05	73 »	86 50	78 »	92 40	82 »	8
26^{4}	100	5 0/0 1871	26^{4}	91 25	82 55	93 60	83 »	100 50	92 05	106 40	99 60	107 25	101 80	26^{4}
26^{6}	100	Emprunt 5 0/0 1872	26^{6}	89 50	85 25	93 70	86 40	95 10	92 75	....	....	....	....	26^{6}
27	500	Obl. 4 0/0 du Trésor dites trentenaires.. 1889.	27	445 »	416 25	441 25	420 »	470 »	426 »	495 »	452 50	500 »	460 »	27
27^{1}	500	6 0/0 1870 (Emprunt *Morgan*) trentenaire. 1904.	27^{1}	520 »	490 »	525 »	493 75	540 »	505 »	536 »	503 »	506 25	501 25	27
27^{2}	500	Bons de liquidation départementaux 5 0/0. 1899.	27^{2}	....	....	....	....	496 25	465 »	520 »	482 »	525 »	480 »	27
27^{3}	100	— du Trésor 5 0/0 1870, 2/10, 3/10 et 5/10	27^{3}	96 75	90 »	100 »	83 »	97 50	89 »	102 »	95 »	104 50	98 »	27^{3}
27^{4}	100	— — 5 0/0 1875, à cinq ans	27^{4}	....	....	....	....	....	....	102 50	101 60	105 »	100 »	27^{4}
27^{5}	100	— — 4 1/2 0/0 1876, à cinq ans	27^{5}	....	....	....	....	....	....	....	....	101 »	97 50	27^{5}
30	Néant.	Cie des 4 canaux Act. de jouissance, Ann. 1882.	30	65 50	52 50	50 »	47 »	50 »	42 »	52 50	42 50	52 »	43 »	30
34	Néant.	Canal de Bourgogne Act. indemnit.. Ann. 1882.	34	97 75	90 »	82 50	70 »	70 »	70 »	88 »	72 50	72 50	62 50	34
38^{2}	Néant.	Navig. de l'Oise Act. de jouissance, Ann. 1890.	38^{2}	»	»	1925 »	1925 »	2000 »	2000 »	2000 »	2000 »	1900 »	1900 »	38^{2}
43	Néant.	Trois vieux ponts-sur-Seine, Ann. munic. 1890.	43	705 »	705 »	»	»	750 »	750 »	530 »	530 »	867 50	867 50	43
45	500	Ville de Paris Obl. 3 0/0 1855-60 Emp. Loter. 1897.	45	405 »	370 »	440 »	380 »	430 »	412 50	500 »	441 25	500 »	477 »	45
45^{1}	500	— — 4 0/0 1865 — 1925.	45^{1}	460 »	430 »	451 25	430 »	490 »	440 »	510 »	467 50	515 »	475 »	45^{1}
45^{2}	400	— — 3 0/0 1869 — 1909.	45^{2}	290 »	268 50	295 »	271 25	315 »	283 75	370 »	301 50	395 »	340 »	45^{2}
45^{3}	400	— — 3 0/0 1871 — 1946.	45^{3}	265 »	240 »	256 »	240 »	283 »	247 »	345 »	272 »	385 »	325 »	45^{3}
45^{4}	500	— Bons de liquid. 5 0/0 1898.	45^{4}	....	....	440 »	437 50	500 »	452 50	520 »	487 50	530 »	495 »	45^{4}
45^{5}	1000	— Obl. 6 0/0 1872 (Vanne) 1892.	45^{5}	....	....	....	....	1050 »	965 »	1062 50	995 »	1131 »	1030 »	45^{5}
45^{6}	500	— — 4 0/0 1875 Emp. Loter.. 1950.	45^{6}	....	....	....	....	....	....	473 75	442 50	502 50	464 »	45^{6}
45^{7}	500	— — 4 0/0 1876 — 1950.	45^{7}	....	....	....	....	....	....	....	....	496 »	473 75	45^{7}
47	225	Dép. Seine Obl. 4 0/0 1857 — 1888.	47	220 »	201 »	222 »	204 »	227 »	213 »	234 »	220 »	237 »	223 »	47
47^{1}	100	Ville d'Amiens Obl. 4 0/0 1871 Emp. Loter. 1921.	47^{1}	102 »	87 50	102 50	88 »	99 »	89 »	100 »	90 »	103 »	96 25	47^{1}
47^{2}	500	— d'Armentières — 4 1/2 0/0	47^{2}	470 »	470 »	400 »	400 »	440 »	400 »	445 »	435 »	470 »	455 »	47^{2}
48^{1}	100	— de Bordeaux — 3 0/0 1863 1900.	48^{1}	86 »	73 »	84 »	77 »	88 »	78 »	92 »	82 »	97 »	87 »	48^{1}
48^{2}	500	— de Dunkerque — 6 0/0	48^{2}	....	....	....	....	535 »	510 »	530 »	510 »	526 25	510 »	48^{2}
48^{3}	1000	— — 5 0/0 1876 1892.	48^{3}	....	....	....	....	....	....	....	....	1010 »	990 »	48^{3}
51	1000	— de Marseille — 5 0/0 1855 1875.	51	960 »	890 »	970 »	910 »	997 50	955 »	1017 50	977 50	....	....	51
52	1000	— — 5 1/4 0/0 1857 1877.	52	970 »	925 »	950 »	900 »	995 »	957 50	1015 »	974 »	1020 »	985 »	52
53	1000	— — 5 0/0 1859 1879.	53	985 »	900 »	935 »	893 »	990 »	917 50	995 »	965 »	1020 »	975 »	53
53^{1}	500	— — 5 0/0 1862 1911.	53^{1}	478 »	440 »	442 »	417 »	470 »	427 »	502 »	452 »	509 50	487 »	53^{1}
53^{2}	500	— — 4 0/0 1863 1913.	53^{2}	413 »	390 »	396 »	363 75	407 »	372 »	426 »	358 »	472 »	417 »	53^{2}
53^{3}	1000	— — 4 1/2 0/0 1864 1880.	53^{3}	950 »	870 »	925 »	870 »	960 »	900 »	990 »	930 »	990 »	960 »	53^{3}
53^{4}	500	— — 5 0/0 1865 1915.	53^{4}	481 »	430 50	441 »	419 »	470 »	435 »	497 »	455 50	510 »	490 »	53^{4}
53^{5}	500	— — 5 0/0 1867 1917.	53^{5}	488 »	438 »	446 »	424 50	473 »	428 »	500 »	453 »	509 »	486 »	53^{5}
53^{6}	100	— — 6 0/0 1870	53^{6}	105 50	98 75	102 50	96 25	104 25	99 »	102 50	101 »	....	....	53^{6}
53^{7}	1000	— de Nimes — 5 0/0 1875 1900.	53^{7}	....	....	....	....	....	....	995 »	995 »	995 »	970 »	53^{7}
54	100	— de Lille — 3 0/0 1860 Emp. Loter. 1902.	54	100 »	87 50	97 50	85 »	96 »	86 50	100 »	87 »	102 »	94 »	54
54^{1}	100	— — 3 0/0 1863 — 1903.	54^{1}	91 25	80 »	87 50	80 »	93 75	82 »	100 »	83 »	100 »	90 »	54^{1}
54^{2}	500	— — 4 1/2 0/0 1868 1895.	54^{2}	472 50	420 »	435 »	397 50	456 »	410 »	478 75	440 »	497 50	450 »	54^{2}
55	1250	— de Lyon — 4 0/0 1854-57 1907.	55	977 50	940 »	981 25	925 »	1020 »	930 »	1080 »	985 »	1110 »	1050 »	55
57	1250	— — 4 0/0 1859 1928.	57	965 »	927 50	960 »	900 »	1001 25	927 50	1055 »	975 »	1092 50	1035 »	57
57^{1}	500	— — 5 0/0 1865-67 1895.	57^{1}	452 50	427 50	450 »	417 50	482 50	432 50	500 »	460 »	507 50	487 50	57^{1}
57^{2}	500	— — 5 0/0 1870 1892.	57^{2}	445 »	420 »	440 »	415 »	468 75	432 50	502 50	463 75	512 50	490 »	57^{2}
57^{3}	500	— — 7 0/0 1871 1892.	57^{3}	540 »	510 »	527 50	500 »	540 »	505 75	538 75	501 25	513 75	509 50	57^{3}
57^{5}	500	— — 5 0/0 1872 1912.	57^{5}	435 »	410 »	440 »	410 »	465 »	420 »	503 75	460 »	506 25	490 »	57^{5}

1872 à 1876. *(Suite.)*

REPÈRES.	PAIR OU TAUX de REMBOURSEMENT	DENOMINATION des VALEURS.	REPÈRES.	1872. plus haut	1872. plus bas	1873. plus haut	1873. plus bas	1874. plus haut	1874. plus bas	1875. plus haut	1875. plus bas	1876. plus haut	1876. plus bas	REPÈRES.
57^{4}	500	Dép. Rhône Obl. 7 0/0 1871............ 1882.	57^{4}	540 »	503 75	522 50	501 25	531 »	507 50	525 »	503 75	....	....	57^{4}
58	50	Ville de Tourcoing-Roubaix 1861 Emp. Loter. 1915.	58	40 »	34 »	38 »	34 »	40 »	33 75	45 »	36 »	47 »	41 50	58
59	1250	— de Rouen — 4 0/0 1861............ 1910.	59	....	....	....	....	....	....	950 »	925 »	....	....	59
59^{1}	500	— de Versailles — 5 0/0 1873............ 1883.	59^{1}	....	....	450 »	413 75	460 »	410 »	460 »	460 »	470 »	470 »	59^{1}
59^{2}	1000	Dép. Calvados — 5 0/0 1872............ 1887.	59^{2}	....	....	967 50	960 »	950 »	950 »	....	....	....	....	59^{2}
59^{3}	1000	— Eure — 5 0/0 1874............ 1899.	59^{3}	....	....	....	....	980 »	980 »	»	»	1000 »	1000 »	59^{3}
59^{4}	3500	— Gironde — 1875....................	59^{4}	....	....	....	....	....	....	510 »	495 »	517 50	510 »	59^{4}
59^{5}	100	— Nord — 3 0/0 1870 Emp. Loter. 1905.	59^{5}	84 25	80 50	85 »	81 »	89 »	84 50	90 »	84 50	96 »	87 »	59^{5}
61	100	Angleterre 3 0/0 consolidés (Bourse de Londres)	61	93 1/2	91 3/8	94 »	91 3/4	93 5/8	91 1/4	95 5/8	91 3/4	97 1/2	93 1/4	61
61^{1}	100	— — — (Bourse de Paris),...	61^{1}	....	....	95 1/2	93 1/2	94 1/2	92 »	95 3/4	92 »	98 »	93 1/4	61^{1}
66	100	Autriche 5 0/0 Anglo 1852....................	66	76 1/8	75 1/2	....	....	....	....	....	....	....	....	66
68^{1}	500fl.	— 4 0/0 Emp. de 1860 Emp. Loter. 1917.	68^{1}	1215 »	1130 »	1250 »	1100 »	1285 »	1165 »	1300 »	1225 »	1260 »	1060 »	68^{1}
68^{2}	500	— — — 1865............ 1904.	68^{2}	425 »	382 50	425 »	425 »	....	....	....	....	....	....	68^{2}
68^{3}	300	— Obl. 5 0/0 dites domaniales..... 1912.	68^{3}	277 50	260 »	282 »	242 50	290 »	266 »	300 25	280 »	305 »	275 »	68^{3}
68^{4}	100	— 5 0/0 (conv.) Silber (argent) rente 1/7.	68^{4}	68 3/4	61 1/2	70 »	64 1/4	69 1/2	65 1/2	70 »	65 »	65 1/2	50 »	68^{4}
68^{6}	100	— — — (coulisse) —	68^{6}	67 80	62 80	69 70	65 20	69 »	64 80	69 60	65 10	65 20	50 »	68^{6}
68^{5}	100	— — Papier rente....... 5/11.	68^{5}	61 3/4	52 »	66 3/4	57 1/2	68 »	61 »	68 »	60 1/4	62 »	46 »	68^{5}
68^{6}	100	— — Silber (argent) rente 4/10.	68^{6}	68 »	63 »	70 »	63 5/8	69 3/4	64 7/8	72 1/2	63 1/4	65 3/4	54 »	68^{6}
68^{7}	100	— — Papier rente...... 2/8.	68^{7}	62 1/4	54 »	62 1/4	61 3/4	66 3/4	61 »	65 1/2	61 1/2	63 »	63 »	68^{7}
68^{8}	250fl.	— 4 0/0 1854 Emp. Loter.......... 1904.	68^{8}	585 »	520 »	610 »	525 »	612 50	540 »	620 »	590 »	620 »	330 »	68^{8}
68^{9}	200fl.	— Emp. 1864 — .... 1918.	68^{9}	350 »	310 »	352 50	290 »	320 »	290 »	320 »	292 50	301 25	245 »	68^{9}
72	100	Belgique 3 0/0....................	72	94 »	94 »	»	»	»	»	»	»	»	»	72
75	100	— 2 1/2 0/0....................	75	66 »	66 »	»	»	»	»	»	»	63 »	63 »	75
76	100	— 4 1/2 0/0....................	76	106 3/8	101 »	105 7/8	100 3/4	105 1/2	101 »	107 »	102 1/2	107 1/4	103 1/4	76
77^{1}	100	— Obl. V. Anvers 3 0/0 1867 Emp. Loter. 1933.	77^{1}	107 »	97 »	104 1/2	96 »	105 »	90 »	100 »	87 »	96 1/4	85 »	77^{1}
77^{4}	100	— — V. Bruxelles 3 0/0 1862 — 1928.	77^{4}	102 »	97 50	105 75	99 »	....	....	....	....	....	....	77^{4}
77^{5}	100	— — — 3 0/0 1868 — 1933.	77^{5}	109 »	96 »	105 50	101 »	105 »	91 50	95 »	85 »	91 1/4	82 1/2	77^{5}
77^{6}	100	— — V. Liége 2 0/0 1853 — 1918.	77^{6}	71 50	65 »	....	....	....	....	....	....	....	....	77^{6}
77^{8}	100	— — — 3 0/0 1868 — 1933.	77^{8}	100 »	96 »	102 »	95 »	102 50	87 »	95 »	82 50	90 25	80 75	77^{8}
81^{1}	500	Égypte 7 0/0 1866 (Ismaïl-Pacha.......... 1890.	81^{1}	485 »	436 25	487 50	452 50	485 »	430 »	500 »	380 »	440 »	190 »	81^{1}
81^{2}	100	— 7 0/0 1868.................... 1898.	81^{2}	96 »	84 1/4	96 1/2	79 1/8	85 1/4	72 »	87 »	64 »	73 »	37 »	81^{2}
81^{3}	500	— 7 0/0 1870 (Ismaïl-Pacha)......... 1881.	81^{3}	438 75	385 »	455 »	360 »	415 »	341 25	430 »	285 »	350 »	170 »	81^{3}
81^{4}	500	— 7 0/0 1873.................... 1903.	81^{4}	....	....	434 50	357 »	401 25	320 »	411 »	270 »	350 »	173 75	81^{4}
81^{5}	500	— 7 0/0 1876 Dette unifiée.......... 1942.	81^{5}	....	....	....	....	....	....	....	....	273 75	180 »	81^{5}
81^{6}	500	— 6 0/0 — — .... 1942.	81^{6}	....	....	....	....	....	....	....	....	192 50	177 50	81^{6}
81^{7}	500	— 5 3/0 — Chem. de fer et port d'Alexandrie 1902.	81^{7}	....	....	....	....	....	....	....	....	347 50	325 »	81^{7}
91	100	Espagne 4 0/0. Extérieur 1841....................	91	34 »	28 »	29 »	16 3/4	21 »	16 3/4	24 1/2	18 1/2	22 »	14 »	91
91^{1}	100	— — — — (j. juillet 1874)..	91^{1}	....	....	....	....	....	....	19 3/4	17 »	20 »	12 3/4	91^{1}
91^{2}	100	— — — — (coulisse).......	91^{2}	34 »	26 5/8	26 3/4	16 15/16	20 1/8	15 »	24 »	17 »	19 11/16	12 5/8	91^{2}
92	100	— — Intérieur 1841....................	92	29 »	24 1/4	25 »	14 »	16 1/2	10 3/4	20 1/4	16 »	21 1/4	12 1/2	92
92^{1}	100	— — — — (j. juillet 1875)..	92^{1}	....	....	....	....	....	....	18 3/4	18 1/4	16 1/2	11 1/2	92^{1}
92^{2}	100	— — — — (coulisse).......	92^{2}	26 1/16	24 3/8	24 7/8	13 3/16	16 1/4	11 »	19 1/2	14 5/8	17 3/4	11 1/4	92^{2}
95^{1}	500	— Oblig. 8 0/0 Pagarès.......... 1887.	95^{1}	535 »	500 »	528 75	440 »	475 »	415 »	325 »	478 75	335 »	300 »	95^{1}
95^{2}	100	— — V. Madrid 3 0/0 1868. Er lot. 1938.	95^{2}	49 »	36 »	43 »	23 »	30 »	23 »	39 50	29 »	36 »	24 »	95^{2}
95^{3}	500	— — hypot. 6 0/0 1876. Série extérieure.	95^{3}	....	....	....	....	....	....	....	....	437 50	395 25	95^{3}
100^{1}	100	États-Unis 6 0/0 5.20 1862–1882.......... 5/11.	100^{1}	108 1/2	101 1/2	108 1/2	103 1/2	108 3/4	102 3/8	106 3/8	102 1/2	....	....	100^{1}
100^{3}	100	— — — — (coulisse). —	100^{3}	107 1/2	102 1/8	107 1/2	103 1/4	108 1/4	102 3/8	105 »	102 2/4	....	....	100^{3}
100^{2}	100	— — — 1864–1884.......... —	100^{2}	111 »	103 1/4	109 1/2	103 3/4	110 1/2	104 1/2	108 »	102 5/8	....	....	100^{2}
100^{4}	100	— — — 1865–1885.......... —	100^{4}	108 7/8	104 »	110 »	105 1/4	111 1/8	107 1/2	109 1/2	103 1/2	107 3/4	104 »	100^{4}
100^{5}	100	— — — — .... 1/7.	100^{5}	106 1/4	104 3/4	106 1/4	106 1/4	109 »	107 »	109 »	106 3/4	111 1/4	105 1/2	100^{5}
100^{6}	100	— — — 1867–1887.......... —	100^{5}	110 1/2	105 1/4	112 3/8	106 1/4	112 3/4	108 1/8	112 1/8	107 1/2	118 1/8	108 1/4	100^{6}

1872 à 1876 (*suite*).

REPÈRES.	PAIR ou TAUX de REMBOURSEMENT	DÉNOMINATION des VALEURS.		REPÈRES.	1872.		1873.		1874.		1875.		1876.		REPÈRES.
					plus haut	plus bas	plus haut	plus bas	plus haut	plus bas	plus haut	plus bas	plus haut	plus bas	
100[1]	100	États-Unis 6 0/0 5.20 1867-1887 (coulisse)	—	100[7]	....	....	....	....	....	....	110 1/2	108 1/2	112 1/2	107 1/2	100[7]
100[3]	100	— 5 0/0 consolidé 1871..........	1891.	100[3]	107 3/4	102 1/8	106 1/2	102 »	108 »	103 7/8	107 »	103 1/4	109 1/2	105 1/4	100[3]
100[5]	100	— — — — (coulisse)	—	100[3]	....	....	105 1/2	102 »	106 1/2	103 7/8	107 7/16	103 7/8	109 1/2	106 »	100[5]
105	1000	Haïti. Emprunt 1825............(annuité)	1877.	105	500 »	335 »	700 »	485 »	800 »	680 »	950 »	780 »	850 »	600 »	105
105[1]	500	— — 8 0/0 1875................	—	105[1]	....	....	....	....	....	....	470 »	427 50	240 »	54 »	105[1]
106	100	Hollande 2 1/2 0/0....................	—	106	61 »	57 1/2	59 1/2	56 1/2	64 1/4	59 1/2	66 »	62 5/8	66 1/2	60 »	106
108[1]	300	Honduras 6 0/0. Oblig. hypot. des ch. de fer.	1886.	108[1]	198 75	130 »	135 »	20 »	40 »	16 »	30 »	11 »	16 »	5 »	108[1]
108[2]	300	Hongrie. Emprunt 5 0/0 1868............	1907.	108[2]	255 »	235 »	242 50	207 50	233 25	211 »	238 »	220 »	225 75	186 50	108[2]
109	100	Italie 5 0/0..............................		109	71 05	65 »	68 25	57 50	68 90	58 50	73 80	65 90	75 15	67 90	109
109[2]	100	— 3 0/0.................................		109[2]	40 50	38 50	39 15	34 25	40 »	34 75	42 50	38 15	43 »	39 »	109[2]
108[3]	250	— Oblig. v. Florence 4 0/0 1868. Et loter.	1918.	108[3]	224 »	212 »	222 »	203 »	222 50	203 »	230 »	218 »	229 »	200 »	108[3]
108[4]	500	— — — 5 0/0 1875..........	1925.	108[4]	....	....	....	....	....	....	428 75	408 75	425 »	390 »	108[4]
108[5]	45	— — v. Milan 1861. Emp. loter	1916.	108[5]	31 »	28 »	33 »	26 50	28 »	23 50	28 75	26 25	29 »	25 »	108[5]
108[6]	10	— — — 1866. —	1921.	108[6]	9 50	7 50	8 25	6 25	7 50	6 25	8 25	6 50	8 75	7 50	108[6]
108[7]	150	— — v. Naples 4 2/3 0/0 1868. Et lot.	1918.	108[7]	137 »	129 50	133 75	120 »	129 »	121 50	132 75	125 »	132 »	122 »	108[7]
108[8]	500	— — — 5 0/0 1875. Emp. loter.	1905.	108[8]	....	....	....	....	....	....	427 50	410 »	431 25	380 »	108[8]
109[5]	100	Pérou 6 0/0 1870..........................	1903.	109[5]	85 50	75 »	81 40	59 75	75 »	59 50	73 50	32 50	35 50	14 25	109[5]
109[6]	100	— 5 0/0 1872..........................	1897.	109[6]	74 50	74 »	74 »	51 »	60 75	50 »	58 50	24 »	29 »	13 »	109[5]
116	100	Portugal 3 0/0. Extérieur................		116	44 »	39 »	41 3/4	40 »	48 »	42 1/2	54 1/2	45 1/2	55 1/4	31 »	116
119	100	Rome 5 0/0 1831-1853		119	69 1/2	63 »	66 1/2	58 »	68 5/8	59 1/2	74 1/2	65 3/8	77 »	70 »	119
119[1]	100	— — Pontifical 1860-1864..........	1896.	119[1]	69 3/4	65 1/2	67 1/2	59 1/8	69 »	60 1/4	75 »	66 1/4	76 »	69 »	119[1]
119[2]	100	— — — 1866..............	1929.	119[2]	69 1/2	62 3/4	67 1/4	58 1/2	68 1/2	60 1/2	73 »	66 5/8	76 1/8	67 1/2	119[2]
120[1]	100	Roumanie (prime danub.) 8 0/0 1867	1890.	120[1]	100 »	92 »	105 1/2	97 »	106 1/2	98 »	106 1/2	100 »	103 »	80 »	120[1]
120[3]	100	— — 5 0/0 1875..........		120[3]	....	....	....	....	....	....	71 50	57 75	60 »	35 »	120[3]
121	100	Russie 4 1/2 0/0 1849,....................	1879.	121	95 »	89 »	97 1/4	90 »	99 »	89 »	97 3/4	92 »	90 1/2	89 »	121
121[1]	100	— 5 0/0 1862..............................		121[1]	97 »	90 »	101 3/4	93 3/8	104 »	96 »	105 »	98 1/2	101 1/2	75 »	121[1]
121[7]	100r.a	— lots 5 0/0 1864........ Emp. loter.	1924.	121[7]	559 »	512 50	566 25	525 »	663 75	553 »	893 »	655 »	790 »	530 »	121[7]
121[5]	100r.a	— — 1866........ —	1926.	121[5]	555 »	512 50	550 »	511 »	641 25	545 »	915 »	642 »	750 »	512 50	121[8]
121[2]	500	— Emp. 4 0/0 1867 (ch. de fer Nicolas).	1951.	121[2]	395 »	375 »	412 50	383 75	435 »	402 50	440 »	410 »	428 75	343 »	121[2]
121[3]	500	— — 1869 —	1951.	121[3]	395 »	375 »	412 50	383 75	431 25	401 25	440 »	410 »	427 75	340 »	121[3]
121[4]	100	— 5 0/0 1870..........................	1954.	121[4]	97 3/4	91 »	100 1/2	92 1/4	106 »	97 »	108 »	99 »	104 »	77 »	121[4]
121[5]	100	— — 1873..........................	Perp.	121[5]	....	....	....	....	....	....	104 3/4	97 5/8	100 1/2	95 »	121[5]
121[6]	100	— 4 1/2 0/0 1875....................	—	121[6]	....	....	....	....	....	....	95 1/4	89 »	93 1/4	70 »	121[6]
123	1000	Sardes (États-) Piémont. Obl. 1849. Emp. lot.	1886.	123	900 »	800 »	840 »	790 »	800 »	800 »	805 »	805 »	805 »	800 »	123
125	1000	— — — 1850. —	1886.	125	850 »	730 »	820 »	810 »	810 »	810 »	825 »	805 »	805 »	800 »	125
131[1]	500	Tunisie. Emprunt 7 0/0 1863............	1875.	131[1]	250 »	150 »	....	....	....	....	....	....	....	....	131[1]
131[2]	500	— — — 1865............	1880.	131[2]	252 50	150 »	....	....	....	....	....	....	....	....	131[2]
131[3]	500	— — 5 0/0 1872.......(dette gén.)		131[3]	228 75	162 »	223 75	199 50	285 »	206 »	290 »	252 50	295 »	200 »	131[3]
134	500	Turquie 6 0/0 1860........................	1896.	134	367 50	310 »	367 50	315 »	335 »	250 »	350 »	130 »	152 50	60 »	134
134[1]	500	— — 1863..........................	1885.	134[1]	375 »	315 »	385 »	322 50	362 50	252 50	385 »	140 »	155 »	60 »	134[1]
134[2]	100	— 5 0/0 1865..................(dette gén.)		134[2]	56 25	48 50	58 »	44 25	49 40	37 75	44 75	22 70	23 20	9 70	134[2]
134[14]	100	— — — ....(coulisse)		134[14]	56 »	48 »	56 65	43 »	48 90	38 25	45 »	23 »	23 20	9 65	134[14]
134[3]	500	— 6 0/0 —	1887	134[3]	382 50	327 50	387 50	325 »	360 »	275 »	368 »	130 »	150 »	45 »	134[3]
134[4]	500	— — 1869..........................	1903.	134[4]	332 »	298 75	341 50	273 75	305 »	242 50	301 25	120 »	132 50	45 »	134[4]
134[15]	400	— Lots (ch. de fer). Emp. loter.....	1974.	134[15]	190 25	151 50	184 50	103 50	135 »	96 »	135 »	58 »	61 50	28 75	134[15]
134[16]	500	— 6 0/0 Bons 30 avril 1872..............		134[10]	515 »	485 »	....	....	....	....	....	....	....	....	134[16]
134[11]	500	— — — 31 octobre 1872............		134[11]	510 »	465 »	....	....	....	....	....	....	....	....	134[11]
134[12]	500	— — — 30 avril 1873..............		134[12]	505 »	450 »	514 25	495 »	....	....	....	....	....	....	134[12]
134[13]	500	— — — 31 octobre 1873		134[13]	505 »	450 »	502 50	485 »	....	....	....	....	....	....	134[13]
134[16]	500	— — 1873..........................	1906.	134[16]	....	....	296 »	268 »	292 50	217 50	289 »	115 »	122 »	10 »	134[15]
134[17]	100	— 3 0/0 1874................ (dette gén.).		134[17]	....	....	....	....	47 90	44 15	44 75	43 90	....	....	134[17]
134[14]	100	— — 1875 (Ramazan, oct.)	—	134[13]	....	....	....	....	....	....	....	....	28 »	10 »	134[11]

1872 à 1876 (suite).

REPÈRES.	PAIR ou TAUX de REMBOURSEMENT	DÉNOMINATION des VALEURS.	REPÈRES.	1872. plus haut	1872. plus bas	1873. plus haut	1873. plus bas	1874. plus haut	1874. plus bas	1875. plus haut	1875. plus bas	1876. plus haut	1876. plus bas	REPÈRES.
136	500	Obl. Crédit foncier, demi 4 0/0. Emp. lot. 1904.	136	470 »	425 »	460 »	425 »	498 75	440 »	510 »	477 50	515 »	470 »	136
137	600	— — — 3 0/0. — —	137	430 »	375 »	430 »	395 »	490 »	405 »	502 50	465 »	515 »	470 »	137
138	100	— — dix^{me} 4 0/0. — —	138	93 »	80 »	90 »	83 »	98 »	84 50	100 »	92 50	100 »	92 »	138
139	120	— — — 3 0/0. — —	139	87 50	76 »	86 »	77 50	95 »	80 »	102 »	86 25	100 »	92 »	139
140	1200	— — prom^{e} 3 0/0. — —	140	860 »	780 »	850 »	805 »	960 »	805 »	985 »	920 »	1000 »	940 »	140
141	500	— — com^{ale} 3 0/0. — 1910.	141	390 »	320 »	360 »	322 50	405 »	335 »	440 »	395 »	437 50	400 »	141
142	100	— — — 5^{e} 3 0/0. — —	142	77 50	65 »	74 »	65 50	78 »	67 »	90 »	78 »	88 25	80 »	142
142¹	500	— — E^{t} 4 0/0 1863. — 1922.	142¹	460 »	410 »	450 »	415 »	480 »	418 75	500 »	467 50	502 50	460 »	142¹
142²	500	— — 5 0/0 cinquantenaire. 1906.	142²	471 50	423 »	448 »	421 »	470 »	423 50	499 »	434 25	506 »	474 »	142²
142³	500	— — 5 0/0 com^{ale} cinquantenaire 1912.	142³	472 »	416 »	444 »	418 »	470 »	423 »	495 »	454 »	507 »	467 »	142³
142⁴	300	— — — com^{ale} département. 1903.	142⁴	....	....	265 »	242 50	285 »	245 »	298 75	279 50	305 »	282 50	142⁴
142⁵	500	— — 4 0/0 — — —	142⁵	....	....	....	....	....	....	470 »	450 »	490 »	455 »	142⁵
142⁶	500	— Crédit agricole (bons 5 0/0)	142⁶	500 »	455 »	505 »	445 »	305 »	460 »	515 »	490 »	515 »	430 »	142⁶
143	500	— Crédit colonial 5 0/0 1861. Emp. lot.. 1881.	143	480 »	412 50	495 »	462 50	498 75	447 50	510 »	485 »	580 »	500 »	143
143¹	600	— — — 1865. — 1917.	143¹	377 50	322 50	375 »	332 50	356 »	320 »	455 »	355 »	486 25	430 »	143¹
143²	150	— Soc. gén. algérienne 4 0/0.......... 1917.	143²	113 »	101 »	111 »	100 »	116 25	103 »	126 »	111 »	135 »	105 »	143²
143³	500	— — — 5 0/0.......... 1915.	143³	445 »	395 »	425 »	395 »	480 »	407 50	500 »	440 »	515 »	473 »	143³
143⁵	500	— Cie franco-algérienne 3 0/0.......... 1969.	143⁵	....	....	....	....	223 »	200 »	215 »	160 »	210 »	180 »	143⁵
143⁶	120	— Crédit mobilier 5 0/0........ ...... 1886.	143⁶	....	....	....	....	....	....	....	....	110 »	100 »	143⁶
143⁷	100 fl.	Obl. Créd. mob. autr. *(Loze)* 1858. Emp. lot. 1924.	143⁷	447 50	405 »	447 50	355 »	395 »	350 »	385 »	355 »	370 »	290 »	143⁷
143⁸	500	— Crédit foncier des Etats-Unis 6 0/0.. 1922.	143⁸	....	....	562 50	420 »	500 »	415 »	500 »	440 »	507 50	450 »	143⁸
143⁹	500	— Banq. c^{ie}, Créd. f^{r} Russie (1re s^{e}) 5 0/0. 1917.	143⁹	....	....	432 50	418 75	423 »	397 50	450 »	411 »	465 »	375 »	143⁹
143¹⁰	500	— — — — (4e 5e s^{e}) 5 0/0 1929.	143¹⁰	....	....	....	....	....	....	486 25	426 »	460 »	370 »	143¹⁰
144¹	500	— Crédit foncier suisse 5 0/0.......... 1927.	144¹	225 »	405 »	150 »	15 »	17 »	4 »	....	....	....	....	144¹
148	1250	— Saint-Etienne-Lyon 4 0/0 1841 .... 1926.	148	988 »	980 »	975 »	950 »	990 »	940 »	1050 »	915 »	1050 »	1020 »	148
151	1250	— Paris-Saint-Germain 4 0/0 1842-1849 . 1893.	151	1020 »	900 »	955 »	885 »	982 50	890 »	1075 »	955 »	1140 »	1110 »	151
152	1250	— Paris-Orléans 4 0/0 1842............ 1891.	152	1032 50	985 »	1030 »	1000 »	1040 »	1005 »	1087 50	1030 »	1150 »	1060 »	152
153	1250	— Paris-Versailles (R D) 4 0/0 1843..... 1893.	153	950 »	900 »	950 »	950 »	985 »	965 »	1070 »	980 »	1115 »	1110 »	153
154	1250	— Bordeaux-la-Teste 4 0/0 1843...... 1893.	154	1020 »	1020 »	1025 »	1000 »	1000 »	1000 »	1075 »	1000 »	1125 »	1100 »	154
155	1250	— Strasbourg-Bâle 4 0/0 1843 .... 1891.	155	1000 »	935 »	1000 »	935 »	1010 »	975 »	1100 »	1025 »	1150 »	1100 »	155
157	1250	— Paris-Rouen 3.20 0/0 1845........... 1918.	157	800 »	780 »	760 »	700 »	800 »	705 »	850 »	800 »	835 »	820 »	157
158	1250	— Rouen-Havre 4 0/0 1845-1847......... 1925.	158	980 »	890 »	925 »	865 »	970 »	860 »	1020 »	970 »	1050 »	1015 »	158
160	1250	— Paris-Rouen 4 0/0 1847-1849-1854 .... 1936.	160	977 50	900 »	915 »	865 »	950 »	870 »	1020 »	925 »	1060 »	995 »	160
162	1250	— Paris-Orléans 4 0/0 1848............. 1938.	162	960 »	920 »	915 »	880 »	980 »	875 »	1032 50	930 »	1070 »	1010 »	162
163	1250	— Rouen-Havre 4.80 0/0 1848 .... 1936.	163	940 »	940 »	980 »	940 »	995 »	930 »	1200 »	950 »	1150 »	1050 »	163
165	1250	— Avignon-Marseille 4 0/0 1850......... 1883.	165	1000 »	980 »	1075 »	1000 »	1150 »	1035 »	1120 »	1120 »	1150 »	1120 »	165
166	1250	— Montereau-Troyes 4 0/0 1850......... 1927.	166	990 »	900 »	915 »	800 »	940 »	820 »	1020 »	930 »	1010 »	980 »	166
168	500	— Nord 3 0/0 .... 1947.	168	304 »	285 »	257 50	277 50	303 »	278 »	327 »	295 »	337 50	305 »	168
170	1250	— Paris-Lyon 4 0/0 1852................ 1905.	170	1025 »	940 »	1060 »	950 »	1070 »	955 »	1090 »	1030 »	1135 »	1075 »	170
172	625	— Strasbourg-Bâle 4 0/0 1852........... 1905.	172	483 »	450 »	475 »	440 »	505 »	441 25	520 »	475 »	545 »	505 »	172
173	1250	— Ouest 4 0/0 1852-1854................ 1902.	173	960 »	930 »	965 »	915 »	1007 50	950 »	1050 »	980 »	1100 »	1035 »	173
174	650	— Est 3.84 0/0 1852.................... 1952.	174	480 »	420 »	465 »	427 50	490 »	437 50	518 50	470 »	540 »	490 »	174
175	400	— Ouest (Act. Vers. R. G.) 3.75 0/0 1852. 1935.	175	237 50	225 »	225 »	217 50	240 »	210 »	245 »	240 »	255 »	235 »	175
176	500	— Paris-Orléans 3 0/0................... 1951.	176	299 »	270 »	285 »	265 »	302 25	275 »	324 »	295 »	334 »	304 75	176
177	625	— Lyon-Méditerranée 4 0/0............... 1954.	177	515 »	430 »	500 »	431 25	513 »	475 »	330 »	493 »	560 »	520 »	177
178	500	— — 3 0/0............... 1954.	178	306 25	255 »	294 50	277 50	310 »	282 75	325 »	297 50	340 »	305 »	178
179	500	— Paris-Orsay (Sceaux) 4 0/0........... 1905.	179	385 »	370 »	360 »	300 »	350 »	325 »	356 25	320 »	410 »	370 »	179
181	500	— Rhône-Loire 3 0/0..................... 1952.	181	302 50	272 50	293 75	265 »	303 »	275 »	315 50	290 »	335 »	305 »	181
182	625	— — 4 0/0..................... 1952.	182	500 »	465 »	487 50	445 »	501 25	460 »	526 »	473 »	335 »	505 »	182
183	562	— Nord (act. Charleroi-Erquelines) 3 0/0. 1941.	183	»	»	»	»	340 »	302 »	348 75	316 »	340 »	330 »	183
185	500	— Ouest (act. Dieppe-Fécamp) 4 0/0... 1937.	185	400 »	365 »	395 »	330 »	355 »	310 »	400 »	340 »	420 »	385 »	185

1872 à 1876 (*suite*).

REPÈRES.	PAIR ou TAUX de REMBOURSEMENT	DÉNOMINATION des VALEURS.	REPÈRES.	1872. plus haut	1872. plus bas	1873. plus haut	1873. plus bas	1874. plus haut	1874. plus bas	1875. plus haut	1875. plus bas	1876. plus haut	1876. plus bas	REPÈRES.
186	500	Obl. Lyon-Genève 3 0/0 1855............ 1954.	186	290 »	265 »	281 »	265 »	305 »	268 75	322 50	289 »	333 »	302 50	186
187	500	— Paris-Lyon 3 0/0.................. 1955.	187	302 50	267 50	285 »	267 50	306 25	277 50	327 50	297 50	337 50	310 »	187
188	500	— Grand-Central 3 0/0 1855........... 1959.	188	300 »	267 50	285 »	266 »	300 »	275 »	323 50	289 »	334 »	300 »	188
189	500	— Ouest 3 0/0 .... 1951.	189	291 25	270 »	280 »	265 »	295 »	268 »	320 »	285 50	335 »	297 50	189
190	500	— Bourbonnais 3 0/0 .... 1954.	190	300 »	270 »	287 50	265 »	303 50	275 »	321 25	292 50	340 »	300 »	190
191	500	— Midi 3 0/0........................ 1954.	191	295 »	269 »	280 25	267 50	300 »	271 »	317 50	287 50	332 75	295 »	191
192	1250	— Ouest 4 0/0 1855.................. 1951.	192	925 »	925 »	960 »	900 »	980 »	955 »	1020 »	960 »	1025 »	1000 »	192
193	500	— Est 3 0/0 1856.................... 1954.	193	287 50	261 50	280 »	266 »	297 »	269 25	320 »	286 50	337 50	295 »	193
195	500	— Bességes-Alais 3 0/0............... 1956.	195	300 »	265 »	277 50	252 50	300 »	260 »	310 »	290 »	334 »	300 »	195
196	500	— Lyon-Genève 3 0/0 1857............ 1954.	196	288 »	262 50	275 »	261 25	293 75	263 75	317 »	280 »	330 »	302 50	196
197	500	— Ardennes 3 0/0.................... 1955.	197	288 »	260 »	277 50	260 »	296 »	266 50	318 »	287 50	332 »	295 »	197
198	500	— Dauphiné 3 0/0 .... 1957.	198	291 »	264 »	280 »	264 »	300 »	268 »	316 »	288 75	333 »	295 »	198
199	500	— Paris-Méditerranée (fusion anc.) 3 0/0. 1938.	199	297 »	269 »	283 »	266 »	305 »	271 25	320 »	289 »	336 »	295 »	199
199^{1}	500	— Lyon-Croix-Rousse 3 0/0 ... . 1950.	199^{1}	275 »	230 »	260 »	242 50	275 »	235 »	302 »	240 »	320 »	285 »	199^{1}
199^{2}	500	— Est (Dieuze, Salines de l'Est) 3 0/0.. 1950.	199^{2}	278 75	267 50	270 »	265 »	285 »	265 »	302 50	282 »	325 »	300 »	199^{2}
199^{3}	500	— Paris-Méd. (Vict. Emm. 1862) 3 0/0... 1955.	199^{3}	290 »	259 »	275 »	261 25	295 »	267 50	315 »	289 »	333 50	301 »	199^{3}
199^{5}	500	— Charentes 3 0/0................... 1954.	199^{5}	292 50	240 »	265 »	240 »	279 »	250 »	297 50	266 »	323 »	270 »	199^{5}
199^{6}	500	— Paris-Médit. (fusion 1866) 3 0/0...... 1958.	199^{6}	290 »	255 50	275 »	262 50	299 »	268 »	315 »	289 75	334 75	300 »	199^{6}
199^{7}	500	— Médoc 3 0/0........................ 1965.	199^{7}	262 50	205 »	245 »	212 »	256 »	215 »	293 »	230 »	302 »	255 »	199^{7}
199^{8}	500	— Lille-Béthune 3 0/0................ 1958.	199^{8}	270 »	218 »	250 »	218 »	271 50	220 »	282 50	237 50	332 50	267 50	199^{8}
199^{9}	500	— Vitré-Fougères 3 0/0............... 1961.	199^{9}	270 »	220 »	242 50	195 »	245 »	225 »	251 25	175 »	265 »	225 »	199^{9}
199^{10}	500	— Glos-Montfort-Pont-Audemer 3 0/0... 1962.	199^{10}	260 »	235 »	190 »	190 »	»	»	»	»	207 50	190 »	199^{10}
199^{11}	500	— Pont-de l'Arche-Gisors 3 0/0........ 1963.	199^{11}	252 50	172 »	206 25	190 »	220 »	182 50	216 25	175 »	255 »	170 »	199^{11}
199^{12}	100	— Perpignan-Prades 3 0/0............. 1961.	199^{12}	226 25	100 »	162 50	90 »	155 »	90 »	170 »	130 »	230 »	150 »	199^{12}
199^{13}	500	— Gisors-Vernon 3 0/0................ 1960.	199^{13}	250 »	232 50	232 50	181 25	225 »	152 50	215 »	160 »	270 »	180 »	199^{13}
199^{14}	500	— Belleville-Beaujeu 3 0/0............ 1920.	199^{14}	250 »	250 »	»	»	»	»	200 »	200 »	200 »	200 »	199^{14}
199^{15}	500	— Hérault 3 0/0 .... 1954.	199^{15}	275 »	200 »	250 »	190 »	262 50	205 »	230 »	200 »	266 »	210 »	199^{15}
199^{16}	600	— Les Vosges (la Volegne) 4.16 0/0... 1903.	199^{16}	440 »	440 »	»	»	»	»	»	»	»	»	199^{16}
199^{17}	500	— La Vendée 3 0/0 .... 1967.	199^{17}	280 »	237 50	250 »	223 75	268 75	232 50	260 »	175 »	300 »	230 »	199^{17}
199^{18}	500	— La Dombes (sud-est) 3 0/0.......... 1959.	199^{18}	262 50	240 »	250 »	225 »	268 »	240 »	295 »	258 »	330 »	280 75	199^{18}
199^{19}	500	— Frévent-Gamaches 3 0/0............. 1963.	199^{19}	226 25	170 »	197 50	145 »	201 25	150 »	200 »	150 »	280 »	160 »	199^{19}
199^{20}	500	— Briouze-La Ferté-Macé 3 0/0 .... 1964.	199^{20}	»	»	200 »	200 »	140 »	95 »	200 »	140 »	225 »	200 »	199^{20}
199^{21}	500	— Orléans-Rouen (Nord) 3 0/0.......... 1961.	199^{21}	260 »	210 »	233 75	199 »	250 »	190 »	247 50	200 »	300 »	210 »	199^{21}
199^{22}	500	— — (Sud) 3 0/0............ 1972	199^{22}	255 »	215 »	232 50	180 »	240 25	180 »	221 »	85 »	185 »	100 »	199^{22}
199^{23}	500	— Bordeaux-la-Sauve 3 0/0............. 1941.	199^{23}	225 »	175 »	210 »	150 »	260 »	140 »	260 »	240 »	325 »	240 »	199^{23}
199^{24}	500	— Le Tréport-Abancourt 3 0/0.......... 1963.	199^{24}	222 50	150 »	186 25	155 »	220 »	142 50	200 »	165 »	290 »	177 »	199^{24}
199^{25}	500	— Orléans-Châl.-Marne (1-63000) 3 0/0. 1970.	199^{25}	265 »	220 »	242 50	215 »	240 »	205 »	255 »	222 »	285 »	227 50	199^{25}
199^{26}	500	— Picardie-Flandres 3 0/0............. 1964.	199^{26}	285 »	172 »	250 »	205 »	265 »	220 »	292 50	241 25	305 »	265 »	199^{26}
199^{27}	500	— Lille-Valenciennes 3 0/0. .... 1969.	199^{27}	267 50	220 »	233 75	210 »	267 50	182 50	273 75	182 50	305 »	250 »	199^{27}
199^{28}	500	— St-Etienne-St-Bonnet-le-Château 3 0/0.. 1966.	199^{28}	230 »	180 »	232 50	120 »	172 50	50 »	85 »	10 »	»	»	199^{28}
199^{29}	500	— Orne (Alençon-Condé) 3 0/0......... 1969.	199^{29}	200 »	200 »	220 »	205 »	230 »	170 »	205 »	206 »	220 »	195 »	199^{29}
199^{30}	500	— Lisieux-Orbec 3 0/0................. 1956	199^{30}	255 »	195 »	225 »	140 »	161 25	100 »	130 »	80 »	180 »	128 75	199^{30}
199^{31}	500	— Les Vosges (la Vologne) 3 0/0....... 1964.	199^{31}	267 50	230 »	230 »	150 »	260 »	200 »	227 50	200 »	205 »	200 »	199^{31}
199^{32}	500	— Chemins de fer Normands 3 0/0..... 1959.	199^{32}	230 »	185 »	207 50	140 »	145 »	100 »	145 »	60 »	170 »	67 50	199^{32}
199^{33}	500	— Nord-Est 3 0/0.................. 99 ans.	199^{33}	285 »	225 »	225 »	200 »	286 »	212 50	292 50	255 »	330 »	285 »	199^{33}
199^{34}	500	— Seine-et-Marne 3 0/0............... 1969.	199^{34}	262 50	220 »	232 50	177 50	250 »	150 »	200 »	140 »	200 »	111 25	199^{34}
199^{35}	500	— Orl.-Chal.-Marne (63,001 à 108,312) 3 0/0 1970.	199^{35}	255 75	220 »	245 »	197 50	227 »	195 »	231 25	213 »	252 50	205 »	199^{35}
199^{36}	500	— La Dombes (Sud-Est) 6 0/0.......... 1886.	199^{36}	477 50	450 »	475 »	452 50	505 »	460 »	522 »	491 25	525 »	507 50	199^{36}
199^{37}	250	— Charentes 6 0/0.................... 1883.	199^{37}	....	....	241 25	215 »	250 »	217 50	265 »	235 »	263 »	250 »	199^{37}
199^{38}	1000	— Médoc 6 0/0........................ 1879.	199^{38}	....	....	980 »	875 »	980 »	930 »	1040 »	950 »	1040 »	995 75	199^{38}
199^{39}	500	— Orl.-Chal.-Mar. (108,313 à 140.312) 3 0/0. 1970.	199^{39}	....	....	....	....	240 »	205 25	242 50	210 »	277 50	205 »	199^{39}
199^{40}	500	— — 3 0/0 (annuités)....... 1960.	199^{40}	....	....	....	....	482 50	445 »	510 »	460 »	520 »	493 75	199^{40}

1872 à 1876 (*suite*).

REPÈRES.	PAIR OU TAUX de REMBOURSEMENT	DÉNOMINATION des VALEURS.	REPÈRES.	1872. plus haut	1872. plus bas	1873. plus haut	1873. plus bas	1874. plus haut	1874. plus bas	1875. plus haut	1875. plus bas	1876. plus haut	1876. plus bas	REPÈRES.
199^{41}	625	Obl. Lille-Valenciennes 4 0/0......... 99 ans.	199^{41}	....	....	....	....	450 »	400 »	435 »	320 »	530 »	410 »	199^{41}
199^{42}	500	— Mézidon-Dives 3 0/0.................. 1956.	199^{42}	....	....	....	....	227 50	218 75	217 50	95 »	173 »	80 »	199^{42}
199^{43}	500	— Ch. Nantais 3 0/0..................... 1969.	199^{43}	....	....	....	....	244 »	230 »	240 »	217 »	275 »	215 »	199^{43}
199^{44}	500	— Vitré-Fougères 5 0/0.................. 1878.	199^{44}	....	....	....	....	....	....	500 »	500 »	»	»	199^{44}
199^{45}	500	— Bondy-à-Aulnay 3 0/0.................. 1968.	199^{45}	....	....	....	....	....	....	230 »	180 »	216 25	80 »	199^{45}
199^{46}	200	— Bouches-du-Rhône (ann. dép.) 5 0/0. 1886.	199^{46}	....	....	....	....	....	....	205 »	180 »	200 »	185 »	199^{46}
199^{47}	500	— Seudre (Pons-Royan-Trembl.) 3 0/0. 1966.	199^{47}	....	....	....	....	....	....	....	....	265 »	210 »	199^{47}
199^{48}	500	— Sedan-Lérouville (ann. départ.) ..... 1960.	199^{48}	....	....	....	....	....	....	....	....	525 »	491 25	199^{48}
201	500	Obl. Guillaume-Luxembourg 3 0/0 .... 1959.	201	308 »	284 »	315 »	290 »	330 »	305 »	338 75	317 »	337 50	325 »	201
201^{1}	425	— — — 4 0/0 .... 1956.	201^{1}	500 »	440 »	520 »	479 »	535 »	505 »	548 75	520 »	545 »	520 »	201^{1}
202	500	— Ch. autrichiens 3 0/0 anc. 1re émis.. 1946.	202	310 »	291 50	310 »	290 »	322 50	301 50	329 50	310 »	327 50	302 »	202
202^{1}	500	— — 3 0/0 nouv. série A.. 1965.	202^{1}	306 50	282 »	301 25	282 »	318 75	293 »	322 50	300 »	314 »	287 »	202^{1}
202^{2}	500	— — 3 0/0 anc. 2e émission. 1947.	202^{2}	....	....	....	....	....	....	313 »	308 »	311 »	285 »	202^{2}
202^{3}	500	— Ch. Kronprinz-Rodolphe 5 0/0 1876.. 1967.	202^{3}	....	....	....	....	....	....	....	....	427 50	358 75	202^{3}
204	500	— Ch. Lombards 3 0/0 anc. .... 1934.	204	272 50	250 »	259 »	244 »	255 »	240 »	257 »	220 »	247 »	220 »	204
204^{0}	500	— — — nouv. 1871....... 1968.	204^{0}	277 »	252 »	262 50	238 »	260 »	243 50	260 »	214 »	252 50	218 »	204^{0}
204^{2}	500	Bons — 6 0/0 1870-1874...1870-1874.	204^{2}	525 »	497 50	....	....	....	....	....	....	....	....	204^{2}
204^{3}	500	— — — 1875............ 1875.	204^{3}	525 »	502 50	525 »	504 25	530 »	501 50	517 50	500 »	....	....	204^{3}
204^{4}	500	— — — 1876............ 1876.	204^{4}	535 »	503 »	523 75	502 »	530 »	503 75	523 »	502 50	517 »	500 »	204^{4}
204^{5}	500	— — — 1877............ 1877.	204^{5}	525 »	503 75	528 75	505 »	532 50	507 50	525 »	505 »	527 50	505 »	204^{5}
204^{6}	500	— — — 1878............ 1878.	204^{6}	532 50	505 »	528 75	503 75	532 50	507 50	540 »	508 »	532 59	307 50	204^{6}
205	500	Obl. Ch. Romains 3 0/0.................. 1951.	205	194 »	174 »	182 »	153 »	195 »	163 75	226 25	190 »	244 »	220 »	205
206	500	— Madrid-Saragosse 3 0/0................ 1953.	206	217 »	188 50	206 50	185 »	235 »	195 »	245 »	213 75	267 50	233 »	206
207	500	— Séville-Xérès 3 0/0 1859.............. 1908.	207	68 50	47 »	62 »	43 »	78 »	48 »	70 »	42 »	50 »	27 »	207
208	500	— Cordoue-Séville 3 0/0 .... 1957.	208	226 »	202 50	225 »	182 50	240 »	197 50	250 »	220 »	263 75	230 »	208
209	500	— Pampelune-Saragosse 3 0/0............ 1963.	209	202 50	162 »	185 »	127 50	190 »	145 »	210 »	145 »	170 »	160 »	209
209^{1}	500	— Pampelune-Barcelone 3 0/0 (converties) 1961.	209^{1}	177 50	130 »	153 »	100 »	145 »	90 »	185 »	133 75	179 50	140 »	209^{1}
210^{1}	500	— Nord-Espagne (hypot.) 3 0/0.......... 1958.	210^{1}	220 »	190 »	207 »	155 »	215 »	170 »	238 »	200 »	269 »	210 »	210^{1}
210^{2}	500	— — à rev. avec coupons A.B. 3 0/0. 1958.	210^{2}	146 »	99 »	155 »	95 »	202 »	95 »	240 »	188 50	260 »	215 »	210^{2}
210^{3}	500	— — (2e hypot.) 3 0/0..................	210^{3}	....	....	....	....	190 »	158 »	210 »	167 »	250 »	188 75	210^{3}
211^{2}	500	— Nord-Ouest-Espagne 3 0/0................	211^{2}	91 »	39 50	62 50	44 »	70 »	47 50	87 50	54 »	71 »	27 50	211^{2}
211^{3}	500	— Lerida-Reus-Saragosse 3 0/0.............	211^{3}	42 »	29 »	46 »	24 »	27 75	23 »	53 75	26 75	41 25	21 »	211^{3}
211^{4}	500	— Ch. Méridionaux italiens 3 0/0....... 1967.	211^{4}	219 50	201 25	206 75	175 »	200 »	181 25	221 »	195 »	222 50	200 »	211^{4}
211^{5}	500	— Livournais (Florence) 3 0/0.......... 1954.	211^{5}	209 »	193 »	190 »	152 »	190 »	156 25	215 »	186 »	215 »	200 »	211^{5}
212	500	— Séville-Xérès 3 0/0 1860.............. 1956.	212	66 »	37 »	62 75	41 »	66 50	44 »	131 »	40 »	140 50	113 »	212
212^{2}	500	— *Victor-Emmanuel* 3 0/0 1863.......... 1955.	212^{2}	212 »	193 »	200 »	167 50	209 »	175 »	226 »	200 »	240 »	205 »	212^{2}
212^{3}	500	— Turin-Savone et Cairo-Acqui 3 0/0..........	212^{3}	210 »	186 50	190 »	159 »	195 »	160 »	217 »	187 »	217 50	197 50	212^{3}
212^{4}	500	Bons Chemins méridionaux italiens 6 0/0. 1900.	212^{4}	316 25	480 »	505 »	475 »	508 75	470 »	523 »	500 »	525 »	503 75	212^{4}
213	500	Oblig. Chemins portugais 3 0/0............ 1959.	213	210 »	134 »	223 »	188 »	247 »	215 »	295 »	233 »	255 »	265 »	213
213^{1}	500	— — — — ex-cons 26 à 30.........	213^{1}	....	....	....	....	....	....	252 50	226 »	258 75	225 »	213^{1}
213^{2}	500	— Ch. Central-Suisse 4 0/0.............. 1936.	213^{2}	....	....	....	....	....	....	....	....	387 50	375 »	213^{2}
213^{3}	500	— Séville-Xérès 3 0/0 échangées....... 1936.	213^{3}	....	....	....	....	132 »	86 »	137 »	110 »	141 »	103 75	213^{3}
216^{2}	500	Obl. Canal de Suez 5 0/0. Emprunt lot... 1916.	216^{2}	443 »	322 50	467 50	407 50	495 »	432 50	535 »	480 »	540 »	495 »	216^{2}
216^{3}	125	— — 6 0/0. Bons trenten..... 1901.	216^{3}	121 »	100 »	120 »	110 »	127 50	113 »	135 »	124 »	140 »	125 »	216^{3}
216^{4}	85	— — 5 0/0. — coup. arriér. 1921.	216^{4}	....	....	....	....	66 75	63 »	80 »	66 »	84 »	72 »	216^{4}
217	500	— Omnibus de Paris 5 0/0............... 1911.	217	465 »	405 »	442 50	402 50	462 50	412 50	500 »	442 50	510 »	480 »	217
217^{2}	400	— Tramways-Nord-Paris 6 0/0 1909	217^{2}	....	....	....	....	335 »	300 »	390 »	300 »	435 »	357 50	217^{2}
217^{3}	300	— — Sud-Paris 6 0/0.......... 1905.	217^{3}	....	....	....	....	....	....	485 »	462 50	527 50	470 »	217^{3}
217^{4}	500	— — Cie gén. française 6 0/0.. 1939.	217^{4}	....	....	....	....	....	....	....	....	510 »	447 50	217^{4}
218	500	— Ports de Marseille 6 0/0............ indét.	218	285 »	280 »	330 »	270 »	316 »	256 »	300 »	301 »	447 »	325 »	218

1872 à [illegible]76 (suite).

REPÈRES.	PAIR ou TAUX de REMBOURSEMENT	DÉNOMINATION des VALEURS.	REPÈRES.	1872. plus haut	1872. plus bas	1873. plus haut	1873. plus bas	1874. plus haut	1874. plus bas	1875. plus haut	1875. plus bas	1876. plus haut	1876. plus bas	REPÈRES.
219^1	500	Obl. Mess. maritimes (Ex-imp) 6 0/0 1880, 2e s.	219^1	510 »	460 »	483 75	460 »	540 »	470 »	525 »	490 »	340 »	510 »	219^1
219^2	500	— — — 5 0/0 ..... 1896.	219^2	460 »	422 50	435 »	405 »	495 »	415 »	498 75	450 »	513 »	475 »	219^2
219^3	500	— Cie gén. Transatlantique. 5 0/0 ..... 1891.	219^3	402 50	360 »	405 »	368 »	422 50	390 »	450 »	405 »	475 »	420 »	219^3
219^4	300	— Bateaux à vapeur omnibus 5 0/0 .... 1879.	219^4	272 50	267 50	272 50	265 »	276 25	263 »	290 »	285 »	....	....	219^4
219^5	250	— Cie *Valery fr. et fils* (paqueb.) 6 0/0 1871-75. 1879-82.	219^5	235 »	200 »	230 »	210 »	230 »	216 »	245 »	220 »	250 »	235 »	219^5
219^6	600	— Hirondelles parisiennes 5 0/0 .... 1922.	219^6	....	....	....	....	....	....	....	....	462 50	330 »	219^6
222	1250	— Mines de la Loire 4 0/0 1852 .... 1928.	222	990 »	940 »	997 50	960 »	1060 »	985 »	1130 »	1065 »	1170 »	1115 »	222
224	1250	— Mines de la Grand-Combe 4 0/0 1844 1899.	224	1125 »	1125 »	1125 »	1120 »	1125 »	1075 »	1125 »	1100 »	1125 »	1100 »	224
225	1250	— — — 1858 1899.	225	1135 »	1075 »	1125 »	1100 »	1125 »	1100 »	1125 »	1100 »	1125 »	1100 »	225
225^0	500	— Charb. des Bouches-du-Rhône 6 0/0	225^0	»	»	430 »	450 »	460 »	430 »	500 »	461 25	527 »	495 »	225^0
225^2	312	— Houillères d'Ahun 4.8 0/0 .... 1909.	225^2	240 »	200 »	225 »	200 »	225 »	207 »	232 50	221 25	250 25	200 »	225^2
225^3	500	— Charb. Herné-Bockum 3 0/0	225^3	235 »	220 »	260 »	227 50	250 »	227 50	275 »	243 75	250 »	179 »	225^3
225^4	300	— Mines de Béthune 6 0/0 1861	225^4	285 »	274 »	282 50	275 »	296 »	275 »	325 »	291 »	315 »	300 »	225^4
225^5	»	— Houillères de Tréfail	225^5	....	....	....	....	....	....	415 »	415 »	455 »	420 »	225^5
225^6	500	— Mines de Blanzy 6 0/0	225^6	....	....	....	....	....	....	....	....	350 »	540 »	225^6
225^7	375	— Charb. du Rhin 4 0/0	225^7	225 »	170 »	200 »	135 »	260 »	130 »	278 »	227 50	257 50	120 »	225^7
225^8	100	— — de Mondragon 6 0/0 .... 1923.	225^8	....	....	105 »	77 »	102 50	45 »	68 »	67 50	70 50	30 »	225^8
225^9	400	— — du Nord 4 1/2 0/0	225^9	225 »	160 »	200 »	137 50	240 »	125 »	265 »	216 »	242 50	30 »	225^9
225^{10}	300	— — de Saône-et-Rhône 5 0/0 ..... 1924.	225^{10}	....	....	....	....	120 »	49 »	142 50	68 75	133 75	22 50	225^{10}
225^{11}	500	— Mines de Rio-Tinto Pagarès 5 0/0 .... 1893.	225^{11}	....	....	....	....	....	....	351 25	280 »	320 »	237 50	225^{11}
225^{12}	500	— — — Obligat. 7 0/0 .. 1893.	225^{12}	....	....	....	....	....	....	415 »	350 »	380 »	307 50	225^{12}
231^1	500	— Forg. Châtillon-Commentry obl. 4.8 0/0 1884.	231^1	295 »	275 »	292 »	267 50	300 »	286 75	300 »	300 »	»	»	231^1
232	312	— — Horme anc. 5 0/0 .... 1883.	232	475 »	440 »	445 »	445 »	420 »	420 »	485 »	485 »	490 »	490 »	232
233	500	— — — nouv. — .... 1904.	233	292 »	230 »	»	»	300 »	260 »	277 »	260 »	292 50	287 50	233
235^2	300	— — Fourchambault 6 0/0 1858 ...... 1906.	235^2	256 »	245 »	250 »	230 »	255 »	235 »	265 »	245 »	265 »	250 »	235^2
235^4	250	— — Terre noire Bességes 5 0/0 1862. 1892.	235^4	415 »	396 25	420 »	405 »	330 »	430 »	480 »	445 »	490 »	480 »	235^4
235^5	500	— — Firminy (aciéries) 5.45 0/0 1863. 1577.	235^5	»	»	»	»	»	»	»	»	252 50	252 50	235^5
235^6	275	— — Fourchambault 4 0/0 1854 ..... 1904.	235^6	1020 »	970 »	1000 »	950 »	1050 »	950 »	1075 »	1000 »	1060 »	1060 »	235^6
235^7	1250	— — Terrenoire Bességes 6 0/0 1865 .. 1897.	235^7	467 50	425 »	465 »	420 »	490 »	440 »	520 »	475 »	511 25	500 »	235^7
235^8	500	— — Creusot 5 0/0 1867 .... 1886.	235^8	282 50	260 »	275 »	263 50	290 »	265 »	295 »	282 »	302 50	290 »	235^8
235^9	300	— — Chantiers Méditer. 5 0/0 1867 .. 1878	235^9	470 »	445 »	475 »	445 »	514 50	460 »	322 »	471 »	534 50	511 »	235^9
235^{10}	500	— — Mar. et ch. fer Pt-Gaudet 6 0/0 1867 1887.	235^{10}	255 »	242 50	250 »	242 »	252 50	245 »	255 »	256 »	260 »	250 »	235^{10}
235^{11}	250	— Lits milit. nouv. comp. 5 0/0 1857 ... 1890.	235^{11}	510 »	437 50	480 »	440 »	486 25	366 »	475 »	417 50	515 »	420 »	235^{11}
235^{12}	600	— Fives-Lille 5 1/2 0/0 1867 1895	235^{12}	395 »	360 »	385 »	362 50	412 50	365 »	432 50	395 »	455 »	400 »	235^{12}
235^{13}	450	— Cail et Cie 5 1/3 0/0 .... 1889.	235^{13}	....	....	385 »	347 50	415 »	355 »	427 50	393 75	465 »	410 »	235^{13}
236	450	— Rue (Impériale) de Lyon 4 0/0 1856. 1904.	236	537 50	500 »	320 »	492 50	565 »	503 75	580 »	535 »	590 »	555 »	236
237	625	— — de la Bourse à Lyon 4 0/0 ..... 1909.	237	450 »	450 »	430 »	400 »	490 »	400 »	520 »	510 »	500 »	500 »	237
239	625	— Docks et entr. de Marseille 3 0/0 ... 1959.	239	245 »	219 »	250 »	223 »	272 50	232 »	300 »	257 »	317 50	280 »	239
240	500	— — — du Havre 3 0/0 ...... 1950.	240	»	»	260 »	260 »	260 »	260 »	255 »	255 »	270 »	255 »	240
241	500	— Cie immob. de Paris (Rivoli) 3 0/0 .... 1952.	241	141 25	60 »	90 »	52 »	120 »	52 »	160 »	80 »	115 »	86 »	241
241^1	500	— Rue (Impériale) de Lyon 4 0/0 1862. 1919.	241^1	505 »	475 »	490 »	467 50	526 25	490 »	520 »	515 »	535 »	520 »	241^1
241^5	625	— Ch. de fer et Docks de St-Ouen 6 2/3 0/0. 1955.	241^5	297 50	230 »	325 »	245 »	322 50	293 75	327 50	313 »	360 »	317 »	241^5
241^6	300	— [illegible]arch. aux chevaux et aux fourr. 6 0/0. 1855.	241^6	....	....	....	....	....	....	503 75	380 »	392 50	370 »	241^6
241^7	500	— Soc. p. la Vente des biens (Italie) 5 0/0. 1880.	241^7	480 »	457 50	460 »	460 »	....	....	....	....	....	....	241^7
243	505	— Gaz de la Guillot., Vaise-Lyon 5 0/0. 1893.	243	265 »	265 »	260 »	260 »	270 »	255 »	275 »	265 »	300 »	285 »	243
244	500	— Gaz de Lyon 6 0/0 1857 .... 1903.	244	305 »	285 »	292.50	290 »	»	»	305 »	301.25	»	»	244
244^1	300	— Gaz de Lyon 5 0/0 1863 .... 1903.	244^1	285 »	262.50	270 »	260 »	260 »	255 »	285 »	250 »	290 »	265 »	244^1
245	300	— Gaz parisien 5 0/0 .... 1905.	245	455 »	415 »	436.25	417.50	477.50	421 25	507 50	457 50	520 »	485 »	245
245^1	500	— Union des Gaz 6 0/0 .... 1863.	245^1	230 »	210 »	242.50	225 »	250 »	230 »	260 »	210 »	260 »	240 »	245^1
245^2	250	— Gaz de Marseille 4 0/0 .... 1907.	245^2	465 »	440 »	470 »	455 »	485 »	450 »	506 »	495 »	511 »	500 »	245^2
245^3	625	— Cie centrale du Gaz *Lebon et Cie* 5 0/0. 1896.	245^3	225 »	197.50	225 »	180 »	240 »	202.50	245 »	215 »	290 »	234 »	245^3
245^4	300	— Gaz génér. de Paris *Hugon et Cie* 5 0/0. 1902.	245^4	260 »	220 »	220 »	175 »	270 »	195 »	260 »	220 »	275 »	230 »	245^4

1872 à 1876 (*suite*).

REPÈRES.	PAIR ou TAUX de remboursement	DÉNOMINATION des VALEURS.	REPÈRES.	1872.		1873.		1874.		1875.		1876.		REPÈRES.
				plus haut	plus bas	plus haut	plus bas	plus haut	plus bas	plus haut	plus bas	plus haut	plus bas	
245^6	600	Obl. Gaz de Naples 5 0/0 1863 .... 1921.	245^6	»	»	»	»	460 »	460 »	510 »	582.50	535 »	535 »	245^6
245^8	500	— Gaz de Madrid 5 0/0.......... 1914.	245^8	....	....	....	....	....	....	420 »	360 »	410 »	340 »	245^8
245^9	300	— Comptoir de l'industrie linière 6 0/0.. 1899.	245^9	....	....	....	....	260 »	245 »	260 »	260 »	»	»	245^9
245^{10}	600	— Canal *Cavour* 5 0/0.......... 1915.	245^{10}	420 »	375 »	412.50	350 »	390 »	350 »	447.50	380 »	450 »	445 »	245^{10}
246	500	— Cie générale des Eaux 3 0/0...... 1951.	246	294 »	255 »	273 »	250 »	300 »	262.50	312.50	262.50	332.50	305 »	246
246^1	500	— — 5 0/0...... 1909.	246^1	455 »	400 »	430 »	408 »	465 »	410 »	510 »	438 75	513.75	485 »	246^1
246^3	300	— Eaux de la banl. de Paris 3 1/3 0/0. 1910.	246^3	»	»	176.25	175 »	»	»	»	»	»	»	246^3
246^0	500	— — 6 0/0. 1926.	246^0	....	....	....	....	....	....	....	....	501 25	490 »	246^0
246^4	590	— Cie fermière des tabacs italiens 6 0/0. 1883.	246^4	492 50	462 50	490 »	467 50	508 75	470 »	510 »	487 50	517 50	490 »	246^4
246^6	625	— Salines de l'Est 4 0/0.......... 1917.	246^6	460 »	455 »	435 »	435 »	»	»	»	»	440 »	440 »	246^6
		VALEURS A REVENU VARIABLE												
248	1000	Banque de France..........	248	4705 »	3485 »	4515 »	4060 »	4225 »	3600 »	2975 »	3775 »	3875 »	3470 »	248
269	500	Comptoir d'Escompte de Paris..........	269	717.50	598.75	652.50	545 »	570 »	520 »	620 »	548.75	730 »	590 »	269
272^2	500	Crédit foncier de France..........	272^2	960 »	837.50	850 »	750 »	930 »	780 »	960 »	840 »	920 »	620 »	272^2
275	500	Société générale du Crédit mobilier..........	275	207.50	150 »	178 »	130 »	140 »	110 »	190 »	73 »	87 50	55 »	275
275^2	500	Société de Crédit mobilier (nouv. Société).....	275^2	520 »	380 »	442.50	310 »	390 »	252.50	640 »	160 »	220 »	132 50	275^2
278	400	Sous-comptoir des entrepreneurs..........	278	160 »	130 »	150 »	130 »	175 »	126 25	155 »	115 »	125 »	95 »	278
280	100	Comptoir central.— *E. Naud et Cie* (nouv. actions).	280	53.75	40 »	52 »	37.50	55 »	37 »	59 »	50 »	85 »	50 »	280
281^1	500	Comptoir lyonnais.— *Droche, Robin et Cie*.....	281^1	»	»	»	»	»	»	520 »	520 »	548 75	520 »	281^1
286	500	Société générale de Crédit industr. et commercial.	286	665 »	600 »	660 »	625 »	697.50	643.75	760 »	675 »	760 »	710 »	286
287	500	Société de Crédit foncier colonial..........	287	350 »	337.50	375 »	265 »	275 »	242.50	380 »	252.50	375 »	325 »	287
288	500	Sous-comptoir de commerce et de l'industrie...	288	382.50	362.50	»	»	388.75	385 »	....	....	....	....	288
288^1	500	— — (nouv. Société).	288^1	....	....	....	....	....	....	....	....	510 »	425 »	288^1
289	333	Omnium (Lyon)..........	289	580 »	520 »	600 »	545 »	575 »	565 »	730 »	630 »	732 50	720 »	289
289^1	500	Caisse *J. Decroix, Vernier, Verley* et Cie.......	289^1	525 »	510 »	520 »	500 »	527.50	500 »	545 »	505 »	515 »	505 »	289^1
290	500	Comptoir d'Escompte de Lyon.— *Bine, Genton et Cie*.	290	545 »	545 »	507.50	505 »	545 »	515 »	525 »	510 »	510 »	510 »	290
290^1	500	Caisse *Pérot et Cie* (Lille)..........	290^1	610 »	560 »	630 »	600 »	635 »	590 »	665 »	630 »	680 »	640 »	290^1
290^3	500	Caisse *Verley, Decroix et Cie* (Lille)..........	290^3	550 »	535 »	550 »	535 »	601.25	540 »	595 »	565 »	672 50	600 »	290^3
291^1	500	Banque de l'Algérie..........	291^1	1225 »	975 »	1430 »	1140 »	1480 »	1385 »	1470 »	1275 »	1350 »	1280 »	291^1
291^3	500	Crédit agricole..........	291^3	515 »	475 »	500 »	435 »	490 »	430 »	502.50	460 »	495 »	330 »	291^3
291^5	500	Crédit lyonnais (Société à respons. limitée)....	291^5	780 »	650 »	....	....	....	....	....	....	....	....	291^5
291^{16}	500	— (Société anonyme)..........	291^{16}	755 »	570 »	750 »	695 »	761.25	635 »	915 »	721.25	....	....	291^{16}
291^{17}	500	— — (nouvelles actions).	291^{17}	....	....	....	....	....	....	652.50	560 »	620 »	546.25	291^{17}
291^{18}	1000	Banque de Paris et des Pays-Bas..........	291^{18}	1370 »	1145 »	1272.50	977.50	1175 »	1026.25	1220 »	1050 »	1145 »	1015 »	291^{18}
291^6	500	Société de dépôts et de comptes courants......	291^6	557.50	540 »	560 »	541.25	590 »	545 »	635 »	577.50	638 75	620 »	291^6
291^8	500	Comptoir de l'agriculture..........	291^8	530 »	530 »	»	»	530 »	490 »	....	....	....	....	291^8
291^9	500	S. gén. p. fav. le dév. du com. et de l'ind. en France.	291^9	645 »	555 »	597.50	510 »	570 »	503.75	592.50	510 »	550 »	505 »	291^9
291^{10}	500	Soc. lyon. de dépôts et de comptes courants...	291^{10}	580 »	512 50	570 »	545 »	580 »	552 50	625 »	577 50	632 50	615 »	291^{10}
291^{11}	500	Société marseill. de crédit indust. et commerc.	291^{11}	502 50	470 »	507 50	495 »	535 »	497 50	590 »	531 25	553 50	557 50	291^{11}
291^{12}	500	Société générale algérienne..........	291^{12}	505 »	462 50	490 »	460 »	465 »	360 »	450 »	365 »	375 »	300 »	291^{12}
291^{13}	500	Crédit rural de France..........	291^{13}	440 »	380 »	385 »	350 »	365 »	350 »	412 50	366 »	290 »	230 »	291^{13}
291^{14}	500	Banque des chemins de fer d'intérêt local......	291^{14}	440 »	345 »	505 »	380 »	360 »	298 50	325 »	325 »	»	»	291^{14}
291^{15}	500	Banque franco-égyptienne..........	291^{15}	720 »	592 50	662 50	500 »	600 »	442 50	640 »	490 »	524 25	410 »	291^{15}
291^{19}	500	Crédit du Nord (Lille)..........	291^{19}	530 »	496 25	500 »	475 »	486 25	430 »	455 »	400 »	470 »	417 50	291^{19}
291^{20}	500	Banque franco-autrichienne-hongroise..........	291^{20}	620 »	500 »	485 »	390 »	572 50	330...	....	....	....	....	291^{20}
291^{21}	500	Société industrielle..........	291^{21}	515 »	425 »	400 »	30 »	....	....	....	....	....	....	291^{21}
291^{22}	500	Banque franco-hollandaise..........	291^{22}	590 »	500 »	512 50	390 »	725 »	363.75	....	....	....	....	291^{22}
291^{23}	500	— (nouv. Société)........	291^{23}	....	....	....	....	570 »	505 »	595 »	286 25	475 »	290 »	291^{23}
291^{24}	500	Banque française-italienne..........	291^{24}	565 »	450 »	485 »	397 50	532 50	405 »	620 »	470 »	585 »	438 75	291^{24}
291^{25}	500	Société financière de Paris..........	291^{25}	511 25	470 »	500 »	400 »	480 »	385 »	525 »	435 »	500 »	431 25	291^{25}

1872 à 1876 (*suite*).

REPÈRES.	PAIR OU TAUX de REMBOURSEMENT	DÉNOMINATION des VALEURS.	REPÈRES.	1872. plus haut	1872. plus bas	1873. plus haut	1873. plus bas	1874. plus haut	1874. plus bas	1875. plus haut	1875. plus bas	1876. plus haut	1876. plus bas	REPÈRES.
291[26]	500	Banque de l'Union franco-belge	291[26]	542 50	505 »	500 »	435 »	485 »	460 »	....	....	....	....	291[26]
291[27]	500	Société générale de commerce. — *Moitessier et Cie*	291[27]	512 50	500 »	610 »	502 50	561 25	490 »	530 »	505 »	516 25	300 »	291[27]
291[28]	500	Banque de l'Indo-Chine	291[28]	....	....	....	....	....	....	550 »	540 »	»	»	291[28]
291[29]	500	Banque de la Nouvelle-Calédonie	291[29]	....	....	....	....	....	....	....	....	641 25	585 »	291[29]
291[30]	500	Crédit général français	291[30]	....	....	....	....	600 »	550 »	1100 »	600 »	950 »	700 »	291[30]
301[6]	750	Crédit foncier central prussien	301[6]	1060 »	946 »	1037 50	810 »	935 »	890 »	....	....	....	....	301[6]
301[2]	500	Crédit foncier d'Autriche	301[2]	980 »	865 »	1000 »	500 »	578 75	500 »	620 »	500 »	535 »	450 »	301[2]
303	500	Société générale de Crédit mobilier espagnol	303	545 »	475 »	500 »	330 »	693 75	325 »	1530 »	550 »	707 50	500 »	303
303[1]	néant	— (act. de jouissance)	303[1]	....	....	....	....	....	....	392 50	460 »	255 »	145 »	303[1]
303[2]	500	Banque territoriale d'Espagne	303[2]	638 75	500 »	538 75	356 25	417 50	353 75	....	....	....	....	303[2]
304[1]	500	Société générale de Crédit mobilier italien	304[1]	1185 »	800 »	1115 »	750 »	730 »	700 »	....	....	....	....	304[1]
304[2]	500	Banque de Crédit italien	304[2]	673 »	540 »	682 50	475 »	500 »	410 »	518 »	390 »	410 »	400 »	304[2]
304[4]	500	Banque de Crédit et de dépôt des Pays-Bas	304[4]	950 »	880 »	....	....	....	....	....	....	....	....	304[4]
304[6]	500	Crédit foncier suisse	304[6]	530 »	425 »	460 »	355 »	....	....	....	....	....	....	304[6]
304[7]	500	Crédit communal de France	304[7]	393 »	295 »	307 50	280 »	....	....	....	....	....	....	304[7]
304[8]	500	Banque impériale ottomane (non estampillées)	304[8]	645 »	565 »	676 25	570 »	770 »	555 »	....	....	....	....	304[8]
304[9]	500	— (estampillées)	304[9]	....	....	....	....	737 50	660 »	740 »	635 »	....	....	304[9]
304[10]	500	— (actions nouvelles)	304[10]	....	....	....	....	586 25	540 »	650 »	435 »	460 »	325 »	304[10]
307	12500	Cie d'assurances générales .... Maritimes	307	58 3/8 0/0 b	58 3/8 0/0 b	60 0/0 b	53 9/16 0/0 b	81 1/16 0/0 b	44 13/16 0/0 b	65 0/0 b	44 0/0 b	58 0/0 b	44 0/0 b	307
309	5000	Sécurité —	309	»	»	24 1/2 0/0 b	24 1/2 0/0 b	»	»	»	»	»	»	309
310	5000	L'Union des ports —	310	»	»	1 13/16 0/0 p	6 1/2 0/0 p	»	»	7 1/2 0/0 p	7 1/2 0/0 p	»	»	310
311	5000	Le Lloyd français —	311	11 0/0 b	4 1/2 0/0 p	9 3/4 0/0 p	11 0/0 p	»	»	5 11/16 0/0 p	7 7/8 0/0 p	8 0/0 b	8 0/0 b	311
312	5000	L'Océan —	312	»	»	»	»	»	»	3 3/16 0/0 p	3 3/16 0/0 p	»	»	312
313[1]	5000	Indemnité (nouv. Société) —	313[1]	11 3/4 0/0 p	11 3/4 0/0 p	14 3/4 0/0 p	14 3/4 0/0 p	26 13/16 0/0 p	26 13/16 0/0 p	22 1/2 0/0 p	22 1/2 0/0 p	»	»	313[1]
314	5000	La Chambre —	314	»	»	12 13/16 0/0 p	12 13/16 0/0 p	»	»	»	»	»	»	314
315	5000	Mélusine —	315	20 5/16 0/0 b	20 5/16 0/0 b	»	»	»	»	20 15/16 0/0 b	20 15/16 0/0 b	»	»	315
320	5000	La Vigie —	320	»	»	»	»	15 7/16 0/0 p	15 7/16 0/0 p	»	»	»	»	320
322	5000	Cie centrale —	322	»	»	»	»	2 5/8 0/0 b	2 5/8 0/0 b	»	»	»	»	322
324	5000	Comptoir —	324	»	»	»	»	»	»	1 1/2 0/0 b	1/2 0/0 b	»	»	324
325[1]	5000	L'Universelle —	325[1]	»	»	»	»	»	»	11 5/8 0/0 p	11 5/8 0/0 p	»	»	325[1]
325[2]	4000	Cie lyonnaise —	325[2]	1 1/2 0/0 b	1 1/2 0/0 b	»	»	»	»	11 1/2 0/0 b	10 0/0 b	12 1/2 0/0 b	11 3/4 0/0 b	325[2]
325[3]	5000	La Prévoyance —	325[3]	1 0/0 b	13/16 0/0 p	»	»	»	»	»	»	»	»	325[3]
325[4]	5000	La Parisienne —	325[4]	Pair	Pair	»	»	»	»	»	»	»	»	325[4]
325[5]	2000	La Navigation —	325[5]	....	....	13 3/4 0/0 p	13 3/4 0/0 p	2 1/2 0/0 b	2 1/2 0/0 b	»	»	»	»	325[5]
325[6]	5000	L'Internationale —	325[6]	....	....	....	....	1/2 0/0 b	1/2 0/0 b	»	»	»	»	325[6]
325[7]	5000	L'Eole —	325[7]	....	....	....	....	18 0/0 p	25 0/0 p	»	»	»	»	325[7]
325[8]	5000	L'Etoile de la mer —	325[8]	....	....	....	....	17 13/16 0/0 p	17 13/16 0/0 p	4 3/16 0/0 p	4 3/16 0/0 p	»	»	325[8]
325[9]	2000	Le Neptune —	325[9]	....	....	....	....	Pair	Pair	15 0/0 p	15 0/0 p	»	»	325[9]
325[10]	5000	La Confiance —	325[10]	....	....	....	....	....	....	4 0/0 p	4 0/0 p	»	»	325[10]
325[11]	5000	La Prudence —	325[11]	....	....	....	....	....	....	....	....	13 1/16 0/0 p	13 1/16 0/0 p	325[11]
327	5000	Cie d'assurances générales .... Incendie	327	1100 0/0 b	1100 0/0 b	1160 0/0 b	1100 0/0 b	2001 0/0 b	1562 0/0 b	2216 0/0 b	1932 0/0 b	2390 0/0 b	2000 0/0 b	327
328	1000	Cie française du Phénix —	328	3650 »	3000 »	4500 »	4265 »	5235 »	4500 »	6400 »	5000 »	7400 »	6000 »	328
329	5000	La Nationale (anc. Cie royale) —	329	212 5/16 0/0 b	180 0/0 b	271 0/0 b	208 0/0 b	318 0/0 b	250 0/0 b	412 0/0 b	350 0/0 b	414 0/0 b	390 0/0 b	329
330	5000	L'Union —	330	87 0/0 b	85 0/0 b	100 0/0 b	90 0/0 b	127 0/0 b	107 1/4 0/0 b	124 0/0 b	118 0/0 b	165 0/0 b	139 0/0 b	330
332	6000	Le Soleil —	332	250 0/0 b	220 0/0 b	433 7/16 0/0 b	300 0/0 b	483 1/2 0/0 b	433 1/2 0/0 b	543 1/2 0/0 b	513 1/2 0/0 b	553 1/2 0/0 b	543 1/2 0/0 b	332
334	5000	La France —	334	78 0/0 b	57 0/0 b	90 0/0 b	75 0/0 b	102 0/0 b	82 0/0 b	103 0/0 b	84 0/0 b	122 0/0 b	163 0/0 b	334
336	5000	L'Urbaine —	336	»	»	136 0/0 b	120 0/0 b	116 0/0 b	116 0/0 b	238 0/0 b	185 15/16 0/0 b	235 0/0 b	223 1/5 0/0 b	336
338	2500	La Providence —	338	»	»	138 0/0 b	138 0/0 b	190 0/0 b	190 0/0 b	220 0/0 b	210 0/0 b	»	»	338
340	5000	L'Aigle —	340	»	»	»	»	550 0/0 b	535 0/0 b	730 0/0 b	732 0/0 b	750 0/0 b	715 0/0 b	340

1872 à 1876 (suite).

REPÈRES.	PAIR ou TAUX de REMBOURSEMENT	DÉNOMINATION des VALEURS.		REPÈRES.	1872. plus haut	1872. plus bas	1873. plus haut	1873. plus bas	1874. plus haut	1874. plus bas	1875. plus haut	1875. plus bas	1876. plus haut	1876. plus bas	REPÈRES.
343	5000	La Confiance	Incendie.	343	12 0/0 p	12 0/0 p	1 5/8 0/0 b	1 5/8 0/0 b	4 0/0 b	2 1/2 0/0 p	15 3/4 0/0 b	4 0/0 b	26 0/0 b	14 0/0 b	343
346	1000	La Paternelle	—	346	11 3/16 0/0 b	11 3/16 0/0 b	50 0/0 b	49 0/0 b	»	»	58 1/2 0/0 b	70 0/0 b	140 0/0 b	110 0/0 b	346
347	1000	Le Nord	—	347	33 0/0 b	33 0/0 b	59 1/8 0/0 b	55 1/8 0/0 b	»	»	65 0/0 b	60 0/0 b	50 0/0 b	56 1/8 0/0 b	347
347^{1}	1000	La Paix	—	347^{1}	5 0/0 p	14 0/0 p	»	»	6 1/2 0/0 p	9 1/2 0/0 p	5 0/0 p	10 1/2 0/0 p	1/2 0/0 p	4 0/0 p	347^{1}
347^{2}	1000	La Patrie	—	347^{2}	pair	10 0/0 p	»	»	pair	pair	pair	3 0/0 p	pair	8 0/0 p	347^{2}
347^{3}	1000	L'Abeille	—	347^{3}	pair	pair	3 0/0 b	2 1/2 0/0 b	5 0/0 b	4 1/2 0/0 b	7 1/2 0/0 b	4 1/2 0/0 b	8 0/0 b	6 1/2 0/0 b	347^{3}
347^{4}	500	Le Monde	—	347^{4}	....	....	8 0/0 p	8 0/0 p	13/16 0/0 b	5 0/0 p	2 0/0 p	2 0/0 p	1 0/0 p	5 0/0 p	347^{4}
347^{5}	500	Comptoir général	—	347^{5}	....	....	....	....	13 1/3 0/0 p	13 1/3 0/0 p	27 1/8 0/0 p	27 1/8 0/0 p	»	»	347^{5}
347^{6}	5000	La Réassurance	—	347^{6}	....	....	....	....	pair	3 3/16 0/0 p	4 0/0 b	4 0/0 b	»	»	347^{6}
347^{7}	2000	L'Union générale du Nord	—	347^{7}	....	....	....	....	2 0/0 b	1/2 0/0 b	2 0/0 b	2 0/0 b	5 0/0 b	5 0/0 b	347^{7}
347^{8}	5000	La Centrale	—	347^{8}	....	....	....	....	....	....	33 0/0 p	33 0/0 p	»	»	347^{8}
347^{9}	500	Le Globe	—	347^{9}	....	....	....	....	....	....	13 0/0 p	13 0/0 p	17 0/0 p	20 0/0 p	347^{9}
349	7500	Compagnie d'Assurances générales	Vie.	349	350 2/3 0/0 b	300 0/0 b	340 0/0 b	300 0/0 b	528 0/0 b	340 0/0 b	781 1/3 0/0 b	686 1/3 0/0 b	935 2/3 0/0 b	968 0/0 b	349
350	5000	L'Union	—	350	26 9/16 0/0 b	20 3/16 0/0 b	30 0/0 b	30 0/0 b	60 0/0 b	33 0/0 b	62 0/0 b	66 0/0 b	64 0/0 b	64 0/0 b	350
351	5000	La Nationale (ancienne Compagnie royale)	—	351	71 0/0 b	71 0/0 b	100 0/0 b	97 11/16 0/0 b	182 3/4 0/0 b	118 1/2 0/0 b	222 1/2 0/0 b	187 0/0 b	260 0/0 b	260 0/0 b	351
355	5000	Le Phénix	—	355	25 1/2 0/0 b	25 1/2 0/0 b	49 0/0 b	49 0/0 b	66 0/0 b	54 0/0 b	100 0/0 b	84 0/0 b	224 0/0 b	160 0/0 b	355
357	500	La Caisse paternelle	—	357	40 0/0 b	14 0/0 b	13 0/0 b	13 0/0 b	17 0/0 b	10 0/0 b	10 7/16 0/0 b	6 5/8 0/0 b	12 9/16 0/0 b	9 1/2 0/0 b	357
357^{0}	500	La Caisse générale des Familles	—	357^{0}	pair	pair	»	»	pair	4 0/0 p	pair	4 1/2 0/0 p	2 0/0 p	4 0/0 p	357^{0}
357^{1}	1000	L'Urbaine (actions non libérées)	—	357^{1}	3 0/0 b	5 0/0 p	7 0/0 b	7 0/0 b	1 1/2 0/0 b	1 0/0 b	26 1/2 0/0 b	21 1/4 0/0 b	40 0/0 b	25 0/0 b	357^{1}
357^{2}	500	Le Monde	—	357^{2}	....	....	8 0/0 p	8 0/0 p	13/16 0/0 b	5 0/0 p	2 0/0 p	2 0/0 p	1 0/0 p	5 0/0 p	357^{2}
357^{3}	1000	L'Alliance des départements	—	357^{3}	....	....	3 1/2 0/0 p	3 1/2 0/0 p	10 0/0 p	10 0/0 p	»	»	»	»	357^{3}
357^{4}	500	L'Atlas	—	357^{4}	....	....	....	....	2 0/0 b	1 0/0 b	4 0/0 b	1 0/0 b	5 0/0 b	4 1/2 0/0 b	357^{4}
357^{5}	1000	Le Soleil	—	357^{5}	....	....	....	....	17 1/2 0/0 b	17 1/2 0/0 b	45 0/0 b	20 0/0 b	47 1/2 0/0 b	42 0/0 b	357^{5}
387	400	Nord	Ch. de fer.	387	1007 50	925 »	1043 75	972 50	1100 »	990 »	1220 »	1070 »	1300 »	1170 »	387
387^{1}	Néant	— (actions de jouissance)	—	387^{1}	700 »	600 »	665 »	600 »	710 »	630 »	805 »	675 »	900 »	805 »	387^{1}
393	500	Est (Paris-Strasbourg)	—	393	542 50	480 »	527 50	480 »	540 »	487 50	595 »	512 50	650 »	550 »	393
395	Néant	— — (actions de jouissance)	—	395	200 »	115 »	187 50	160 »	198 »	167 50	210 »	180 »	228 75	200 »	395
401	500	Ouest	—	401	545 »	483 »	537 50	495 »	590 »	512 50	712 50	560 »	700 »	620 »	401
401^{1}	Néant	— (actions de jouissance)	—	401^{1}	155 »	50 »	250 »	155 »	258 75	202 50	296 »	227 50	310 »	268 75	401^{1}
406^{1}	500	Paris-Orléans	—	406^{1}	895 »	797 50	865 »	785 »	891 25	800 »	1030 »	875 »	1100 »	957 50	406^{1}
407^{1}	Néant	— (Actions de jouissance)	—	407^{1}	510 »	467 50	535 »	480 »	570 »	493 75	680 »	570 »	735 »	636 25	407^{1}
408	500	Midi et Canal latéral à la Garonne	—	408	631 25	565 »	620 »	575 »	660 »	583 75	730 »	630 »	797 50	697 50	408
408^{1}	Néant	— (Actions de jouissance)	—	408^{1}	....	....	180 »	90 »	215 »	150 »	230 »	180 »	270 »	230 »	408^{1}
418^{1}	500	Paris-Lyon-Méditerranée	—	418^{1}	890 »	805 »	918 75	818 75	930 »	842 50	982 50	880 »	1040 »	935 »	418^{1}
422	500	Lyon-Croix-Rousse	—	422	355 »	315 »	350 »	340 »	410 »	340 »	605 »	410 »	730 »	598 75	422
422^{1}	Néant	— (Actions de jouissance)	—	422^{1}	....	....	....	....	32 »	32 »	»	»	»	»	422^{1}
423^{2}	500	Charentes	—	423^{2}	475 »	385 »	392 50	335 »	360 »	320 »	380 »	300 »	487 50	317 50	423^{2}
423^{4}	500	Médoc (Bordeaux-Verdon)	—	423^{4}	350 »	100 »	100 »	80 »	100 »	100 »	130 »	75 »	150 »	75 »	423^{4}
423^{6}	500	Dombes (Sud-Est)	—	423^{6}	610 »	455 »	575 »	540 »	575 »	530 »	620 »	560 »	625 »	575 »	423^{6}
423^{7}	500	Lille-Béthune-Bully-Grenay	—	423^{7}	365 »	350 »	330 »	300 »	280 »	235 »	440 »	260 »	540 »	430 »	423^{7}
423^{8}	500	Vitré-Fougères	—	423^{8}	300 »	200 »	»	»	»	»	»	»	»	»	423^{8}
423^{9}	500	Vendée	—	423^{9}	975 »	510 »	975 »	900 »	872 50	872 50	850 »	800 »	510 »	450 »	423^{9}
423^{11}	500	Perpignan-Prades	—	423^{11}	»	»	»	»	»	»	»	»	»	»	423^{11}
423^{13}	500	Nord-Est (actions de capital)	—	423^{13}	300 »	230 »	260 »	247 50	342 50	210 »	390 »	350 »	380 »	330 »	423^{13}
423^{6}	Néant	— (— dividende)	—	423^{6}	125 »	90 »	120 »	120 »	75 »	75 »	»	»	170 »	147 50	423^{6}
423^{14}	500	Picardie-Flandres	—	423^{14}	»	»	»	»	»	»	»	»	»	»	423^{14}
423^{15}	500	Orléans-Rouen (Sud)	—	423^{15}	615 »	395 »	»	»	505 »	490 »	260 »	250 »	255 »	150 »	423^{15}
423^{16}	500	Orléans-Châlons-sur-Marne	—	423^{16}	528 75	518 75	500 »	500 »	500 »	500 »	500 »	500 »	»	»	423^{16}
423^{17}	500	Lille-Valenciennes	—	423^{17}	562 50	550 »	»	»	505 »	492 50	411 25	390 »	335 »	300 »	423^{17}
423^{18}	500	Frévent-Gamaches	—	423^{18}	....	....	500 »	300 »	»	»	403 »	80 »	»	»	423^{18}

1872 à 1876 (*suite*).

REPÈRES.	PAIR ou TAUX de REMBOURSEMENT	DÉNOMINATION des VALEURS.	REPÈRES.	1872. plus haut	1872. plus bas	1873. plus haut	1873. plus bas	1874. plus haut	1874. plus bas	1875. plus haut	1875. plus bas	1876. plus haut	1876. plus bas	REPÈRES.
423[19]	500	Saint-Etienne-St-Bonnet-le-Château. ch. de fer.	423[19]	....	....	360 »	320 »	23 75	23 75	12 »	5 »	»	»	423[19]
423[20]	500	Bondy-Aulnay-lès-Bondy........ —	423[20]	....	....	....	....	525 »	502 50	530 »	522 50	»	»	423[20]
423[21]	500	Arzew-Saïda (comp. Franco-Algér.) —	423[21]	....	....	....	....	875 »	625 »	865 »	790 »	»	»	423[21]
423[22]	500	Le Tréport-Abancourt .... —	423[22]	....	....	....	....	....	....	98 »	70 »	»	»	423[22]
423[23]	500	Chemins nantais........ —	423[23]	....	....	....	....	....	....	505 »	495 »	»	»	423[23]
423[24]	500	Bône-Guelma (Algérie)........ —	423[24]	....	....	....	....	....	....	545 »	485 »	515 »	480 »	423[24]
423[25]	500	Est-Algérien........ —	423[25]	....	....	....	....	....	....	....	....	500 »	440 »	423[25]
423[27]	500	L'Hérault........ —	423[27]	....	....	....	....	....	....	....	....	492 50	492 50	423[27]
430	500	Guillaume-Luxembourg........ Ch. de fer.	430	250 »	210 »	240 »	217 50	257 50	226 25	....	....	....	....	430
432	500	Chemins Autrichiens non estamp... —	432	1010 »	816 25	....	....	....	....	....	....	....	....	432
432[1]	500	— — estampillés... —	432[1]	916 25	750 »	804 25	700 »	771 25	673 75	722 50	597 50	677 50	515 »	432[1]
432[2]	500	— — act. nouvelles. —	432[2]	865 »	745 »	786 25	745 »	....	....	....	....	....	....	432[2]
432[3]	Néant	— — act. de jouiss. —	432[3]	440 »	315 »	335 »	270 »	300 »	255 »	260 »	120 »	205 »	131 25	432[3]
433	500	— Lombards-Vénitiens........ —	433	540 »	425 »	461 25	335 »	371 25	283 75	340 »	200 »	260 »	145 »	433
433[1]	500	Nord-Ouest-Autriche........ —	433[1]	525 »	477 50	520 »	430 »	431 25	306 25	360 »	315 »	320 »	220 »	433[1]
436	500	Chemins Russes (Grande Soc. des). —	436	500 »	475 »	500 »	470 »	527 50	580 »	577 50	517 50	570 »	502 50	436
438	500	Ouest-Suisse .... —	438	292 50	243 »	292 50	180 »	215 »	105 »	....	....	....	....	438
440[1]	500	Est-Hongrois........ —	440[1]	358 75	295 »	316 25	100 »	145 »	100 »	122 »	70 »	105 »	69 50	440[1]
443[1]	500	Chemins Romains........ —	443[1]	168 75	105 »	128 »	62 50	85 »	60 »	86 25	56 »	71 50	55 »	443[1]
443[2]	500	— actions trentenaires........ —	443[2]	380 »	270 »	297 50	140 »	260 »	170 »	260 »	190 »	245 »	175 »	443[2]
444[1]	500	Chemins méridionaux italiens ..... —	444[1]	455 »	408 75	430 »	395 »	375 »	275 »	....	....	....	....	444[1]
448	500	Madrid-Saragosse-Alicante........ —	448	215 »	121 25	255 »	170 »	296 25	231 25	410 »	262 50	390 »	315 »	448
451	500	Cordoue-Séville........ —	451	»	»	425 »	390 »	350 »	350 »	380 »	445 »	....	....	451
452	500	Nord-Espagne........ —	452	127 50	75 »	107 50	70 »	230 »	73 »	412 50	190 »	320 »	235 »	452
454[1]	500	Pampelune-Saragosse-Barcelone.... —	454[1]	112 50	65 »	87 50	58 »	150 »	55 »	197 50	90 »	180 »	115 »	454[1]
454[2]	500	Ciudad-Real-Badajoz........ —	454[2]	....	....	187 50	187 50	225 »	200 »	240 »	210 »	240 »	210 »	454[2]
457	500	Chemins portugais........ —	457	110 »	50 »	160 »	105 »	212 50	157 »	317 50	205 »	326 25	287 50	457
457[1]	500	Suisse-occidentale........ —	457[1]	....	....	....	....	....	....	115 »	50 »	133 »	72 50	457[1]
461[1]	500	Câble transatlantique français........	461[1]	700 »	525 »	895 »	650 »	....	....	....	....	....	....	461[1]
461[2]	250	Grande Cie des Télégraphes du Nord........	461[2]	....	....	....	....	265 »	250 »	280 »	244 50	265 »	260 »	461[2]
469	1000	Canal de jonction de la Sambre à l'Oise........	469	»	»	»	»	800 »	800 »	»	»	»	»	469
483	533	Canalisation de l'Ebre........	483	55 »	27 »	58 »	29 »	53 »	35 »	72 »	34 50	36 »	15 »	483
484	500	Canal maritime de Suez. Actions........	484	490 »	185 »	486 25	378 75	475 »	375 »	865 »	470 »	840 »	770 »	484
484[1]	500	— Délégations........	484[1]	420 »	430 »	466 25	310 »	460 »	355 »	760 »	455 »	685 »	650 »	484[1]
484[2]	500	— Act. ex-coupons........	484[2]	....	....	....	....	....	....	778 75	700 »	790 »	605 »	484[2]
484[3]	500	— Délégations........	484[3]	....	....	....	....	....	....	645 »	585 »	645 »	490 »	484[3]
484[5]	Néant.	— Act. de jouissance....	484[5]	....	....	60 »	10 »	61 75	40 »	300 »	50 »	200 »	125 »	484[5]
484[7]	»	— Parts de fondateur....	484[7]	....	....	1750 »	1400 »	3700 »	3300 »	22000 »	3650 »	17000 »	11000 »	484[7]
484[6]	500	Canal *Cavour*........	484[6]	215 »	92 »	225 »	190 »	240 »	195 »	235 »	235 »	....	....	484[6]
499	500	Compie générale des Omnibus (Paris)........	499	745 »	595 »	695 »	555 »	690 »	550 »	810 »	647 50	1070 »	775 »	499
499[1]	Néant.	— Act. de jouissance	499[1]	80 »	50 »	110 »	100 »	230 »	100 »	280 »	220 »	300 »	250 »	499[1]
500[1]	500	Cie générale des Voitures de Paris........	500[1]	245 »	187 50	262 50	223 75	322 50	230 »	180 »	290 »	192 50	105 »	500[1]
500[2]	Néant.	— Act. de jouissance	500[2]	....	....	22 50	11 25	45 »	9 »	150 »	40 »	125 »	80 »	500[2]
501[1]	100	Cie gén. des Omnibus de Londres. Titres anglais.	501[1]	97 »	67 »	116 »	92 »	112 »	95 »	125 »	100 »	140 »	115 »	501[1]
502	100	Omnibus de Lyon. — *Delahante et Cie*........	502	90 »	56 25	80 »	77 50	80 »	80 »	»	»	80 »	80 »	502
502[2]	500	Tramways-Paris-Nord........	502[2]	....	....	....	....	570 »	510 »	797 50	560 »	717 50	400 »	502[2]
502[3]	500	— Département du Nord........	502[3]	....	....	....	....	....	....	710 »	710 »	610 »	390 »	502[3]
502[4]	500	— Paris-Sud........	502[4]	....	....	....	....	....	....	740 »	690 »	740 »	550 »	502[4]

1872 à 1876 (*suite*).

REPÈRES.	PAIR ou TAUX de REMBOURSEMENT	DÉNOMINATION des VALEURS.	REPÈRES.	1872. plus haut	1872. plus bas	1873. plus haut	1873. plus bas	1874. plus haut	1874. plus bas	1875. plus haut	1875. plus bas	1876. plus haut	1876. plus bas	REPÈRES.
502^{5}	500	Tramways (Compie gén. française de)	502^{5}	....	....	....	....	....	....	....	....	756 25	545 »	502^{5}
502^{6}	»	— de Roubaix-Tourcoing	502^{6}	....	....	....	....	....	....	....	....	575 »	520 »	502^{6}
525	»	Cie générale de navigation mixte	525	676 25	620 »	660 »	605 »	687 50	620 »	747 50	680 »	800 »	730 »	525
526	500	Cie générale transatlantique	526	307 50	202 50	312 50	255 »	290 »	202 50	417 50	210 »	382 50	260 »	526
526^{1}	1000	Grappins (Rhône-Saône)	526^{1}	550 »	400 »	369 »	360 »	360 »	360 »	....	....	....	....	526^{1}
529	500	Comp. des Messageries maritimes	529	558 75	500 »	600 »	518 75	595 »	530 »	670 »	555 »	635 »	575 »	529
532	500	Cie mar. de navig. à vap.— *Marc Fraissinet et Cie*	532	362 50	340 »	360 »	305 »	....	....	....	....	....	....	532
532^{13}	—	— — *A. et L. Fraissinet et Cie*	532^{13}	....	....	500 »	500 »	505 »	400 »	505 »	460 »	525 »	450 »	532^{13}
532^{4}	»	Cie générale de navigation à vapeur	532^{4}	150 »	100 »	100 »	100 »	60 »	55 »	55 »	50 »	60 »	45 »	532^{4}
532^{6}	500	Société gén. de transp. marit. à vapeur	532^{6}	435 »	347 50	458 75	415 »	500 »	422 50	558 75	467 50	735 »	560 »	532^{6}
532^{7}	500	Armements maritimes.— *Peulré, Petitdidier et Cie*	532^{7}	225 »	190 »	205 »	192 50	235 »	120 »	145 »	128 »	150 »	100 »	532^{7}
532^{8}	500	Cie de bateaux à vap. omnibus (Saône-et-Seine)	532^{8}	580 »	490 »	610 »	565 »	605 »	545 »	995 »	593 75	975 »	950 »	532^{8}
532^{8}	500	— nouv. actions	532^{8}	....	....	....	....	....	....	....	....	700 »	625 »	532^{8}
532^{9}	500	Cie de navigation.— *Valéry frères et fils*	532^{9}	525 »	480 »	500 »	450 »	500 »	398 75	499 »	360 »	400 »	325 »	532^{9}
532^{10}	500	Cie de navigation intérieure	532^{10}	510 »	500 »	»	»	»	»	»	»	»	»	532^{10}
532^{11}	500	Chargeurs réunis. (Cie française de navig. à vap.)	532^{11}	....	....	480 »	400 »	»	»	360 »	200 »	350 »	350 »	532^{11}
532^{12}	»	Hirondelles parisiennes	532^{12}	....	....	....	....	....	....	....	....	620 »	545 »	532^{12}
561	1500	Houillères et chemin de fer d'Epinac	561	1030 »	1030 »	»	»	4500 »	3500 »	4300 »	3750 »	3600 »	2345 »	561
566	500	Mines de houille de Blanzy.— *Jules Chagot et Cie*	566	»	»	»	»	900 »	900 »	1110 »	1040 »	1050 »	1025 »	566
567	»	Mines de houille d'Azincourt	567	425 »	400 »	700 »	422 50	975 »	365 »	1980 »	1150 »	1300 »	550 »	567
569	»	Houillères de la Grand-Combe	569	1110 »	960 »	1410 »	1020 »	1650 »	1355 »	2000 »	1750 »	2325 »	1810 »	569
572	750	Mines et chemin de fer de Carmaux	572	405 »	305 »	505 »	425 »	830 »	630 »	1275 »	830 »	1480 »	1200 »	572
573	1000	Mines de Roche-la-Molière et Firminy	573	1000 »	710 »	1500 »	975 »	1700 »	1500 »	2150 »	1665 »	2500 »	2000 »	573
574	»	Houillères du Ban-Lafaverge	574	230 »	180 »	330 »	200 »	300 »	220 »	325 »	240 »	275 »	235 »	574
576	»	Mines de la Loire	576	260 »	190 »	396 »	245 »	347 »	295 »	356 »	348 »	396 »	350 »	576
577	»	Houillères de Montranbert et de La Béraudière	577	365 »	237 50	560 »	351 »	625 »	502 »	865 »	618 »	945 »	850 »	577
578	»	Houillères de Saint-Etienne	578	246 25	210 »	375 »	232 50	357 »	300 »	384 »	330 »	363 »	315 »	578
579	»	— de Rive-de-Gier	579	86 »	41 »	175 »	81 »	150 »	81 »	90 50	67 »	110 »	66 »	579
579^{1}	1000	Mines de Campagnac	579^{1}	»	»	»	»	600 »	450 »	790 »	497 50	501 25	400 »	579^{1}
579^{2}	»	Grandes-Flaches	579^{2}	110 »	80 »	»	»	»	»	70 »	70 »	»	»	579^{2}
579^{3}	500	Houillères d'Ahun	579^{3}	»	»	»	»	»	»	870 »	870 »	505 »	505 »	579^{3}
579^{4}	500	Charb. des Bouches-du-Rhône.— *Lhuillier et Cie*	579^{4}	307 50	250 »	312 50	250 »	300 »	250 »	470 »	300 »	480 »	435 »	579^{4}
579^{5}	»	— de Vicoigne et Nœux	579^{5}	7000 »	6300 »	15000 »	11000 »	27350 »	15000 »	35700 »	24075 »	24750 »	16000 »	579^{5}
579^{6}	»	— d'Aniches	579^{6}	»	»	16750 »	16150 »	25000 »	16650 »	36125 »	26000 »	24000 »	14900 »	579^{6}
579^{7}	»	— de Béthune et Bully-Grenay	579^{7}	575 »	405 »	1375 »	590 »	2485 »	850 »	4900 »	2325 »	3300 »	1580 »	579^{7}
579^{8}	»	— de Bruay	579^{8}	5100 »	3750 »	8500 »	5200 »	14000 »	7075 »	18200 »	11250 »	12700 »	7200 »	579^{8}
579^{9}	»	— de Carvin	579^{9}	1030 »	882 50	2200 »	1040 »	3075 »	1610 »	4000 »	2450 »	2900 »	1700 »	579^{9}
579^{10}	300	— de Courrières	579^{10}	13100 »	11500 »	25000 »	17250 »	38500 »	23625 »	53000 »	37350 »	39625 »	24000 »	579^{10}
579^{11}	»	— de l'Escarpelle	579^{11}	1830 »	1150 »	3350 »	2200 »	5900 »	2800 »	9950 »	5925 »	6500 »	3497 50	579^{11}
579^{12}	»	— de Ferfay. (Actions anciennes)	579^{12}	1100 »	940 »	3400 »	1400 »	3950 »	2175 »	3850 »	2895 »	2900 »	1055 »	579^{12}
579^{13}	»	— — (Actions nouvelles)	579^{13}	....	....	3500 »	2265 »	3550 »	2500 »	4250 »	2895 »	2135 »	1175 »	579^{13}
579^{14}	500	— d'Auchy-au-Bois	579^{14}	375 »	375 »	600 »	500 »	975 »	500 »	1800 »	840 »	1141 25	451 25	579^{14}
579^{15}	»	— de Lens	579^{15}	11000 »	9550 »	22620 »	15835 »	34000 »	22500 »	43000 »	24000 »	35000 »	20525 »	579^{15}
579^{16}	»	— de Meurchin. (Actions anciennes)	579^{16}	970 »	960 »	3300 »	1200 »	....	....	....	....	....	....	579^{16}
579^{17}	»	— — (Actions nouvelles)	579^{17}	....	....	1600 »	1425 »	3156 »	1325 »	1250 »	2500 »	2750 »	1645 »	579^{17}
579^{18}	»	— de Vendin	579^{18}	....	....	1070 »	750 »	2000 »	980 »	2275 »	1350 »	1650 »	1050 »	579^{18}
579^{19}	500	— de Belmez	579^{19}	....	....	670 »	650 »	»	»	835 »	700 »	900 »	810 »	579^{19}
579^{20}	»	— de Liévin	579^{20}	....	....	5000 »	1850 »	10000 »	5000 »	15000 »	9500 »	11300 »	4300 »	579^{20}
579^{21}	»	— de Douchy	579^{21}	....	....	4250 »	3530 »	7000 »	4650 »	10050 »	6725 »	7200 »	4600 »	579^{21}
579^{22}	»	— de la Compagnie douaisienne	579^{22}	....	....	150 »	140 »	300 »	135 »	575 »	275 »	290 »	122 50	579^{22}

1872 à 1876 (*suite*).

REPÈRES.	PAIR OU TAUX de REMBOURSEMENT	DÉNOMINATION des VALEURS.	REPÈRES.	1872. plus haut	1872. plus bas	1873. plus haut	1873. plus bas	1874. plus haut	1874. plus bas	1875. plus haut	1875. plus bas	1876. plus haut	1876. plus bas	REPÈRES.
579^{23}	»	Charb. de la Lys-Supérieure	579^{23}	....	....	....	....	465 »	465 »	1115 »	475 »	550 »	297 50	579^{23}
579^{24}	»	— de Marles (parts d'ingénieur 30 0/0)	579^{24}	....	....	....	....	23125 »	23000 »	34000 »	23425 »	27000 »	17000 »	579^{24}
579^{25}	»	— d'Anderlues	579^{25}	....	....	....	....	800 »	800 »	»	»	710 »	710 »	579^{25}
579^{26}	»	— de Thivencelles et Fresnes-Midi	579^{26}	....	....	....	....	1560 »	890 »	2700 »	1100 »	1500 »	935 »	579^{26}
579^{27}	»	— de Dourges	579^{27}	....	....	....	....	13690 »	13000 »	24000 »	14325 »	14515 »	10060 »	579^{27}
579^{28}	»	— de Rety, Ferques et Hardinghem	579^{28}	....	....	....	....	935 »	600 »	1700 »	810 »	1205 »	575 »	579^{28}
579^{29}	»	— de Sainte-Aldegonde	579^{29}	....	....	....	....	690 »	690 »	1000 »	967 50	700 »	450 »	579^{29}
579^{30}	»	— de Sincey-le-Rouvray	579^{30}	....	....	....	....	....	....	850 »	460 »	412 50	310 »	579^{30}
579^{31}	500	— de l'Aveyron	579^{31}	....	....	....	....	....	....	710 »	680 »	698 75	600 »	579^{31}
579^{32}	»	— d'Anzin (100ᵉ de denier)	579^{32}	....	....	....	....	....	....	12750 »	8200 »	9000 »	5975 »	579^{32}
579^{33}	500	— Graigola-Merthyr	579^{33}	....	....	....	....	....	....	....	....	527 50	490 »	579^{33}
606	500	Mines et fonderies de Santander et Quiros	606	502 50	502 50	»	»	»	»	»	»	»	»	606
607	500	— de Kef-Oum-Théboul	607	225 »	225 »	»	»	202 »	190 »	100 »	100 »	90 »	90 »	607
607^{1}	500	— de Mokta-el-Hadid (400 fr. versés)	607^{1}	755 »	400 »	975 »	710 »	1605 »	910 »	1720 »	1350 »	1510 »	1370 »	607^{1}
607^{0}	500	— — (libérées)	607^{0}	740 »	610 »	977 50	700 »	1620 »	930 »	1700 »	1360 »	1485 »	1350 »	607^{2}
607^{2}	500	— de Malfidano	607^{2}	535 »	435 »	615 »	475 »	662 50	555 »	675 »	500 »	715 »	585 »	607^{2}
607^{3}	Néant	— — (actions de jouissance)	607^{3}	....	....	....	....	206 25	205 »	225 »	200 »	300 »	225 »	607^{3}
607^{4}	500	— de Soumah et de la Tafna	607^{4}	....	....	....	....	510 »	490 »	597 50	520 »	570 »	550 »	607^{4}
607^{5}	500	— — — act. nouv.	607^{5}	....	....	....	....	....	....	625 »	530 »	570 »	560 »	607^{5}
607^{6}	500	— de Vallenar	607^{6}	....	....	....	....	....	....	255 »	232 »	255 »	251 25	607^{6}
607^{7}	200	— de Huelva. — *Mercier et Cie*. (act. de capital)	607^{7}	175 »	160 »	170 »	150 »	165 »	150 »	180 »	155 »	185 »	173 75	607^{7}
607^{8}	Néant	— — (act. de jouissance)	607^{8}	195 »	170 »	200 »	170 »	220 »	177 50	300 »	210 »	276 25	230 »	607^{8}
608	80	— de zinc de la Vieille-Montagne	608	280 »	220 »	255 »	126 50	165 »	135 »	160 »	145 »	182 50	163 75	608
612	375	— de zinc de Stolberg et de Westphalie	612	242 50	102 50	215 »	135 »	147 50	92 »	112 50	75 »	95 »	65 »	612
612^{1}	375	— — — act. privil.	612^{1}	401 »	305 »	391 25	325 »	360 »	325 »	345 »	280 »	350 »	300 »	612^{1}
616	375	— de zinc de la Silésie	616	470 »	345 »	460 »	350 »	410 »	345 »	386 25	280 »	342 50	280 »	616
616^{1}	375	— — — act. privil.	616^{1}	470 »	345 »	460 »	350 »	410 »	345 »	385 75	300 »	360 »	295 »	616^{1}
621	»	Forges d'Alais	621	200 »	200 »	530 »	400 »	660 »	545 »	500 »	500 »	612 50	516 25	621
626^{1}	»	— de Châtillon et de Commentry	626^{1}	700 »	405 »	800 »	642 50	1040 »	745 »	1201 25	1000 »	1130 »	975 »	626^{1}
631	1000	— d'Allevard. — *Charrière et Cie*	631	»	»	480 »	480 »	492 50	455 »	»	»	350 »	350 »	631
632^{1}	500	Aciéries de Firminy	632^{1}	530 »	430 »	550 »	520 »	565 »	510 »	631 25	600 »	652 50	600 »	632^{1}
633	»	Forges de Givors. — *F. de la Rochette et Cie*	633	491 25	491 25	500 »	500 »	»	»	»	»	»	»	633
634	»	— de Pont-Évêque-Vienne. — *Harel et Cie*.	634	560 »	350 »	600 »	500 »	660 »	530 »	605 »	550 »	575 »	410 »	634
635	»	— et chantiers de la Méditerranée	636	990 »	790 »	905 »	630 »	740 »	610 »	690 »	605 »	715 »	617 50	636
637	500	— de la Franche-Comté. — *S. Menans et Cie*.	637	240 »	205 »	290 »	227 50	220 »	130 »	140 »	120 »	105 »	85 »	637
638	»	— de Commentry-Fourchambault	638	530 »	400 »	670 »	500 »	750 »	601 25	925 »	735 »	940 »	845 »	638
639	»	Fonderies et forges de l'Horme	639	952 50	800 »	1175 »	915 »	1105 »	1000 »	1110 »	1050 »	1100 »	1050 »	639
640	500	— du Creusot. — *Schneider et Cie*	640	785 »	380 »	1080 »	760 »	1080 »	1025 »	....	....	....	....	640
640^{1}	»	— — act. estampillées.	640^{1}	....	....	990 »	990 »	1190 »	1000 »	....	....	....	....	640^{1}
640^{2}	»	— — nouv. actions.	640^{2}	....	....	610 »	605 »	850 »	607 50	895 »	745 »	800 »	720 »	640^{2}
641	»	F. de la marine et des ch. de fer. — *Petin, Gaudet et Cie*	641	345 »	250 »	300	287 50	....	....	....	....	....	....	641
641^{1}	»	F. de la marine et des chemins de fer (nouv. soc.)	641^{1}	660 »	580 »	605 »	322 50	535 »	355 »	490 »	356 25	400 »	310 »	541^{1}
645	»	Forges de Terre-Noire, de la Voulte et Bességes.	645	390 »	200 »	490 »	350 »	475 »	400 »	385 »	450 »	475 »	325 »	645
645^{1}	500	Saint-Etienne (Aciéries)	645^{1}	525 »	465 »	570 »	482 50	525 »	455 »	510 »	490 »	470 »	390 »	645^{1}
656	500	Société *Chameroy et Cie*	656	300 »	300 »	600 »	500 »	500 »	500 »	»	»	»	»	656
663	500	— *Cail et Cie*	663	890 »	740 »	1040 »	830 »	1000 »	870 »	1210 »	950 »	990 »	600 »	663
671	500	Chantiers marseillais. — *Falguières et Cie*	671	430 »	412 50	120 »	115 »	110 »	95 »	230 »	100 »	199 »	170 »	671
671^{3}	500	Compagnie de Fives-Lille	671^{3}	820 »	720 »	825 »	750 »	1000 »	785 »	1100 »	920 »	1010 »	800 »	671^{3}
671^{4}	500	— des lits militaires	671^{4}	650 »	450 »	525 »	430 »	500 »	200 »	400 »	100 »	230 »	140 »	671^{4}
671^{5}	500	Cie française de matériel de chemins de fer	671^{5}	....	....	540 »	525 »	540 »	515 »	537 50	500 »	520 »	350 »	671^{5}

1872 à 1876 (*suite*).

REPÈRES.	PAIR ou TAUX de REMBOURSEMENT	DÉNOMINATION des VALEURS.	REPÈRES.	1872. plus haut	1872. plus bas	1873. plus haut	1873. plus bas	1874. plus haut	1874. plus bas	1875. plus haut	1875. plus bas	1876. plus haut	1876. plus bas	REPÈRES.
671^6	500	Forges de Liverdun	671^6	....	....	517 50	500 »	455 »	340 »	450 »	30 »	465 »	50 »	671^6
671^7	1000	Fond. de Biache St-Vaast. — *Oeschger, Mesdach et Cie*	671^7	....	....	....	....	2630 »	2489 »	2650 »	2650 »	2800 »	2800 »	671^7
671^8	500	Forges de Denain et Anzin	671^8	....	....	....	....	305 »	250 »	305 »	220 »	215 »	140 »	671^8
671^9	400	Hauts-fourneaux de Chasse	671^9	....	....	....	....	....	....	520 »	500 »	450 »	450 »	671^9
677	500	Entrepôts et magasins généraux de Paris	677	352 50	300 »	350 »	230 »	390 »	240 »	430 »	360 »	450 »	375 »	677
678	500	Docks et entrepôts de Marseille	678	195 »	125 »	305 »	172 50	440 »	270 »	545 »	390 »	505 »	435 »	678
679^1	500	Docks et chemin de fer de Saint-Ouen	679^1	133 75	90 »	100 »	85 »	106 25	95 50	122 50	100 »	107 50	107 50	679^1
679^2	500	Marchés du Temple et Saint-Honoré	679^2	335 »	300 »	»	»	330 »	330 »	330 »	330 »	»	»	679^2
679^3	500	Magasins généraux de Bercy	679^3	100 »	100 »	»	»	»	»	»	»	»	»	679^3
679^7	500	Compagnie générale des marchés	679^7	335 »	320 »	»	»	»	»	»	»	375 »	375 »	679^7
679^8	»	Compagnie de la gare d'eau de Vaise	679^8	300 »	275 »	300 »	300 »	»	»	300 »	300 »	»	»	679^8
682	200	Société des deux Cirques. — *Dejean et Cie*	682	200 »	150 »	200 »	175 »	250 »	197 50	250 »	215 »	270 »	215 »	682
685	500	Compagnie des abattoirs de Lyon, — *Passaut et Cie*	685	450 »	405 »	405 »	375 »	410 »	382 50	452 50	405 »	526 »	450 »	685
685^1	Néant	— — act. de jouissance	685^1	....	....	....	....	150 »	150 »	180 »	180 »	»	»	685^1
686^1	500	Compagnie immobilière (Paris)	686^1	90 »	20 »	26 25	10 »	56 75	10 »	105 »	90 »	28 75	7 50	686^1
687	500	Rue (impériale) de Lyon	687	490 »	437 50	507 50	483 75	560 »	505 »	630 »	560 »	700 »	620 »	687
688^2	500	Rue de la Bourse, à Lyon. — *Baudesson et Cie*	688^2	»	»	255 »	250 »	»	»	250 »	250 »	380 »	365 »	688^2
688^4	500	Magasin général des soies, à Lyon	688^4	475 »	475 »	»	»	420 »	420 »	»	»	»	»	688^4
688^5	500	Entrepôts libres de Paris-Lyon-Méditerranée	688^5	300 »	110 »	»	»	45 »	45 »	»	»	»	»	688^5
689	500	Compag. centrale du Gaz. — *Eug. Lebon et Cie*	689	375 »	245 »	300 »	120 »	265 »	200 »	360 »	255 »	495 »	335 »	689
701	500	L'Union des Gaz. — *F. Toché et Cie*	701	480 »	440 »	480 »	450 »	530 »	420 »	560 »	487 50	700 »	531 25	701
702	500	Cie parisienne d'éclairage et de chauffage par le gaz	702	745 »	657 50	735 »	665 »	850 »	690 »	1085 »	835 »	1175 »	1050 »	702
702^1	Néant	— — act. de jouissance	702^1	....	....	485 »	420 »	580 »	443 75	800 »	590 »	1100 »	800 »	702^1
704	500	Gaz général de Paris. — *Hugon et Cie*	704	375 »	280 »	250 »	170 »	250 »	170 »	255 »	200 »	330 »	230 »	704
704^3	»	— d'Abbeville	704^3	»	»	»	»	820 »	800 »	850 »	810 »	1200 »	1200 »	704^3
705^2	225	— d'Alais	705^2	»	»	»	»	700 »	700 »	»	»	»	»	705^2
705^4	»	— d'Angoulême	705^4	....	....	....	....	580 »	580 »	»	»	700 »	690 »	705^4
706^1	500	— d'Angers	706^1	650 »	650 »	600 »	600 »	575 »	575 »	600 »	590 »	680 »	680 »	706^1
706^3	1000	— de Bayonne	706^3	625 »	625 »	»	»	»	»	»	»	»	»	706^3
707^1	500	— de Besançon	707^1	565 »	565 »	»	»	»	»	440 »	420 »	550 »	500 »	707^1
707^3	»	— de Bilbao	707^3	»	»	»	»	»	»	220 »	220 »	»	»	707^3
707^4	»	— de Bone (Algérie)	707^4	110 »	106 25	»	»	»	»	»	»	»	»	707^4
707^5	500	— de Bordeaux	707^5	....	....	....	....	....	....	....	....	740 »	595 »	707^5
708^1	500	— de Bourg	708^1	»	»	»	»	675 »	650 »	750 »	750 »	850 »	850 »	708^1
708^2	»	— de Bourges	708^2	»	»	»	»	765 »	765 »	»	»	»	»	708^2
708^4	»	— de Castres et Agen	708^4	»	»	»	»	»	»	490 »	490 »	420 »	420 »	708^4
710^1	400	— de Clermont-Ferrand	710^1	760 »	720 »	»	»	»	»	705 »	705 »	»	»	710^1
711	600	— et Hauts-Fourneaux de Marseille	711	485 »	400 »	562 50	463 75	621 25	543 75	720 »	592 50	730 »	650 »	711
711^1	Néant	— — act. de jouissance	711^1	52 50	52 50	»	»	»	»	150 »	150 »	167 50	100 »	711^1
712	700	— de Dijon	712	»	»	1800 »	1800 »	»	»	1755 »	1650 »	1800 »	1620 »	712
713	»	— De Florence	713	1025 »	1000 »	1050 »	980 »	1250 »	1200 »	1525 »	1300 »	1815 »	1530 »	713
713^3	»	— de Givors	713^3	300 »	300 »	»	»	»	»	»	»	»	»	713^3
714	»	— de la Guillotière, Vaise et Lyon	714	590 »	551 65	566 65	542 50	583 35	556 65	711 65	580 »	890 »	680 »	714
714^1	500	— de la Seyne (Marseille)	714^1	»	»	510 »	510 »	»	»	425 »	425 »	»	»	714^1
714^2	300	— du Puy	714^2	410 »	375 »	410 »	410 »	402 »	402 »	»	»	465 »	465 »	714^2
714^3	»	— de Limoges	714^3	825 »	725 »	»	»	250 »	250 »	570 »	560 »	715 »	675 »	714^3
716	62.50	— de Lyon	716	675 »	612 50	637 50	500 »	675 »	537 50	810 »	625 »	1030 »	793 75	716
716^1	»	— de Malaga	716^1	100 »	100 »	60 »	60 »	105 »	105 »	50 »	50 »	25 »	10 »	716^1
718	300	— des trois villes du Midi	718	460 »	460 »	480 »	470 »	440 »	430 »	549 »	460 »	555 »	540 »	718
720^1	400	— de Montauban	720^1	700 »	680 »	»	»	690 »	577 50	»	»	720 »	720 »	720^1

1872 à 1876 (*fin*).

PAIR ou TAUX de REMBOURSEMENT	DÉNOMINATION des VALEURS.	REPÈRES.	1872. plus haut	1872. plus bas	1873. plus haut	1873. plus bas	1874. plus haut	1874. plus bas	1875. plus haut	1875. plus bas	1876. plus haut	1876. plus bas	REPÈRES.
1000	Gaz de Montpellier	721	2300 »	2030 »	»	»	»	»	2750 »	2690 »	3100 »	2810 »	721
»	— de Moulins	721¹	300 »	300 »	»	»	»	»	»	»	»	»	721¹
500	— de Mulhouse	721²	305 »	265 »	330 »	230 »	400 »	300 »	402 50	320 »	500 »	390 »	721²
500	— de Nevers	722¹	»	»	»	»	850 »	850 »	800 »	800 »	850 »	850 »	722¹
500	— de Padoue, Vicence et Trévise	722²	462 50	462 50	»	»	»	»	309 »	300 »	400 »	400 »	722²
300	— de Perpignan	722³	....	....	....	....	545 »	540 »	540 »	540 »	662 50	630 »	722³
»	— de Reims	723	1050 »	1050 »	825 »	800 »	865 »	865 »	»	»	1425 »	1300 »	723
500	— de Rennes	724	1800 »	1800 »	»	»	»	»	»	»	»	»	724
500	— de Rodez et Aurillac	724²	»	»	»	»	520 »	520 »	540 »	540 »	»	»	724²
700	— de Saint-Étienne	725	2075 »	1950 »	2100 »	1950 »	2500 »	2100 »	3300 »	2600 »	4100 »	3325 »	725
»	— de Saône-et-Loire (Mâcon, Châlon-s.-Saône)	725¹	»	»	»	»	»	»	750 »	750 »	»	»	725¹
300	— de Tarare	726¹	575 »	575 »	635 »	635 »	»	»	675 »	625 »	745 »	745 »	726¹
»	— de Thiers	727¹	....	....	....	....	925 »	925 »	»	»	»	»	727¹
500	— de Troyes	728	»	»	»	»	1100 »	1100 »	»	»	1500 »	1450 »	728
»	— de Vaise (Lyon)	728²	500 »	490 »	»	»	540 »	530 »	»	»	»	»	728²
1000	— de Venise	729	1500 »	1450 »	1440 »	1440 »	1310 »	1200 »	1600 »	1450 »	1800 »	1784 »	729
500	— de Verone	729¹	550 »	550 »	550 »	520 »	»	»	500 »	500 »	630 »	510 »	729¹
500	— de Waremmes-lez-Lille	729²	1420 »	1350 »	1450 »	1360 »	1512 50	1356 25	1650 »	1540 »	1770 »	1600 »	729²
500	— de Madrid	730³	....	....	....	....	550 »	510 »	550 »	410 »	530 »	490 »	730³
500	Filature de lin d'Amiens (*Maberly*)	731	450 »	375 »	520 »	375 »	460 »	410 »	430 »	400 »	410 »	360 »	731
500	Comptoir de l'ind. linière.—*Magnier, Brunet et Cie*	740	525 »	490 »	510 »	430 »	470 »	427 50	490 »	400 »	492 50	420 »	740
450	Compagnie linière de Pont-Rémy	743	»	»	»	»	»	»	247 50	247 50	»	»	743
125	Journal *le Figaro*	754¹	201 25	200 »	225 »	200 »	340 »	225 »	700 »	315 »	800 »	615 »	754¹
»	*Petit Journal* (Paris)	754³	»	»	»	»	235 »	190 »	410 »	225 »	617 50	415 »	754³
500	Raffinerie de la Méditerranée	761²	600 »	450 »	470 »	350 »	395 »	337 50	395 »	337 50	410 »	370 »	761²
500	— de Saint-Louis	761⁵	650 »	600 »	»	»	685 »	630 »	690 »	587 50	850 »	575 »	761⁵
»	Compagnie fermière des Eaux de Vichy	770²	»	»	580 »	580 »	850 »	600 »	1350 »	820 »	1350 »	1200 »	770²
500	— générale des Eaux	771	650 »	680 »	795 »	685 »	850 »	730 »	967 50	800 »	1215 »	921 25	771
Néant	— — — act. de jouissance	771⁰	....	....	....	....	160 »	160 »	220 »	193 75	570 »	225 »	771⁰
500	Vidanges et engr. (Anc. *Richer et Cie*)—*Lesage et Cie*	781¹	325 »	235 »	380 »	262 50	365 »	315 »	650 »	368 75	810 »	575 »	781¹
500	Compagnie fermière des Tabacs italiens	781²	897 50	660 »	871 »	705 »	810 »	711 25	815 »	742 50	790 »	717 50	781²
500	Cristalleries de Lyon	791¹	»	»	»	»	400 »	400 »	»	»	490 »	490 »	791¹
1000	Verreries de la Loire et du Rhône	792	500 »	420 »	542 50	490 »	650 »	537 50	575 »	537 50	570 »	530 »	792
500	Stéarines de la Méditerranée	809¹	500 »	320 »	»	»	»	»	»	»	»	»	809¹
250	Produits chimiques (Marseille). — *Prat et Cie*	812	147 50	125 »	....	....	....	....	....	....	....	....	812
»	— — — nouv. actions	812¹	....	....	575 »	560 »	650 »	595 »	1020 »	970 »	900 »	860 »	812¹
»	— — d'Alais. — *Merle et Cie*	812²	420 »	387 50	410 »	400 »	500 »	410 »	500 »	455 »	485 25	450 »	812²
500	Soc. de produits chimiques. Établ. *Maletra*	812³	....	....	....	....	580 »	580 »	»	»	»	»	812³
500	Anciennes salines domaniales de l'Est	814¹	721 25	562 50	600 »	340 »	407 50	200 »	340 »	252 »	340 »	170 »	814¹
500	Salins du Midi	814²	590 »	520 »	600 »	536 25	625 »	562 50	720 »	615 »	760 »	670 »	814²
500	Compagnie générale des Allumettes chimiques	817¹	578 »	527 »	576 »	505 »	585 »	525 »	650 »	390 »	410 »	300 »	817¹
100	Bateaux servitude (Marseille)	818	168 75	125 »	135 »	400 »	146 25	125 »	140 »	132 50	146 25	135 »	818
500	Établissements *Duval* (Paris)	821	500 »	275 »	410 »	355 »	435 »	335 »	600 »	420 »	655 »	525 »	821

1877 à 1881

REPÈRES.	PAIR ou TAUX de REMBOURSEMENT	DÉNOMINATION des VALEURS.	REPÈRES.	1877. plus haut	1877. plus bas	1878. plus haut	1878. plus bas	1879. plus haut	1879. plus bas	1880. plus haut	1880. plus bas	1881. plus haut	1881. plus bas	REPÈRES.
		VALEURS A REVENU FIXE												
6	100	3 0/0 1825	6											6
7	100	4 1/2 0/0 1825	7											7
8	100	4 0/0 1830	8											8
26^{4}	100	5 0/0 1871	26^{4}											26^{4}
26^{6}	100	Emprunt 5 0/0 1872	26^{6}											26^{6}
27	500	Obl. 4 0/0 du Trésor dites trentenaires.. 1889.	27											27
27^{1}	500	6 0/0 1870 (Emprunt *Morgan*) trentenaire. 1904.	27^{1}											27
27^{2}	500	Bons de liquidation départementaux 5 0/0. 1899.	27^{2}											27
27^{3}	100	— du Trésor 5 0/0 1870, 2/10, 3/10 et 5/10..	27^{3}											27^{3}
27^{4}	100	— — 5 0/0 1875, à cinq ans	27^{4}											27^{4}
27^{5}	100	— — 4 1/2 0/0 1876, à cinq ans	27^{5}											27^{5}
30	Néant.	Cie des 4 canaux Act. de jouissance, Ann. 1882.	30											30
34	Néant.	Canal de Bourgogne Act. indemnit.. Ann. 1882.	34											34
38^{2}	Néant.	Navig. de l'Oise Act. de jouissance, Ann. 1890.	38^{2}											33^{2}
43	Néant	Trois vieux ponts-sur-Seine, Ann. munic. 1890.	43											43
45	500	Ville de Paris Obl. 3 0/0 1855-60 Emp. Loter. 1897.	45											45
45^{1}	500	— — 4 0/0 1865 — 1925.	45^{1}											45^{1}
45^{2}	400	— — 3 0/0 1869 — 1909.	45^{2}											45^{2}
45^{3}	400	— — 3 0/0 1871 — 1946.	45^{3}											45^{3}
45^{4}	500	— Bons de liquid. 5 0/0 1898.	45^{4}											45^{4}
45^{5}	1000	— Obl. 6 0/0 1872 (Vanne) 1892.	45^{5}											45^{5}
45^{6}	500	— — 4 0/0 1875 Emp. Loter.. 1950.	45^{6}											45^{6}
45^{7}	500	— — 4 0/0 1876 — 1950.	45^{1}											45^{7}
47	225	Dép. Seine Obl. 4 0/0 1857 1888.	47											47
47^{1}	100	Ville d'Amiens Obl. 4 0/0 1871 Emp. Loter. 1921.	47^{1}											47^{1}
47^{2}	500	— d'Armentières — 4 1/2 0/0	47^{2}											47^{2}
48^{1}	100	— de Bordeaux — 3 0/0 1863 1900.	48^{1}											48^{1}
48^{2}	500	— de Dunkerque — 6 0/0	48^{2}											48^{2}
48^{3}	1000	— — 5 0/0 1876 1892.	48^{3}											48^{3}
51	1000	— de Marseille — 5 0/0 1855 1875.	51											51
52	1000	— — 5 1/4 0/0 1857 1877.	52											52
53	1000	— — 5 0/0 1859 1879.	53											53
53^{1}	1000	— — 5 0/0 1862 1911.	53^{1}											53^{1}
53^{2}	500	— — 4 0/0 1863 1913.	53^{2}											53^{2}
53^{3}	500	— — 4 1/2 0/0 1864 1880.	53^{3}											53^{3}
53^{4}	1000	— — 5 0/0 1865 1915.	53^{4}											53^{4}
53^{5}	500	— — 5 0/0 1867 1917.	53^{5}											53^{5}
53^{6}	500	— — 6 0/0 1870	53^{6}											53^{6}
53^{7}	100	— de Nimes — 5 0/0 1875 1900.	53^{7}											53^{7}
54	1000	— de Lille — 3 0/0 1860 Emp. Loter. 1902.	54											54
54^{1}	100	— — 3 0/0 1863 — 1903.	54^{1}											54^{1}
54^{2}	100	— — 4 1/2 0/0 1868 1895.	54^{2}											54^{2}
55	500	— de Lyon — 4 0/0 1854-57 1907.	55											55
57	125C	— — 4 0/0 1859 1928.	57											57
57^{1}	1250	— — 5 0/0 1865-67 1895.	57^{1}											57^{1}
57^{2}	500	— — 5 0/0 1870 1892.	57^{2}											57^{2}
57^{3}	500	— — 7 0/0 1871 1892.	57^{3}											57^{3}
57^{5}	500	— — 5 0/0 1872 1912.	57^{5}											57^{5}

1877 à 1881 (*suite*).

REPÈRES.	PAIR ou TAUX de REMBOURSEMENT	DÉNOMINATION des VALEURS.	REPÈRES.	1877. plus haut	1877. plus bas	1878. plus haut	1878. plus bas	1879. plus haut	1879. plus bas	1880. plus haut	1880. plus bas	1881. plus haut	1881. plus bas	REPÈRES.
57^4	500	Dép. Rhône Obl. 7 0/0 1871............ 1882.	57^4											57^4
58	50	Ville de Tourcoing-Roubaix 1861 Emp. Loter. 1915.	58											58
59	1250	— de Rouen — 4 0/0 1861............ 1910.	59											59
59^1	500	— de Versailles — 5 0/0 1873............ 1883.	59^1											59^1
59^2	1000	Dép. Calvados — 5 0/0 1872............ 1887.	59^2											59^2
59^3	1000	— Eure — 5 0/0 1874............ 1899.	59^3											59^3
59^4	3500	— Gironde — 1875..............................	59^4											59^4
59^5	100	— Nord — 3 0/0 1870 Emp. Loter. 1905.	59^5											59^5
61	100	Angleterre 3 0/0 consolidés (Bourse de Londres)	61											61
61^1	100	— — — (Bourse de Paris)....	61^1											61^1
66	100	Autriche 5 0/0 Anglo 1852........................	66											66
68^1	500fl.	— 4 0/0 Emp. de 1860 Emp. Loter. 1917.	68^1											68^1
68^2	500	— — — 1865............ 1904.	68^2											68^2
68^3	300	— Obl. 5 0/0 dites domaniales..... 1912.	68^3											68^3
68^4	100	— 5 0/0 (conv.) Silber (argent) rente 1/7.	68^4											68^4
68^0	100	— — — (coulisse) —	68^0											68^0
68^5	100	— — Papier rente....... 5/11.	68^5											68^5
68^6	100	— — Silber (argent) rente 4/10.	68^6											68^6
68^7	100	— — Papier rente...... 2/8.	68^7											68^7
68^8	250fl.	— 4 0/0 1854 Emp. Loter.......... 1904.	68^8											68^8
68^9	200fl.	— Emp. 1864 — .... 1918.	68^9											68^9
72	100	Belgique 3 0/0..................................	72											72
75	100	— 2 1/2 0/0..................................	75											75
76	100	— 4 1/2 0/0..................................	76											76
77^1	100	— Obl. V. Anvers 3 0/0 1867 Emp. Loter. 1933	77^1											77^1
77^4	100	— — V. Bruxelles 3 0/0 1862 — 1928.	77^4											77^4
77^5	100	— — — 3 0/0 1868 — 1933.	77^5											77^5
77^6	100	— — V. Liége 2 0/0 1853 — 1918.	77^6											77^6
77^8	100	— — — 3 0/0 1868 — 1933.	77^8											77^8
81^1	500	Egypte 7 0/0 1866 (Ismaïl-Pacha......... 1890.	81^1											81^1
81^2	100	— 7 0/0 1868........................ 1898.	81^2											81^2
81^3	500	— 7 0/0 1870 (Ismaïl-Pacha)......... 1881.	81^3											81^3
81^4	500	— 7 0/0 1873........................ 1903.	81^4											81^4
81^5	500	— 7 0/0 1876 Dette unifiée........ 1942.	81^5											81^5
81^6	500	— 6 0/0 — — .... 1942.	81^6											81^6
81^7	500	— 5 5/0 — Chem. de fer et port d'Alexandrie 1902.	81^7											81^7
91	100	Espagne 4 0/0. Extérieur 1841..................	91											91
91^1	100	— — — — (j. juillet 1874)..	91^1											91^1
91^2	100	— — — — (coulisse)........	91^2											91^2
92	100	— — Intérieur 1841..................	92											92
92^1	100	— — — — (j. juillet 1875)..	92^1											92^1
92^2	100	— — — — (coulisse)........	92^2											92^2
95^1	300	— Oblig. 8 0/0 Pagarès............ 1887.	95^1											95^1
95^2	100	— — V. Madrid 3 0/0 1868. Et lot. 1936.	95^2											95^2
95^3	500	— — hypot. 6 0/0 1876. Série extérieure.	95^3											95^3
100^1	100	États-Unis 6 0/0 5.20 1862-1882.......... 5/11.	100^1											100^1
100^0	100	— — — — (coulisse). —	100^0											100^3
100^2	100	— — — 1864-1884.......... —	100^2											100^2
100^4	100	— — — 1865-1885.......... —	100^4											100^4
100^3	100	— — — — .... 1/7.	100^3											100^5
100^5	100	— — — 1867-1887.......... —	100^5											100^6

1877 à 1881 (*suite*).

Repères	Pair ou taux de remboursement	Dénomination des valeurs	Repères	1877 plus haut	1877 plus bas	1878 plus haut	1878 plus bas	1879 plus haut	1879 plus bas	1880 plus haut	1880 plus bas	1881 plus haut	1881 plus bas	Repères
100^{1}	100	États-Unis 6 0/0 5.20 1867-1887 (coulisse) . —	100^{1}											100^{1}
100^{3}	100	— 5 0/0 consolidé 1871 .... 1891.	100^{3}											100^{3}
100^{5}	100	— — — — (coulisse) —	100^{5}											100^{5}
105	1000	Haïti. Emprunt 1825 .... (annuité) 1877.	105											105
105^{1}	500	— — 8 0/0 1875 .... —	105^{1}											105^{1}
106	100	Hollande 2 1/2 0/0 .... —	106											106
108^{1}	300	Honduras 6 0/0. Oblig. hypot. des ch. de fer. 1886.	108^{1}											108^{1}
108^{2}	300	Hongrie. Emprunt 5 0/0 1868 .... 1907.	108^{2}											108^{2}
109	100	Italie 5 0/0	109											109
109^{2}	100	— 3 0/0	109^{2}											109^{2}
108^{3}	250	— Oblig. v. Florence 4 0/0 1868. Et loter. 1918.	108^{3}											108^{3}
108^{4}	500	— — — 5 0/0 1875 .... 1925.	108^{4}											108^{4}
108^{5}	45	— — v. Milan 1861. Emp. loter .... 1916.	108^{5}											108^{5}
108^{6}	10	— — — 1866. — .... 1921.	108^{6}											108^{6}
108^{7}	150	— — v. Naples 4 2/3 0/0 1868. Et lot. 1918.	108^{7}											108^{7}
108^{8}	500	— — — 5 0/0 1875. Emp. loter. 1905.	108^{8}											108^{8}
109^{5}	100	Pérou 6 0/0 1870 .... 1903.	109^{5}											109^{5}
109^{6}	100	— 5 0/0 1872 .... 1897.	109^{6}											109^{6}
116	100	Portugal 3 0/0. Extérieur	116											116
119	100	Rome 5 0/0 1831-1853	119											119
119^{1}	100	— — Pontifical 1860-1864 .... 1896.	119^{1}											119^{1}
119^{2}	100	— — — 1866 .... 1929.	119^{2}											119^{2}
120^{1}	100	Roumanie (prime danub.) 8 0/0 1867 ..... 1890.	120^{1}											120^{1}
120^{3}	100	— — 5 0/0 1875	120^{3}											120^{3}
121	100	Russie 4 1/2 0/0 1849 .... 1879.	121											121
121^{1}	100	— 5 0/0 1862	121^{1}											121^{1}
121^{7}	100r.a	— lots 5 0/0 1864 .... Emp. loter. 1924.	121^{7}											121^{7}
121^{8}	100r.a	— — 1866 ... — 1926.	121^{8}											121^{8}
121^{2}	500	— Emp. 4 0/0 1867 (ch. de fer Nicolas). 1951.	121^{2}											121^{2}
121^{3}	500	— — 1869 — 1951.	121^{3}											121^{3}
121^{4}	100	— 5 0/0 1870 .... 1954.	121^{4}											121^{4}
121^{5}	100	— — 1873 .... Perp.	121^{5}											121^{5}
121^{6}	100	— 4 1/2 0/0 1875 .... —	121^{6}											121^{6}
123	1000	Sardes (États-) Piémont. Obl. 1849. Emp. lot. 1886.	123											123
125	1000	— — — 1850. — 1886.	125											125
131^{1}	500	Tunisie. Emprunt 7 0/0 1863 .... 1878.	131^{1}											131^{1}
131^{2}	500	— — — 1865 .... 1880.	131^{2}											131^{2}
131^{3}	500	— — 5 0/0 1872 .... (dette gén.).	131^{3}											131^{3}
134	500	Turquie 6 0/0 1860 .... 1896.	134											134
134^{1}	500	— — 1863 .... 1885.	134^{1}											134^{1}
134^{2}	100	— 5 0/0 1865 .... (dette gén.).	134^{2}											134^{2}
134^{14}	100	— — — .... (coulisse).	134^{14}											134^{14}
134^{3}	500	— 6 0/0 — .... 1887.	134^{3}											134^{3}
134^{4}	500	— — 1869 .... 1903.	134^{4}											134^{4}
134^{15}	400	— Lots (ch. de fer). Emp. loter ..... 1974.	134^{15}											134^{15}
134^{10}	500	— 6 0/0 Bons 30 avril 1872	134^{10}											134^{10}
134^{11}	500	— — 31 octobre 1872	134^{11}											134^{11}
134^{12}	500	— — — 30 avril 1873	134^{12}											134^{12}
134^{13}	500	— — — 31 octobre 1873	134^{13}											134^{13}
134^{16}	500	— — 1873 .... 1906.	134^{16}											134^{16}
134^{17}	100	— 5 0/0 1874 .... (dette gén.).	134^{17}											134^{17}
134^{18}	100	— — 1875 (Ramazan, oct.) — .	134^{18}											134^{18}

1877 à 1881 *(suite)*.

REPÈRES.	PAIR ou TAUX de REMBOURSEMENT	DÉNOMINATION des VALEURS.	REPÈRES.	1877. plus haut	1877. plus bas	1878. plus haut	1878. plus bas	1879. plus haut	1879. plus bas	1880. plus haut	1880. plus bas	1881. plus haut	1881. plus bas	REPÈRES.
136	500	Obl. Crédit foncier, demi 4 0/0. Emp. lot. 1904.	136											136
137	600	— — 3 0/0. — —	137											137
138	100	— — dix^{mes} 4 0/0. — —	138											138
139	120	— — — 3 0/0. — —	139											139
140	1200	— — prom^{s} 3 0/0. — —	140											140
141	500	— — com^{ale} 3 0/0. — 1910.	141											141
142	100	— — — 5e 3 0/0 — —	142											142
142^{1}	500	— — E^{t} 4 0/0 1863. — 1922.	142^{1}											142^{1}
142^{2}	500	— — 5 0/0 cinquantenaire. 1906.	142^{2}											142^{2}
142^{3}	500	— — 5 0/0 com^{ale} cinquantenaire 1912	142^{3}											142^{3}
142^{4}	300	— — — com^{ale} département. 1903.	142^{4}											142^{4}
142^{5}	500	— — 4 0/0 — — —	142^{5}											142^{5}
142^{6}	500	— Crédit agricole (bons 5 0/0)	142^{6}											142^{6}
143	500	— Crédit colonial 5 0/0 1861. Emp. lot.. 1881.	143											143
143^{1}	600	— — — 1865. — 1917.	143^{1}											143^{1}
143^{2}	150	— Soc. gén. algérienne 4 0/0.......... 1917.	143^{2}											143^{2}
143^{3}	500	— — — 3 0/0 .... 1915.	143^{3}											143^{3}
143^{5}	500	— Cie franco-algérienne 3 0/0 .... 1969.	143^{5}											143^{5}
143^{6}	120	— Crédit mobilier 5 0/0 .... 1886.	143^{6}											143^{6}
143^{7}	100	Obl. Créd. mob. autr. *(Loze)* 1858. Emp. lot. 1921.	143^{7}											143^{7}
143^{8}	500	— Crédit foncier des Etats-Unis 6 0/0.. 1922.	143^{8}											143^{8}
143^{9}	500	— Banq. c^{le}, Créd. f^{r} Russie (1re s^{e}) 5 0/0. 1917.	143^{9}											143^{9}
143^{10}	500	— — — — (4e 5e s^{e}) 5 0/0 1929.	143^{10}											143^{10}
144^{1}	500	— Crédit foncier suisse 5 0/0.......... 1927.	144^{1}											144^{1}
148	1250	— Saint-Etienne-Lyon 4 0/0 1841 .... 1926.	148											148
151	1250	— Paris-Saint-Germain 4 0/0 1842-1849 1893.	151											151
152	1250	— Paris-Orléans 4 0/0 1842...... ..... 1891.	152											152
153	1250	— Paris-Versailles (R D) 4 0/0 1843..... 1893.	153											153
154	1250	— Bordeaux-la-Teste 4 0/0 1843..... 1893.	154											154
155	1250	— Strasbourg-Bâle 4 0/0 1843 .... 1891.	155											155
157	1250	— Paris-Rouen 3.90 0/0 1845......... 1918.	157											157
158	1250	— Rouen-Havre 4 0/0 1845-1847...... .. 1925.	158											158
160	1250	— Paris-Rouen 4 0/0 1847-1849-1854 .... 1936.	160											160
162	1250	— Paris-Orléans 4 0/0 1848......... . 1938.	162											162
163	1250	— Rouen-Havre 4.60 0/0 1848 .... 1936.	163											163
165	1250	— Avignon-Marseille 4 0/0 1850......... 1883.	165											165
166	1250	— Montereau-Troyes 4 0/0 1850......... 1927.	166											166
168	500	— Nord 3 0/0 .... 1947.	168											168
170	1250	— Paris-Lyon 4 0/0 1852............ ... 1905	170											170
172	625	— Strasbourg-Bâle 4 0/0 1852........... 1905	172											172
173	1250	— Ouest 4 0/0 1852-1854.............. 1902.	173											173
174	650	— Est 3.84 0/0 1852 .... 1952.	174											174
175	400	— Ouest (Act. Vers. R. G.) 3.75 0/0 1852. 1935.	175											175
176	500	— Paris-Orléans 3 0/0........ 1951	176											176
177	625	— Lyon-Méditerranée 4 0/0...... ..... 1954.	177											177
178	500	— — 3 0/0... .... 1954.	178											178
179	500	— Paris-Orsay (Sceaux) 4 0/0.......... 1905.	179											179
181	500	— Rhône-Loire 3 0/0.................. 1952.	181											181
182	625	— — 4 0/0...................... 1952.	182											182
183	562	— Nord (act. Charleroi-Erquelines) 3 0/0. 1941.	183											183
185	500	— Ouest (act. Dieppe-Fécamp) 4 0/0... 1937.	185											185

1877 à 1881 (*suite*).

REPÈRES.	PAIR ou TAUX de REMBOURSEMENT	DÉNOMINATION des VALEURS.	REPÈRES.	1877. plus haut	1877. plus bas	1878. plus haut	1878. plus bas	1879. plus haut	1879. plus bas	1880. plus haut	1880. plus bas	1881. plus haut	1881. plus bas	REPÈRES.
186	500	Obl. Lyon-Genève 3 0/0 1855 ... 1954.	186											186
187	500	— Paris-Lyon 3 0/0 ... 1955.	187											187
188	500	— Grand-Central 3 0/0 1855 ... 1959.	188											188
189	500	— Ouest 3 0/0 ... 1951.	189											189
190	500	— Bourbonnais 3 0/0 ... 1954.	190											190
191	500	— Midi 3 0/0 ... 1954.	191											191
192	1250	— Ouest 4 0/0 1855 ... 1951.	192											192
193	500	— Est 3 0/0 1856 ... 1954.	193											193
195	500	— Bességes-Alais 3 0/0 ... 1956.	195											195
196	500	— Lyon-Genève 3 0/0 1857 ... 1954.	196											196
197	500	— Ardennes 3 0/0 ... 1955.	197											197
198	500	— Dauphiné 3 0/0 ... 1957.	198											198
199	500	— Paris-Méditerranée (fusion anc.) 3 0/0. 1958.	199											199
199^{1}	500	— Lyon-Croix-Rousse 3 0/0 ... 1950.	199^{1}											199^{1}
199^{2}	500	— Est (Dieuze, Salines de l'Est) 3 0/0.. 1950.	199^{2}											199^{2}
199^{3}	500	— Paris-Méd. (Vict. Emm. 1862) 3 0/0... 1955.	199^{3}											199^{3}
199^{5}	500	— Charentes 3 0/0 ... 1954.	199^{5}											199^{5}
199^{6}	500	— Paris-Médit. (fusion 1866) 3 0/0 ... 1958.	199^{6}											199^{6}
199^{7}	500	— Médoc 3 0/0 ... 1965.	199^{7}											199^{7}
199^{8}	500	— Lille-Béthune 3 0/0 ... 1958.	199^{8}											199^{8}
199^{9}	500	— Vitré-Fougères 3 0/0 ... 1961.	199^{9}											199^{9}
199^{10}	500	— Glos-Montfort-Pont-Audemer 3 0/0... 1962.	199^{10}											199^{10}
199^{11}	500	— Pont-de l'Arche-Gisors 3 0/0 ... 1963.	199^{11}											199^{11}
199^{12}	500	— Perpignan-Prades 3 0/0 ... 1961.	199^{12}											199^{12}
199^{13}	500	— Gisors-Vernon 3 0/0 ... 1960.	199^{13}											199^{13}
199^{14}	500	— Belleville-Beaujeu 3 0/0 ... 1920.	199^{14}											199^{14}
199^{15}	500	— Hérault 3 0/0 ... 1954.	199^{15}											199^{15}
199^{16}	600	— Les Vosges (la Vologne) 4.16 0/0. . 1903.	199^{16}											199^{16}
199^{17}	500	— La Vendée 3 0/0 ... 1967.	199^{17}											199^{17}
199^{18}	500	— La Dombes (sud-est) 3 0/0 ... 1959.	199^{18}											199^{18}
199^{19}	500	— Frévent-Gamaches 3 0/0 ... 1963.	199^{19}											199^{19}
199^{20}	500	— Briouze-La Ferté-Macé 3 0/0 ... 1964.	199^{20}											199^{20}
199^{21}	500	— Orléans-Rouen (Nord) 3 0/0 ... 1961.	199^{21}											199^{21}
199^{22}	500	— — (Sud) 3 0/0 ... 1972.	199^{22}											199^{22}
199^{23}	500	— Bordeaux-la-Sauve 3 0/0 ... 1941.	199^{23}											199^{23}
199^{24}	500	— Le Tréport-Abancourt 3 0/0 ... 1963.	199^{24}											169^{24}
199^{25}	500	— Orléans-Châl.-Marne (1-63000) 3 0/0. 1970.	199^{25}											199^{25}
199^{26}	500	— Picardie-Flandres 3 0/0 ... 1964.	199^{26}											199^{26}
199^{27}	500	— Lille-Valenciennes 3 0/0 ... 1969.	199^{27}											199^{27}
199^{28}	500	— St-Etienne-St-Bonnet-le-Château 3 0/0.. 1965.	199^{28}											199^{28}
199^{29}	500	— Orne (Alençon-Condé) 3 0/0 ... 1969.	199^{29}											199^{29}
199^{30}	500	— Lisieux-Orbec 3 0/0 ... 1956.	199^{30}											199^{30}
199^{31}	500	— Les Vosges (la Vologne) 3 0/0 ... 1964.	199^{31}											199^{31}
199^{32}	500	— Chemins de fer Normands 3 0/0 ... 1959.	199^{32}											199^{32}
199^{33}	500	— Nord-Est 3 0/0 ... ans.	199^{33}											199^{33}
199^{34}	500	— Seine-et-Marne 3 0/0 ... 1969.	199^{34}											199^{34}
199^{35}	500	— Orl.-Chal.-Marne (63,001 à 108,312) 3 0/0 1970.	199^{35}											199^{35}
199^{36}	500	— La Dombes (Sud-Est) 6 0/0 ... 1886.	199^{36}											199^{36}
199^{37}	250	— Charentes 6 0/0 ... 1883.	199^{37}											199^{37}
199^{38}	1000	— Médoc 6 0/0 ... 1879.	199^{38}											199^{38}
199^{39}	500	— Orl.-Chal.-Mar. (108,313 à 140,312) 3 0/0. 1970.	199^{39}											199^{39}
199^{40}	500	— — 5 0/0 (annuités) ... 1960.	199^{40}											199^{40}

1877 à 1881 *(suite)*.

Repères.	Pair ou taux de remboursement	Dénomination des valeurs.	Repères.	1877. plus haut	1877. plus bas	1878. plus haut	1878. plus bas	1879. plus haut	1879. plus bas	1880. plus haut	1880. plus bas	1881. plus haut	1881. plus bas	Repères.
199^{41}	625	Obl. Lille-Valenciennes 4 0/0......... 99 ans.	199^{41}											199^{41}
199^{42}	500	— Mézidon-Dives 3 0/0.................. 1956.	199^{42}											199^{42}
199^{43}	500	— Ch. Nantais 3 0/0..................... 1969.	199^{43}											199^{43}
199^{44}	500	— Vitré-Fougères 5 0/0.................. 1878.	199^{44}											199^{44}
199^{45}	500	— Bondy-à-Aulnay 3 0/0.................. 1968.	199^{45}											199^{45}
199^{46}	200	— Bouches-du-Rhône (ann. dép.) 5 0/0. 1886.	199^{46}											199^{46}
199^{47}	500	— Seudre (Pons-Royan-Trembl.) 3 0/0 1966.	199^{47}											199^{47}
199^{48}	500	— Sedan-Lérouville (ann. départ.) ..... 1960.	199^{48}											199^{48}
201	500	Obl. Guillaume-Luxembourg 3 0/0 .... 1959.	201											201
201^{1}	425	— — — 4 0/0 ...... 1956.	201^{1}											201^{1}
202	500	— Ch. autrichiens 3 0/0 anc. 1re émis.. 1946.	202											202
202^{1}	500	— — 3 0/0 nouv. série A. 1965.	202^{1}											202^{1}
202^{2}	500	— — 3 0/0 anc. 2e émission. 1947.	202^{2}											202^{2}
202^{3}	500	— Ch. Kronprinz-Rodolphe 5 0/0 1876.. 1967.	202^{3}											202^{3}
204	500	— Ch. Lombards 3 0/0 anc .... 1934.	204											204
204^{0}	500	— — — nouv. 1871........ 1968.	204^{0}											204^{0}
204^{2}	500	Bons — 6 0/0 1870-1874.. 1870-1874.	204^{2}											204^{2}
204^{3}	500	— — — 1875............ 1875.	204^{3}											204^{3}
204^{4}	500	— — — 1876............ 1876.	204^{4}											204^{4}
204^{5}	500	— — — 1877............ 1877.	204^{5}											204^{5}
204^{6}	500	— — — 1878............ 1878.	204^{6}											204^{6}
205	500	Obl. Ch. Romains 3 0/0.................. 1951.	205											205
206	500	— Madrid-Saragosse 3 0/0............... 1953.	206											206
207	500	— Séville-Xérès 3 0/0 1859............. 1908.	207											207
208	500	Cordoue-Séville 3 0/0.................. 1957.	208											208
209	500	— Pampelune-Saragosse 3 0/0........... 1963.	209											209
209^{1}	500	— Pampelune-Barcelone 3 0/0(converties) 1961.	209^{1}											209^{1}
210^{1}	500	— Nord-Espagne (hypot.) 3 0/0.......... 1958.	210^{1}											210^{1}
210^{2}	500	— — à rev. avec coup. A.B. 3 0/0 1958.	210^{2}											210^{2}
210^{3}	500	— — (2e hypot.) 3 0/0..................	210^{3}											210^{3}
211^{2}	500	— Nord-Ouest-Espagne 3 0/0..............	211^{2}											211^{2}
211^{3}	500	— Lerida-Reus-Saragosse 3 0/0............	211^{3}											211^{3}
211^{4}	500	— Ch. Méridionaux italiens 3 0/0....... 1967.	211^{4}											211^{4}
211^{5}	500	— Livournais (Florence) 3 0/0.......... 1954.	211^{5}											211^{5}
212	500	— Séville-Xérès 3 0/0 1860............. 1936.	212											212
212^{2}	500	— *Victor-Emmanuel* 3 0/0 1863......... 1955.	212^{2}											212^{2}
212^{3}	500	— Turin-Savone et Cairo-Acqui 3 0/0.......	212^{3}											212^{3}
212^{4}	500	Bons Chemins méridionaux italiens 6 0/0. 1900.	212^{4}											212^{4}
213	500	Oblig. Chemins portugais 3 0/0.......... 1959.	213											213
213^{1}	500	— — — — ex-c. 26 à 30	213^{1}											213^{1}
213^{2}	500	— Ch. Central-Suisse 4 0/0............ 1936.	213^{2}											213^{2}
213^{3}	500	— Séville-Xérès 3 0/0 échangées........ 1936.	213^{3}											213^{3}
216^{2}	500	Obl. Canal de Suez 5 0/0. Emprunt lot... 1918.	216^{2}											216^{2}
216^{3}	125	— — 6 0/0. Bons trenten.... 1901.	216^{3}											216^{3}
216^{4}	85	— — 5 0/0. — coup. arriér. 1921.	216^{4}											216^{4}
217	500	— Omnibus de Paris 5 0/0............... 1911.	217											217
217^{2}	400	— Tramways-Nord-Paris 6 0/0 1909	217^{2}											217^{2}
217^{3}	500	— — Sud-Paris 6 0/0.............. 1908.	217^{3}											217^{3}
217^{4}	500	— — Cie gén. française 6 0/0.. 1929.	217^{4}											217^{4}
218	500	— Ports de Marseille 6 0/0............ indét.	218											218

1877 à 1881 *(suite)*.

REPÈRES.	PAIR OU TAUX de REMBOURSEMENT	DÉNOMINATION des VALEURS.	REPÈRES.	1877. plus haut	1877. plus bas	1878. plus haut	1878. plus bas	1879. plus haut	1879. plus bas	1880. plus haut	1880. plus bas	1881. plus haut	1881. plus bas	REPÈRES.
219 1	500	Obl. Mess. maritimes (Ex-imp) 6 0/0 1880, 2e s.	219 1											219 1
219 2	500	— — — 5 0/0..... 1896.	219 2											219 2
219 3	500	— Cie gén. Transatlantique. 5 0/0..... 1891.	219 3											219 3
219 4	300	— Bateaux à vapeur omnibus 5 0/0.... 1879.	219 4											219 4
219 5	250	— Cie *Valery fr. et fils* (paqueb.) 6 0/0 1871-75. 1879-82.	219 5											219 5
219 6	600	— Hirondelles parisiennes 5 0/0....... 1922.	219 6											219 6
222	1250	— Mines de la Loire 4 0/0 1852........ 1928.	222											222
224	1250	— Mines de la Grand-Combe 4 0/0 1844 1899.	224											224
225	1250	— — — — 1858 1899.	225											225
225 0	500	— Charb. des Bouches-du-Rhône 6 0/0.......	225 0											225 0
225 2	312	— Houillères d'Ahun 4.8 0/0.......... 1909.	225 2											225 2
225 3	500	— Charb. Herné-Bockum 3 0/0..............	225 3											225 3
225 4	300	— Mines de Béthune 6 0/0 1861............	225 4											225 4
225 5	»	— Houillères de Tréfail..................	225 5											225 5
225 6	500	— Mines de Blanzy 6 0/0..................	225 6											225 6
225 7	375	— Charb. du Rhin 4 0/0...................	225 7											225 7
225 8	100	— — de Mondragon 6 0/0......... 1923.	225 8											225 8
225 9	400	— — du Nord 4 1/2 0/0...............	225 9											225 9
225 10	300	— — de Saône-et-Rhône 5 0/0..... 1924.	225 10											225 10
225 11	500	Mines de Rio-Tinto Pagarès 5 0/0... 1893.	225 11											225 11
225 12	500	— — — 7 0/0... 1893.	225 12											225 12
231 1	342	— Forg. Châtillon-Commentry obl. 4.8 0/0 1884.	231 1											231 1
232	500	— — Horme anc. 5 0/0............ 1883.	232											232
233	300	— — — nouv. —............ 1904.	233											233
235 2	250	— — Fourchambault 6 0/0 1858...... 1906.	235 2											235 2
235 4	300	— — Terre noire Bességes 5 0/0 1862. 1892.	235 4											235 4
235 5	275	— — Firminy (aciéries) 5.45 0/0 1863. 1877.	235 5											235 5
235 6	1250	— — Fourchambault 4 0/0 1854...... 1904.	235 6											235 6
235 7	500	— — Terrenoire Bességes 6 0/0 1865. 1897.	235 7											235 7
235 8	300	— — Creusot 5 0/0 1867............ 1885.	235 8											235 8
235	500	— — Chantiers Méditer. 5 0/0 1867.. 1878	235 9											235 9
235 10	250	— — Mar. et ch. fer Pt-Gaudet 6 0/0 1867 1887.	235 10											235 10
235 11	600	— Lits milit. nouv. comp. 5 0/0 1867... 1890.	235 11											235 11
235 12	450	— Fives-Lille 5 1/2 0/0 1867............ 1895	235 12											235 12
235 13	450	— Cail et Cie 5 1/3 0/0................ 1889.	235 13											235 13
236	625	— Rue (Impériale) de Lyon 4 0/0 1856. 1904.	236											236
237	625	— — de la Bourse à Lyon 4 0/0...... 1909.	237											237
249	500	— Docks et entr. de Marseille 3 0/0... 1959.	239											239
240	500	— — — du Havre 3 0/0...... 1950.	240											240
123	500	— Cie immob. de Paris (Rivoli) 3 0/0.... 1932.	241											241
241 1	625	— Rue (Impériale) de Lyon 4 0/0 1862. 1919.	241 1											241 1
241 5	300	— Ch. de fer et Docks de St-Ouen 6 2/3 0/0. 1955.	241 5											241 5
241 6	500	— arch. aux chevaux et aux fourr. 6 0/0. 1885.	241 6											241 6
241 7	505	— Soc. p. la Vente des biens (Italie) 5 0/0. 1880.	241 7											241 7
243	500	— Gaz de la Guillot., Vaise-Lyon 5 0/0. 1893.	243											243
244	300	— Gaz de Lyon 6 0/0 1857............ 1903.	244											244
244 1	300	— Gaz de Lyon 5 0/0 1863............ 1903.	244 1											244 1
245	500	— Gaz parisien 5 0/0................ 1905.	245											245
245 1	250	— Union des Gaz 6 0/0................ 1883	245 1											245 1
245 2	625	— Gaz de Marseille 4 0/0.............. 1907	245 2											245 2
245 3	300	— Cie centrale du Gaz *Lebon et Cie* 5 0/0. 1896	245 3											245 3
245 4	300	— Gaz génér. de Paris *Hugon et Cie* 5 0/0. 1902	245 4											245 4

REPÈRES.	PAIR ou TAUX de REMBOURSEMENT.	DÉNOMINATION des VALEURS.	REPÈRES.	1877. plus haut	1877. plus bas	1878. plus haut	1878. plus bas	1879. plus haut	1879. plus bas	1880. plus haut	1880. plus bas	1881. plus haut	1881. plus bas	REPÈRES.
245^{6}	600	Obl. Gaz de Naples 5 0/0 1863 .... 1921.	245^{6}											245^{6}
245^{8}	500	— Gaz de Madrid 5 0/0............... 1914.	245^{8}											245^{8}
245^{9}	300	— Comptoir de l'industrie linière 6 0/0.. 1899.	245^{9}											245^{9}
245^{10}	600	— Canal *Cavour* 5 0/0............... 1915.	245^{10}											245^{10}
246	500	— Cie générale des Eaux 3 0/0..... .. 1951.	246											246
246^{1}	500	— — 5 0/0....... 1909.	246^{1}											246^{1}
246^{3}	300	— Eaux de la banl. de Paris 3 1/3 0/0. 1910.	246^{3}											246^{3}
246^{0}	500	— — 6 0/0. 1926.	246^{0}											246^{0}
246^{4}	590	— Cie fermière des tabacs italiens 6 0/0. 1883.	246^{4}											246^{4}
246^{6}	625	— Salines de l'Est 4 0/0.............. 1917.	246^{6}											246^{6}
		VALEURS A REVENU VARIABLE												
248	1000	Banque de France............................	248											248
269	500	Comptoir d'Escompte de Paris..................	269											269
272^{2}	500	Crédit foncier de France......................	272^{2}											272^{2}
275	500	Société générale du Crédit mobilier............	275											275
275^{2}	500	Société de Crédit mobilier (nouv. Société).....	275^{2}											275^{2}
278	400	Sous-comptoir des entrepreneurs................	278											278
280	400	Comptoir central.—*E. Naud et Cie* (nouv. actions).	280											280
281^{1}	500	Comptoir lyonnais.— *Droche, Robin et Cie*...	281^{1}											281^{1}
286	500	Société générale de Crédit industr. et commercial.	286											286
287	500	Société de Crédit foncier colonial............	287											287
288	500	Sous-comptoir de commerce et de l'industrie...	288											288
288^{1}	500	— — (nouv. Société).	288^{1}											288^{1}
289	333	Omnium (Lyon)................................	289											289
289^{1}	500	Caisse *J. Decroix, Vernier, Verley* et *Cie*.......	289^{1}											289^{1}
290	500	Comptoir d'Escompte de Lyon.— *Bine, Genton et Cie*.	290											290
290^{1}	500	Caisse *Pérot et Cie* (Lille)..................	290^{1}											290^{1}
290^{3}	500	Caisse *Verley, Decroix et Cie* (Lille)..........	290^{3}											290^{3}
291^{1}	500	Banque de l'Algérie..........................	291^{1}											291^{1}
291^{3}	500	Crédit agricole..............................	291^{3}											291^{3}
291^{5}	500	Crédit lyonnais (Société à respons. limitée)....	291^{5}											291^{5}
291^{16}	500	— (Société anonyme)............	291^{16}											291^{16}
291^{17}	500	— — (nouvelles actions).	291^{17}											291^{17}
291^{18}	1000	Banque de Paris et des Pays-Bas..............	291^{18}											291^{18}
291^{6}	500	Société de dépôts et de comptes courants......	291^{6}											291^{6}
291^{8}	500	Comptoir de l'agriculture.....................	291^{8}											291^{8}
291^{9}	500	S. gén. p. fav. le dév. du com. et de l'ind. en France.	291^{9}											291^{9}
291^{10}	100	Soc. lyon. de dépôts et de comptes courants...	291^{10}											291^{10}
291^{11}	500	Société marseill. de crédit indust. et commerc.	291^{11}											291^{11}
291^{12}	500	Société générale algérienne...................	291^{12}											291^{12}
291^{13}	500	Crédit rural de France.......................	291^{13}											291^{13}
291^{14}	500	Banque des chemins de fer d'intérêt local......	291^{14}											291^{14}
291^{15}	500	Banque franco-égyptienne.....................	291^{15}											291^{15}
291^{19}	500	Crédit du Nord (Lille)........................	291^{19}											291^{19}
291^{20}	500	Banque franco-autrichienne-hongroise..........	291^{20}											291^{20}
291^{21}	500	Société industrielle..........................	291^{21}											291^{21}
291^{22}	500	Banque franco-hollandaise....................	291^{22}											291^{22}
291^{23}	500	— (nouv. Société).......	291^{23}											291^{23}
291^{24}	500	Banque française-italienne....................	291^{24}											291^{24}
291^{25}	500	Société financière de Paris...................	291^{25}											291^{25}

1877 à 1881 (*suite*).

REPÈRES.	PAIR ou TAUX de REMBOURSEMENT	DÉNOMINATION des VALEURS.		REPÈRES.	1877.		1878.		1879.		1880.		1881.		REPÈRES.
					plus haut	plus bas	plus haut	plus bas	plus haut	plus bas	plus haut	plus bas	plus haut	plus bas	
291[26]	500	Banque de l'Union franco-belge		291[26]											291[26]
291[27]	500	Société générale de commerce. — *Moitessier et Cie*		291[27]											291[27]
291[28]	500	Banque de l'Indo-Chine		291[28]											291[28]
291[29]	500	Banque de la Nouvelle-Calédonie		291[29]											291[29]
291[30]	500	Crédit général français		291[30]											291[30]
301[9]	750	Crédit foncier central prussien		301[9]											301[9]
301[2]	500	Crédit foncier d'Autriche		301[2]											301[2]
303	500	Société générale de Crédit mobilier espagnol		303											303
303[1]	néant	— (act. de jouissance)		303[1]											303[1]
303[2]	500	Banque territoriale d'Espagne		303[2]											303[2]
304[1]	500	Société générale de Crédit mobilier italien		304[1]											304[1]
304[2]	500	Banque de Crédit italien		304[2]											304[2]
304[4]	500	Banque de Crédit et de dépôt des Pays-Bas		304[4]											304[4]
304[6]	500	Crédit foncier suisse		304[6]											304[6]
304[7]	500	Crédit communal de France		304[7]											304[7]
304[8]	500	Banque impériale ottomane (non estampillées)		304[8]											304[8]
304[9]	500	— (estampillées)		304[9]											304[9]
304[10]	500	— (actions nouvelles)		304[10]											304[10]
307	12500	Cie d'assurances générales	Maritimes	307											307
309	5000	Sécurité	—	309											309
310	5000	L'Union des ports	—	310											310
311	5000	Le Lloyd français	—	311											311
312	5000	L'Océan	—	312											312
313[1]	5000	Indemnité (nouv. Société)	—	313[1]											313[1]
314	5000	La Chambre	—	314											314
315	5000	Mélusine	—	315											315
320	5000	La Vigie	—	320											320
322	5000	Cie centrale	—	322											322
324	5000	Comptoir	—	324											324
325[1]	5000	L'Universelle	—	325[1]											325[1]
325[2]	4000	Cie lyonnaise	—	325[2]											325[2]
325[3]	5000	La Prévoyance	—	325[3]											325[3]
325[4]	5000	La Parisienne	—	325[4]											325[4]
325[5]	2000	La Navigation	—	325[5]											325[5]
325[6]	5000	L'Internationale	—	325[6]											325[6]
325[7]	5000	L'Eole	—	325[7]											325[7]
325[8]	5000	L'Etoile de la mer	—	325[8]											325[8]
325[9]	2000	Le Neptune	—	325[9]											325[9]
325[10]	5000	La Confiance	—	325[10]											325[10]
325[11]	5000	La Prudence	—	325[11]											325[11]
327	5000	Cie d'assurances générales	Incendie	327											327
328	1000	Cie française du Phénix	—	328											328
329	5000	La Nationale (anc. Cie royale)	—	329											329
330	5000	L'Union	—	330											330
332	6000	Le Soleil	—	332											332
334	5000	La France	—	334											334
336	5000	L'Urbaine	—	336											336
338	2500	La Providence	—	338											338
340	5000	L'Aigle	—	340											340

1877 à 1881 *(suite)*.

REPÈRES.	PAIR OU TAUX de REMBOURSEMENT	DÉNOMINATION des VALEURS.		REPÈRES.	1877. plus haut	1877. plus bas	1878. plus haut	1878. plus bas	1879. plus haut	1879. plus bas	1880. plus haut	1880. plus bas	1881. plus haut	1881. plus bas	REPÈRES.
343	5000	La Confiance	Incendie	343											343
346	1000	La Paternelle	—	346											346
347	1000	Le Nord	—	347											347
347^{1}	1000	La Paix	—	347^{1}											347^{1}
347^{2}	1000	La Patrie	—	347^{2}											347^{2}
347^{3}	1000	L'Abeille	—	347^{3}											347^{3}
347^{4}	500	Le Monde	—	347^{4}											347^{4}
347^{5}	500	Comptoir général	—	347^{5}											347^{5}
347^{6}	5000	La Réassurance	—	347^{6}											347^{6}
347^{7}	2000	L'Union générale du Nord	—	347^{7}											347^{7}
347^{8}	5000	La Centrale	—	347^{8}											347^{8}
347^{9}	500	Le Globe	—	347^{9}											347^{9}
349	7500	Compagnie d'Assurances générales	Vie.	349											349
350	5000	L'Union	—	350											350
351	5000	La Nationale (ancienne Compagnie royale)	—	351											351
355	5000	Le Phénix	—	355											355
357	500	La Caisse paternelle	—	357											357
357^{0}	500	La Caisse générale des Familles	—	357^{0}											357^{0}
357^{1}	1000	L'Urbaine (actions non libérées)	—	357^{1}											357^{1}
357^{2}	500	Le Monde	—	357^{2}											357^{2}
357^{3}	1000	L'Alliance des départements	—	357^{3}											357^{3}
357^{4}	500	L'Atlas	—	357^{4}											357^{4}
357^{5}	1000	Le Soleil	—	357^{5}											357^{5}
387	400	Nord	Ch. de fer.	387											387
387^{1}	Néant	— (actions de jouissance)	—	387^{1}											387^{1}
393	500	Est (Paris-Strasbourg)	—	393											393
395	Néant	— — (actions de jouissance)	—	395											395
401	500	Ouest	—	401											401
401^{1}	Néant	— (actions de jouissance)	—	401^{1}											401^{1}
406^{1}	500	Paris-Orléans	—	406^{1}											406^{1}
407^{1}	Néant	— (Actions de jouissance)	—	407^{1}											407^{1}
408	500	Midi et Canal latéral à la Garonne	—	408											408
408^{1}	Néant	— (Actions de jouissance)	—	408^{1}											408^{1}
418^{1}	500	Paris-Lyon-Méditerranée	—	418^{1}											418^{1}
422	500	Lyon-Croix-Rousse	—	422											422
422^{1}	Néant	— (Actions de jouissance)	—	422^{1}											422^{1}
423^{2}	500	Charentes	—	423^{2}											423^{2}
423^{4}	500	Médoc (Bordeaux-Verdon)	—	423^{4}											423^{4}
423^{6}	500	Dombes (Sud-Est)	—	423^{6}											423^{6}
423^{7}	500	Lille-Béthune-Bully-Grenay	—	423^{7}											423^{7}
423^{8}	500	Vitré-Fougères	—	423^{8}											423^{8}
423^{9}	500	Vendée	—	423^{9}											423^{9}
423^{11}	500	Perpignan-Prades	—	423^{11}											423^{11}
423^{13}	500	Nord-Est (actions de capital)	—	423^{13}											423^{13}
423^{0}	Néant	— (— dividende)	—	423^{0}											423^{0}
423^{14}	500	Picardie-Flandres	—	423^{14}											423^{14}
423^{15}	500	Orléans-Rouen (Sud)	—	423^{15}											423^{15}
423^{16}	500	Orléans-Châlons-sur-Marne	—	423^{16}											423^{16}
423^{17}	500	Lille-Valenciennes	—	423^{17}											423^{17}
423^{18}	500	Frévent-Gamaches	—	423^{18}											423^{18}

1877 à 1881 (*suite*).

REPÈRES.	PAIR ou TAUX de REMBOURSEMENT	DÉNOMINATION des VALEURS.	REPÈRES.	1877. plus haut	1877. plus bas	1878. plus haut	1878. plus bas	1879. plus haut	1879. plus bas	1880. plus haut	1880. plus bas	1881. plus haut	1881. plus bas	REPÈRES.
423^{15}	500	Saint-Etienne-St-Bonnet-le-Château. ch. de fer.	423^{19}											423
423^{20}	500	Bondy-Aulnay-lès-Bondy........... —	423^{20}											423^{20}
423^{21}	500	Arzew-Saïda (comp. Franco-Algér.) —	423^{21}											423^{21}
423^{22}	500	Le Tréport-Abancourt .... —	423^{22}											423^{22}
423^{23}	500	Chemins nantais................... —	423^{23}											423^{23}
423^{24}	500	Bône-Guelma (Algérie).............. —	423^{24}											423^{24}
423^{25}	500	Est-Algérien...................... —	423^{25}											423^{25}
423^{27}	500	L'Hérault......................... —	423^{27}											423^{27}
430	500	Guillaume-Luxembourg............ Ch. de fer.	430											430
432	500	Chemins Autrichiens non estamp... —	432											432
432^{1}	500	— — estampillés... —	432^{1}											432^{1}
432^{2}	500	— — act. nouvelles. —	432^{2}											432^{2}
432^{3}	Néant	— — act. de jouiss. —	432^{3}											432^{3}
433	500	— Lombards-Vénitiens....... —	433											433
433^{1}	500	Nord-Ouest-Autriche.............. —	433^{1}											433^{1}
436	500	Chemins Russes (Grande Soc. des). —	436											436
438	500	Ouest-Suisse .... —	438											438
440^{1}	500	Est-Hongrois...................... —	440^{1}											440^{1}
443^{1}	500	Chemins Romains .... —	443^{1}											443^{1}
443^{2}	500	— actions trentenaires....... —	443^{2}											443^{2}
444^{1}	500	Chemins méridionaux italiens ..... —	444^{1}											444^{1}
448	500	Madrid-Saragosse-Alicante......... —	448											448
451	500	Cordoue-Séville................... —	451											451
452	500	Nord-Espagne...................... —	452											452
454^{1}	500	Pampelune-Saragosse-Barcelone .... —	454^{1}											454^{1}
454^{2}	500	Ciudad-Real-Badajoz............... —	454^{2}											454^{2}
457	500	Chemins portugais .... —	457											457
457^{1}	500	Suisse-occidentale................ —	457^{1}											457^{1}
461^{1}	500	Câble transatlantique français..................	461^{1}											461^{1}
461^{2}	250	Grande Cie des Télégraphes du Nord	461^{2}											461^{2}
469	1000	Canal de jonction de la Sambre à l'Oise........	469											469
483	533	Canalisation de l'Ebre..........................	483											483
484	500	Canal maritime de Suez. Actions..............	484											484
484^{1}	500	— Délégations..........	484^{1}											484^{1}
484^{2}	500	— Act. ex-coupons.......	484^{2}											484^{2}
484^{3}	300	— Délégations..........	484^{3}											484^{3}
484^{5}	Néant.	— Act. de jouissance....	484^{5}											484^{5}
484^{7}	»	— Parts de fondateur....	484^{7}											484^{7}
484^{6}	500	Canal *Cavour*.................................	484^{6}											484^{6}
499	500	Compie générale des Omnibus (Paris)..........	499											499
499^{1}	Néant.	— Act. de jouissance	499^{1}											499^{1}
500^{1}	500	Cie générale des Voitures de Paris............	500^{1}											500^{1}
500^{2}	Néant.	— Act. de jouissance	500^{2}											500^{2}
501^{1}	100	Cie gén. des Omnibus de Londres. Titres anglais.	501^{1}											501^{1}
502	100	Omnibus de Lyon. — *Delahante et Cie*..	502											502
502^{2}	500	Tramways-Paris-Nord.......	502^{2}											502^{2}
502^{3}	500	— Département du Nord..............	502^{3}											502^{3}
502^{4}	500	— Paris-Sud........................	502^{4}											502^{4}

1877 à 1881 (suite).

REPÈRES.	PAIR ou TAUX de REMBOURSEMENT	DÉNOMINATION des VALEURS.	REPÈRES.	1877.		1878.		1879.		1880.		1881.		REPÈRES.
				plus haut	plus bas	plus haut	plus bas	plus haut	plus bas	plus haut	plus bas	plus haut	plus bas	
502[5]	500	Tramways (Compie gén. française de)	502[5]											502[5]
502[6]	»	— de Roubaix-Tourcoing	502[6]											502[6]
525	»	Cie générale de navigation mixte	525											525
526	500	Cie générale transatlantique	526											526
526[1]	1000	Grappins (Rhône Saône)	526[1]											526[1]
529	5	Comp. des Messageries maritimes	529											529
532	500	Cie mar. de navig. à vap.—*Marc Fraissinet et Cie.*	532											532
532[13]	—	— *A. et L. Fraissinet et Cie.*	532[13]											532[13]
532[4]	»	Cie générale de navigation à vapeur	532[4]											532[4]
532[6]	500	Société gén. de transp. marit. à vapeur	532[6]											532[6]
532[7]	500	Armements maritimes.—*Peulré, Petitdidier et Cie.*	532[7]											532[7]
532[8]	500	Cie de bateaux à vap. omnibus (Saône-et-Seine).	532[8]											532[8]
532[0]	500	— nouv. actions.	532[0]											532[0]
532[9]	500	Cie de navigation.— *Valéry frères et fils*	532[9]											532[9]
532[10]	500	Cie de navigation intérieure	532[10]											532[10]
532[11]	500	Chargeurs réunis. (Cie française de navig. à vap.)	532[11]											532[11]
532[12]	»	Hirondelles parisiennes	532[12]											532[12]
561	1500	Houillères et chemin de fer d'Epinac	561											561
566	500	Mines de houille de Blanzy.— *Jules Chagot et Cie.*	566											566
567	»	Mines de houille d'Azincourt	567											567
569	»	Houillères de la Grand-Combe	569											569
572	750	Mines et chemin de fer de Carmaux	572											572
573	1000	Mines de Roche-la-Molière et Firminy	573											573
574	»	Houillères du Ban-Lafaverge	574											574
576	»	Mines de la Loire	576											576
577	»	Houillères de Montrambert et de La Béraudière.	577											577
578	»	Houillères de Saint-Etienne	578											578
579	»	— de Rive-de-Gier	579											579
579[1]	1000	Mines de Campagnac	579[1]											579[1]
579[2]	»	Grandes-Flaches	579[2]											579[2]
579[3]	500	Houillères d'Ahun	579[3]											579[3]
579[4]	500	Charb. des Bouches-du-Rhône.— *Lhuillier et Cie.*	579[4]											579[4]
579[5]	»	— de Vicoigne et Nœux	579[5]											579[5]
579[6]	»	— d'Aniches	579[6]											579[6]
579[7]	»	— de Béthune et Bully-Grenay	579[7]											579[7]
579[8]	»	— de Bruay	579[8]											579[8]
579[9]	»	— de Carvin	579[9]											579[9]
579[10]	300	— de Courrières	579[10]											579[10]
579[11]	»	— de l'Escarpelle	579[11]											579[11]
579[12]	»	— de Ferfay. (Actions anciennes)	579[12]											579[12]
579[13]	»	— — (Actions nouvelles)	579[13]											579[13]
579[14]	500	— d'Auchy-au-Bois	579[14]											579[14]
579[15]	»	— de Lens	579[15]											579[15]
579[16]	»	— de Meurchin. (Actions anciennes)	579[16]											579[16]
579[17]	»	— — (Actions nouvelles)	579[17]											579[17]
579[18]	»	— de Vendin	579[18]											579[18]
579[19]	300	— de Belmez	579[19]											579[19]
579[20]	»	— de Liévin	579[20]											579[20]
579[21]	»	— de Douchy	579[21]											579[21]
579[22]	»	— de la Compagnie douaisienne	579[22]											579[22]

1877 à 1881 (*suite*).

REPÈRES.	PAIR OU TAUX de REMBOURSEMENT	DÉNOMINATION des VALEURS.	REPÈRES.	1877. plus haut	1877. plus bas	1878. plus haut	1878. plus bas	1879. plus haut	1879. plus bas	1880. plus haut	1880. plus bas	1881. plus haut	1881. plus bas	REPÈRES.
579^{23}	»	Charb. de la Lys-Supérieure	579^{23}											578^{23}
579^{24}	»	— de Marles (parts d'ingénieur 30 0/0)	579^{24}											579^{24}
579^{25}	»	— d'Anderlues	579^{25}											579^{25}
579^{26}	»	— de Thivencelles et Fresnes-Midi	579^{26}											579^{26}
579^{27}	»	— de Dourges	579^{27}											579^{27}
579^{28}	»	— de Rety, Ferques et Hardinghem	579^{28}											579^{28}
579^{29}	»	— de Sainte-Aldegonde	579^{29}											579^{29}
579^{30}	»	— de Sincey-le-Rouvray	579^{30}											579^{30}
579^{31}	500	— de l'Aveyron	579^{31}											579^{31}
579^{32}	»	— d'Anzin (100e de denier)	579^{32}											579^{32}
579^{33}	500	— Graigola-Merthyr	579^{33}											579^{33}
606	500	Mines et fonderies de Santander et Quiros	606											606
607	500	— de Kef-Oum-Théboul	607											607
607^{1}	500	— de Mokta-el-Hadid (400 fr. versés)	607^{1}											607^{1}
607^{6}	500	— — (libérées)	607^{6}											607^{6}
607^{2}	300	— de Malfidano	607^{2}											607^{2}
607^{3}	Néant	— (actions de jouissance)	607^{3}											607^{3}
607^{4}	500	— de Soumah et de la Tafna	607^{4}											607^{4}
607^{5}	500	— — — act. nouv.	607^{5}											607^{5}
607^{6}	500	— de Vallenar	607^{6}											607^{6}
607^{7}	200	— de Huelva. — *Mercier et Cie* (act. de capital)	607^{7}											607^{7}
607^{8}	Néant	— — (act. de jouissance)	607^{8}											607^{8}
608	80	— de zinc de la Vieille-Montagne	608											608
612	375	— de zinc de Stolberg et de Westphalie	612											612
612^{1}	375	— — — act. privil.	612^{1}											612^{1}
616	375	— de zinc de la Silésie	616											616
616^{1}	375	— — — act. privil.	616^{1}											616^{1}
621	»	Forges d'Alais	621											621
626^{1}	»	— de Châtillon et de Commentry	626^{1}											626^{1}
631	1000	— d'Allevard. — *Charrière et Cie*	631											631
632^{1}	500	Aciéries de Firminy	632^{1}											632^{1}
633	»	Forges de Givors. — *F. de la Rochette et Cie*	633											633
634	»	— de Pont-Évêque-Vienne. — *Harel et Cie*	634											634
636	»	— et chantiers de la Méditerranée	636											636
637	500	— de la Franche-Comté. — *S. Menans et Cie*	637											637
638	»	— de Commentry-Fourchambault	638											638
639	»	Fonderies et forges de l'Horme	639											639
640	500	— du Creusot. — *Schneider et Cie*	640											640
640^{1}	»	— — act. estampillées.	640^{1}											640^{1}
640^{2}	»	— — nouv. actions.	640^{2}											640^{2}
641	»	F. de la marine et des ch. de fer. — *Petin, Gaudet et Cie*	641											641
641^{1}	»	F. de la marine et des chemins de fer (nouv. soc.)	641^{1}											641^{1}
645	»	Forges de Terre-Noire, de la Voulte et Bességes.	645											645
645^{1}	500	Saint-Etienne (Aciéries)	645^{1}											645^{1}
656	500	Société *Chameroy et Cie*	656											656
663	500	— *Cail et Cie*	663											663
671	500	Chantiers marseillais. — *Falguières et Cie*	671											671
671^{3}	500	Compagnie de Fives-Lille	671^{3}											671^{3}
671^{4}	500	— des lits militaires	671^{4}											671^{4}
671^{5}	500	Cie française de matériel de chemins de fer	671^{5}											671^{5}

1877 à 1881 (*suite*).

REPÈRES.	PAIR ou TAUX de REMBOURSEMENT	DÉNOMINATION des VALEURS.	REPÈRES.	1877. plus haut	1877. plus bas	1878. plus haut	1878. plus bas	1879. plus haut	1879. plus bas	1880. plus haut	1880. plus bas	1881. plus haut	1881. plus bas	REPÈRES.
671^{6}	500	Forges de Liverdun	671^{6}											671^{6}
671^{7}	1000	Fond. de Biache St-Vaast. — *Oeschger, Mesdach et Cie*	671^{7}											671^{7}
671^{8}	500	Forges de Denain et Anzin	671^{8}											671^{8}
671^{9}	400	Hauts-fourneaux de Chasse	671^{9}											671^{9}
677	500	Entrepôts et magasins généraux de Paris	677											677
678	500	Docks et entrepôts de Marseille	678											678
679^{1}	500	Docks et chemin de fer de Saint-Ouen	679^{1}											679^{1}
679^{2}	500	Marchés du Temple et Saint-Honoré	679^{2}											679^{2}
679^{3}	500	Magasins généraux de Bercy	679^{3}											679^{3}
679^{7}	500	Compagnie générale des marchés	679^{7}											679^{7}
679^{8}	»	Compagnie de la gare d'eau de Vaise	679^{8}											679^{8}
682	200	Société des deux Cirques. — *Dejean et Cie*	682											682
685	500	Compagnie des abattoirs de Lyon. — *Passaut et Cie*	685											685
685^{1}	Néant	— — act. de jouissance.	685^{1}											685^{1}
686^{1}	500	Compagnie immobilière (Paris)	686^{1}											686^{1}
687	500	Rue (impériale) de Lyon	687											687
688^{2}	500	Rue de la Bourse, à Lyon. — *Baudesson et Cie*	688^{2}											688^{2}
688^{4}	500	Magasin général des soies, à Lyon	688^{4}											688^{4}
688^{5}	500	Entrepôts libres de Paris-Lyon-Méditerranée	688^{5}											688^{5}
689	500	Compag. centrale du Gaz. — *Eug. Lebon et Cie*	689											689
701	500	L'Union des Gaz. — *F. Toché et Cie*	701											701
702	500	Cie parisienne d'éclairage et de chauffage par le gaz	702											702
702^{1}	Néant	— — act. de jouissance.	702^{1}											702^{1}
704	500	Gaz général de Paris. — *Hugon et Cie*	704											704
704^{3}	»	— d'Abbeville	704^{3}											704^{3}
705^{2}	225	— d'Alais	705^{2}											705^{2}
705^{4}	»	— d'Angoulême	705^{4}											705^{4}
706^{1}	500	— d'Angers	706^{1}											706^{1}
706^{3}	1000	— de Bayonne	706^{3}											706^{3}
707^{1}	500	— de Besançon	707^{1}											707^{1}
707^{3}	»	— de Bilbao	707^{3}											707^{3}
707^{4}	»	— de Bone (Algérie)	707^{4}											707^{4}
707^{5}	500	— de Bordeaux	707^{5}											707^{5}
708^{1}	500	— de Bourg	708^{1}											708^{1}
708^{2}	»	— de Bourges	708^{2}											708^{2}
708^{4}	»	— de Castres et Agen	708^{4}											708^{4}
710^{1}	400	— de Clermont-Ferrand	710^{1}											710^{1}
711	600	— et Hauts-Fourneaux de Marseille	711											711
711^{1}	Néant	— — act. de jouissance.	711^{1}											711^{1}
712	700	— de Dijon	712											712
713	»	— De Florence	713											713
713^{3}	»	— de Givors	713^{3}											713^{3}
714	»	— de la Guillotière, Vaise et Lyon	714											714
714^{1}	500	— de la Seyne (Marseille)	714^{1}											714^{1}
714^{2}	300	— du Puy	714^{2}											714^{2}
714^{3}	»	— de Limoges	714^{3}											714^{3}
716	62.50	— de Lyon	716											716
716^{1}	»	— de Malaga	716^{1}											716^{1}
718	300	— des trois villes du Midi	718											718
720^{1}	400	— de Montauban	720^{1}											720^{1}

1877 à 1881 (*fin*).

REPÈRES.	PAIR ou TAUX de REMBOURSEMENT	DÉNOMINATION des VALEURS.	REPÈRES.	1877.		1878.		1879.		1880.		1881.		REPÈRES.
				plus haut	plus bas	plus haut	plus bas	plus haut	plus bas	plus haut	plus bas	plus haut	plus bas	
721	1000	Gaz de Montpellier	721											721
721^{1}	»	— de Moulins	721^{1}											721^{1}
721^{2}	500	— de Mulhouse	721^{2}											721^{2}
722^{1}	500	— de Nevers	722^{1}											722^{1}
722^{2}	500	— de Padoue, Vicence et Trévise	722^{2}											722^{2}
722^{3}	800	— de Perpignan	722^{3}											722^{3}
723	»	— de Reims	723											723
724	500	— de Rennes	724											724
724^{2}	500	— de Rodez et Aurillac	724^{2}											724^{2}
725	700	— de Saint-Étienne	725											725
725^{1}	»	— de Saône-et-Loire (Mâcon, Châlon-s.-Saône)	725^{1}											725^{1}
726^{1}	300	— de Tarare	726^{1}											726^{1}
727^{1}	»	— de Thiers	727^{1}											727^{1}
728	500	— de Troyes	728											728
728^{2}	»	— de Vaise (Lyon)	728^{2}											728^{2}
729	1000	— de Venise	729											729
729	500	— de Verone	729^{1}											729^{1}
729^{2}	500	— de Wazemmes-lez-Lille	729^{2}											729^{2}
730^{3}	500	— de Madrid	730^{3}											730^{3}
731	500	Filature de lin d'Amiens (*Maberly*)	731											731
740	500	Comptoir de l'ind. linière.—*Magnier, Brunet et Cie.*	740											740
743	450	Compagnie linière de Pont-Rémy	743											743
754^{1}	125	Journal *le Figaro*	754^{1}											754^{1}
754^{3}	»	*Petit Journal* (Paris)	754^{3}											754^{3}
761^{2}	500	Raffinerie de la Méditerranée	761^{2}											761^{2}
761^{8}	500	— de Saint-Louis	761^{8}											761^{8}
770^{2}	»	Compagnie fermière des Eaux de Vichy	770^{2}											770^{2}
771	500	— générale des Eaux	771											771
771^{6}	Néant	— — — act. de jouissance	771^{6}											771^{6}
781^{1}	500	Vidanges et engr. (Anc. *Richer et Cie*)—*Lesage et Cie*	781^{1}											781^{1}
781^{2}	500	Compagnie fermière des Tabacs italiens	781^{2}											781^{2}
791^{1}	500	Cristalleries de Lyon	791^{1}											791^{1}
792	1000	Verreries de la Loire et du Rhône	792											792
809^{1}	500	Stéarines de la Méditerranée	809^{1}											809^{1}
812	250	Produits chimiques (Marseille). — *Prat et Cie*	812											812
812^{1}	»	— — — nouv. actions	812^{1}											812^{1}
812^{2}	»	— — d'Alais. — *Merle et Cie*	812^{2}											812^{2}
812^{3}	500	Soc. de produits chimiques. Établ. *Malétra*	812^{3}											812^{3}
814^{1}	500	Anciennes salines domaniales de l'Est	814^{1}											814^{1}
814^{2}	500	Salins du Midi	814^{2}											814^{2}
817^{1}	500	Compagnie générale des Allumettes chimiques	817^{1}											817^{1}
818	100	Bateaux servitude (Marseille)	818											818
821	500	Établissements *Duval* (Paris)	821											821

IMPRIMERIE CENTRALE DES CHEMINS DE FER. — A. CHAIX ET Cie, 20, RUE BERGÈRE, A PARIS. — 11200-6.

www.ingramcontent.com/pod-product-compliance
Ingram Content Group UK Ltd.
Pitfield, Milton Keynes, MK11 3LW, UK
UKHW031922260826
14628UKWH00003B/1350

9 782013 492874